WTO
상품무역법

정찬모

WORLD
TRADE
ORGANIZATION
LAW ON TRADE IN GOODS

박영사

서 언

　　국제경제의 영역에는 상품무역 이외에도 서비스교역, 지적재산권교역, 금융, 투자 등 다양한 분야가 있으며 21세기에 들어 인터넷무역과 같이 새로운 형태의 무역이 떠오르지만 아직도 상품무역이 절대액과 비중에 있어서 가장 중요한 무역 분야라고 할 것이다. 법적인 차원에 있어서도 WTO 상품무역법은 서비스무역이나 지적재산교역규범 등 다른 분야에 앞서서 기준을 정립하고 이들 분야의 법 발전에 길잡이 역할을 하고 있다. 다자주의 시대가 지나고 양자주의 시대에 접어들었으며 WTO 시대가 가고 FTA 시대가 왔다고 하지만 WTO 규범은 현재에도 국제통상법의 중심에 서 있다.

　　1947년 채택된 관세 및 무역에 관한 일반협정(GATT, General Agreement on Tariffs and Trade)이 시행된 지 70년이 되었으며, 1994년 채택된 세계무역기구협정(WTO Agreements)이 시행된 지 20년이 훨씬 넘었다. 그동안 제한적이지만 조약의 개정이 있었으며, 그보다도 500여건 이상의 사건이 WTO 분쟁해결기구에 제기되면서 많은 법의 발전이 판례의 축적을 통해서 이루어졌다. 이 책은 이와 같이 협정 개정뿐만 아니라 결정 및 판례 등을 통해 변화하는 WTO 상품무역규범의 현재 모습을 제시하는 데에 목적을 두고 집필하였다. 그런 차원에서 WTO 체제에 맞추어 GATT 조문상 '체약당사자'를 '회원'으로 교체하는 등 독자의 편의를 위한 편집을 하였으며 외교부 번역본을 수정한 부분이 있음을 미리 밝힌다.

　　少年易老學難成. 아직 부족함을 느끼지만 만족할 만한 저서를 완성할 날을 기약하기 어렵기에 용기를 내에 출간한다. 독자 여러분의 질정과 후학들의 청출어람을 바랄 뿐이다. 마지막으로, 이 저서의 집필을 재정적으로 지원한 인하대학교와 어려운 환경에서도 본서를 기꺼이 출간해 주신 박영사에 감사드린다.

2018년 7월

저　　자

목　차

제 1 장　GATT, WTO와 FTA

제1절　통상협상 ·· 1

　1. 왜 통상협정을 맺는가? ·· 1

　2. 어떻게 WTO협상을 하는가 ·· 2

　3. 통상협상을 위한 국내절차 ·· 3

제2절　GATT에서 WTO까지 ··· 4

　1. ITO, GATT, WTO ·· 4

　2. WTO 설립협정: 조직과 의사절차 ··· 9

　3. GATT 체제와 WTO 체제의 비교 ··· 12

　4. 향후과제 ··· 13

제3절　WTO 체제하의 상품무역법제 ·· 14

　1. GATT 1994를 포함한 부속서1A협정 ·· 14

　2. 복수국간협정과 가입의정서 ·· 15

　3. WTO협정 적용상의 원칙 ·· 16

제4절　FTA ·· 16

　1. 개관 ·· 16

　2. WTO의 RTA 관련규정 및 통제메커니즘 ··· 19

제 2 장　분쟁해결제도

제1절　서론 ·· 25

　1. 일반론 ··· 25

　2. WTO 분쟁해결기구 관할의 성격 ·· 27

　3. 제소의 요건 ·· 28

제2절 적용법규 ·· 28

제3절 제소의 대상으로서 '조치' ········· 29
    1. 의의 ·· 29
    2. 쟁점 ·· 29
    3. 소결 ·· 33

제4절 비위반제소 ······························· 33

제5절 절차 ··· 35
    1. 협의에 의한 해결 ····················· 35
    2. 패널 절차 ·································· 35
    3. 상소절차 ·································· 39
    4. 이행절차 ·································· 40
    5. 보복절차 ·································· 41

제6절 개선 논의 ································· 43

제 3 장   최혜국대우

제1절 GATT의 최혜국대우원칙 ··········· 45
    1. 서 ·· 45
    2. 적용범위 ·································· 47
    3. 요건 ·· 49
    4. 공공정책에 대한 고려 ·············· 54

제2절 GATT 최혜국대우의무에 대한 예외 ········ 55
    1. 지역무역협정 ···························· 55
    2. 역사적 예외 폐지 ····················· 56
    3. 국경무역 ·································· 56
    4. 개별의무면제제도 및 특정 국가에 대한 WTO협정 적용배제 ········ 56
    5. 개발도상국에 대한 특혜관세제도 ········ 57
    6. 반덤핑 및 상계관세제도 ············ 59
    7. 국제수지적자 해소를 위해 IMF와 협의 하에 취하는 수량제한조치 ········ 60
    8. 분쟁해결절차를 통한 보복조치 ········ 60
    9. 일반적 예외와 안보예외 ············ 60

제3절 GATT 최혜국대우 관련 사례 ·· 60
  1. 스페인 커피 사건 ·· 60
  2. 일본−표준각재 사건 ·· 62
  3. EC−바나나III ·· 62
  4. 인도네시아 국민차 사건 ··· 63
  5. 캐나다−자동차 ··· 63
  6. EC−관세특혜 사건 ··· 63
  7. 콜롬비아−수입 항구 ·· 64
제4절 최혜국대우의 성과 및 한계 ·· 64

제 4 장   상품양허와 원산지

제1절 양허 ·· 67
  1. 서 ··· 67
  2. 양허표의 구성 ·· 68
  3. 관세분류 ·· 70
제2절 관세양허 ·· 72
  1. 관세 일반 ·· 72
  2. 관세협상의 방식 ·· 74
  3. 관세양허 준수의무 ··· 75
  4. 양허의 변경 ··· 79
제3절 양허 준수의무에 대한 예외 ·· 80
  1. 규정 ··· 80
  2. 해설 ··· 80
  3. 타 규정과의 관계 ·· 82
  4. 관련 사례 ·· 82
제4절 기타 양허의무 회피방지 규정 ·· 84
  1. 공정한 관세평가 ·· 84
  2. 수입독점 ·· 85
  3. 양허에 대한 기대 ·· 85
제5절 원산지 ·· 86

   1. 원칙과 규정 ··· 86

   2. 분쟁사례 ·· 88

제6절 수출관세 및 기타 부과금 ··· 88

제 5 장   내국민대우원칙

제1절 의의 ·· 91

제2절 원칙의 내용: GATT 제III조 ··· 92

   1. 기본원칙: 제1항 ·· 92

   2. 세부원칙 ·· 93

   3. 수입 시에 적용되는 국내규제 ·· 94

   4. 국내조치의 정책목표의 관련성 ·· 95

제3절 과세에 있어서의 내국민대우: 제III조 제2항 ····················· 96

   1. 공통사항 ·· 96

   2. 제2항 제1문의 적용요건 ·· 99

   3. 제2항 제2문의 적용요건 ··· 101

제4절 국내규제에 있어서의 내국민대우: 제4항 ························· 104

   1. 적용요건 ·· 104

   2. 국내판매, 유통, 사용 등에 영향을 주는 법률, 규정 및 요건 ········· 105

   3. 수입품과 국산품의 동종성 ·· 106

   4. 불리한 대우 ·· 107

제5절 사례 ··· 109

   1. 한국−주세 사건 ··· 109

   2. EC−석면 사건 ··· 111

   3. 한국−쇠고기 사건 ··· 112

   4. 인도네시아 국민차 사건 ··· 112

   5. 부품수입에 대한 과세 사건 ··· 112

제6절 내국민대우의무에 대한 예외 ·· 113

   1. 정부조달과 국내보조금 ··· 113

   2. 스크린쿼터 ··· 114

   3. 기타 예외 ··· 114

제 6 장   수량제한금지

제1절 수량제한의 일반적 폐지 ·· 117

　1. 규정: GATT 제XI조 제1항 ··· 117

　2. 의의 ·· 117

　3. 적용범위 ·· 118

　4. 민간에 의한 수량제한 행위의 국가로의 귀책 ·· 124

　5. 조치와 무역제한효과간 인과관계 ·· 125

제2절 수량제한 금지원칙의 예외 ·· 126

　1. 면제 ·· 126

　2. 예외 ·· 127

　3. 허용된 수량제한의 운용기준 ·· 131

　4. 사례 ·· 134

제 7 장   일반적 예외와 안보 예외

제1절 일반적 예외 ··· 137

　1. GATT 제XX조 일반 ··· 137

　2. 각호 ·· 140

　3. 두문 ·· 150

　4. 사례 ·· 154

　5. GATT 제XX조의 다른 협정에의 적용 ·· 157

제2절 안보상의 예외 ··· 158

　1. 일반 ·· 158

　2. 보안정보 ·· 159

　3. 전략물자 통제 ·· 159

　4. UN헌장에 따른 제재 ··· 160

　5. 사례 ·· 160

제 8 장 반 덤 핑

제1절 서론 ·· 164

제2절 덤핑의 존재 ·· 167

제3절 국내산업에 피해 ·· 175

   1. 개념 ·· 175

   2. 피해판정의 기본원칙 ·· 176

   3. 피해의 징표로서 고려요소 ······································ 177

제4절 인과관계 ·· 178

   1. 인과관계 판단시 고려 요소 ···································· 178

   2. 누적 ·· 179

제5절 덤핑조사절차 ·· 180

   1. 조사기관 ·· 180

   2. 조사 절차 ·· 180

제6절 반덤핑관세의 초과납부와 관세환급 ··················· 188

제7절 우회덤핑, 기타 ··· 190

   1. 우회덤핑 ·· 190

   2. 기타 ·· 191

제8절 반덤핑 규정에 대한 이견 및 개선논의 ··············· 191

   1. 이견 ·· 191

   2. 개선논의 ·· 192

제9절 한국관련 추가적 사례 ·· 193

   1. 한국-인도네시아산 백상지 반덤핑관세 ·················· 193

   2. 미국-한국산 세탁기 반덤핑관세 ····························· 194

   3. 미국-반덤핑관세 ·· 195

제 9 장 보조금 및 상계관세

제1절 서론 ·· 197

   1. 의의 ·· 197

   2. 법규정 ·· 197

제2절 보조금협정상 보조금의 성립요건 ······················· 198
  1. 정부의 재정적 기여 ······························ 198
  2. 경제적 혜택 ································· 200
  3. 특정성 ··································· 200
제3절 대응조치에 따른 보조금의 구별 ························· 200
  1. 금지보조금 ································· 200
  2. 조치 가능 보조금 ····························· 201
  3. 허용 보조금 ································ 202
제4절 구제조치 ······································ 203
제5절 상계관세의 조사 및 부과 ··························· 204
제6절 기타 판례에 나타난 법리 ··························· 205

제10장 긴급수입제한조치

제1절 서론 ·· 209
제2절 긴급수입제한조치 발동의 요건 ······················· 210
  1. 수입의 증가 ································· 210
  2. 예측하지 못한 사태 발전 및 GATT협정상 부담하는 의무의 효과에
     기인한 수입의 증가 ··························· 210
  3. 국내산업에 대한 심각한 피해나 피해의 우려 ··············· 210
  4. 인과관계 ·································· 211
  5. 필요성 ··································· 211
제3절 조사 ·· 211
제4절 긴급수입제한조치의 적용방식 ························· 212
제5절 보상 및 대항조치 ································· 213
제6절 사례 ·· 214
  1. 한국 – 유제품 세이프가드 사건 ····················· 214
  2. 미국 – 원형파이프 세이프가드 사건 ··················· 214
  3. 미국 – 탄소강관 세이프가드 분쟁 ···················· 215
  4. 미국 – 철강 세이프가드 사건 ······················ 215

제11장   SPS, TBT 협정

제1절 위생 및 식물위생조치 ··· 218

　　1. 서론 ··· 218

　　2. SPS협정의 주요내용 ·· 219

　　3. 사례 ··· 226

제2절 무역관련 기술장벽 ··· 230

　　1. 서론 ··· 230

　　2. TBT협정의 기본원칙 ··· 231

　　3. TBT협정의 구체적 내용 ··· 232

　　4. 관련 사례 ·· 235

제3절 SPS와 TBT의 규범적 의의 ··· 239

제12장   농업협정

제1절 농업분야의 특성과 농업협정 ··· 241

제2절 농산물관련 WTO 규범의 구조 ·· 242

제3절 농업협정의 내용 ·· 244

　　1. 개관 ··· 244

　　2. 관세화 ··· 245

　　3. 국내보조 ·· 246

　　4. 수출보조 ·· 248

　　5. 식량안보 ·· 250

제4절 사례 ·· 250

　　1. EC－설탕 수출보조금 ··· 250

　　2. 칠레－가격대역/페루－농산물 사건 ···································· 251

　　3. 미국－고지대 면화 ·· 251

제5절 소결 ·· 252

제13장　수입허가, 관세평가, 선적전 검사, 무역원활화

제1절　수입허가절차 협정 ··· 253
  1. 자동허가 ··· 254
  2. 비자동허가 ··· 254
  3. 수출허가 ··· 255
제2절　관세평가협정 ··· 255
  1. 거래가격 ··· 256
  2. 후순위 관세평가기준 ··· 257
  3. 사례 ··· 258
제3절　선적전 검사 협정 ··· 259
  1. 사용회원국의 의무 ·· 259
  2. 수출회원국의 의무 ·· 260
  3. 독립적 검토절차 ·· 261
  4. 선적전 검사와 관련협정 ··· 261
제4절　무역원활화협정 ··· 261
  1. 투명성 제고 ··· 261
  2. 관세행정의 실체적 개선 ··· 262
  3. 관세행정의 절차적 개선 ··· 262
  4. 개도국특별대우 등 ·· 263

제14장　정부조달협정

제1절　서론 ··· 265
제2절　개정 WTO 정부조달협정의 주요규정 ······················ 266
  1. 일반원칙 ··· 266
  2. 개도국 특혜 ··· 267
  3. 참가조건 ··· 267
  4. 조달공고 ··· 267
  5. 기술규격 ··· 268

  6. 제한입찰 ·· 268

  7. 입찰서의 취급 및 계약의 낙찰 ··· 269

  8. 국내적 심사절차 ·· 269

  9. 협정 적용범위에 대한 수정 및 정정 ···································· 270

  10. 기타 ·· 271

제3절 주요국의 양허분석 ·· 271

제4절 개정 WTO 정부조달협정의 특징 ·· 274

제5절 관련 사례 ··· 275

부록: 관세와 무역에 관한 일반협정(GATT) 제I, II, III, XI, XX조 ····················· 277

색   인 ·· 289

제1장

GATT, WTO와 FTA

제1절 통상협상

1. 왜 통상협정을 맺는가?

외국 물품에 대하여 높은 관세를 부과할 경우 외국 물품과 경쟁관계에 있는 국내 산업은 이득을 보지만 그 물품의 일반소비자가 손해를 볼 뿐만 아니라 외국 물품을 원자재로 하여 부가가치를 더하는 국내산업도 어려움을 겪는다. 따라서 국내경제에서 수입경쟁 산업의 비중이 클 경우에는 보호무역의 유인과 이득이 크다. 하지만 오늘날 경제는 세계적 상호의존 단계에 들어서 정도의 차이가 있을 뿐 대부분의 국가가 상품생산에서 소비에 이르는 국제적 가치사슬의 일부를 구성하는 것이 현실이다. 관세인하로 인한 국가재정수입 감축을 국내 생산과 소비의 진작에 따른 소득세 등 내국세 징수액 증가로 보전하고 남을 수 있다. 이런 상황에서는 수입경쟁 산업의 이익보다는 일반소비자와 수입가공생산업자, 수출업자의 이득이 차지하는 비중이 국가적으로 더 중요하게 된다.

그러므로 각국은 관세인하에 관심을 갖게 된다. 다만 자발적으로 일방적인 관세인하를 단행하는 것은 몇 가지 차원에서 그리 선호되지 않는다. 첫째, 일방적 관세인하는 교역 상대방 국가와의 교역조건을 불리하게 만든다. 수입을 수출보다 더 많이 하게 되어 국부가 유출된다. 둘째, 국내적으로 수입경쟁업자의 반발을 무마하기 위한 가시적 성과가 부족하다. 셋째, 일단 인하된 관세도 국내 수입경쟁사업자 등의 로비에 의하여 다시 인상될 수 있으므로 제도적 안정성이 떨어진다. 넷째, 관세인하로 인한 재정수익 감소효과가 경제 활성화에 의한 증세효과로 충분히 보충

되리라는 보장이 없다. 이러한 이유에서 각국은 일방적 관세인하가 아니라 협상에 의해서 교역 당사국 또한 관세를 인하하여 양허의 균형(balance of concession)을 맞추는 상호주의적 관세인하를 추진하고 있다.

2. 어떻게 WTO협상을 하는가

WTO는 다자간 기구이지만 백오십여 개가 넘는 국가가 한 자리에 앉아서 협상을 한다는 것은 효율적이지 않다. 그 결과 실제 협상은 양자협상, 그룹별 협상, 다자간 협상이 혼합적으로 진행된다.

WTO협상, 특히 양허협상은 일반적으로 상대방 시장에 관심 있는 국가들 간의 양자협상으로 시작된다. 당연히 상호주의가 중시되어 우리 측의 요구사항을 관철시키기 위해서는 상대방의 요구사항을 들어주어야 한다.

우루과이라운드 종료시점인 1990년대 초반까지 G2(미국, EU), G4(미국, EU, 캐나다, 일본) 간의 협상이 중요하였으나, 도하개발의제 협상의 개시 이후인 2000년대에 들어와서는 G4라고 하면 미국, EU, 브라질, 인도이며, 현금에 들어서는 일반적으로 글로벌 경제의 G2는 미국과 중국인바 WTO 내에서의 중국의 영향력도 커지고 있다.[1]

협상 전체의 골격을 정하는 데에는 이해를 같이하는 그룹별로 공통의 제안서를 작성하여 협상안으로 제안하는 방식이 이용된다. 주요그룹은 OECD 그룹, G20(브라질, 인도, 아르헨티나, 중국 등 적극적 개도국), G90(최빈국 및 소극적 개도국), 케언즈그룹(농산물 수출보조금 반대국가) 등이 있다. 양자협상의 결과는 WTO사무국에 통지되며 모든 양자협상이 종료되면 사무국이 취합한 각국의 양허표를 다자 차원에서 검증하게 된다. 이 과정에서는 그룹별협상이 타결에 중요한 역할을 한다.

다자간무역협상은 우루과이라운드에서와 같이 협상 대상 분야 가운데 하나라도 타결되지 못하면 전체가 타결되지 않으며, 참여하기 위해서는 선별 가입이 아닌 전체로서의 수락이 요구되는, single undertaking / package deal 방식으로 진행된다. 다만 복수국간 협정은 이러한 방식의 제한을 받지 않는다.

---

1) 소위 Green Room 미팅에 이들 주요국가, 그룹을 대표하는 국가, 해당 안건에 핵심 이해당사국이 참여하여 타협이 이루어졌다.

3. 통상협상을 위한 국내절차

2012년 제정된 「통상조약의 체결절차 및 이행에 관한 법률」(약칭: 통상조약법)은 산업통상자원부장관은 통상협상 개시 전 다음 각 호의 사항을 포함하여 통상조약의 체결에 관한 계획을 수립하며 이를 국회 산업통상자원중소벤처기업위원회에 보고할 것을 규정한다.[2]

1. 통상협상의 목표 및 주요내용
2. 통상협상의 추진일정 및 기대효과
3. 통상협상의 예상 주요쟁점 및 대응방향
4. 통상협상과 관련된 주요국 동향
5. 그 밖에 산업통상자원부장관이 필요하다고 인정하는 사항

산업통상자원부장관은 통상조약체결계획을 수립하기에 앞서 이해관계자와 관계 전문가의 의견을 수렴하기 위하여 공청회를 개최하여야 한다.[3] 통상조약의 서명을 마친 때에는 그 경과 및 주요내용 등을 지체 없이 국회 소관 위원회에 보고하여야 하며, 정부는 통상협정 체결의 영향평가결과, 비용추계와 재원조달방안, 국내산업 보완대책, 협정의 이행을 위한 국내법령 제·개정 사항 등과 함께 국회에 비준동의를 요청하여야 한다.[4]

이 법률의 제정 목적은 통상조약의 체결절차 및 이행에 관하여 필요한 사항을 규정함으로써 국민의 이해와 참여 증진을 통하여 통상조약 체결의 절차적 투명성을 제고하고, 효율적인 통상협상을 추진하는 데에 있다. 국회의 통제력을 강화하는 데는 상당히 기여하였으나 일반 공중의 이해와 참여증진은 폭넓은 예외규정으로 무색해졌으니 목적의 온전한 달성을 위해 갈길이 멀다고 할 것이다.[5]

---

2) 통상조약법 제6조.
3) 동법 제7조.
4) 동법 제12조, 제13조.
5) 제4조(정보의 공개) ① 정부는 통상조약 체결절차 및 이행에 관한 정보의 공개 청구가 있는 경우 「공공기관의 정보공개에 관한 법률」에 따라 관련 정보를 청구인에게 공개하여야 하며, 통상협상의 진행을 이유로 공개를 거부하여서는 아니 된다.
② 제1항에도 불구하고 통상협상에 관한 정보가 다음 각 호의 어느 하나에 해당되는 경우에는 공개하지 아니할 수 있다. 다만, 국회 교섭단체 간의 합의를 거쳐 국회의장의 요구가 있는 경우에는 정부는 공개를 거부할 수 없다.
1. 통상협상의 상대방이 자국의 이해와 관계되는 정보라는 이유로 비공개를 요청한 경우
2. 통상협상의 구체적 진행과 관련되어 그 공개가 국익을 현저히 침해하거나 통상협상에 지장

제 2 절 GATT에서 WTO까지

1. ITO, GATT, WTO

(1) 과거

가. 브레튼우즈(Bretton Woods) 체제

제1차 세계대전과 대공황을 거치면서 주요 선진국들의 보호무역주의와 블록화의 경향은 점차 강화되었으며, 이에 20세기 전반기 동안 세계무역규모는 거의 증가하지 못하였다. 제2차 세계대전은 보호무역주의에 대한 반성을 불러왔다. 각국의 지나친 보호무역주의 추구가 제2차 세계대전의 주된 원인 가운데 하나로 지목되었으며, 인류 전체의 부를 증가시키기 위해서는 보호무역주의를 포기하여야 한다는 견해가 힘을 얻게 되었다. 이에 서방을 중심으로 한 세계 45개국이 제2차 세계대전 종전 직전인 1944년 미국 뉴햄프셔주 브레튼우즈에 모여 앞으로의 세계경제질서 구축을 위한 협의6)를 하였는바, 이 협의의 결과물인 브레튼우즈 협정에 따라 구축된 세계경제질서를 브레튼우즈 체제라 한다.

본래 브레튼우즈 협정은 국제무역기구(International Trade Organization, ITO), 국제통화기금(IMF) 및 국제부흥개발은행(IBRD)이라는 세 기구의 설립을 의도하였다. ITO는 회원국의 무역정책을 규율하고 자유무역주의의 확산을 도모하기 위한 기구였고, IMF는 단기성 외화자금의 지원을 통해 일시적 국제수지 적자에 따른 통화가치 불안정 문제를 해결하기 위한 것이었으며, IBRD는 개발도상국 지원 및 개발을 목표로 하는 것이며 이후 세계은행(World Bank)으로 발전한다. 그러나 IMF와 IBRD가 협정에 따라 계획대로 설립된 것과는 달리, ITO의 설립은 미국 의회가 자국의 대외무역 통제권 상실을 우려하여 ITO 설립헌장인 Havana Charter를 비준하지 않아 결국 실패로 끝나게 되었다.

을 가져올 우려가 있는 것으로 판단되는 경우

3. 그 밖에 「공공기관의 정보공개에 관한 법률」 제9조 제1항 단서 각 호의 어느 하나에 해당되는 경우

6) UN 통화금융회의(UN Monetary and Financial Conference)였다.

나. GATT

1947년 UN 무역고용위원회의 준비위원회에서 채택된 「관세 및 무역에 관한
일반협정」(General Agreement on Tariffs and Trade, GATT)은 원래 ITO에 의해 추진
될 협정 가운데 하나에 지나지 않았다. 그러나 위와 같이 ITO의 설립이 실패로 돌
아가고 난 뒤 GATT는 국제무역을 규율하는 가장 중요한 협정이 되었으며, 이후 브
레튼우즈 체제가 붕괴한 뒤에도 국제무역질서의 구축에 있어 계속하여 중추적 역
할을 하였다.

GATT 체제하에서 체약국은 관세 및 기타 무역장벽 감소를 위한 교섭을 정기
적으로 추진하여 왔는데, 이를 라운드(Round)라 칭한다. 지금까지 총 8개의 라운드
가 있었고 그 중 널리 알려진 것에 케네디라운드, 도쿄라운드, 우루과이라운드 등
이 있다. 지속적 라운드의 결과 이제 일반적 관세 수준은 선진국의 경우 5% 이하
로 낮추어졌다. 하지만 개도국의 평균관세는 10% 이상으로 여전히 높으며 선진국
도 품목에 따라 몇 백 %대의 높은 관세(peak rate)를 유지하고 있는 경우도 있다.[7]
이에 협상라운드에서 비관세장벽도 논의되기 시작하였으며, 케네디라운드에서는
반덤핑이 처음 논의되었고, 도쿄라운드에서는 소위 Code[8]라 불리는 다양한 비관
세장벽협정이 배출되었다.

1986년 9월 21일 우루과이의 푼타델에스테(Punta del Este)에서 주창된 GATT
의 제8차 다자간 무역협상인 우루과이라운드는 서비스무역, 지적재산권 등 과거의
라운드보다 훨씬 폭넓은 분야들을 그 협상의 대상으로 하였으며, 또한 국제무역질
서의 기구화(institutionalization)를 그 목표로 하였다.

〈역대 국제무역협상(라운드)〉

연도	장소/명칭	협상 분야	참가국수
1947	Geneva	관세	23
1949	Annecy	관세	13
1951	Torquay	관세	38
1956	Geneva	관세	26

7) World Bank data(data.worldbank.org); WTO · ITC · UNCTAD, *World Tariff Profiles*, 2013.
8) 도쿄라운드는 보조금 및 상계조치, 무역에의 기술적 장벽, 수입허가절차, 정부조달, 관세평가,
반덤핑, 쇠고기협정, 국제낙농협정 및 민간항공기교역의 9개의 코드(codes)를 낳았다.

1960 – 1961	Geneva / Dillon Round	관세	26
1964 – 1967	Geneva / Kennedy Round	관세 / 반덤핑	62
1973 – 1979	Geneva / Tokyo Round	관세 / 비관세장벽 / 골격협정문	102
1986 – 1994	Geneva / Uruguay Round	관세 / 비관세장벽 / 서비스 / 지적재산권 / 분쟁해결절차 / 섬유 / 농산물 / 무역관련투자 / 상품교역에 관한 규범강화 / WTO 설립 등	123

다. WTO 체제의 도래

7년간의 교섭 끝에 1994년 4월 15일 모로코의 마라케쉬에서 열린 각료회의에서 정식으로 '우루과이라운드 다자간 무역협상 최종협정문'(Final Act Embodying the Results of the Uruguay Round of Multilateral Trade Negotiations)이 채택되었으며, 이 협정문을 구성하는 '세계무역기구 설립협정('Marrakesh Agreement Establishing the World Trade Organization', '마라케쉬 협정'이라고도 함)'이 1995년 1월 1일 발효함에 따라 세계무역기구(WTO)가 출범하게 되었다.

GATT는 독립된 권한을 갖는 국제기구가 아니었으며 분쟁해결에 있어서도 피소국을 포함한 모든 체약국의 총의에 의해서만 의사결정이 이루어진다는 점에서 국제무역의 감독 및 분쟁해결에 있어 근본적인 한계를 가질 수밖에 없었다. 결국 독립된 법인격을 갖는 국제기구인 WTO가 설립되고, WTO가 WTO협정에 관한 회원간 국제무역분쟁 해결에 대한 강제관할권[9]을 갖게 됨으로써 GATT 체제의 문제점이 극복될 수 있게 된 것이다.

(2) 변천

WTO 체제의 출범 이후 몇몇 분야에서 추가적 협정의 체결로 인한 변화가 있었다. 1996. 12.에는 정보기술협정(ITA)이 체결되었는데, 이는 정보통신 분야 제품의 무관세화를 목표로 하는 것으로서, 컴퓨터 하드웨어, 소프트웨어, 반도체, 통신

---

9) WTO 강제관할권의 직접적 대상은 국가이지만, 국가를 대상으로 한 WTO의 결정을 통해 간접적으로 사인들도 큰 영향을 받게 되었다.

기기, 관련부품 등 202개 품목의 관세를 단계적으로 인하하여 결국 완전 폐지할 것을 목표로 하는 협정이다.[10] 또한 기설정 의제(built-in agenda)[11]에 따라 기본통신, 금융 분야의 후속협상이 1997년 완료되었다. 이들 후속협상의 특징은 해당 산업 무역의 상당한 비중(critical mass)을 차지하는 WTO회원들의 그룹이 비참여회원들의 상응하는 양허 없이도 그들에게까지 비차별적으로 양허의 효력을 확대하여 부여하는 것이다.[12] 즉, 복수국간 양허협상의 효과가 다자간에 발효하는 형식이다.

기존 협정이 종료된 경우도 있었는데, 1997년 12월에는 복수국간 협정 중 국제낙농협정 및 쇠고기협정이 종료되었으며, 관련 이슈는 농업협정과 위생검역협정[13]에서 다루어지게 되었다. 2001년 도하각료회의에서는 공중위생을 위한 TRIPs의 해석선언과 최빈개도국에의 의약품의 원활한 공급을 위한 강제실시의 허용범위를 넓히는 협약 개정이 제안되었다.[14] 또한 2005년 1월에는 섬유의류협정이 종료되었고, 이 협정이 규율하고 있던 분야는 GATT의 적용대상이 되었다.

2001년 카타르 도하에서 개최된 제4차 WTO 각료회의에서 도하개발아젠다(DDA)[15]가 출범하였다. DDA는 반세계화 풍조 속에서 선진국과 개도국의 의견대립으로 진전을 보지 못하다가 2013년 발리 각료회의에서 무역원활화협정을 채택하고, 2015. 12. 나이로비 각료회의에서 농산물수출보조금 금지, 안보목적 식량비축 허용, 개도국 특별세이프가드, 면화 및 최빈국 관련 결정 등을 채택한 것으로 사실상 종료하였다.

---

10) 2015. 12. 나이로비 각료회의에서 면세의 범위를 확대하는 ITA-II가 타결되었다.
11) 추후의 협상 의제를 미리 정해둔 경우, 이렇게 미리 정해진 의제를 기설정 의제라 한다.
12) 몇몇 학자는 이를 "MFN Club"이라고 부르고 있다. Bernard M. Hoekman and Petros C. Mavroidis, "MFN Clubs and Scheduling Additional Commitments in the GATT: Learning from the GATS", EUI Working Paper RSCAS 2016/06.
13) SPS협정은 공식번역은 "위생 및 식물위생조치 협정"이지만 우리말의 자연스러움을 위해 때로 위생검역협정으로 번역된다.
14) 2017. 1. 발효함.
15) DDA 전까지 다자간무역협상은 '뉴라운드(New Round)'로 칭하여졌으나, 개발도상국들의 주장에 따라 명칭에 '개발(development)'이 삽입되어 'Doha Development Agenda'라 불리게 되었다.

〈WTO 협정문의 구성〉

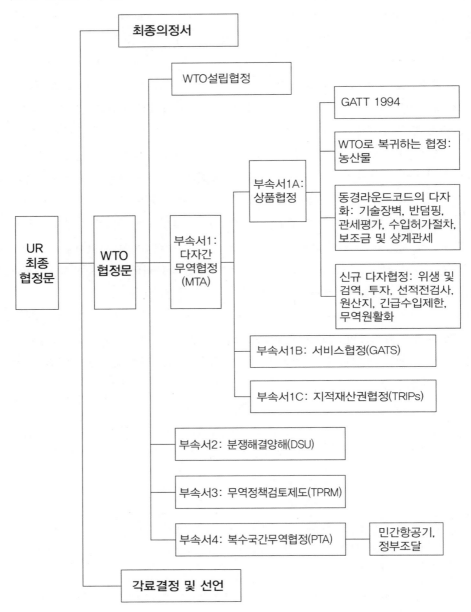

(3) 현재

2016년 7월 현재 164개 회원국이 있으며[16] 옵저버 국가[17]와 국제기구가 있다. 참여를 희망하는 국제기구는 각 회의체별로 옵저버 신청을 한다. 과거에는 서방을 중심으로 운영되었으나 도하라운드 이후에는 중국, 인도, 브라질 등의 입김이 세어졌으며, 러시아가 2012년 가입하면서 전 세계 주요국가·경제를 모두 포함하는 명실공히 범세계적인 기구가 되었다. 2016년 말 현재 WTO 사무국에는 634명의 직원이 있으며, 사무총장은 Roberto Azevêdo이다.[18] 한국 출신 WTO고위직으로는 김철수 전상공부장관이 사무부총장[19]을 장승화, 김현종 교수가 상소기구 위원을 역임하였다.

2. WTO 설립협정: 조직과 의사절차

(1) 조직

가. 각료회의

최고의결기구인 각료회의(Ministerial Conference)는 최소 매 2년마다 한 번씩 개최된다. 각료회의는 WTO협정과 부속 다자간무역협정하의 모든 분야에 대한 결정권을 갖는다. 특히 각료회의와 일반이사회는 WTO협정과 부속된 다자간무역협정의 '해석'에 관한 배타적 권한을 가진다.

나. 일반이사회

상시적 최고의결기구는 일반이사회(General Council)이다. 일반이사회는 위에서 본 바와 같이 WTO협정과 부속 다자간무역협정의 해석에 관한 권한을 가지며, 또한 회원국의 의무를 면제하는 규정에 관하여도 각료회의와 같은 권한을 가진다. 일반이사회는 업무성격에 따라 분쟁해결기구(Dispute Settlement Body) 또는 무역정책검토기구(Trade Policy Review Body)[20]가 되기도 한다. 일반이사회가 분쟁해결기

---

16) 중국 2001년, 캄보디아 2004년, 베트남 2007년, 라오스 2013년, 카작스탄 2015년 가입.

17) 바티칸을 제외하고는 5년 이내에 가입협상을 시작해야 한다.

18) 역대 GATT 사무총장은 Eric Wyndham White, Oliver Long, Arthur Dunkel, Peter Sutherland이고 WTO 사무총장은 Sutherland, Renato Ruggiero, Mike Moore, Supachai Panitchpakdi, Pascal Lamy이다.

19) 4인의 부총장이 있다.

20) 종전 무역규모에 따라 top 4는 2년, 그 다음 16국은 4년, 나머지는 6년 거치로 수행하던 회원국의 무역정책검토를 2019년부터는 3, 5, 7년 거치로 수행하기로 하였다.

구와 무역정책검토기구가 되는 경우, 각 기구는 자체적인 의장을 둘 수 있으며, 또한 자체적인 의사규칙도 제정할 수 있다. 일반이사회는 그 산하에 상품무역이사회, 서비스무역이사회 및 무역관련지적재산권이사회의 3개 이사회를 두고 있으며, 그 밖에 무역협상위원회(TNC), 복수국간(plurilateral)협정위원회, 예산행정위원회 등도 일반이사회에 보고한다.

〈WTO의 조직〉

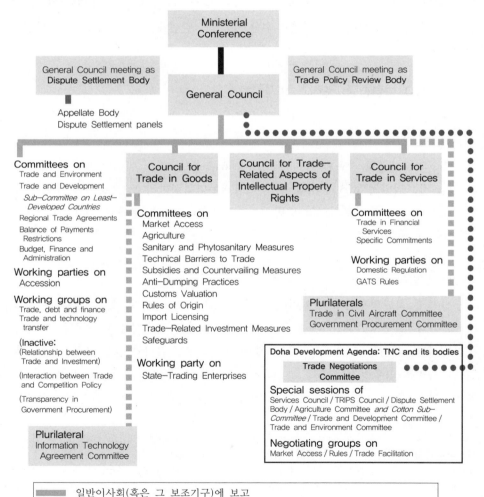

	Ministerial Conference	
General Council meeting as **Dispute Settlement Body**	**General Council**	General Council meeting as **Trade Policy Review Body**

Appellate Body
Dispute Settlement panels

Committees on
Trade and Environment
Trade and Development
Sub-Committee on Least-Developed Countries
Regional Trade Agreements
Balance of Payments Restrictions
Budget, Finance and Administration

Working parties on
Accession

Working groups on
Trade, debt and finance
Trade and technology transfer

(Inactive:
(Relationship between Trade and Investment)
(Interaction between Trade and Competition Policy)
(Transparency in Government Procurement)

Plurilateral
Information Technology Agreement Committee

Council for Trade in Goods

Committees on
Market Access
Agriculture
Sanitary and Phytosanitary Measures
Technical Barriers to Trade
Subsidies and Countervailing Measures
Anti-Dumping Practices
Customs Valuation
Rules of Origin
Import Licensing
Trade-Related Investment Measures
Safeguards

Working party on
State-Trading Enterprises

Council for Trade-Related Aspects of Intellectual Property Rights

Council for Trade in Services

Committees on
Trade in Financial Services
Specific Commitments

Working parties on
Domestic Regulation
GATS Rules

Plurilaterals
Trade in Civil Aircraft Committee
Government Procurement Committee

Doha Development Agenda: TNC and its bodies

Trade Negotiations Committee

Special sessions of
Services Council / TRIPS Council / Dispute Settlement Body / Agriculture Committee *and Cotton Sub-Committee* / Trade and Development Committee / Trade and Environment Committee

Negotiating groups on
Market Access / Rules / Trade Facilitation

일반이사회(혹은 그 보조기구)에 보고
분쟁해결기구(DSB)에 보고
복수국간협정위원회는 일반이사회 또는 상품무역이사회에 활동 보고
무역협상위원회(Trade Negotiations Committee)는 일반이사회에 활동 보고

다. 위원회

대부분의 WTO협정은 그 협정의 운영과 관련한 위원회(committee)를 설립하고 논의 결과를 소관 이사회에 보고하도록 하고 있다. 협상라운드가 진행되는 경우에는 이를 총괄하는 무역협상위원회(Trade Negotiations Committee)가 설치되고 WTO 사무총장이 위원장을 맡는다.

(2) 의사결정

WTO의 조직 구성은 회원국 중심주의(Members-driven)에 기반을 둔 것이다. 회원국 중심주의에 따라, 회원국은 모든 이사회 및 위원회에 참가할 수 있으며, 회의 의제의 제안, 채택, 심리, 결정이 모두 회원국에 의해서 이루어진다. WTO 사무국은 행정적, 전문적 지원만을 담당한다.

의사결정은 회원국의 총의[21])에 의한다. 총의에 의할 수 없을 경우에는 단순과반수 또는 특별정족수[22])의 표결에 의할 수 있으나 현재까지 대부분 총의에 의해왔다. 1회원은 1표를 행사한다.

(3) 회원

국가 및 다자간무역협정들의 이행에 완전한 자율권을 갖는 독자적 관세영역(홍콩, 마카오, 대만)이 회원으로 가입할 수 있다.[23]) EU의 경우는 예외적으로 개별 회원국으로부터 독립하여 회원자격을 갖는다.[24]) 본서에서는 편의상 국가라는 표현을 사용하기도 하지만, 공식적으로는 WTO의 법인격 및 회원자격을 반영하여 당사국(Party), 회원 국가(Country)라는 표현 대신 회원(Member)이라는 표현을 사용하여야 한다.

---

21) 총의는 어떤 참석 회원국도 공식적으로 제안에 반대하지 않는 경우 결정된 것으로 보는 것이다. 이에 반하여 소극적 총의 혹은 역총의란 반대하는 데에 이견이 없어야 부결되는 것을 의미한다.
22) 특별정족수에 대한 규정 중 일부를 살펴보면, (i) 협정 개정에 관한 결정은 사안에 따라 만장일치 혹은 2/3 다수결로 채택하고, (ii) 협정상 회원국의 의무를 3/4 다수결로 면제시킬 수 있으며, (iii) 설립협정 의사결정 관련조항 및 다자간 협정의 최혜국대우원칙 그리고 관세양허 규정의 개정에는 전 회원국의 수락이 필요하며, (iii) 신규 회원의 가입 결정은 2/3 다수결에 의한다.
23) WTO설립협정 제12조.
24) EU헌법인 리스본조약에 따라 대부분의 WTO의제는 EU의 관할에 속하지만 경우에 따라서 그렇지 않은 경우에는 개별회원국가가 대표권을 행사한다.

신규 가입절차는 다음과 같은 순서로 이루어진다.

(i) 해당국의 무역체제의 WTO규범 합치성 검토

(ii) GATT의 양허표 및 GATS의 약속표에 대한 협상

(iii) 가입 작업반 보고서 합의

(iv) 가입결정과 의정서 초안 합의

(v) 일반이사회 또는 각료회의에서 2/3의 다수결로 찬성

(vi) 서명 또는 비준서 기탁 후 30일이 지난 뒤 가입의정서가 발효됨

탈퇴는 언제든지 가능하다. 탈퇴는 서면 탈퇴 통고가 WTO 사무총장에게 접수된 날로부터 6개월 경과 후 발효된다. 하지만 아직까지 탈퇴한 사례는 없다.

각 회원국은 지방정부가 WTO협정상 의무를 준수하도록 가능한 합리적 조치를 취해야 한다. 정부가 전라북도 학교급식 조례에 대하여 GATT 위반을 이유로 행정소송을 제기하여 무효화시킨 것은 그러한 이유이다.[25] "가능한 합리적 조치"라고 한 것은 연방제국가의 경우 중앙정부에 의한 지방정부의 WTO법 준수유도에 헌법상 한계가 있을 수 있기 때문이다.

3. GATT 체제와 WTO 체제의 비교

UR을 통한 WTO 체제의 수립은 통상 분야에서 외교우선주의에 대한 법률우선주의의 승리라는 평가가 있었다. 분쟁해결제도의 강화라는 측면에서는 일면 타당하지만 양허협상 등을 통한 협정의 개정, 분쟁해결의 초기단계에 있어서 외교적 협의가 여전히 중요함은 물론이며, 적지 않은 경우에 있어 제네바주재 외교관이 분쟁해결 패널리스트의 기능을 수행함을 주목한다면 일방의 승리라 하기 어렵다.

	GATT	WTO
기구의 성격	국제협정	법인격을 갖는 기구
가입자 지위	체약당사자 (Contracting Parties)	회원(Members)
관세 및 비관세 장벽 완화	• 관세인하에만 주력 • 비관세장벽은 선언적 수준	• 관세인하는 물론 특정분야에 대한 일률적인 관세철폐 및 하향평준화 달성

25) 대법원 2005. 9. 9. 선고 2004추10 판결[전라북도학교급식조례재의결무효확인].

		• 비관세장벽 철폐 강화 – 회색지대 조치의 4년 내 철폐
국제무역 규율범위	• 상품(주로 공산품)	• 공산품, 농산물, 서비스 및 지적재산권, 투자조치 • 다자섬유협정(MFA) 폐기
무역규범 제정	• 포괄적 무역규범 제정실패	• 17개 다자간 협정을 포함한 포괄적 협정 – 서비스 및 지적재산권, 투자조치 포함 • 반덤핑관세 부과 기준 및 절차 명료화 • 보조금의 정의 및 규율강화 • 원산지협정, 선적전검사협정 등 제정
분쟁해결제도	• 분야별 협정에 산재 • 권고적 성격 • 총의를 통한 의사가 초래하는 외교적 타협 • 교차보복 규정 없음	• 통합 분쟁해결기구[26] 설치 • 분쟁해결양해에 따른 단계적 절차와 이행 기간 명료화 • 의사를 역총의로 채택함에 따라 법원칙에 충실 • 교차보복도[27] 허용

4. 향후과제

첫째, 의사결정에 있어 효율성을 제고하면서도 민주성을 확충하고 투명성을 유지하려는 개혁이 필요하다. WTO 체제에 편입하는 개발도상국의 수가 증가하여 의사진행 및 합의에 어려움이 있다. 효율성 제고가 필요한 부분이다. 또한 시민단체의 의사결정에의 참여 요구를 받아들일 것인지, 받아들인다면 어떠한 방식으로 받아들일 것인지도 문제된다. 민주성 확충이 요구되는 부분이다. 투명성은 이 모든 것의 전제가 되는 가치이다.

둘째, 2017. 12. 부에노스아이레스 각료회의가 낮은 관심 속에 구체적 결과물 없이 종료하였다. 회원국이 운영의 주체가 되는 회원국중심주의를 유지하면서도, 사무국의 조정자(facilitator)역할을 강화할 필요가 있어 보인다.

셋째, 당분간 single undertaking에서 일탈하여 복수국간협정을 통해서라도 협

---

26) 패널과 상소기구의 2심으로 구성되며 보고서는 DSB가 최종 승인한다.
27) 협정위반이 초래된 분야에서 실효적인 보복이 어려운 경우 그 밖의 분야에서도 보복조치(협정상 혜택의 중단)를 취할 수 있다. 소규모 개발도상국의 경우 선진국에 대하여 상품 또는 서비스분야의 의무위반에 대하여 지적재산권 분야에서 교차보복을 시행하는 경우가 많다.

상 대상의 확대와 규범의 심화가 필요하다. 특히 서비스·디지털무역, 그리고 싱가
포르 이슈 중 누락된 무역투자, 경쟁정책의 의제화를 위한 노력이 필요하다.

넷째, WTO와 자유무역협정(FTA)의 규율간 그리고 무역자유화 약속간 상호작
용을 통해서 상승작용을 이끌어 낼 수 있어야 한다. 그간 FTA를 통해서 산발적으
로 성취된 추가적 무역자유화의 결과가 WTO를 통해서 범세계적으로 확대되면서
무역규범의 통일성을 확보할 필요가 있다.

다섯째, 국제경제질서의 도덕적 정당성을 강화할 수 있는 법이념을 개발하고
법규로 구체화하여 정착시켜야 한다. GATT는 제18조에서 개도국에 대한 특별한
배려로 양허변경, 국제수지균형, 유치산업보호를 위한 정부조치를 폭넓게 인정하였
다. 나아가 1965년 GATT 제4부로 개발문제에 대한 고려를 약속하였으나 구속력이
없이 선언적 성격을 갖는다. DDA의 지지부진은 국제사회가 도덕보다는 실리에 의
해서 움직임을 확인시켜 주고 있다.

여섯째, 21세기 들어 지속되고 있는 전 세계적 경기침체의 해결에 있어 WTO
의 역할을 모색해 볼 필요가 있다.

제3절 WTO 체제하의 상품무역법제

1. GATT 1994를 포함한 부속서1A협정

GATT 1994는 GATT 1947과 그 부속규정, GATT 해석에 관한 각종 양해[28] 및
GATT 1994에 대한 마라케쉬 의정서로 구성된다. GATT 1994는 GATT 1947과 법
적으로는 구별되는 것이나, GATT 1947이 GATT 1994의 핵심을 이루고 있다는 점
에서 양자는 본질적으로 유사하다.

GATT 1947의 부속규정은 (i) 관세양허와 관련된 의정서와 증명서, (ii) 가입의
정서, (iii) 체약국단의 면제결정 및 그 밖의 결정을 포함한다. 패널이나 상소기구의
보고서에 담긴 결정은 여기서 말하는 '그 밖의 결정'에 포함되지 않는다.[29]

---

28) (i) 1994년도 GATT 제II조 제1항 (b)의 해석에 관한 양해, (ii) 1994년도 GATT 제XVII조의
해석에 관한 양해, (iii) 1994년도 GATT 국제수지 조항에 관한 양해, (iv) 1994년도 GATT 제
XXIV조의 해석에 관한 양해, (v) 1994년도 GATT 의무면제에 관한 양해, (vi) 1994년도
GATT 제XXVIII조의 해석에 관한 양해.

29) WTO/AB Report, Japan — Alcoholic Beverages II, p. 15.

다른 부속서1A협정에는 WTO출범 당시에 농업, 위생 및 식물위생, 섬유 및 의류, 기술장벽, 무역투자조치, 반덤핑, 관세평가, 선적전 검사, 원산지, 수입허가, 보조금 및 상계관세, 긴급수입제한조치 협정이 있었다. 2005년 섬유의류협정이 종료하였다. 한편, 2013. 12. 발리 각료회의에서 무역원활화협정(Agreement on Trade Facilitation)이 채택되었으며 2017. 2. 회원 2/3가 비준을 완료하여 WTO부속서 1A의 상품무역협정 중 하나로 발효하였다.

GATT 1994와 다른 상품무역 협정은 모두 WTO설립협정과 일체를 이루는 규정이며 나눌 수 없는 권리·의무의 패키지를 이루는 것으로 보아야 한다.[30] 하지만 불가피하게 충돌하는 경우에는 후자가 우선한다.[31] 이는 양 협정의 의무가 충돌하는 것과 같은 진정한 충돌을 의미하며 한 협정에는 언급이 없지만 다른 협정이 규정하는 것은 진정한 충돌이 있다고 할 수 없으며 회원국은 양 협정을 모두 준수하여야 한다. 지금까지 진정한 충돌이 인정된 사례는 없다. 실무상의 경향은 이를 일반법과 특별법의 관계로 이해하고 양자가 모두 관련되는 경우에는 GATT보다는 다른 상품무역협정을 먼저 적용하는 것으로 이해된다. 이때 다른 상품무역협정 위반이 인정되는 경우에는 소송경제상 이와 관련된 GATT 위반여부에 대한 심리를 생략할 수 있을 것이다.[32]

2. 복수국간협정과 가입의정서

선택적 가입이 가능한 복수국간협정은 처음에는 민간항공기, 정부조달, 낙농, 쇠고기협정이 있었으나 후 2자는 1997년 폐지되고 각 분야는 농산물협정과 SPS협정의 적용을 받게 되었으며 전 2자만 남았다. 한국은 정부조달협정에만 가입하였다. 한편 2014년에는 환경상품교역에 관한 복수국간협정을 추가하기 위한 협상이 개시되었다.

1995년 이후 비시장경제국가들의 WTO 신규가입시에는 원회원국에게 부과되지 않았던 의무들이 시장경제국가들과의 형평을 명목으로 부과되었다. 예컨대 중국에 대해서는 다른 회원국이 차별적 긴급수입제한조치를 취하는 것이 한시적으로 허용되었다. 이와 같이 가입의정서도 WTO상품무역법제의 일부를 이룬다.

---

30) WTO/AB Report, Argentina — Footwear (EC) (2000), para. 81.
31) General Interpretive Note to Annex 1A.
32) WTO/AB Reports, EC — Asbestos, para. 77; EC — Sardines, para. 195.

3. WTO협정 적용상의 원칙

WTO는 GATT 체제의 관행 및 결정(GATT Acquis)을 존중하며, 1947년 이래 GATT 체제하에서 누적된 법을 계승한다.[33] WTO는 또한 기존 국제법 질서 하에서 운용된다. 따라서 국제법의 일반원칙을 분쟁해결기구에서 원용할 수 있다.[34] 그러나 국제관습법이나 법의 일반원칙이 독립적인 법원(法源)이 되기보다는 WTO법의 해석 적용을 위한 보충적 법원이라고 할 것이다. WTO협정과 무관한 분쟁은 WTO분쟁해결기구의 관할 범위 밖이다.[35]

WTO설립협정과 부속 다자간무역협정 규정이 상충하는 경우에는 WTO설립협정이 우선한다. 설립협정에 대한 유보는 불가능하다. WTO설립협정의 전문은 부속협정의 해석상 맥락을 구성하며 개별협정하 회원국의 권리와 의무에 색조와 질감과 음영을 제공한다.[36]

제4절 FTA

1. 개관

(1) RTA/FTA: 개념, 유형, 이념

'지역(region)'의 개념은 국가 내부의 하위영역을 지칭할 수도 있고 국가 외부의 상위영역을 지칭할 수도 있으나 국제경제법상 RTA(Regional Trade Area or Agreement, RTA)는 국가 상위의 지역개념에 기초한 지역경제통합협정 또는 그것이 포섭하는 확대된 영역을 의미한다.

---

33) WTO 설립협정 제16조 제1항, "Except as otherwise provided under this Agreement or the Multilateral Trade Agreements, the WTO shall be guided by the decisions, procedures and customary practices followed by the CONTRACTING PARTIES to GATT 1947 and the bodies established in the framework of GATT 1947."
34) DSU 제3조 제2항.
35) "We see no basis in the DSU for panels and the Appellate Body to adjudicate non — WTO disputes. Article 3.2 of the DSU states that the WTO dispute settlement system 'serves to preserve the rights and obligations of Members under the covered agreements, and to clarify the existing provisions of those agreements'." Mexico — Taxes on Soft Drinks (WT/DS308/AB/R), para. 56.
36) AB Report, US — Shrimp, paras. 153 – 155.

　　지역경제통합에는 지역무역협정, 관세동맹(CU, Customs Union), 자유무역협정 (FTA, Free Trade Area or Agreement), 공동시장(요소이동자유화, 대외경제정책 조정), 경제통합(경제정책조화: Economic Integration) 등 다양한 형태가 있다.

〈지역무역협정의 종류와 포괄범위[37]〉

역내관세 철폐	역외 공동관세부과	역내생산요소 자유이동보장	역내공동경제정책 수행	초국가적기구 설치·운영
① 자유무역협정 (NAFTA, 한미FTA 등)				
② 관세동맹 (베네룩스관세동맹, MERCOSUR)				
③ 공동시장 (EEC, CACM,[38] ANCOM[39] 등)				
④ 완전경제통합 (1992년 마스트리히트조약 발효 이후의 EU)				

　　자유무역협정은 특정국가간에 배타적인 무역특혜를 서로 부여하는 협정으로서 가장 느슨한 형태의 지역 경제통합이며, 지역무역협정의 대종을 이루고 있다. 자유무역협정은 당사국 모두의 상호적 무역자유화를 요건으로 함에 비하여 일방적 무역자유화로 차별적 특혜를 부여하는 PTA(Preferential Trade Arrangement)와 구별 짓기도 한다. 이하에서는 지역무역협정을 자유무역협정과 같은 의미로 파악하고 혼용한다.

　　지역무역협정 옹호론자들은 FTA가 범세계적 무역자유화에 디딤돌이 될 수 있다는 희망을 피력한다. 하지만 다자적 무역자유화를 지지하는 측에서는 지역무역협정의 증대가 다자주의에 장애가 되고 있다고 지적한다. 순전히 경제적으로 본다면 자유무역협정의 득실은 무역창출효과와 무역전환효과의 상대적 크기에 의하여 결정된다. 그렇지만 자유무역협정에 따른 사회경제변화에 적용하기 위하여 겪어야

---

37) 출처: http://www.fta.go.kr/의 〈FTA 일반〉을 기초로 수정함.
38) Central American Common Market.
39) Andean Community.

하는 구성원의 비경제적 적응비용을 고려한다면 단순히 플러스 무역효과가 있다는 것만으로는 자유무역협정의 추진 근거로 빈약하며,[40] 플러스 무역효과가 충분히 클 뿐만 아니라 자유무역협정 체결에 따른 부작용을 최소화하고 창출되는 기회를 극대화할 수 있는 구체적 계획이 동반되어야 한다.

(2) 전개

1947년 GATT의 체결당시와 현재까지 자유무역협정(FTA)과 지역무역협정(RTA)은 종종 혼용되었으며 그런 배경에서 GATT 제XXIV조는 그 문언에 "지역"이라는 표현을 전혀 사용하지 않았음에도[41] 지역무역협정에 관한 규정으로 이해되어 왔다. 유럽공동체는 자유무역을 추구하는 유럽지역협정이었다.

'지역주의'는 국가나 범세계에 비하여 '지역'이 중시되어야 한다는 사회·문화·정치·경제적 운동으로서 다양한 형태를 가지고 발전하였다. 특히 유럽경제공동체(European Economic Community, EEC)의 형성과 유럽연합(European Union, EU)으로의 성장은 범세계적 자유무역에 앞서서 역내에서 선도적으로 과감한 무역자유화를 추진하고 이를 위한 법적 기반을 설계함으로써 국제경제법 발전에 기여하여 왔다. 그러나 이는 유럽지역에 한정되고 다른 지역으로 확산되지는 못하였다. 비록 동남아시아국가연합(Association of South–East Asian Nations, ASEAN)과 북미자유무역협정(North American Free Trade Agreement, NAFTA)이 체결되었으나 이는 다분히 경제적 협력의 연대 수준에 머물렀을 뿐 법적, 정치적 지역공동체로 나아가지 못하였다. 또한 RTA는 개념적으로 FTA의 일부라고 할 것이나 FTA가 지리적 원근과 무관하게 체결되는 현실에서 WTO실무에서는 양자가 동의어로 취급되고 있다.

근년 들어 세계무역기구(World Trade Organization, WTO) 도하개발의제(Doha Development Agenda, DDA)협상의 정체와 자유무역협정 체결의 활성화는 두 현상 상호간 인과관계의 규명은 차치하고 현실적으로 FTA에 국제무역 규범의 발전을 선도해나갈 역할을 부여하고 있다.

WTO협정은 다자적 무역자유화에 대한 보완책으로 지역적 무역자유화가 추진될 수 있음을 인정하면서도 양자 간의 긴장관계를 직시하여 지역무역협정이 다자 무역자유화에 긍정적으로 기여하고 저해요소로 작용하지 않기 위한 요건을 설정하

---

40) 국내경제구조의 개혁을 위한 외부적 동인으로 작용할 수 있다는 주장도 있다.

41) 제XXIV조의 제목은 "Territorial Application — Frontier Traffic–Customs Unions and Free-Trade Areas"이다.

고 있다. 즉, 다음 단락에서 설명하는 대로 GATT와 GATS는 일부회원국에 의한 관세동맹, 자유무역지대의 형성과 그들 간의 특혜대우를 용인하면서도 FTA가 대내적으로 실질적인 무역자유화를 달성하고 대외적으로 제3국에 대한 무역장벽이 종전보다 높아지지 않아야 한다는 조건을 부과하고 있다.

FTA가 다자무역질서의 근간인 최혜국대우(MFN)원칙에 배치되지만, GATT 이전에 존재한 다양한 형태의 지역주의를 포섭하고 미래에 발생할 수 있는 자유무역협정 체결 필요성을 대비하여 WTO회원들은 신축적인 규정제정과 적용 태도를 보이고 있다.

2. WTO의 RTA 관련규정 및 통제메커니즘

(1) GATT 제XXIV조

GATT는 RTA를 수용하면서도 역내적으로 관세나 다른 무역장벽이 실질적으로 모든 무역부분에 있어 완화 또는 제거되어야 하며 역외적으로 협정 이전에 비해 교역이 더 제한적이지 않아야 한다는 요건을 부과하고 있다.

가. 대외적 조건

GATT 제XXIV조 '영토적 적용, 국경무역, 관세동맹 및 자유무역지역'[42]

"5. 따라서 이 협정의 규정은 체약당사자 영토간에 관세동맹 또는 자유무역지역을 형성하거나 관세동맹 또는 자유무역지역의 형성을 위하여 필요한 잠정협정을 채택하는 것을 방해하지 아니한다. 단,

(a) [관세동맹과 관련하여 (b)호와 같은 취지이지만 약간 다른 규정(필자주)][43]

(b) 자유무역지역 또는 자유무역지역의 형성으로 이어지는 잠정협정에 관하여는, 각 구성영토에서 유지되고 또한 동 자유무역지역의 형성 또는 동 잠정협정의 채택 시에, 동 지역에 포함되지 않았거나 동 협정의 당사자가 아닌 체약당사자의 무역에 대하여 적용 가능한 관세 및 그 밖의 상거래

---

42) GATS 제5조도 서비스무역과 관련하여 동일한 취지로 규정하고 있다.

43) 제XXIV조5(a) "...duties and other regulations of commerce...shall not <u>on the whole</u> be higher or more restrictive than <u>the general incidence</u> of the duties and regulations of commerce applicable in the constituent territories prior to the formation of such union..."(필자 밑줄).

규정은 자유무역지역의 형성 또는 잠정협정 이전에 동일한 구성영토에서 존재하였던 상응하는 관세 또는 그 밖의 상거래 규정보다 더 높거나 더 제한적이어서는 아니 된다."

　(b)호는 소위 대외적 조건으로, 전체적으로 제3국에 대한 무역조건이 악화되지 않을 것을 요구할 뿐만 아니라 개별 조치에 있어서도 악화되지 않아야 한다.[44] 이는 관세동맹의 경우 전체적으로 제3국에 대한 교역조건이 악화되지 않을 것만을 요하는 것과 비교된다.[45]

나. 대내적 조건
　"8. 이 협정의 목적상
　(a) 관세동맹은 (i) …[(b)호와 같은 취지의 규정(필자 주)]하고 (ii) 제3국에 대하여 실질적으로 동일한 관세와 통상규정의 적용하는 단일 관세 지역의 형성을 의미한다.
　(b) 자유무역지역은 관세 및 그 밖의 제한적인 상거래 규정(필요한 경우 제11조, 제12조, 제13조, 제14조, 제15조 및 제20조 하에서 허용되는 것은 제외한다)의 구성영토를 원산지로 하는 상품의 동 영토간의 실질적으로 모든 무역에 대하여 철폐되는 둘 또는 그 이상의 관세영역의 일군을 의미하는 것으로 양해한다."

　소위 대내적 조건으로서 실질적으로 모든 무역이 어느 정도를 의미하는지가 한때 논의가 되었지만 FTA를 체결하는 당사국간의 사정에 의해서 그 정도가 유동적이다. 적어도 모든 무역과 일부 무역의 중간에 위치하며,[46] 당사국 중 일방이 시장을 개방하는 반면에 타방은 전혀 개방하지 않는 것은 이 요건을 충족하지 못함은 분명하다.[47] 그런데 제3국의 입장에서는 굳이 높은 정도의 통합을 요구하여 무

---

44) 실행관세를 양허관세 한도에서 인상하는 것이 법이론상으로 허용된다고 하더라도 이와 같은 제3국에 대한 실행관세 인상은 대외 관계를 악화시킬 우려가 있기에 실제로는 발생하지 않을 것이며, 만약 발생하는 경우에는 보상을 제공할 것이다.
45) 「GATT 제XXIV조의 해석에 관한 양해」para. 2와 GATT 제XXIV조6는 실행관세를 수입량에 의해 가중평균하여 비교하며 관세율이 인하된 관세동맹회원국으로부터 받게 되는 혜택을 고려할 것을 요구한다.
46) AB Report, Turkey — Textiles (1999), para. 48.
47) GATT Panel, EEC — Banana II (DS38/R), 1994, unadopted, para. 159.

역전환에 따른 자국의 피해를 자초할 이유가 없으므로 이를 문제 삼는 경우는 드물다.[48]

다. 무역제한 조치의 불가피성

지역무역협정(또는 관세동맹) 예외를 주장하는 회원은 해당 조치가 아니고는 지역무역협정을 구성하지 못한다는 불가피성을 입증해야 한다.

GATT 부속서상의 제XXIV조 제9항에 대한 주석은 "특혜관세율로 관세동맹 또는 자유무역지역 회원국의 영토로 수입된 상품이 동 동맹 또는 지역의 다른 회원국의 영토로 재수출되는 때에는, 제I조의 규정은 후자의 회원국이, 이미 지급된 관세와 동 상품이 직접 그 영토로 수입되고 있는 경우 지급할 더 높은 관세간의 차액과 동일한 관세를 징수하여야 한다는 것을 요구하는 것으로 양해한다."고 하여, 지역무역협정 등에 의하여 수입된 상품이 재수출되는 경우에 대하여 규정하고 있다.

터키-섬유 사건[49]에서 터키는 EU와의 관세동맹을 유지하기 위해서는 인도로부터 수입되는 섬유제품의 EU지역으로의 유통을 막기 위한 수량제한이 불가피하며 이는 GATT 제XXIV조에 의해 정당화된다고 주장하였으나, 상소기구는 무역제한조치의 불가피성은 이를 주장하는 국가에서 입증하여야 하며, 이 사안에 있어서는 원산지증명제 등을 통하여 인도제품이 무관세로 EU로 유통되는 것을 막고 관세를 재조정하는 것과 같은 덜 무역제한적인 대안이 있었으므로 수량제한이 없었다고 하여 관세동맹이 불가능하지 않다는 이유로 터키의 주장을 배척하였다.[50]

라. WTO비회원국과의 FTA

GATT 제XXIV조와 제I조의 문언에 의하면 WTO회원국 간의 FTA만 최혜국대우원칙의 면제를 받으며 비회원국과의 FTA의 경우에는 그 혜택이 자동적으로 다른 WTO회원국에게 제공되어야 할 것이다. 그러나 확립된 관행에 의하면 비회원국과의 FTA도 WTO에 통보되며 그 혜택은 다른 WTO회원국에게 제공되지 않는다.[51]

---

48) 예컨대, 한중FTA의 자유화 수준이 낮다고 미국이나 베트남 등이 한중FTA의 자유화 수준을 높일 것을 요구할 이유가 없는 것이다.

49) Turkey — Restrictions on Imports of Textile and Clothing Products, WT/DS34/AB/R, 1999.

50) 그 밖에 상소기구는 협정문이 "형성"(formation)이라는 단어를 사용하는 것을 주목하여 형성 이후 단계에서의 제약은 GATT 적용이 면제되지 않는다고 해석하였는데 이는 많은 비판을 받고 있다.

51) 예, EC — CARIFORUM, Ukrain — Uzbekistan, Turkey — Syria, EFTA — Lebanon FTA.

관련 국내법: 세계무역기구협정의 이행에 관한 특별법(1995)

• 동법 제5조는, "남북한간의 거래는 민족내부거래로서 협정에 의한 국가간의 거래로 보지 아니한다."고 규정한다. 하지만 WTO 가입 시 위와 같은 내용에 대한 유보가 없었으므로 WTO법 불합치가 아닌지 우려된다. 이에 대하여 의무면제(waiver)를 받는 방법, 경제통합, 즉 FTA를 추진하는 방법 등이 있으나 전자는 요건이 엄격한데 뒤늦게 긁어 부스럼을 만들 수 있다는 문제점을, 후자는 정치적 여건이 아직 조성되지 않았다는 현실적 한계를 지닌다.

• WTO체제 내에서 최빈국에게 일반적으로 무관세, 할당무제한의 혜택을 부여하고는 있으나 북한은 최빈국은 아니다.

---

(2) 통보와 심사

가. 통제절차의 개선

GATT와 WTO는 지역무역협정을 체결하는 경우 관련 이사회에 통보하고 심사를 받도록 규정하고 있으나 준수되지 않는 경우가 많았다. 도하라운드협상에서 지역무역협정에 적용되는 현행 WTO 규정의 기준 명확화와 절차개선을 안건으로 설정하였으나 협상의 진전이 더디었다. 이에 당시 WTO 사무총장인 Pascal Lamy의 제안에 의하여 2006. 7. 회원국들이 도하라운드협상을 타결하기 전까지 다음과 같은 내용을 담은 투명성 통제메커니즘을 임시적으로 시행할 것에 합의하였다.

(i) RTA 협상의 시작을 다른 회원국에서 통지할 것

(ii) 협정의 서명을 다른 회원국에게 통지할 것

(iii) RTA가 비준되면 즉시 공식적으로 다른 회원국들에게 공지할 것

(iv) RTA의 이행과정의 변화를 WTO에 통지할 것.

나. WTO 규범합치성에 대한 판단

FTA가 범세계적 무역자유화에 받침돌이 될지 걸림돌이 될지는 이론상으로나 경험상으로나 논란이 해소되지 않고 있다. FTA는 WTO의 지역무역협정위원회(Committee on Regional Trade Agrements, CRTA)에 통보되어 검토의 대상이 되지만 투명성강화메커니즘 도입 이후 현재 동 위원회는 통보된 FTA의 WTO합치성에 대한 평가를 더 이상 하지 않는다. 이론상 패널이나 상소기구가 분쟁의 해결에 필요

한 한도에서 이를 판단할 권한이 있음은 분명하며,[52] GATT 제XXIV조에 따른 예외를 주장하는 측에서 당해 FTA가 제XXIV조의 요건을 충족함을 보여야 한다.[53] 그러나 실제에 있어서는 FTA 체결이 단순히 법적, 경제적 결정이 아니라 고도의 정치적 성격을 갖는 이유로 법적 판단을 어렵게 한다.[54] 결과적으로 FTA를 WTO 협정위반으로 제소하는 경우도 드물고 인정되는 경우는 더욱 희소하다.

(3) 허용조항

소위 허용조항(Enabling Clause)은 GATT의 1979년 결정[55]으로서 회원국들이 개도국에 대해 특혜대우를 제공하도록 허용했을 뿐만 아니라(para. 1) 개도국회원 상호간에 보다 완화된 조건으로 지역무역협정을 체결할 수 있도록 허용한 것이다(para. 2). 즉, 다른 회원에 대하여 장벽을 높이거나 부당한 어려움을 야기하지 않는다는 추상적 조건하에 지역협정 체결이 허용된다.[56] 동 조항은 일반특혜관세(GSP) 및 방콕협정[57] 등의 근거가 되었다.

(4) 분쟁해결포럼선택

FTA는 해당 FTA의 해석 적용과 관련한 분쟁해결을 위한 규정을 두는 것이 일반적이다. 그런데 FTA의 규정과 WTO 규정은 상당부분 중첩하므로 FTA와 WTO의 분쟁해결절차를 양립적으로 인정하는 경우에 자기에게 유리한 분쟁절차를 선택하는 이른바 'Forum shopping'의 위험이 있다. 이 경우 제소국은 양 규정의 차이 등에 기인한 승소가능성, 예견가능성뿐만 아니라 판결의 영향력도 감안하게 된다. 그 결과 현재까지는 WTO분쟁해결절차가 선호되고 있다.

---

52) Turkey — Textile, AB, para. 58 − 9.
53) US — Line Pipe, Panel, para. 7.144.
54) GATT 채택 이후 최초의 지역무역협정인 ECSC는 단지 석탄, 철강 분야에서의 무역제한만 철폐하고 있으므로 제소되었더라면 제XXIV조의 "실질적으로 모든 영역에서의 무역제한 철폐" 요건의 위반이 선언되었을 것이다. 결국 어떤 FTA를 제소하여 그 규율을 엄격하게 하는 것은 제소국 자체의 장래 행동을 제약하는 것을 포함하여 어떤 부메랑 효과가 미칠지 예측하기 어렵기에 쉽게 나서지 않는 것이다.
55) Differential and more favourable treatment reciprocity and fuller participation of developing countries, Decision of 28 November 1979 (L/4903).
56) Ibid., para. 3.
57) 아시아태평양국가(방글라데시, 스리랑카, 인도, 라오스, 한국)간 특혜관세 부여.

(5) 분쟁사례

GATT/WTO 역사상 어떤 FTA가 GATT 제XXIV조를 충족하는지 여부에 대한 판결 결정례는 극히 드물다. GATT시절 대표적인 사례로는 EEC-바나나 사건에서 아프리카-캐리비안-태평양 국가들에게 유리한 EC의 차별적 바나나 수입제도가 EC와 이들 국가들 사이에 로메(Lomé)협약에 의해 보호될 수 있는지에 대해 판단하여 로메협약은 GATT 제XXIV조 요건을 충족하지 못한다고 판정한 것을 들 수 있다.[58]

WTO 체제하에서는 터키-섬유 사건[59]이 대표적인데 터키가 EC와 체결한 관세동맹의 후속조치로 섬유수출에 대하여 새로운 장벽을 쌓아 인도가 피해를 입었다고 한 사건인데 패널과 상소기구는 터키를 통해 다른 EC회원국으로 수출되는 제3국 산품에 대해서는 원산지 판정을 통해서 관세를 조정하면 되는데 수량제한을 하는 것은 필요성 기준을 일탈한 것이라고 판시하여 GATT 제XXIV조의 요건을 비교적 엄격하게 해석하였다.

WTO회원국간에 체결된 FTA상의 규정과 WTO협정상의 규정이 충돌하는 경우 다자조약의 당사자들 중 일부가 그들 간에 특별한 합의를 통해서 다자조약상 의무를 수정하는 것이 이를 그 다자조약이 금지하지 아니하고 다른 체약국들의 권리의무를 저해하지 않는 등의 조건하에 가능하다는 비엔나조약법협약 제41조에 의거해서 FTA 규정이 WTO의무위반에 대한 정당한 항변사유가 될 수 있는지가 문제된 적이 있다.[60] 상소기구는 WTO협정은 회원의 의무변경이나 면제(waiver), 지역협정 예외에 대해서 규정하고 있으므로 위 비엔나조약법협약 규정에 대해 우선적으로 적용되며, FTA를 통해 WTO협정의무로부터 예외를 인정받고자 한다면 GATT 제XXIV조, 허용조항에 규정된 구체적인 조건을 충족하여야 한다고 설시하였다.[61]

58) GATT/DS32/R, dated 3 June 1993; DS38/R, dated 11 February 1994.
59) WTO/DS34, Turkey—Restrictions on Imports of Textile and Clothing Products.
60) WTO/DS457, Peru—Agricultural Products (2015). WTO농업협정과 GATT 제II:1(b)에 비합치하는 수입에 대한 추가적 부과금이 페루-과테말라간 FTA에 의해 허용되는 가격대역제(Price Range System)에 의하여 정당화될 수 있는지가 문제되었다.
61) AB Report, WTO/DS457, Peru—Agricultural Products (2015), paras. 5.111-116.

제 2 장

분쟁해결제도

제 1 절 서론

1. 일반론

WTO는 WTO협정의 해석과 적용에 관한 회원국간 분쟁을 해결하는 정부간 절차를 마련하고 있다. WTO상품무역협정과 관련된 분쟁의 해결에 적용되는 WTO 협정상 규정으로는 다음과 같은 것들이 있다.

(i) 분쟁해결규칙 및 절차에 관한 양해

(ii) GATT 제22조, 제23조

(iii) 기타 부속협정별 특칙

GATT 제22조 및 제23조가 최초의 분쟁해결관련 규정이었으나 간단한 규정이기에 구체적 절차의 많은 부분은 사건을 처리하는 과정에서 관행을 통하여 형성되어 갔다. 이를 정리하여 1979년 도쿄라운드에서 분쟁해결절차를 구체화하는 양해[1]가 채택되었다. GATT시대의 분쟁해결제도는 법적 해결보다는 외교적 타협이 중시되었고 패널의 구성이나 패널보고서 채택에 적극적 총의가 요구되었으므로 피소국이 거부권을 행사할 수 있었다. 결과적으로 약자보다는 강자에게 유리하고, 절차에 장기간이 소요되며, 또한 판정결과에 대한 예견가능성이 떨어진다는 비판이 가해

---

1) Understanding Regarding Notification, Consultation, Dispute Settlement and Surveillance, L/4907, BISD 26 Supp 210.

졌다. 이러한 배경에서 우루과이라운드 협상 결과 탄생한 분쟁해결규칙 및 절차에 관한 양해(Dispute Settlement Understanding, DSU)[2]는 국제경제분쟁의 법적 해결을 향한 큰 진보로 평가된다. 협정위반을 판정할 수 있는 것은 오직 분쟁해결기구 (Dispute Settlement Body, DSB)에 주어진 권한이다. 회원국이 DSU 절차를 벗어나서 자의적으로 판정하거나 자력구제를 행사하는 것은 허용되지 않는다. 이 분쟁해결 양해는 모든 WTO다자간상품무역협정과 복수국간협정 중 정부조달협정에 관련된 분쟁에 적용된다. 일부 부속협정에는 그 부속협정상 분쟁해결에 관한 특칙을 두고 있는 경우가 있어서 그 특칙이 우선하여 적용되지만 DSU는 WTO분쟁해결체제의 통합성과 일관성을 담보하기에 충분한 역할을 하고 있다.

　　GATT 분쟁해결절차는 단심의 패널절차로만 운영되었으나, WTO 분쟁해결제도는 패널절차 및 상소기구에 의한 이심제로 운영된다. 제1심인 패널은 사실관계를 확정하고 이와 관련하여 WTO 법규를 해석·적용하지만, 상소기구는 법률심이기 때문에 사실관계를 재론하지 않는다. 분쟁해결기구는 패널의 설치, 패널이나 상소기구의 최종 평결을 담은 보고서의 채택, 보복조치의 승인 등 중요한 결정을 역총의(reversed consensus)에 의하여 결정한다. 역총의란 채택하지 말자는 총의가 있지 않는 한 채택을 보장하는 것으로서, 모든 최종 평결이 자동적으로 채택되는 결과를 가져온다. 이는 재판부의 법적 평가가 회원국의 정치적 판단과 영향으로부터 독립할 수 있는 절차적 보장이 된다.[3]

　　1995년 이래 2018년 2월 현재까지 540건의 WTO제소가 있었다. WTO 분쟁해결절차 도입 초반기에 비하여 기존 회원국의 제소는 점차 감소 추세에 있으나, 중국 등 신규 회원국들의 피소와 제소가 있어서 전체적으로 매년 20건을 약간 하회하는 숫자의 제소가 안정적으로 이루어지고 있다. 전반적으로 회원국들이 WTO제소를 남용하기보다는 신중하게 이용하는 것으로 평가된다. 보고서 채택단계에 이른 분쟁 중 90% 정도의 경우에 조치의 WTO협정 비합치 결정이 내려졌다.

　　WTO의 협상의 장으로서의 기능이 제 역할을 발휘하지 못하고 있는 현 상황에서 WTO의 분쟁해결제도는 WTO회원국간 권리의무의 균형을 유지하고 WTO법체계에 안정성과 예측가능성을 부여하면서 WTO체제에서 '왕관의 보석' 같은 존재

---

2) 정식명칭은 Understanding on Rules and Procedures Governing the Settlement of Disputes.
3) 관행이던 상소기구위원의 연임과 관련하여 2016년 미국이 총의의 성립을 반대한 것에 대하여 분쟁해결기능의 독립성을 해하는 행위라는 비판이 적지 않았다.

라고 칭송되기도 한다.

2. WTO 분쟁해결기구 관할의 성격

(1) 강제관할

회원국은 피소국의 동의가 없어도 모든 WTO회원국에 대해 DSB에 제소를 할 수 있다.[4] 일반 국제법정에의 제소에서 요구되는 '국내적 구제절차를 다할 것'이라는 요건은 요구되지 않는다. 다만, 회원(국)에게만 제소권이 있고 사인이나 비회원에게는 제소권이 없다.

(2) 배타적 관할

DSU 제23조는 WTO회원국이 WTO협정과 관련된 분쟁을 해결하기 위해서는 DSU의 규칙과 절차에 따라야 한다고 규정하고 있다. 이에 따라 WTO회원국은 일방적으로 타방의 법 위반 여부를 결정해서는 안 된다. 또한 이 규정은 WTO DSB가 WTO협정과 관련된 분쟁에 대한 배타적 관할권을 갖는다는 것을 선언한 것으로 해석될 수도 있다. 이론상 다른 분쟁해결기관의 이용도 가능하다는 이견이 있을 수는 있지만, 실제 법실행은 WTO DSB가 배타적 관할권을 행사하는 형태로 정착되었다.

WTO회원국 사이에 체결한 FTA에 분쟁해결규정을 두고 있어 발생한 분쟁에 DSU 및 해당 FTA상 분쟁해결규정이 모두 관련되는 경우에도, 분쟁당사국이 WTO 분쟁해결기구에 해결을 부탁하는 경우에는 관할을 부인하지 않는다.[5]

(3) 제한적 관할

한편, WTO DSB는 종류를 불문하고 모든 분쟁사안을 처리하는 일반적 관할권을 갖는 것이 아니라 WTO협정의 해석 및 적용과 관련된 분쟁만을 처리하는 제한적 관할권을 갖는다. 나아가 설치된 패널이나 상소기구는 원칙적으로 사안에 적용 가능한 모든 쟁점을 심리하는 것이 아니라 분쟁당사국이 주장을 통하여 심리에 회부한 쟁점에 대해서만 판단한다. 또한 '현실화된 분쟁'에 대해 이해관계를 갖는 회원국이 분쟁해결기구를 이용할 수 있을 뿐으로서, 현실화되지 않은 분쟁에 대해서

---

4) 이에 반하여 ICJ에 제소하기 위해서는 원칙적으로 피소국의 동의가 있어야 한다(임의관할).
5) Mexico — Taxes on Soft Drinks, WT/DS204. NAFTA에서 처리할 수 있음에도 미국은 WTO 에 제소하였다.

는 권고적 의견을 구할 수 없으며, 또한 회원국이 아닌 기관이 권고적 의견을 구할
수도 없다.[6]

3. 제소의 요건

GATT 제23조는 제소의 요건을 설명한다. WTO에 다른 회원국을 제소하기 위
해서는, 제소국은 자신의 협정상 혜택이 무효화 또는 침해되었거나 협정의 목적 달
성이 방해되었음을 보여야 한다. '협정상 혜택의 무효화 또는 침해'나 '협정의 목적
달성 방해'는 다음과 같은 경로로 발생할 수 있으며, 각각에 대해 별도의 명칭이 부
여되어 있다.

(i) 협정상 의무를 위반으로: 위반제소
(ii) 협정상 의무 저촉여부를 불문하고 다른 회원국에 의한 특정 조치 적용으로:
비위반제소(일본 – 필름 사건[7])
(iii) 그 밖의 상황의 존재로: 상황제소

'협정상 혜택의 무효화 또는 침해', '협정의 목적 달성 방해'가 있는 경우 제소
의 법적 이익은 당연히 인정되며 별도로 제소의 법적 이익을 밝힐 것이 요구되지
않는다. '협정상 혜택의 무효화 또는 침해'와 별도로 '협정의 목적 달성 방해'가 인
정된 경우는 거의 없었으며, 또한 상황제소도 그간 발생하지 않았다.

제 2 절 적용법규

WTO 설립협정과 부속협정이 적용되며 설립협정이 가장 우선하고 GATT와 분
야별 부속협정 간에는 분야별 부속협정이 우선한다. 다른 국제협정이 WTO협정에
의해 명시적으로 편입된 경우 이렇게 편입된 다른 협정도 WTO법의 법원(法源)이
된다는 데에는 이론이 없다.

GATT와 WTO분쟁해결기관이 축적한 판례법도 법원을 구성한다고 할 것이다.

---

6) ICJ는 권고적 의견을 줄 수 있다.
7) Japan — Measures Affecting Consumer Photographic Film and Paper, WT/DS44.

패널이 상소기구의 선결례를 존중할 의무에 대해서 상소기구는 패널과 상소기구 보고서에 담긴 법적 해석은 WTO분쟁해결제도의 유산을 구성하는 부분이라며 특별한 이유(cogent reasons)가 있지 않는 한 선결례가 존중되어야 할 것이라고 설시하였다.[8] 특별한 이유의 기준은 엄격한 것이며[9] WTO설립협정 제IX:2조에 의거 각료회의나 일반이사회가 유권해석을 내리거나, 선결례의 법리 적용이 부당한 결과를 초래하거나, 선결례를 유지함이 협정의 다른 규정과 충돌하거나, 선결례가 그릇된 사실판단을 전제로 성립했다는 것을 보이는 정도여야 충족할 수 있을 것이다.[10]

그러나 국제사법재판소(ICJ) 규정이 언급하는 법의 일반원칙, 국제관습법, 학설의 경우 이를 WTO법의 일차적 법원으로 보기보다는 해석요소로 작용하는 보충적, 이차적 법원이라고 할 것이다.

제3절 제소의 대상으로서 '조치'

1. 의의

WTO분쟁해결제도를 통해 시정하고자 하는 제소의 대상이 회원국의 조치(measure)이지만 WTO협정은 무엇이 조치인지 정의하지 않고 있다. 원칙적으로 회원국에 귀속될 수 있는 모든 작위와 부작위가 여기에 포함될 수 있지만[11] 구체적 범위를 결정하는 데에는 아래와 같이 여러 가지 쟁점이 존재한다.

2. 쟁점

(1) 정부에 귀속되는 사인의 조치

WTO협정은 사인이 아니라 국가를 구속하므로 사적주체의 행위는 정부가 권한을 부여한 경우 등, 정부의 관여로 인하여 해당조치를 국가로 귀속될 수 있는 특정한 상황 하에서만 제소의 대상이 된다. 국제법위원회의 국제위법행위에 대한 국

---

8) Appellate Body Report, US — Stainless Steel (Mexico) (2008), paras. 160−161.
9) Panel Report, China — Rare Earths (2014), para. 7.61.
10) Panel Report, US — Countervailing and Anti-Dumping Measures (China) (2014), paras. 7.369−7.370.
11) AB Report, US — Corrosion — Resistant Steel Sunset Review (2004), para. 81.

가책임 협약(Articles on Responsibility of States for Internationally Wrongful Acts) 제8
조는 다음과 같이 규정한다.

제8조 국가의 지시 또는 통제에 의한 행위
개인 또는 집단의 행위는 그 행위가 사실상 국가의 지시, 명령 또는 통제에 의
한 행위인 경우에는 국제법상 그 국가의 행위로 간주된다.[12]

이와 같은 원리에 따라서 국가로 귀속될 수 있는 행위는 WTO제소의 대상조
치가 될 수 있다.

(2) 쟁송 중에 변경, 철회된 조치

쟁송의 대상이 된 법령이 개정되더라도 문제의 본질이 여전히 남아있으면 절
차가 계속되는 것은 당연하다. 하지만 문제의 본질이 없어진 경우에 대해서 DSU에
는 관련 규정이 없으며 패널의 실행은 엇갈린다. 사안에 따라 법률관계를 분명히
하여 향후에 그와 같은 조치의 위법성에 대한 논란을 차제에 불식시킬 필요가 있다
고 생각하는 경우에는 철회된 조치에 대해서도 판단을 내릴 것이다.

(3) 적용되기 전의 법률

국가의 모든 작위와 부작위가 분쟁해결절차의 목적상 국가의 조치가 될 수 있
으므로 법률을 구체적인 상황에 적용하는 행위에 더하여 일반적이고 장래적인 적
용을 위해 법규를 제정하는 행위 자체도 분쟁해결의 대상이 될 수 있다.[13] WTO
규범과 그 분쟁해결제도는 현재의 무역보호뿐만 아니라 미래의 무역을 위해 필요
한 안정성과 예측가능성을 보호하기 위한 것이기 때문이다. 만약 법령 자체를 제소
하지 못하고 구체적인 적용만 제소할 수 있다면 비슷한 내용의 제소를 반복해야 하
는 비효율을 초래할 것이다. 따라서 법령 자체에 대한 제소를 허용하는 것이 WTO
에 비합치하는 행위의 뿌리를 제거하여 미래의 분쟁을 예방하는 목적에 기여할 것

---

12) *Article 8 Conduct directed or controlled by a State*
The conduct of a person or group of persons shall be considered an act of a State under
international law if the person or group of persons is in fact acting on the instructions
of, or under the direction or control of, that State in carrying out the conduct.

13) AB Report, US — Corrosion — Resistant Steel Sunset Review (2004), para. 81.

이다.[14] 하지만 적용된 사안에 대한 제소보다 법령 자체에 대한 제소를 통해 사전적으로 국가의 행위를 금지하는 것은 국가 행위에 대한 제약이 더욱 광범위하고 엄중하게 되는 함의를 갖는다. 그러므로 이와 같은 법령 자체에 대한 제소시에 제소국가는 제소의 대상을 세밀하게 한정하여 명확히 제시하는 데에 특별한 주의를 기울여야 한다.[15] 법령 제정 이전의 불문(unwritten)의 어떤 조치를 제소하는 경우에는 더욱 그런 주의가 요구된다.[16]

(4) 재량 법률

재량의 여지가 없이 WTO법을 위반하게 되는 강제적(mandatory) 법령만이 WTO제소의 대상이 되는 것은 아니다. 회원국이 협정상 권리와 이익을 보호하기 위하여 분쟁해결제도에 의뢰할 회원국의 권리는 그 성질상 폭넓은 것인데 이를 재량의 여지가 없는 법령에 한정할 이유가 없다. 그 법령의 적용이전에는 회원국이 당해 법률을 WTO합치적으로 적용할 것이라는 합치해석의 원리에 의해 제소를 어렵게 할 것이다. 하지만 비강제적 법령인 경우에도 그 법령이 시행당국이 WTO법에 합치하는 결정을 내릴 재량을 상당히 제약한다는 것이 실행에 의해서 노정되었다면 해당 법령을 제소의 대상으로 삼을 수 있다.[17]

GATT 체제하에서는 임의법규는 그 자체로는 GATT 위반이 되지 않는다는 것이 통설이었으나, WTO 체제 이후에는 임의법규도 협정위반의 가능성이 있다는 점이 인정되고 있으며,[18] 조치국 측에 문제가 되는 임의법규의 WTO 위반 가능성을 제거할 책임이 있다는 것이 통설적 견해가 되었다.[19]

---

14) AB Report, US — Corrosion — Resistant Steel Sunset Review (2004), para. 82.
15) AB Report, US — Oil Country Tubular Goods Sunset Reviews (2004), paras. 172 — 173.
16) AB Report, US — Zeroing(EC)(2006), paras. 196 — 8.
17) 해당 조치 및 관련된 WTO의무의 성격을 포함한 사안의 구체적 상황에 따라 그러한 조치가 자체로서 WTO협정에 비합치함을 보이기 위한 요건에 차이가 있을 수 있다. AB Report, EU — Biodiesel (2016), paras. 6.228 — 6.229.
18) 미국 철강일몰재심사건(United States — Measures relating to zeroing and sunset reviews, WT/D322)의 상소기구 판시.
19) 미국 제301조 사건(United States — Sections 301 — 310 of the Trade Act 1974, WT/DS152)에서 WTO법 위반이 되지 않도록 임의법규를 운영하겠다는 미국정부의 약속에 의해 WTO 합치성이 인정된 바 있다. 즉, 이와 같은 약속이 없는 경우 임의법규도 WTO 위반이 된다.

(5) 불문 규칙, 관행, 정책

패널이 법령에 명시되지 않은 제로잉 관행을 제소대상으로 인정한 것은 오류라는 미국의 주장에 대하여 상소기구는 제소 대상으로서 조치해당성은 문제 조치의 내용과 실질에 근거하여야지 형식에만 근거해서는 안 된다고 설시했다.[20] 즉, 규범이 명문의 문서 형식으로 표현되지 않았다는 것이 제소의 대상이 될 수 있느냐의 판단에 결정적인 요인이 아니다. 다만 상소기구는 그렇다고 제소의 대상이 되는 불문의 규범을 쉽게 인정해서는 안 되며 이를 위해서는 제소국이 다음을 명백히 입증하여야 한다고 설시했다. (1) 해당 규범이 피소국에 귀속된다는 사실. (2) 해당 규범의 명확한 내용. (3) 해당 규범이 일반적으로 장래에 적용되는 성질을 가진다는 점.[21] 해당 불문 규범이 체계적으로 일관되게 적용된다는 증거는 이와 같은 입증의 중요한 부분일 것이다.[22]

(6) 계속적 행위

상소기구는 미국의 반덤핑조사당국이 수십여 건의 조사에서 지속적으로 행하는 제로잉(zeroing) 관행을 조사 건별로 제소하는 것이 아니라 계속적 행위로서 제소가능한 조치에 해당한다고 판단하였다.[23]

유럽의 각국이 에어버스사에 일련의 보조금을 지급한 것에 대해 미국이 제소한 사건에서 상소기구는 이런 일련의 행위가 체계적으로 조정된 경우(systemic and concerted action or practice)에는 WTO 제소의 대상이 될 수 있다고 긍정하였다.[24]

(7) 복합적 조치

상소기구는 서로 다른 복수의 조치를 하나의 조치로 묶어서 제소하는 경우에는 어떻게 이들 서로 다른 조치가 연결되어 하나의 조치를 이루며 그 하나의 조치가 구성조치와 구별될 수 있는지를 보여야 한다고 설시했다.[25]

---

20) AB Report, US — Zeroing (EC) (2006), para. 192.
21) Ibid., para. 198.
22) Panel Report, US — Countervailing and Anti-Dumping Measures (China) (2014), paras. 7.119.
23) AB Report, US — Continued Zeroing (2009), paras. 181 – 185.
24) AB Report, EC and certain member states — Large Civil Aircraft (2011), paras. 475, 794.
25) AB Report, Argentina — Import Measures (2015) para. 5.108.

(8) 지방정부의 조치

분쟁해결양해 제22.9.조는 다음과 같이 규정한다:

> 대상협정의 분쟁해결규정은 회원국 영토 안의 지역 또는 지방 정부나 당국이 취한 조치로서 대상협정의 준수에 영향을 미치는 조치에 대하여 호소될 수 있다. 분쟁해결기구가 대상협정의 규정이 준수되지 아니하였다고 판정을 내리는 경우, 이에 대한 책임이 있는 회원국은 협정준수를 확보하기 위하여 취할 수 있는 합리적인 조치를 취한다. 보상 및 양허 또는 그 밖의 의무의 정지에 관한 대상협정 및 이 양해의 규정은 이러한 준수를 확보하는 것이 불가능한 경우에 적용된다.

연방제 국가에서 내부적으로 중앙정부의 지방정부에 대한 통제력에 제약이 있다고 하더라도 지방정부의 행위에 대하여 그 국가를 상대로 책임을 물을 수 있는 것이다.

3. 소결

법령이 그 자체로서 WTO제소의 대상이 되느냐 적용 행위가 있어야 하느냐의 구분, 명문이냐 불문의 규범이냐의 구분과 같은 형식적인 구분이 제소대상으로서 조치해당성을 판단하는 데 결정적이지는 않다. 다만 제소대상이 되는 조치를 어떻게 기술하는지에 따라 제소자에게 요구되는 입증의 정도가 달라질 것이다. 불문의 조치, 재량의 여지가 있는 조치, 법령 그 자체를 제소하기 위해서는 보다 고도의 입증이 요구될 것이다.[26]

제 4 절 비위반제소

WTO협정 위반이 아닌 조치(비위반조치)에 대해서도 그에 의해 제소국의 WTO상 이익이 무효화 내지 침해된 경우, 그 조치를 취한 회원국을 제소할 수 있다.[27]

---

26) AB Report, Argentina — Import Measures (2015), paras. 5.109 – 110.
27) 일반국제법상 '국제법에 의해 금지되지 않는 행위에서 발생하는 손해에 대한 국제책임' 또는 '위험책임'과 비교하여 검토하는 것도 유의미한 학습이 될 것이다.

비위반제소를 위해서는 ① 기대이익의 존재, ② 예상 밖의 비위반조치의 존재 및 ③ 그에 의한 기대이익의 손상을 입증하는 경우에 인정된다. 예컨대, 관세양허에 의해서 기대되는 수입품의 경쟁적 지위가 관세협상 당시 예견할 수 없었던 새로운 비위반조치에 의하여 불리하게 변경되는 경우 인정된다.

위반제소의 경우 협정위반에 의해서 이익의 무효화 또는 침해가 추정되며 이 추정이 복멸된 사례는 없다. 반면에 비위반제소의 경우 제소를 정당화하기 위한 상세한 근거를 제시할 것이 요구된다. 상황제소의 경우에는 DSB에서 총의에 의해 채택되어야 함을 규정한다.

비위반제소의 경우 이익의 무효화 또는 침해가 인정되더라도 문제가 된 조치를 철회할 의무가 부과되지는 않으며, 상호 만족할 만한 조정을 행하도록 권고될 뿐이다.[28] 이때 조정이 이루어지지 않는 경우에는 일정 조건하에서 제소국이 보복을 행할 수 있는 것으로 이해된다.[29]

GATT 시대에는 3건의 패널보고서(호주 황산암모늄보조금 사건,[30] 독일 정어리관세율 사건,[31] EEC 유량종자 보조금 사건[32])에서 비위반제소가 인용된 바 있었다. WTO 시대에 비위반제소는 여전히 희소하며 승소의 사례가 없다. 일본－필름 사건[33]에서 미국의 기대이익 주장은 일부 인정되었지만 이익의 무효화 또는 침해는 미국의 입증부족을 이유로 부정되었고, 이에 결국 일본이 승소하여 상소 없이 확정되었다. EC－석면 사건[34]에서 캐나다는 위반제소와 아울러 비위반제소도 청구원인으로 제기하였다. 패널과 상소기구는 비위반제소가 위반제소와 함께 병존적, 보충적으로 청구원인으로 동원될 수 있음은 인정하였으나 이 사안에서 캐나다가 석면제품금지를 예상할 수 있었으므로 기대이익을 주장할 수 없다고 청구를 기각하였다.

---

28) DSU 제26조.
29) DSU에는 명문의 규정이 없으나 GATT 제23조의 해석상, GATS 제23조 제3항에 의해 명시적으로 인정되고 있다.
30) Australia — Subsidy on ammonium sulphate, BISD II/188.
31) Treatment by Germany of Imports of Sardines, BISD 1S/53.
32) European Economic Community — Payments and Subsidies Paid to Processors and Producers of Oilseeds and Related Animal－feed Proteins, L/6627－37S/86.
33) Japan — Measures Affecting Consumer Photographic Film and Paper, WT/DS44.
34) EC — Measures Affecting Asbestos and Products Containing Asbestos, WT/DS135.

제 5 절 절차

아래에서 보는 바와 같이 WTO분쟁해결절차는 정형화된 단계별로 기간을 설정하여 비교적 단기간에 분쟁을 해결하는 장점을 갖고 있다. 하지만 지난 수 년 간에는 이 기간이 일상적으로 연장되는 경향을 보이고 있다. 사건의 복잡성 증가, 인적·재정적으로 한정된 자원, 분쟁해결기능의 독주에 대한 일부회원의 불편한 심기 등이 결합되어 초래된 현상으로 보인다.

1. 협의에 의한 해결

분쟁의 해결에 있어 당사자간 협의에 의한 해결이 우선된다. 즉, 패널 절차 개시 전에 당사자간의 협의에 의한 해결의 기회가 제공된다. 협의요청서에는 협의의 대상이 되는 조치와 그 조치의 WTO비합치성에 대한 주장이 포함되어야 한다. 그 구체적 내용은 협의 절차를 통하여 변경될 수도 있지만 협의요청서에 기재되지 않은 전혀 새로운 조치나 주장을 패널설치 요청서에 포함시킬 수는 없다.[35] 협의를 요청받은 국가는 10일 이내에 응답하고 30일 이내에 협의를 가져야 한다.

2. 패널 절차

협의요청을 받은 후 60일 내 협의로 분쟁을 해결하지 못하면 패널의 설치를 DSB에 요청할 수 있다. 이때 패널설치요청서가 문제되는 구체적 조치와 제소의 법적 근거로 제시한 것이 대부분의 경우 그대로 패널에의 위임사항(terms of refer-ence)으로 포함되고, 분쟁의 대상 및 패널의 심리범위를 한정하므로[36] 그 작성에 있어 신중함이 요구된다. 어떤 조치가 WTO 어느 협정 몇조 몇항 위반을 주장하는 지는 드러나야 하지만 그 주장을 뒷받침하는 구체적인 설명까지는 요하지 않는다. 절차 진행중에 추가하지는 못하므로 가능하면 망라적으로 기재함이 적절하겠다.

패널설치 요청서에 제시되지 않은 소인(訴因, claim)에 대하여 패널이 판단함은 위임 권한을 벗어난 것이라고 할 것이나 패널이 자신의 결론을 정당화하는 이유는 당사자가 제출한 이유에 한정될 필요가 없다.

---

35) AB Report, US — Upland Cotton (2005), paras. 284-7.
36) DSU 제6.2조.

패널절차의 구체적인 사항은 DSU 부록3에 제시되어 있으며 당사자와의 협의에 의해 패널이 변경 가능하다. 소의 병합도 가능하다. 같은 사안에 대하여 복수의 회원국이 한 회원국을 제소하는 경우, 각 제소는 하나의 절차에 병합될 수 있다. 제3자의 소송 참가도 인정되며 제3참가국은 청문권이 보장된다.

패널 위원의 선정은 통상 사전에 준비된 패널리스트 명부(또는 관련분야 외교관) 중 3인을 분쟁당사국이 합의에 의하여 선정하는 방식으로 이루어지며, 합의가 이루어지지 않은 경우에는 WTO 사무총장이 지정한다. 당사국 정부 공무원이 아닌 민간변호사에 의한 대리가 가능한지 여부가 초기에 다투어진 바 있었으나, EC-바나나 사건37)에서 상소기구가 이를 허용한 이후 현재는 관행으로 자리 잡았다.

공식적인 소송당사자는 국가이지만 배후에는 대부분의 경우 민간 기업이나 산업협회가 존재한다. 이들은 정부에 WTO소송을 제기하여 자신들의 수출에 제약이 되는 타국의 무역장벽을 제거해 달라고 청원하는 것을 넘어서 실질적으로 소송비용의 일부를 부담하고 소송전략을 짜는 데 동참하기도 한다.

당사국은 최초서면과 반박서면, 총 2회의 서면제출 기회를 갖는다. 각 서면제출 후에는 구두심리가 열린다. 패널은 통상 절차진행과 관련한 구체적 기한을 당사자와 협의하여 설정한다. 달리 정하지 않는 한 관련 증거는 제2차 구두심리까지는 제출되어야 한다. 제3참가국은 원칙적으로 1차 구두심리에의 참가만 허용되지만 개도국의 경우 2차 구두심리에의 참가가 허용되기도 한다.

WTO 분쟁해결절차에 있어 증명책임은 원칙적으로 특정 쟁점을 주장하는 당사자가 부담한다. 즉 각 당사자가 주장하는 공격 및 방어에 대한 최선의 입증책임을 진다. 이와 관련하여 WTO 패널과 상소기구는 일응의 입증(*prima facie case*)이 있을 것을 요구하는데, 이는 특정 쟁점에 관한 주장의 정당함에 대한 추정이 가능할 만큼의 입증으로서 증거와 법적 논증을 갖추어야 한다. 일응의 입증을 충족하는 경우 반대 당사자에게 입증의 책임이 이전한다. 이때 반대 당사자에 의한 효과적인 반박이 제시되지 않는 경우에는 일응 입증을 성립시킨 당사자에게 유리한 판단이 내려지게 된다. 하지만 이 과정은 순차적으로 이루어지기보다는 모든 증거와 논증이 이루어지고 난 후, 이들을 종합적으로 검토하여 주장자가 일응의 입증을 다했는지를 판단하는 것이 현재의 관행이다.38)

---

37) European Communities — Regime for the Importation, Sale and Distribution of Bananas, WT/DS27.

38) Panel Report, US — Section 301 Trade Act (2000), para. 7.14－7.16.

일반적으로 예외(exception)는 이를 원용하는 피소국이 입증하여야 하지만 면제(exemption)를 창설할 권리를 인정하는 규정이 있을 경에는 제소국이 면제의 요건이 충족되지 않음을 입증하여야 한다. 제소국은 양자의 구별이 쉽지 않을 경우에는 예방적으로 예외에 해당하지 않음도 입증하는 것이 안전할 것이다.39) 회원국의 법령은 달리 입증되지 않는 한 WTO협정에 합치하는 것으로 추정된다. 제소국은 그 비합치에 대한 일응의 입증을 하기 위한 증거로 해당 법령의 원문, 적용 사례, 유권 해석, 권위자의 저술 등을 제출할 수 있을 것이다.

DSU는 심리기준에 대하여 제11조에서 객관적 심사(objective assessment)를 언급하지만 이를 구체적으로 밝히고 있지 않다. 이에 대하여 상소기구는 심리에 있어 사안의 사실관계의 확정과 합법성에 대해 객관적 평가를 의미한다고 부연하였다.40) 그 내용에 대한 상소기구의 US－COOL(2012)에서의 설시를 인용하면 다음과 같다.41)

"패널은 제출된 모든 증거를 검토하고 그 신뢰성을 심사하며 증거의 가치를 결정하고 사실관계의 확정이 증거에 기반하도록 하여야 한다. 보고서에는 결정을 지지하는 합리적이고 적절한 설명과 수미일관한 이유가 제시되어야 한다. 이와 같은 기준하에서 결정을 위해 사용할 증거의 취사선택은 일반적으로 패널의 재량이다. 패널이 제출된 증거를 전체로서 검토하고 모든 증거의 관련성과 증거능력을 평가해야 하지만 그렇다고 보고서에서 모든 증거에 대해서 개별적으로 다루어야 하지는 않으며 당사자가 주장하는 것과 동일한 의미와 가중치를 부여해야 하는 것도 아니다."

패널은 정부당국의 조사결정에 전적으로 의존해서는 안 되며, 동시에 완전히 새로운 심사를 해서도 안 된다. 심리기준과 관련하여 각 협정에 따라 미묘한 차이가 존재하는데, 대표적인 것으로 반덤핑협정상 조사기관의 재량권 존중을 위한 사법심사제한규정을 들 수 있다.42)

39) Appellate Body Report, FIT－Renewable Energy (2014), para. 5.56. 예외, 범위의 제한(limitation), 이탈(derogation) 등을 구별하는 시도도 있으나 그 구별이 입증책임에 갖는 함의에 대해서는 아직 유동적인 것으로 보인다.
40) EC－육류 사건(European Communities－Measures Concerning Meat and Meat Products, WT/DS26, WT/DS48) 등.
41) AB Report, US－COOL (2012), para. 299.
42) 제17조 제6항.

심리에 있어 법규의 해석은 '국제공법상 해석에 관한 관습규칙에 따라' 이루어
진다. 이 관습규칙의 핵심은 비엔나조약법협약 제31조[43] 및 제32조에 명문화되어
있으며[44] 문리해석 및 통합(문언, 목적, 맥락의 통합)해석(holistic approach)[45]이 중시
된다.

심리에 있어 외부 정보의 활용도 가능하다. 패널은 자체적으로 적극적인 정보
개발(discovery)을 할 수 있는데, 이는 관련 정보나 자문을 해당 분야 전문가들에게
구하는 형태로 이루어진다. 그러나 패널이 직권으로 구한 정보는 스스로의 이해와
평가를 위해 사용하여야지 당사자의 부실한 입증을 보완해주는 데 사용해서는 안
된다.

민간기관의 amicus curiae brief도 심리에 활용될 수 있는데,[46] 이는 민간기관
이 이해에 부합하는 내용을 패널에 제공하여 심리에 영향을 미칠 수 있다는 점에서
패널에 의해 요청된 정보만을 제공해야 하는 외부정보 개발의 경우와 구별된다. 그
러나 amicus curiae brief는 패널에 의해 채택된 경우에만 심리에 영향을 줄 수 있
으며 채택하는 경우에는 이에 대한 당사국의 의견을 통하여 공정성과 정부간 절차
로서의 성격을 유지한다. 회원국들은 미국을 제외하고는 대체로 amicus curiae
brief에 대해 부정적인 입장이다. 이 때문에 패널과 상소기구는 amicus curiae brief
접수할 권한이 자신에게 있다는 입장은 견지하면서도 실제로 채택하는 경우는 드
물다.

패널은 보고서의 기술적 부분, 즉 사실관계와 당사자의 주장 부분의 초안을 미
리 당사자에 송부하여 의견을 수렴한 후 패널의 판정과 결론을 추가하여 잠정보고
서를 작성한다. 잠정 패널보고서는 다시 당사국에 회람되며 이에 대한 의견을 수렴
한다. 이 단계에서 상대방 의견에 대한 상호 반박도 가능하다. 패널은 통상 지적된
기술적 오류는 반영하지만 판정의 내용을 크게 수정하지는 않는다. 이후 패널은 제

---

43) "조약은 조약의 용어가 사용된 상황에서 주어지는 일반적 의미와 조약의 대상과 목적에 비추
어 신의성실하게 해석되어야 한다." ("A treaty shall be interpreted in good faith in
accordance with the ordinary meaning to be given to the terms of the treaty in their
context and in the light of its object and purpose.") 이하 생략.

44) AB Report, US — Gasoline (1996), 15 – 16.

45) AB Report, US — Continued Zeroing (2009), para. 306; AB Report, China — Publications
and Audiovisual Products (2010), para. 176.

46) 제3자 참가를 하지 못한 회원국도 amicus curiae brief를 제출할 수 있다. AB Report, EC —
Sardines (2002), para. 164.

출된 의견의 요약을 첨부하여 최종 패널보고서를 완성하여 먼저 당사국에 통지하며 다른 공식언어[47])로의 번역이 끝나면 전체 회원국에 회람되며 동시에 WTO웹사이트에 공개된다.

최종 패널보고서는 당사국이 상소를 원하거나 또는 회람된 20일 이후, 60일 이내에 개최되는 DSB에서 패널보고서를 논의해서 보고서를 채택하지 않기로 하는 총의가 있는 경우가 아니라면 보고서가 채택된다. 패널 구성 후 채택에 이르기까지 소요되는 기간은 DSU상 시간계획에 따르면 9개월 내에 끝마치도록 되어 있지만 실제로는 지연되어 평균 16개월 정도 걸리고 있다.

3. 상소절차

패널절차 종료 후 70% 정도의 사건은 상소된다. 상소된 사건 중 50% 정도는 양 당사자가 모두 상소한 경우(쌍방상소)이다. 상소절차는 DSU상 90일 이내에 끝내도록 요청되고 있으나 역시 지연되어 평균 100일 정도가 소요된다.

상소기구는 4년 임기(1차 연임 가능) 7인의 상임위원으로 구성되며, WTO 조직 내에 상설적으로 존재한다. 당사국이 상소를 원하는 경우에는 위원 중 3인으로 부(division)를 구성하여 사건을 맡도록 하는데, 부에서 최종 판결이 이루어지기 전에 7인의 위원 전체 회의에서 사건을 검토하는 절차가 마련되어 있다.

상소기구 심의의 대상은 패널보고서에 다루어진 법률적 쟁점으로 한정된다. 즉 상소기구는 사실심이 아니라 법률심이다. 다만 패널이 사실에 대한 객관적 심사를 결하였다는 청구는 법률적 판단을 요하는 사안으로 상소기구의 심의사항이 된다. 상소기구는 패널로 사건을 파기환송할 수 없다. 이에 따라 패널에서 소송경제상 다루지 않은 쟁점이 상소기구에서 다루어지지 않을 경우 원고가 다시 처음부터 소를 제기하여야 되는바, 이러한 맹점을 피하기 위하여 패널이 확립한 사실관계 하에서 판단이 가능한 경우에는 남은 다른 쟁점도 상소기구가 다루어서 소를 완결하기도 한다.

상소기구 보고서는 당해 분쟁에 대한 종국적 해결로 간주되어야 한다. 상소기구가 확립한 법리는 후속 패널에 의해 존중될 것이라는 합리적 기대가 존재한다. 이는 WTO체제의 안정성과 예측가능성의 확보라는 분쟁해결제도의 목적과도 상응한다.

---

47) 영어, 프랑스어, 스페인어.

정부간기구로서 WTO의 폐쇄성에 대한 비판은 WTO분쟁해결절차의 기밀성에 대한 성토로 이어졌다. 이에 분쟁해결기구는 규정에 명백히 반하지 않는 한도에서 관행을 통한 변화를 시도하고 있다. 패널은 당사국이 모두 동의하는 경우에는 직접 방청 또는 CCTV를 통한 방청을 허용하고 있다. 상소심은 DSU 제10조상 기밀성의무에도 불구하고 역시 양 당사자가 공개를 요청하는 경우 구두변론과정을 공개한다. 다만 이에 반대하는 제3참가자의 진술부분은 비공개 처리한다.

4. 이행절차

문제가 된 조치가 WTO협정에 반하는 경우 회원국은 이를 WTO협정에 합치하게끔 시정할 의무를 진다. 관계 당사국은 보고서 채택 30일 이내에 이행여부 의사를 DSB에 고지하여야 한다. 드물게, 패널이 문제의 조치를 시정하기 위한 이행방법을 제안할 수도 있는데, 이러한 제안은 단지 권고적 효력만을 가질 뿐이다. 이행 의무를 부담하는 당사국은 원칙적으로 WTO협정에 합치되도록 조치를 수정하여야 하나, 그것이 현실적으로 불가능할 경우 추가양허, 금전지급 등 보상조치를 합의한다.

이행조치는 최혜국대우원칙에 입각하여 무차별적으로 시행된다. 즉 이행 의무국의 제도변경의 효과는 제소국에 한정되지 않고 모든 회원국에게 동일하게 적용된다. 분쟁해결제도의 이용빈도에 있어 선진국이 압도적으로 많지만 개도국도 이로부터 간접적으로 혜택을 볼 수 있는 부분이다.

이행은 비소급적이며 장래에 대한 것이다. 즉 피해국은 과거의 피해에 대한 손해배상을 이행의 일환으로 청구할 수 없다. 이행을 위해서 법령의 변경이 필요한 경우에는 시간이 필요할 수가 있고 합리적 이행기간이 부여된다. 합리적 이행기간에 대한 합의가 이루어지지 않는 경우에는 중재로 기간을 결정한다. DSB는 채택된 권고와 결정이 완전히 이행될 때까지 주기적으로 모니터링한다.

이행이 제대로 되었는지에 관하여 분쟁이 발생한 경우 통상적으로 원 패널에 사건이 회부된다(Article 21.5 compliance proceedings). 이때 이행조치가 해당 원판정에 합치하는지 뿐만 아니라 WTO협정에 합치하는지 여부도 심의할 수 있다. 분쟁이 발생한 경우 이행조치의 WTO 합치에 대한 입증책임은 의무 위반국이 진다. 채택된 이행패널보고서의 권고와 판정에 대해서는 합리적 이행기간이 부여되지 않으며 승소국은 즉시 DSB에 보복 승인을 요청할 수 있다.

5. 보복절차

열에 아홉의 경우 DSB가 채택한 보고서는 이행된다. 드물지만 이행 의무국이 권고사항을 이행하지 않고 보상조치에 대한 합의 또한 이루어지지 못한 경우, 제소국은 DSB에 양허 또는 그 밖의 의무의 정지를 신청할 수 있다. 이러한 보복조치는 원칙적으로 동일한 분야(상품의 경우에는 전체가 한 분야)에서의 보복(평행보복)만이 가능하나, 동일분야의 보복이 효과적이지 못할 경우에는 동일협정상 보복도 허용되며, 나아가 다른 협정상의 양허 또는 의무를 정지할 수도 있는데, 이를 교차보복이라 한다. 개발도상국의 경우 선진국에 대하여 상품 또는 서비스분야의 의무위반에 대하여 지적재산권 분야에서 교차보복을 시행하는 경우가 많다.

보복조치의 수행은 피소국의 조치에 의해 피해를 입은 것이 분쟁해결절차에서 인정된 당사자에게만 인정된다. 보복의 수준은 협정상 이익이 무효화 또는 침해된 수준에 상응하여야 한다. 보복조치의 수준에 대하여 분쟁이 발생한 경우에는 중재로 해결한다.[48) 보복조치 수행능력과 효과에 있어 강대국과 약소국 간에 현실적 차이가 야기하는 문제에 대한 지적이 있다. 즉 같은 수준의 조치가 취해진 경우라 하여도 각 회원국간 경제 규모가 상이하므로 조치의 경제적 파급효과에도 심각한 불균형이 나타날 수 있다는 것이다.

보복승인을 받더라도 실제로 보복을 실행하지는 않을 수도 있다. 보복조치는 WTO협정위반조치가 철회된 경우 또는 달리 당사자간 화해로 분쟁해결이 이루어진 경우에 종료된다.[49)

---

48) DSU 제22.6조.
49) DSU 제22.8조.

〈WTO 분쟁해결절차〉

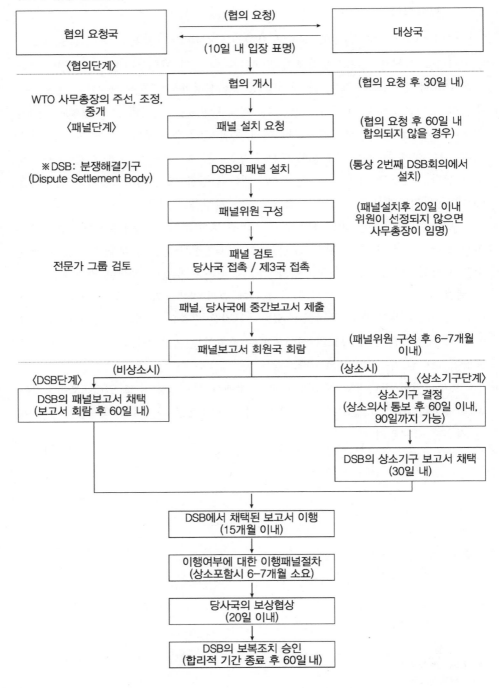

제 6 절 개선 논의

분쟁 해결에 3년 이상이 걸리는 경우가 발생하는 등 절차의 장기화로 인하여 법 위반 억지기능이 약해지는 문제점이 있으며, 이에 절차의 단축이 필요하다는 지적이 있다. 구체적으로는, 패널설치가 관행적으로 두 번째 DSB에서 채택되고 있는데 이를 첫 번째 DSB에 설치하자는 견해, 협의기간 단축, 원고의 서면제출기간 단축, 중간검토폐지, 상소허용기간 단축, 합리적 이행기간 단축 등이다. 긴급수입규제와 관련된 분쟁은 더욱 조기 해결이 필요하다는 견해, 잠정적 구제조치를 인정하자는 견해 등도 주장되고 있다.[50]

패널구성에 걸리는 시간을 줄이고 패널보고서의 질을 높이기 위하여 상임 패널을 설치하자는 견해가 주장되고 있다. 상소기구에 의한 파기환송 절차를 마련할 필요가 있다는 지적도 있다.

일부 분쟁의 경우 장기간 동안 패널이 구성되지 않은 채 유지되는 경우가 있는데, 상호합의에 의해 분쟁이 해결되는 경우 이에 대한 적시 통보가 제도화되어야 한다.

보상(compensation) 범위를 확대하여, 과거의 위반으로 인한 손해의 보상을 포함하자는 견해도 주장된다. 보다 완화된 제안으로는 분쟁해결기구에 의한 보고서 채택시점을 기준으로 이행지체에 대해 가중적으로 보상의 정도를 강화하는 방안도 생각할 수 있다.

보복의 요청시기와 관련하여, DSU 제22.6조는, 분쟁해결기구는 승소국의 보복 요청을 받으면 권고 이행기간의 종료 후 30일 이내에 보복허가를 부여하도록 규정되어 있는데, 이를 문언 그대로 시행하면 이행패널판정(제21.5조)과 보복규모중재판정이 있기 전에 보복을 행할 수 있다는 논리가 성립할 수도 있으나, 그렇게 되는 경우 후속하는 판정과 모순되는 보복이 행해질 우려가 있으며 법원칙에 입각한 보복조치라는 원칙에도 반하게 되는 문제가 발생한다. 이에 회원국은 이행심사절차와 병행해서 보복허가 요청과 보복규모 중재가 개시되어도, 이행여부에 대한 분쟁에 대한 패널결정이 있은 이후에야, 즉 불이행에 대한 확정이 있어야 보복이 허용

---

50) William J. Davey, "The WTO and Rule — Based Dispute Settlement: Historical Evolution, Operational Success, and Future Challenges", 17 Journal of International Economic Law (2014) 679, pp. 696−700.

될 수 있다는 관행을 정립하였는바, 이를 명문화하는 것이 바람직하다.[51] 하지만 최근에는 원래 DSU규정 제21.5조에 따라 승소국의 보복이 허용되고 추후에 과잉보복으로 결정되면 그 한도에서 배상하도록 하는 것이 판정이행의 지연 및 이에 따른 분쟁해결기구 업무가중 등의 문제해결에 적합하다는 견해가 제기되고 있다.[52]

여러 가지 제안에도 불구하고 그 현실화는 불투명하다. 오히려 1980년대 후반 횡행하던 미국의 GATT분쟁해결제도의 비효율에 대한 불만과 이로 인한 일방주의에 대한 다른 나라들의 우려가 상승작용을 일으켜 기존에 보기 어려웠던 절차적 엄격성과 공정성 및 효율성을 갖춘 WTO분쟁해결제도를 낳게 되었다는 역사적 배경을 고려한다면 섣불리 현제도에 손을 대지 말아야 한다는 것이 아직은 다수 의견인 것으로 보인다. 최근 분쟁해결제도가 당면한 문제는 DSU 자체의 결함에 대한 치유보다는 회원국이 WTO 출범당시의 초심을 회복하여 분쟁해결제도에 인적·재정적 확충을 제공하고 법의 지배 원칙을 재확인하는 것이 해결의 우선적 수순이 될 것이다.

---

51) 속칭 sequencing 문제라 한다.
52) Giorgio Sacerdoti, "The WTO Dispute Settlement System: Consolidating Success and Confronting New Challenges" in Elsig, Hoekman and Pauwelyn (eds.) *Assessing the World Trade Organization*, Cambridge University Press, 2017, pp. 171–172.

제 3 장

최혜국대우

제 1 절   GATT의 최혜국대우원칙

1. 서

WTO의 비차별원칙은 최혜국대우와 내국민대우로 나누어 볼 수 있다. 역사적으로 상인이 외국 시장을 개척할 때 그 외국의 내국인과 동일한 대우를 요구하는 것은 때로는 미개국의 낮은 대우를 감수해야 하는 것이었고, 우월감에 젖은 배타적인 외국에서는 역으로 감히 바라기 어려운 것이었다. 이에 외국상인 간에는 동등한 대우를 한다는 최혜국대우원칙이 GATT와 WTO의 제1원칙이 되었다.

(1) 규정

최혜국(Most Favoured Nation, MFN)대우에 대하여 GATT 제I조 제1항은, "수출입시의 관세 및 부과금, 수출입대금의 국제이체에 대한 관세 및 부과금, 이러한 관세 및 부과금의 징수방법, 수출입과 관련된 각종 규정 및 절차, 제III조 제2항 및 제4항에 언급된 모든 문제[수입품에 대한 직간접의 내국세 및 부과금, 수입품의 국내 판매·판매제의·구매·운송·유통·사용에 관한 국내 법규나 요건: 필자 주]와 관련하여, WTO회원국이 다른 나라에서 오는 수입품 또는 다른 나라로 향하는 수출품에 대해 부여한 제반 혜택, 호의, 특권 및 면제는, 즉각적이고 무조건적으로 모든 다른 WTO회원국으로부터 수입되고 그로 수출되는 동종상품에 대해 부여되어야 한다."[1]라고 규정한다.

---

1) 1. With respect to customs duties and charges of any kind imposed on or in connection

(2) 의의

이는 수출입과 관련하여 제3국에 부여되는 관세 기타 처우 가운데 가장 좋은 대우가 다른 WTO회원국에게도 보장된다는 것을 의미한다. 이때 제3국은 WTO회원국이 아닐 수도 있다. WTO법상 최혜국대우는 회원국간에 제공되는 혜택을 제3국에 제공하여야 한다는 것이 아니라, 제3국에게 제공되는 혜택이 회원국에게도 자동적으로 적용되므로 회원국에 제공되는 대우의 상향평준화가 달성된다. 따라서 WTO비회원으로 남는 것보다 회원이 되는 이점이 있다.

최혜국대우의무에 의해 한 WTO회원국이 타국에 제공하는 혜택이 조건이나 선결이행조치 없이 자동적으로 여타의 WTO회원국에 확대되므로 협정에 따른 혜택의 효과확산 및 이행에 있어서 효율성을 높인다. 예컨대, 특혜관세가 아닌 한, 다른 국가들 간 협상의 대상이 아국에게도 동등하게 적용되므로, 아국은 아국의 주요 관심분야에만 협상력을 집중할 수 있다.

최혜국대우의무의 목적이 경쟁기회의 평등을 보장하는 것이라는 점에서[2] 이 의무의 적용에 있어서는 형식적 동일 대우가 아니라 실질적인 동등대우 여부가 중요하다고 하겠다. 회원국산품에 다른 외국산품과의 관계에서 최상의 대우를 적용하지 않고 경쟁조건을 불리하게 만드는 조치는 다른 정당화사유가 제시되지 않는 한 GATT 제I:1조 위반이 된다.

(3) 다른 협정상의 유사규정

WTO협정의 다른 곳에도 최혜국대우의 취지를 담은 규정이 다수 존재한다. 그러나 구체적 문언에 따라 적용의 조건을 달리할 수 있으니 유의하여야 한다. 예컨대, TBT 제2.1조와 GATT 제I:1조가 유사한 문언으로 구성되어 있으나 법적 요건이 다르므로[3] TBT 제2.1조 위반이 아니라고 해서 소송경제상의 이유로 GATT 제

---

with importation or exportation or imposed on the international transfer of payments for imports or exports, and with respect to the method of levying such duties and charges, and with respect to all rules and formalities in connection with importation and exportation, and with respect to all matters referred to in paragraphs 2 and 4 of Article III, any advantage, favour, privilege or immunity granted by any contracting party to any product originating in or destined for any other country shall be accorded immediately and unconditionally to the like product originating in or destined for the territories of all other Members.

2) AB Reports, EC — Seal Products (2014), para. 5.87.
3) 본서 제11장 제2절 참조.

I:1조 위반 주장에 대한 심리를 생략할 수 없다.[4] 반면에 상품분야별 부속협정의 규정위반이 인정된 경우에는 GATT 제I:1조 위반에 대한 심리가 생략되고는 한다.[5]

2. 적용범위

(1) 수출입 관련된 조치

GATT 제I조 제1항은 관세 및 부과금뿐만 아니라 내국세, 국내판매 등과 관련된 국내 법규나 요건, 각종 규정 및 절차 등에 있어서도 수출입과 관련하여 비차별원칙이 지켜져야 한다고 하고 있다. 즉, 국경조치와 내국조치를 모두 포함한다. 수출입관련성은 넓게 해석되어 일정한 논리적 연관성이 있으면 인정되지만 연결성이 가설적이거나 먼 경우에는 인정되기 어려울 것이다.[6] WTO/GATT 사례를 보아도 관세/쿼터(Spain-Unroasted Coffee), 수입절차(US-Customs Use Fee), 수입허가(EC-Banana III), 반덤핑관세의 산정방법, 상계관세 부과 및 면제 조건(US-Footwear) 등 다양하다.

미국-가금류 사건에서 패널은 미의회가 농림부와 식품안전검역청에 자금을 지원하면서 중국가금류산품의 수입을 허용하는 법제의 수립에는 사용되지 않을 것을 조건으로 하는 것은 수입절차와 직접적으로 관련되지 않아도 간접적으로 연관되어 있으며 실제로 수입에 영향을 주므로 이 규정상의 수입관련성이 인정된다고 판시했다.[7]

"제III조 제2항 및 제4항에 언급된 모든 문제"가 내국민대우의무로부터 면제를 받는 조치, 예컨대 동조 제8항에 따른 정부조달이나 국내기업에 대한 보조금지급은 포함하지 않는다는 패널의 판시가 있으나,[8] "제III조 제2항 및 제4항에 언급된 모든 문제"는 문제의 외연상 범위를 가리키는 것이며 다른 규정에 의해서 동조 의무로부터 예외를 인정받는 조치라고 하여 그 범위에서 벗어난다거나 그러므로 최혜국대우의무로부터도 예외취급을 받는 것은 아니지 않는가 한다.[9] 즉, 국내기업

---

4) Appellate Body Report, US — Tuna II (Mexico), paras. 402-406.
5) Panel Report, US — Shrimp, paras. 7.22-7.23; AB Report, US — Wool Shirts and Blouses, p. 19.
6) Panel Report, Argentina — Financial Services (2015), paras. 7.984, 7.995.
7) Panel Report, US — Poultry (DS392), 2010, para. 7.410.
8) Panel Report, EC — Commercial Vessels (DS301), 2005, paras. 7.81-7.83.
9) 명확하지는 않으나 Panel Report, Indonesia — Autos (DS54), 1998, para. 14.139. 등 다른 판례는 필자와 같은 입장에 있는 것으로 생각된다.

에 대한 보조가 특정외국 원자재를 사용하는 기업에게만 제공되거나 특정외국의 물품만 정부조달의 대상이 되는 경우 제III조 제8항에 의해 내국민대우의무의 면제는 받을 것이나 최혜국대우의무는 여전히 위반하게 된다고 해석되어야 타당할 것이다.

"다른 나라로의 제반 수출입품에 부여되는"이라는 법문을 분설해보면 첫째, "다른 나라"라고 했지만 독립관세 지역도 포함됨에 이견이 없다. 둘째, 다른 회원국뿐만 아니라 비회원국에 부여되는 혜택도 포함된다. 셋째, 수입뿐만 아니라 수출에 있어서의 차별대우도 규율대상이다. 희소자원인 경우에는 자원수출국의 차별적 행위가 무역에 왜곡을 초래한다. 넷째, 비교의 대상은 동종의 제반(any) 수출입품이지 그중의 일부로 한정되지 않는다. EC는 바나나 수입과 관련한 두 개의 체제, 즉 전통적 ACP국가로부터 수입과 여타국가로부터의 수입으로 분리하면서 비차별의무는 각 체제 내에서의 비차별이면 충족된다고 주장하였다. 패널과 항소기구는 이 주장을 배척하며 비차별 의무는 모든 바나나에 대하여 적용되며 회원국의 임의적 구분에 의해서 비교대상이 제한되지 않는다고 설시했다.[10)

(2) 양허여부와 무관

GATT의 규제대상 내에 들어오는 이상에는, 최혜국대우는 관세양허여부와 무관하게 지켜야 한다. 양허하지 않은 물품에 대한 관세를 외국산품 간 달리 부과하는 것, 양허한 관세 한도 내에서 외국산품간 차별하는 것 등은 관세양허(제II조) 위반은 아니어도 최혜국대우(제I조) 위반이 된다.

(3) 사실상 차별 포함

법률상의 차별뿐만 아니라 사실상의 차별에 대해서도 적용된다. 외견상 원산지에 대해 중립적인 조치라고 하여도 사실상 한 쪽의 경쟁조건을 불리하게 하는 차별적 결과를 낳는 경우 GATT 위반이 될 수 있다.[11) 동일한 인증요건, 허가기준이

---

10) AB Report, EC — Banana III, paras. 189 – 190.

11) [W]e observe first that the words of Article I:1 do not restrict its scope only to cases in which the failure to accord an "advantage" to like products of all other Members appears on the face of the measure, or can be demonstrated on the basis of the words of the measure. Neither the words "de jure" nor "de facto" appear in Article I:1. Nevertheless, we observe that Article I:1 does not cover only "in law", or de jure, discrimination. As several GATT panel reports confirmed, Article I:1 covers also "in fact", or de facto,

라도 특정 국가 산품이나 기업은 이를 만족하는 것이 수월하지만 다른 국가 산품이나 기업들은 이를 만족하는 것이 어렵다면 이는 사실상 차별이며 최혜국대우의무 위반이 될 것이다.12)

그렇다고 최혜국대우의무 위반을 입증하기 위해서 실질적인 무역효과의 존재를 증명해야 하는 것은 아니다. 경쟁기회의 균등성 여부는 차별적 의도나 실질적 무역효과의 존재와는 독립적으로 판단할 수 있는 것이다.13)

(4) 다른 WTO회원국의 산품

최혜국대우를 주장할 수 있는 것은 다른 WTO회원국의 산품이어야 한다. 만약 어떤 물건이 전적으로 한 나라에서 생산된 경우에는 원산지 요건을 충족하는지 여부를 판단하는 것은 간단한 일이다. 하지만 글로벌가치사슬을 구축하여 하나의 완제품을 만들기 위해서 각 공정별로 최적의 생산기지에서 생산한 부품을 조립하며, 연구개발, 디자인 등이 다른 국가에서 행해지는 것이 비일비재한 현실에서 어떤 완성품의 원산국을 결정하는 것은 쉬운 일이 아니다.

WTO원산지협정(Agreement on Rules of Origin)이 채택되었으나 아직 구체적인 기준이 WTO차원에서 마련되지 못하였고 회원국의 향후 작업과 자율적 판단에 맡기되 잠정적으로 필요이상 무역 제한적이지 않을 것, 비차별성, 투명성을 요구하고 있는 상태이다.

3. 요건

심리의 순서는 통상 조치가 혜택을 부여하는지 여부를 살피고 그 다음에 차별의 존재를 파악하기 위해 동종성과 즉시·무조건성을 분석한다.

---

discrimination. Like the Panel, we cannot accept Canada's argument that Article I:1 does not apply to measures which, on their face, are "origin-neutral". WTO/AB, Canada — Autos, para. 78.

12) Panel Report, EEC — Imports of Beef (1981), paras. 4.2 and 4.3; AB Reports, EC — Seal Products (2014), para. 5.95.

13) Appellate Body Reports, EC — Seal Products (2014), para. 5.82; Van den Bossche, Peter; Zdouc, Werner. *The Law and Policy of the World Trade Organization: Text, Cases and Materials.* Cambridge University Press, 2017, p. 340.

(1) '혜택'의 부여

제I:1조 법문은 "모든(all) 국가로 부터의 제반(any) 상품과 관련한 제반(any) 혜택"을 언급하고 있으며 이는 어떤 국가로부터의 한정된 상품과 관련된 제한된 혜택이 아니라 포괄적으로 모든 혜택을 포함함을 의미한다.[14]

관세할당제의 운영세칙으로 수입바나나의 산지에 따라 행정절차와 요건을 달리하는 것은 국내 경쟁법상 이유여하를 막론하고 GATT 제1:1의 혜택을 일부산지(전통적 ACP국가)로부터의 바나나수입에 부여한 것으로 판단되었다.[15]

콜롬비아가 파나마로부터 들어오는 수입에 대해서는 사전수입신고 및 납세, 그리고 특정항구를 사용할 것을 요구하고 여타 국가로부터 들어오는 수입에 대해서는 신고시점과 항구를 수입상이 선택할 수 있도록 한 것은 여타 국가로부터의 수입에 혜택을 부여한 것으로 판시되었다.[16] 또한, 마케팅 가치가 큰 돌고래친화 레이블을 제한된 사업자에게 부여하는 것은 혜택으로 인정되었다.[17]

한 쪽 측면에서 불리한 대우를 다른 측면에서 유리한 대우로 상쇄함으로써 비차별의무위반에서 벗어날 수 있는가와 관련하여 패널은 이와 같은 밸런싱의 허용은 무조건성 원칙에 반하여 수용될 수 없다고 배격하였다.[18] 그렇다면, 대우의 차이가 인정될 때 대부분의 경우에 있어[19] 어느 한쪽은 혜택을 부여받는 것으로 인정될 것이다. 최혜국대우의무가 간접적으로 대우의 통일(harmonization)을 촉진함을 알 수 있다.

(2) 동종상품
가. 의의

같은 것을 달리 대우해야 차별이지 다른 것을 달리 대우하는 것은 차별이 아

---

14) "The words of Article 1:1 refer not to some advantages ..., but to any advantage; not to some products, but to any product ...not to like products from some ...but to like products originating in or destined for all other Members" AB Report, Canada — Autos (2000), para. 79.

15) AB Report, EC — Bananas III, para. 206.

16) Panel Report, Colombia — Ports of Entry, para. 7.352.

17) Appellate Body Report, US — Tuna II (Mexico) (Article 21.5) (2015), para. 7.236.

18) EC — Bananas III (Ecuador) (1997), para. 7.239.

19) 후술하는 객관적 기준에 따른 구별이거나 합리적 소비자 인식에 의해 동종상품성이 부인되는 경우에는 차별이 허용될 것이지만 그 허용의 범위는 협소하며 예측가능성이 낮은 것으로 인식된다.

니므로 비교대상인 두 상품이 동종상품인지 여부를 살펴야 한다.

나. 학설

협정상 명문의 정의가 존재하지 않는 '동종상품' 여부의 판단을 어떻게 할 것인가에 관하여 상품성질설, 목적효과설(조치목적설) 및 시장기반설 등이 주장되고 있다. 그러나 이러한 접근방법들은 서로 배타적인 것이라기보다는 동종상품의 판단에 있어 어디에 중점을 둘 것인가에 따라 구분되는 것일 뿐이다.

(i) 상품성질설(BTA approach)[20]: 제품의 물리적 특성과 품질, 유통방식, 가격, 관세분류 또는 최종소비자의 용도, 기호, 습관 등 '상품의 성질'에 중점을 두어 동종상품 여부를 판단하여야 한다는 견해이다.

(ii) 목적효과설(aim and effect approach): 상품을 차별취급한 조치의 목적에 중점을 두어 동종상품 여부를 판단하자는 견해이다. 조치목적설이라 불리기도 한다. 예를 들어, 환경보호라는 목적에 입각하여 바라보면 종이컵과 플라스틱 컵은 다른 제품으로 분류할 수 있다. 즉 종이컵과 플라스틱 컵에 서로 다른 관세율을 부과한 조치가 환경보호라는 목적을 달성하기 위한 것이었다면 정당화될 수도 있다는 것이다. 또한 국민건강보호라는 목적에 입각하여 바라볼 경우 강한 커피와 연한 커피를 다른 제품으로 분류하는 것도 가능할 수 있다.

(iii) 시장기반설(market—based approach): 시장에서의 소비자 반응을 고려할 때 비교 대상 상품간 수요대체성이 있는지(경쟁관계가 있는지) 여부에 따라 동종상품 여부를 판단하여야 한다는 견해이다.

다. 판례 및 통설: 종합고려설

일반적으로 받아들여지는 동종성 판단의 네 가지 기준은 (i) 상품의 물리적 특

---

20) 1970년 국경세조정보고서(The Report of the Working Party on Border Tax Adjustments)가 이 입장을 취한 데에서 유래하였다. 국경세조정 작업반은 각국의 다양한 세제간의 차이가 국제무역에 가져올 우려가 있는 경쟁조건의 불균등, 이중과세 등의 문제를 해소하기 위하여 국경에서 수입품에 대한 과세 수준을 조정할 필요에 의해 구성되어 운영되었다. GATT 체약국단에 의해 채택된 BTA보고서는 상품에 직접 부과되는 조세의 경우는 국경세조정이 적합하다는 데에 컨센서스가 있었지만 간접세에 대해서는 의견의 일치를 보지 못하였으며, 사회보장세·근로소득세에 대해서는 국경세조정이 적합하지 않다는 컨센서스가 있었다.

성, 본질, 품질, (ii) 상품의 <u>최종용도</u>, (iii) 상품에 대한 소비자 인식과 행동, 즉 소
비자 <u>기호와 습관</u>, (iv) 상품의 <u>관세분류</u>[21]이다. 위 네 가지 기준을 차례로 적용하여
동종성 여부를 종합적으로 판단하되 사안의 성격에 따라 특정 기준이 상대적으로
중요한 역할을 할 수 있다.

라. 구체적 적용 양상

일반적으로는 상품의 특성이 가장 먼저 주목될 것이지만, 관세조치의 WTO협
정상 최혜국대우원칙 위반 여부가 쟁점인 경우에는 관련 산품의 동종성 여부를 판
단할 때 수입국 및 제외국의 관세분류가 중요한 역할을 할 수 있다.[22] 국제공통인
HS 6단위까지의 분류를 지키지 않은 경우에는 쉽게 동종제품에 대한 차별대우를
인정할 수 있을 것이지만, 그 이상의 세(細)분류는 현재 각국의 재량에 맡겨진 상황
이기 때문에 세분류를 객관적 기준에 의거하여서 하는 경우 이종제품임을 인정받
을 수 있다. 물론 다른 요소도 모두 검토한 후 종합적으로 평가하여야 할 것이다.

사실 동종상품의 개념은 최혜국대우의무 이외에도 WTO협정상 다른 의무 적
용의 기본 요건이 되는 경우가 많으며 각 협정과 규정의 특색에 따라 동종성 판단
시의 강조점은 달라지게 된다. 예컨대 내국민대우의 경우에는 소비자를 포함한 시
장의 반응, 반덤핑사건의 경우에는 시장에의 영향이 중시된다.

또한, 다음의 경우에는 일반적인 방법에서 벗어나서 간이로 가상의 동종상품
을 기반으로 한 분석이 시행될 수 있다. 첫째는 원산지의 차이에 따른 차별대우가
분명한 사건에서 관련된 모든 상품에 대하여 방대한 동종성 분석을 하는 것은 불필
요하며 가상 수입을 기반으로 분석하는 것이 간편할 수 있다. 즉, 현재 그리고 미래
에도 이와 같은 동종상품이 있을 것이며 원산지의 차이가 이를 이종상품으로 만들
수 없음을 간략하게 진술하는 것이다.[23] 둘째로 수입을 완전 금지하여서 실재하는
비교대상 수입이 없는 경우에는 가상의 수입을 비교대상으로 할 수밖에 없다.[24] 두

---

21) (i) the physical characteristics (properties, nature and quality) of the products; (ii) the
　　end-uses of the products; (iii) consumers' tastes and habits — more comprehensively
　　termed consumers' perception and behaviour; and (iv) the tariff classification of the
　　products.
22) Japan — SDF Dimension Lumber, paras. 5.11 − 12; Spain — Unroasted Coffee, paras. 4.7 −
　　4.10.
23) AB Report, Canada — Periodicals; Panel Report, Colombia — Port of Entry, para. 7.355.
24) Panel Report, US — Poultry (China), paras. 7.424 − 7.432.

가지가 중첩된 경우, 즉 원산지에 기인한 완전한 수입금지의 경우에는 가상분석이 쉽게 용인될 것이다. 하지만 그 이외의 경우에는, 동종성 분석이 생략할 수 없는 절차이며 사안별로 행해져야 하는 것임을 생각할 때 상품별 분석에 특별한 어려움이 없는 상황에서 가상의 수입 개념을 원용함은 삼가야 할 것이다.

(3) 즉시·무조건

최혜국대우 권리·의무는 제3국에 보다 나은 대우를 부여할 때 발생하고, 보다 나은 대우를 중지하였을 때 종료한다.

최혜국대우의 무조건적 부여와 관련하여 적지 않은 논란이 있다. 벨기에 — 가족수당 사건에서 패널은 가족수당을 지급하지 않는 국가로부터 수입되는 공공조달 물품에 대하여 일정액의 부과금을 징수하였다. 패널은 이를 최혜국대우의 '무조건' 부여의무 위반으로 판시했다.[25]

같은 맥락에서 수입쇠고기에 대한 과세 면제의 조건으로 사료·연령·품질에 대한 인증을 요하면서 인증기관을 특정국 기관에 한정한 것,[26] 협력 협정 수락을 관세감면의 조건으로 하는 것,[27] 국내업체와의 협력을 감세의 조건으로 하는 것이 GATT 제I조 위반으로 판시되었다.[28]

하지만 수입최저가 기준을 맞추지 못하는 모든 국가로부터의 수입에 대하여 보증금 납부를 요구한 조치[29] 등 원산지 중립적인 객관적인 기준을 조건으로 혜택을 부여하는 것은 그 조건이 상품에 직접 관련된 것이 아닌 경우에도 제I조를 위반하는 출처에 따른 차별이라고는 할 수 없다고 판시한 사례도 있다.[30]

캐나다 — 자동차 사건에서 일본은 조건의 상품관련성을 기준으로 이에 관련되지 않은 조건은 모두 차별적이라는 주장을 하였으나, 패널은 이를 배척하고 상품관련성과 무관하게 객관적이며 원산지중립적인 조건을 혜택에 붙이는 것은 가능하며, 조건부 혜택이건 무조건부 혜택이건 이를 최혜국원칙에 입각하여 다른 WTO회

---

25) 1st Supp. BISD 59(1953), para. 3.
26) EEC — Imports of Beef, 28th Supp. BISD 92, 1981. 미국 농업부(USDA) 만이 인증기관으로 명시되었다.
27) Accession of Hungary, BISD 20S/34, 1973; EC — Tariff Preferences to Developing Countries, WT/DS246/R, 2004.
28) Indonesia — Automobile Industyr, WT/DS64/R, 1998.
29) EEC — Minimum Import Prices, 25th Supp. BISD 68, 1978.
30) Panel Report, Canada — Autos, paras. 10.22 — 25.

원국에 부여할 경우에 추가로 다른 조건을 부여해서는 안 된다는 무조건부 최혜국 대우 부여와는 구분되어야 한다고 설시했다.[31]

EC-바다표범 사건에서 상소기구는 "GATT 제I:1조는 근본적으로 모든 회원 국으로부터의 동종상품에 동등한 경쟁기회에 대한 기대(expectations of equal com-petitive opportunities)를 보호하고자 하는 것이며 혜택을 부여함에 있어서 아무런 조건도 붙이지 못하게 하는 것은 아니다. 제1:1조는 대신에 어느 회원국으로부터 수입되는 동종상품의 경쟁기회에 악영향을 미치는 조건을 금지한다. 역으로 어느 동종제품의 경쟁기회에도 악영향을 주지 않는 구분이라면 동종제품간 규제적 구분 을 허용한다."[32]

결국 혜택의 부여에 대한 조건이 객관적인 기준에 따른 중립적인 것인지는 수 입 산품에 대한 차별적 대우의 존재를 판별하는 문제의 일부라 할 것이며, 아무런 조건도 혜택에 붙일 수 없는 것은 아니다.

4. 공공정책에 대한 고려

공공정책에 대한 고려를 차별의 존재를 판단하는 단계에서 수행할지 제XX조 의 일반적 예외 적용단계에서 고려할지에 대한 이견이 존재한다. 상품에 관련되지 않은 공공정책에 대한 고려는 차별의 존재여부 판단 단계가 아닌 제XX조의 일반적 예외 적용단계에서 고려해야 한다는 것이 지배적인 견해이다. 상품관련성 여부를 불문하고 공공정책의 시행이 원산지에 기반을 둔 차별을 구성하는지는 의무규정, 즉 GATT 제I조, 제III조 적용단계에서, 공공정책적 고려가 의무위반을 정당화할 수 있는지는 제XX조에서 판단하여야 할 것이다.

GATT I:1, III:4와 TBT 2.1

* EC-바다표범 제품 사건

패널은 바다표범 제품 금지에 대한 EU법제의 원주민예외와 해양자원관리예외는 그 설계, 구조, 운영이 캐나다와 노르웨이 산품을 그린란드 산품에 비하여 경쟁상 불이익 에 놓이게 하는 것으로 판단했다.[33] 대부분의 캐나다와 노르웨이 산품이 원주민예외를

---

31) Ibid.
32) Appellate Body Reports, EC — Seal Products (DS400, 401/AB/R), 22 May 2014, para. 5.88.
33) Panel Reports, EC — Seal Products, paras. 7.592—7.600.

충족하지 못함에 비하여 대부분의 그린란드 산품은 이를 충족한다. 패널과 상소기구는 TBT 제2.1조 위반의 판단에는 해당 조치가 "정당한 규제목적상 구별"(legitimate re-gulatory distinction)에 의한 피치 못할 불리한 대우인지 여부를 심리해야 하지만 GATT 제1:1조나 제3:4조의 경우에는 그럴 필요가 없다고 설시했다.[34]

> * 미국-참치 Ⅱ(Art. 21.5 DSU)
>
> 상소기구는 "정당한 규제목적상 구별"이 TBT 2.1에만 있는 것을 언급하는 데서 나아가 GATT Ⅲ:4와 TBT 2.1이 사용하는 "불리하지 않은 대우"(treatment no less favourable)라는 표현 대신에 GATT Ⅰ:1은 최혜국대우를 다른 나라에 제공한 혜택을 즉각 무조건적으로 모든 회원국의 동종상품에 확대할 의무로 규정하고 있는 데에 주목했다. 하지만 이 세 규정은 모두 피소국에서의 경쟁조건이 제소국의 동종제품에 불리하게 변화하였는지라는 공통적인 문제를 규명해야 하는 등 중요한 유사점을 갖고 있는 바 GATT Ⅰ:1와 Ⅲ:4를 사안에 적용함에 있어서 TBT 2.1의 적용과정에서 인정한 당해 조치의 경쟁에의 악영향에 대한 사실인정과 논리를 이용한다고 해서 그 자체로 부적절한 것은 아니라고 판시했다.[35]

제 2 절 GATT 최혜국대우의무에 대한 예외

1. 지역무역협정

자유무역지대(Free Trade Area) 또는 관세동맹(Custom Union)과 같은 지역무역협정이 있는 경우 GATT 제XXIV조에 의하여 최혜국대우원칙에 대한 예외가 인정된다. 앞 제1장 제4절에서 상론했듯이 동조가 요구하는 예외의 조건은 아래와 같이 요약된다.

- 대외적 조건으로 전체적으로 제3국에 대한 무역조건이 악화되지 않을 것을 요구할 뿐만 아니라 개별 조치에 있어서도 악화되지 않아야 한다.
- 대내적 조건으로서 구성영토를 원산지로 하는 상품의 동 영토간의 실질적으

---

34) Appellate Body Reports, EC — Seal Products, paras. 5.84 − 5.96, and 5.97 − 5.130.

35) US — Measures concerning the importation, marketing and sale of tuna and tuna products (recourse to Article 21.5 of the DSU by Mexico) WT/DS381/AB/RW, 20 November 2015, paras. 7.277 − 7.278.

로 모든 무역에 대하여 철폐되어야 한다.

2. 역사적 예외(grandfather clause, 祖父조항) 폐지

GATT 성립 전부터 설정되어 있던 관세 특혜 가운데에는 역사적인 이유로 GATT 성립 후에도 그 폐지가 곤란하였던 것들이 있었다. 이에 GATT 1947 잠정적 용의정서는 일부 조항에 대하여 GATT 규정과 국내법이 충돌할 경우 국내법을 우선 적용할 수 있다는 예외 조항을 두었다. 이러한 조부조항에 의하여 역사적으로 관세 특혜가 설정되어 있었던 영연방 지역, 베네룩스 지역 등의 관세 특혜가 GATT 성립 이후에도 유지되었다. 그러나 WTO 설립협정에서 GATT 1947 잠정적용의정서를 포함하지 않기로 함으로써 조부조항은 원칙적으로 폐지되게 되었으며 후술하는 개별적인 의무면제와 개도국특혜관세 등에 의하여 일정한 한도에서 그 변형이 유지되고 있다.

3. 국경무역

GATT 제XXIV조 제3항은 국경무역을 원활하게 하기 위하여 체약 당사자가 인접 국가에 혜택을 부여할 수 있다고 함으로써, 인접국간의 일정한 교역행위에 대하여 최혜국대우의무를 면제하고 있다.

4. 개별의무면제제도(waiver) 및 특정 국가에 대한 WTO협정 적용배제

WTO설립협정 제9조 제3항에 따라,[36)37)] WTO 각료회의에서 WTO회원국의 4

---

36) "예외적인 상황에서 각료회의는 이 협정이나 다자간무역협정이 회원국에게 지우는 의무를 면제하기로 결정할 수 있다. 다만 이러한 결정은 이 항에 달리 규정되어 있는 경우를 제외하고는 WTO회원국 3/4 다수결에 의한다.

(a) 이 협정과 관련된 의무면제 요청은 컨센서스에 의한 결정의 관행에 따라 각료회의에 제출된다. 각료회의는 동 요청을 검토하기 위하여 90일을 초과하지 아니하는 기간을 설정한다. 동 기간 동안 컨센서스가 도출되지 아니하는 경우 의무면제의 부여는 회원국의 3/4 다수결로 결정한다.

(b) 부속서 1A 또는 1B 또는 1C의 다자간 무역협정과 그들의 부속서와 관련한 면제 요청은 90일 이내의 기간 동안의 검토를 위하여 상품무역이사회, 서비스무역이사회 또는 무역관련지적재산권이사회에 각각 제출된다. 동 기간의 만료시 관련 이사회는 각료회의에 보고서를 제출한다."

위 (a)호에 대한 각주는 다음과 같다.

"과도 기간이나 단계별 이행 기간을 조건으로 하는 의무로서 의무면제 요청 회원국이 관련 기간의 종료시까지 이행하지 못한 의무에 대한 면제 부여는 컨센서스에 의하여서만 결정된다."

37) GATT 제25조 제5항이 2/3 다수결에 의한 의무면제를 규정하고 있었으나 현재는 위 WTO 설

분의 3 이상의 동의를 얻는 경우 WTO협정상 의무의 면제가 가능하다. 이를 개별
의무면제제도(waiver)라 하며, 최혜국대우의무도 이 제도에 의하여 면제될 수 있다.
 - 1999년 일반이사회는 최빈국에 대해 개도국이 부여하는 특혜대우에 대하여
  포괄적으로 GATT 제1:1조 의무를 면제하면서 WTO에의 통보의무, 일반성·
  비차별성과 같은 일정한 요건을 부과하고 있다.38)
 - 2005년 각료회의는 최빈국에 관세와 수량할당 제한을 없애는 혜택(duty-
  free and quota-free, DFQF)을 부여할 것을 촉구하는 결정을 채택했다.39)

 그러나 WTO 설립 초창기라면 모를까, 현재로서는 컨센서스 또는 회원국 3/4
이상의 찬성을 얻어야 하고, 연례검토를 받아야 하며, 다른 분야에서 보상을 해야
할 수도 있는 의무면제제도를 활용할 실익이 거의 없는 것으로 보인다.

 판례도 의무면제는 엄격하게 해석되어야 하며 명시적으로 면제에 포함되지 않
으면 면제를 받을 수 없는 것으로 보고 있다. 예컨대, 로메협정에 대해서 WTO가
부여한 의무면제가 GATT 제I조는 명시하고 있으나 GATT 제XIII조는 명시하지 않
은 상황에서, 패널은 의무면제의 실효성을 위해서는 제XIII조도 묵시적으로 면제된
것으로 보아야 한다고 하였으나 상소기구는 이를 뒤집어서 명시된 것만이 면제에
포함된다고 설시하였다.40)

 한편, WTO설립협정 제13조는 WTO에 신규가입시 그 회원과 다른 특정 회원
국간에 WTO협정의 적용을 배제할 수 있다고 규정한다. 흔하지는 않으나 이에 따
라 특정 국가와의 관계에서 최혜국대우의무를 배제할 수 있다.41)

5. 개발도상국에 대한 특혜관세제도

 최빈국은 일인당 국민소득 등을 기준으로 UN에 의하여 공식적으로 지정되지
만 WTO법상 '개도국' 지위를 인정하는 객관적 기준은 없다. 스스로를 개도국으로
지정하여 개도국 지위를 주장하는 반면 다른 회원국이 이 자칭 개도국을 반드시 인
정하여야 할 의무도 없다.

립협정 제9조 제3항에 의해 대체되었다.
38) Decision on Preferential Tariff Treatment for Least Developed Countries, WT/L/304.
 WT/L/759.
39) Decision 36 on Measures in Favour of Least - Developed Countries, WT/MIN(05)/DEC.
40) WTO/AB, EC - Bananas III, paras. 182-8.
41) GATT 제35조도 같은 취지임. 미국은 정치적 이유로 조지아, 베트남, 러시아 등에 최혜국대우
 의 적용을 배제한 적이 있다.

1979년 도쿄라운드에서 GATT 체약국단은 속칭, 허용조항(Enabling Clause)이라 불리는 결정으로 선진국이 개발도상국에 대하여 특혜를 부여하는 것을 허용하였다.[42] 이 결의에 의하여 선진국은 WTO 회원인 개발도상국에 일반특혜관세(Generalized System of Preferences, GSP)제도를 통한 관세 및 비관세 특혜를 부여할 수 있으며 또한 그렇게 하는 것이 권장된다. 또한 1999년 WTO 일반이사회는 개발도상국이 다른 최빈국에 대하여 특혜관세를 부여할 수 있도록 하였다. 이러한 특혜관세제도에 따라 최혜국대우의무로부터 일탈할 수 있다.[43]

허용조항이 최혜국대우원칙을 전적으로 배제하지는 않는다. 우선 심리의 순서에 있어서도 GATT I:1에의 합치여부를 먼저 살핀 후 불합치하는 경우에만 허용조항이 적용된다.[44] 또한 허용조항 자체도 개도국 간에는 비차별대우가 적용되어야 한다는 생각을 기반으로 하고 있다.

---

42) GATT, "Differential and More Favourable Treatment, Reciprocity and Fuller Participation of Developing Countries", Decision of 28 November 1979 (L/4903). 이하 일부 원문.
  1. Notwithstanding the provisions of Article I of the General Agreement, contracting parties may accord differential and more favourable treatment to developing countries, without according such treatment to other contracting parties.
  2. The provisions of paragraph 1 apply to the following:
    a) Preferential tariff treatment accorded by developed contracting parties to products originating in developing countries in accordance with the Generalized System of Preferences(3),
  3. Any differential and more favourable treatment provided under this clause:
    c) shall in the case of such treatment accorded by developed contracting parties to developing countries be designed and, if necessary, modified, to respond positively to the development, financial and trade needs of developing countries.
  원문 각주 (3) As described in the Decision of the CONTRACTING PARTIES of 25 June 1971, relating to the establishment of "generalized, non-reciprocal and non discrimi-natory preferences beneficial to the developing countries" (BISD 18S/24).
43) 한국관세법 제76조(일반특혜관세의 적용기준) ① 대통령령으로 정하는 개발도상국가(이하 이 조에서 "특혜대상국"이라 한다)를 원산지로 하는 물품 중 대통령령으로 정하는 물품(이하 이 조에서 "특혜대상물품"이라 한다)에 대하여는 기본세율보다 낮은 세율의 관세(이하 이 관에서 "일반특혜관세"라 한다)를 부과할 수 있다.
  ② 일반특혜관세를 부과할 때 해당 특혜대상물품의 수입이 국내산업에 미치는 영향 등을 고려하여 그 물품에 적용되는 세율에 차등을 두거나 특혜대상물품의 수입수량 등을 한정할 수 있다.
  ③ 국제연합총회의 결의에 따른 최빈 개발도상국 중 대통령령으로 정하는 국가를 원산지로 하는 물품에 대하여는 다른 특혜대상국보다 우대하여 일반특혜관세를 부과할 수 있다.
44) AB Report, EC-Tariff Preferences, WT/DS246, paras. 101-102.

EC - 개도국 관세특혜 사건[45)에서 패널은 개발도상국에 대한 특혜관세가 (최빈국과 기설정 예외의 경우를 제외하고는) 모든 개발도상국에 비차별적으로 적용되어야 한다고 판시하였다. 그러나 상소기구는, '비차별'이 모든 개발도상국에게 획일적인 동일을 의미하는 것은 아니며, 문제의 관세조치가 다른 회원국에 부당한 부담을 지우지 않으면서 의도된 수혜국의 곤란을 해소할 수 있고 동시에 그와 개발, 금융, 교역상의 필요가 객관적으로 유사한 조건에 있는 다른 개발도상국에게 동일한 특혜관세가 부여된다면 그것으로서 '비차별' 요건이 충족된 것이라 보고 패널의 판시내용을 수정하였다(이때 객관성(비차별성)에 대한 입증책임은 특혜관세조치의 부여국에 있다). 이 결정 이후 EC는 노동, 인권, 환경, 부패방지 등의 국제협약에 가입, 준수하는 최빈국에 한해서 특혜관세를 부여하는 것으로 GSP 제도를 개정하였다.

6. 반덤핑 및 상계관세제도

수입상품이 비정상적으로 저렴한 가격에 수입됨으로써 국내 산업에 피해가 발생된 경우 수입국은 반덤핑관세를 부과할 수 있다. 또한 수출국이 물품의 생산자에게 보조금을 지급하여 수입국의 국내 산업에 피해가 발생된 경우 수입국은 상계관세를 부과할 수 있다. 이러한 반덤핑관세제도 및 상계관세제도는 해당 물품의 수출국에 대하여만 높은 관세를 부과할 수 있도록 허용한다는 점에서 최혜국대우의무에 대한 예외가 된다. 따라서, 어떤 국가의 반덤핑 또는 상계관세제도 운용이 GATT 제I조 위반이라는 주장이나 이에 대한 심리를 위해서는 문제의 조치가 GATT 제6조 내지 반덤핑협정 또는 상계관세협정을 준수하여 취해진 조치인지에 대한 주장과 심리가 선행되어야 한다. 그렇지 않은 GATT 제I조 위반 주장이나 심리는 원인무효가 된다.[46)

하지만 비슷하게 덤핑을 행하는 사업체나 유사하게 보조금을 지급하는 회원국에 대하여는 반덤핑이나 상계관세 조치를 유사하게 적용하여야 하며 만약 일부에 대해서만 선별적으로 적용하는 경우에는 최혜국대우의무의 위반이 될 것이다.

---

45) EC — Conditions for the Granting of Tariff Preferences to Developing Countries (EC — Tariff Preferences, WT/DS246), 2004.

46) AB Reports, EC — Fasteners (DS397), 2011, paras. 388 – 398: Brazil — Desiccated Coconut (DS22), 1997, p. 21.

7. 국제수지적자 해소를 위해 IMF와 협의 하에 취하는 수량제한조치

GATT 제XIV조는 국제수지의 어려움을 겪고 있는 회원국이 IMF와 협의하여 수입에 수량제한을 가할 수 있다고 규정한다. 이러한 수량제한조치도 최혜국대우 의무에 대한 예외가 된다.

8. 분쟁해결절차를 통한 보복조치

WTO 분쟁해결절차에서 패소한 국가가 의무를 이행하지 않는 경우 승소국은 분쟁해결기구(DSB)의 승인을 받아 보복조치를 취할 수 있는데, 이러한 보복조치도 최혜국대우의무에 대한 예외가 된다.

9. 일반적 예외와 안보예외

GATT 제XX조는 공서양속, 인간과 동식물의 생명과 건강 보호, 문화재 보호, 유한 천연자원의 보존 등을 위하여 필요한 경우 GATT상 의무에 대한 면제가 가능하다고 규정하고 있다. 다만, 이 규정의 두문(chapeau)은 이 규정에 따른 조치가 '자의적이거나 정당화할 수 없는 차별의 수단을 구성하거나 국제무역에 대한 위장된 제한을 구성하는 방식'으로 적용되지 않을 것을 조건으로 하고 있다. 따라서 이 규정이 최혜국대우의무를 전면적으로 배제하는 것이라 보기는 어렵다.

GATT 제XXI조는 국가안보상의 예외를 규정한다. 이 규정에 따라 회원국의 안보이익의 보호를 위하여 취해진 조치 또한 최혜국대우의무에 대한 예외를 구성할 수 있다.[47]

제 3 절   GATT 최혜국대우 관련 사례

1. 스페인 커피 사건[48]

스페인은 종래 볶기 전 커피를 종류별로 구별하지 않고 GATT 관세양허를 하였다. 그런데 이후에 양허 변경을 하면서[49] (구 스페인령 국가에서 수입되는) 볶기 전

---

47) 일반적 예외와 안보예외에 대해서는 본서 제7장에서 상론된다.

48) Spain — Tariff Treatment of Unroasted Coffee, 1981, BISD 28S/102.

49) 양허협상시에 세분류를 하면서 관세율을 달리 책정하였다면 법적 평가가 달랐을 수 있다. 양

마일드 커피에는 0%의 관세를, (구 포르투갈령인) 브라질에서 수입되는 볶기 전 아라비카/로버스타 커피에는 7%의 관세를 부과하였다. 이에 브라질은 GATT 제I조(최혜국대우) 위반을 이유로 스페인을 제소하였다.

상품의 종류	실행관세율
1. 콜럼비안 마일드	0%
2. 기타 마일드	0%
3. 아라비카	7%
4. 로버스타	7%
5. 기타	7%

　동종상품의 범위와 관련하여, 브라질은 관세대분류가 같으면 동종상품이라고 주장하였다. 이에 대하여 스페인은, 향과 미각 등의 차이가 소비층과 시장을 구분하므로 마일드 커피와 아라비카/로버스타 커피는 동종상품이 아니며, 마일드 커피에 대한 면세는 연한 커피를 선호하여 기호품으로 다량 소비하는 자국 소비자의 복지후생 증대를 위한 것일 뿐이라고 주장하였다.

　이에 대하여 패널은 먼저 최혜국대우원칙은 당해 품목의 관세양허 여부를 불문하고 모든 수출입에 적용됨을 지적하였다. 회원국은 관세분류의 재량권을 갖지만 관세분류를 어떻게 하건 최혜국대우원칙상 동종상품에는 동일한 대우가 부여되어야 한다는 데에는 변화가 없음이 환기되었다. 패널은 다음과 같은 사항을 종합하여 볼 때 종류에 관계없이 볶기 전 커피원두는 모두 동종상품에 해당한다고 판정하였다.

- 산지, 경작방법, 가공방법, 종자의 차이가 맛과 향의 차이를 가져오는 것만으로는 서로 다른 관세대우를 정당화하기에 불충분하다.
- 볶기 전 커피원두는 대부분 여러 종류가 혼합된 상태로 거래된다.
- 커피를 통해 얻는 소비자의 최종 목적은 음료로 마시는 것이라는 단일 목적을 가지고 다른 음료와는 뚜렷하게 구분된다.
- 스페인 이외의 어떤 나라도 커피의 종류에 따라 다른 관세를 부과하지 않는다.

허 변경시에도 다른 회원이 이의를 제기할 수 있는 기회를 갖기는 하지만 이는 정확성을 기하기 위한 것이고 합법성을 보장하지는 않는다.

2. 일본 - 표준각재 사건[50]

종전에 수입 표준각재에 25% 관세를 부과하던 일본이 1962년부터 가문비나무 (Spruce), 소나무(Pine), 전나무(Fir)를 소재로 한 각재에 대해서는 8%의 관세를 부과하고 삼나무, 솔송나무, 미송 등을 소재로 한 각재에 대해서는 무관세로 수입하였다. 이에 SPF를 소재로 한 각재를 주로 수출하던 캐나다가 일본을 제소하였다.

캐나다는 표준각재는 모두 동종상품이라고 주장한 반면에 일본은 자국을 포함한 어느 나라도 표준각재인지 여부를 관세분류의 기준으로 삼지 않음을 지적하고 품종에 기초한 관세분류는 캐나다를 비롯한 많은 나라에서 시행됨을 지적하였다. 패널은 표준각재라는 개념이 동종성 판단을 위한 적절한 근거가 될 수 없으므로 캐나다가 최혜국대우위반을 입증하지 못했다고 판시했다.[51] 캐나다는 일본의 품종분류가 적절한지 여부는 다투지 않았다.

3. EC - 바나나III(DS 27)

과거 유럽의 식민지였던 ACP국가들로부터의 바나나 수입을 우대하는 수입허가, 수출인증, 특혜관세 등을 시행하는 EC법제에 대해 다른 수출국들이[52] 소송을 제기하였으며 패널과 상소기구는 GATT 제1:1조 위반으로 판시했다. 이중 특혜관세는 로메면제(Lomé Waiver)에 의해서 정당화되지만 예외는 엄격히 적용되어야 하기 때문에 명시적 언급이 없는 다른 무역제한조치나 다른 GATT조문(제XIII조) 위반을 정당화하지 못하는 것으로 해석되었다.[53]

패널은 또한 EC가 도하각료회의에서 허용된 관세특혜 면제가 만료한 이후에도 계속 면제가 유효함을 입증하지 못하였다고 판시했다.[54]

---

50) GATT Panel Report, Japan — SPF Dimension Lumber, 19 July 1989, 36 BISD 167.
51) 한국의 현행 4단계 관세분류가 원목과 제재목을 구분하는 것으로 확인되는바, 관세분류 기준에 변화가 있은 것으로 추정되며, 현재 시점이라면 다른 판단도 가능했을 것으로 보인다.
52) 에콰도르, 과테말라, 온두라스, 멕시코, 미국.
53) European Communities — Regime for the Importation, Sale and Distribution of Bananas, 1997.
54) European Communities — Regime for the Importation, Sale and Distribution of Bananas — Second Recourse to Article 21.5 of the DSU by Ecuador; and European Communities — Regime for the Importation, Sale and Distribution of Bananas — Recourse to Article 21.5 of the DSU by the United States, 2008.

4. 인도네시아 국민차 사건[55]

인도네시아는 자국의 자동차 산업을 발전시키기 위해 국산 부품 비율이 높은 차량에 대하여는 일정한 경우 사치세를 면제하도록 하는 법을 제정하는 등 특혜를 부여하였다. 인도네시아 국민차사업에 협력하며 인도네시아인을 고용한 한국공장을 운영하여 생산한 기아자동차가 국산부품요건을 충족하는 것으로 인정받는 혜택을 입게 되었고, 또한 기아자동차와 같이 인도네시아 자동차조립회사와 협력계약에 의해 수입되는 부품은 무관세혜택을 받았다. 이에 미국, 일본 및 EU가 WTO에 제소하였으며 최혜국대우의 무조건성에 반하는 것으로 판시되었다.

5. 캐나다−자동차(DS139, 142)[56]

캐나다가 캐나다내 부가가치(Canadian Value Added) 요건과 생산−판매 비율(production to sales ratio) 요건에 의거하여 특정회사의 자동차 완제품 및 부품 수입에 대해 관세면제를 부여하는 것에 대하여 일본과 유럽연합이 제소하였다.

상소기구는 최혜국대우의무가 법률적 차별뿐만 아니라 사실상 차별도 금지함을 확인하고 문제의 관세면제가 사실상 캐나다회사와 관련된 수출사가 있는 일부 국가로부터의 수입에만 부여되었으므로 GATT 제1:1조 위반이라고 판시했다. 패널은 문제의 관세면제가 NAFTA 회원국으로부터의 모든 수입에 적용되지도 않았고 그 회원국이 아닌 경우에도 적용되었으므로 GATT 제XXIV조의 예외를 적용받을 수 없다고 판시했다.

6. EC−관세특혜 사건(DS246)

EC는 개도국에 대한 일반특혜관세를 부여함에 있어서 마약퇴치사업에 협력하는 볼리비아, 콜롬비아, 파키스탄 등 12개국에 대하여 추가적인 혜택을 부여하였다. 이로 인해 상대적인 경쟁열위에 놓인 인도가 EC를 제소하였다. 패널은 EC의 조치가 최혜국대우의무 위반이라고 판시했다. 패널과 상소기구는 허용조항(En−abling Clause)이 최혜국대우에 대한 예외이지만 EC의 조치는 허용조항 제2문(a)의

---

55) Indonesia — Certain Measures Affecting the Automobile Industry, WT/DS54, WT/DS55, WT/DS59, WT/DS64.

56) Canada — Certain Measures Affecting the Automotive Industry, 2000.

요건을[57] 충족하지 못하므로 정당화될 수 없다고 보았다. 하지만 상소기구는 비차별 요건이 획일적인 관세혜택 부여를 의미하지는 않으며 수혜국의 구체적 필요에 대응한 객관적 기준(objective standards)에 의한 구별이라면 다른 수준의 관세특혜도 비차별적인 것으로 인정될 수 있다고 설시했다.

상소기구는 또한 일반적으로 예외에 대한 입증책임(주장과 증명책임)은 피소국에 있으며 허용조항의 경우에도 이 원칙이 적용되는 것을 확인하면서도 WTO 체제 내에서 허용조항이 개도국의 경제성장과 개발을 촉진하는 수단으로 행하는 중요한 역할을 고려한다면 허용조항에 의거하여 취하는 조치에 대해 이의를 제기하는 제소국은 단지 GATT 제1:1조 위반만 주장할 것이 아니라 허용조항의 어느 규정 위반인지도 적시하여야 한다고 설시했다. 물론 주장에 대한 증명까지 하여야 하는 것은 아니며 허용조항의 충족에 대한 종국적 입증책임이 피소국에 있는 것은 변함이 없다.[58]

7. 콜롬비아 – 수입 항구(DS366)[59]

패널은 콜롬비아가 파나마와 콘론자유구역(Colon Free Zone)[60]으로부터 수입되는 특정 섬유, 의류, 신발에 대해서는 수입 전에 수입신고를 하고 관세와 판매세를 지불하도록 하며, 하역항에서 사전신고와의 일치여부 확인을 위한 수입품 검사를 하지 못하게 하고, 특정 수입항을 이용하도록 한 것은 다른 국가로부터 수입되는 동종제품에 수입시점에서의 검사를 허용하고 여러 항구의 이용가능성을 열어 논 것에 비하여 차별대우로서 GATT 제I:1조 위반이라고 판시하였다.

제 4 절 최혜국대우의 성과 및 한계

최혜국대우원칙에 따라 최저관세가 모든 회원국에 일반적으로 적용됨으로써, 국가들의 관세체계가 단순화되고 경제적 효율성에 따라 국제무역이 이루어지게 된

---

57) "generalized, non — reciprocal and non discriminatory preferences."
58) AB Report, EC — Tariff Preferences, WT/DS246, paras. 110 – 115.
59) Colombia — Indicative Prices and Restrictions on Ports of Entry, 2009.
60) 파나마운하입구 파나마 령에 위치한 대규모 자유무역단지로서 가공무역으로 인접국가에 재수출한다.

다. 또한 최혜국대우원칙은 무역자유화의 확대에도 긍정적으로 작용한다. 일부 회원국간에 타결된 협상의 경우에도 기본통신협상이나 ITA협정 등과 같이 협상의 정당성을 강화하는 수단으로 협상결과를 최혜국대우원칙에 기반하여 모든 WTO회원국에게 혜택을 부여할 것을 약속하는 경우도 있다.

그러나 최혜국대우원칙으로 인하여 회원국들이 관세협상에 소극적이 되거나 무임승차를 노리게 될 수도 있다. 그 결과 높은 이념에도 불구하고 현실은 특혜대우협정인 다수의 FTA 속에서 MFN은 실질적으로 최저혜국(Least favored nation)대우가 되고 있다.

FTA 속의 MFN은 어떤 규범적 성격을 가질까? 예컨대 TPP참여 12개국[61] 중 10개국과 한국이 FTA를 체결하고 그 속에 MFN규정이 있다면 무리해서 TPP에 가입하려고 할 필요가 없지 않은가? 그러나 모든 양자 FTA에 최혜국대우 조항이 있는 것은 아니다. 예컨대, 한미 FTA에는 상품무역 챕터에는 최혜국대우 조항이 없고, 서비스와 투자 챕터에는 두고 있다. FTA를 주도하는 국가들의 상호주의 선호, 상품분야에 비하여 서비스 · 투자 등은 아직 개방의 수위가 높지 않은 점 등이 최혜국대우의 선택적 적용을 유도하고 있는 것으로 보인다.

---

61) 현재 미국이 빠진 11개국이 CPTPP란 이름으로 수정, 채택하여 발효를 추진중이다.

제 4 장

상품양허와 원산지

제 1 절 양허

1. 서

GATT가 출범하던 1940년대 말에는 선진국이 공산품에 부과하던 평균관세가 종가세로 40%에 달하였다. 하지만 8차에 걸친 라운드를 통한 관세인하협상으로 이제는 공산품에 대한 선진국 평균관세가 3.8% 이하가 되었다. 명백히 금지되는 수량제한이 최소화되고, 관세도 무역정책수단으로 활용할 수 있는[1] 여지가 제한되자 각종 비관세 장벽이 등장하게 되었다. 그 결과 이제는 무역자유화협상의 중심이 비관세장벽의 제거로 옮겨졌다고도 말해진다. 그럼에도 불구하고 개도국은 아직 10% 초반대의 평균관세를 유지하고 있으며 특정 상품부문에서의 관세는 선진국에서 조차 아직도 상당히 높다.[2] 따라서 관세협상의 중요성은 여전하다고 하겠다.

WTO협정상 관세 자체가 금지되지는 않으며 양허협상을 통하여 점진적으로 인하될 것이 기대될 뿐이다. 각 회원국은 무역협상라운드나 가입협상시 무역상대국과의 협의를 통하여 품목별 관세율 등 무역장벽 제거를 위한 약속을 교환하고 그 내용이 기재된 양허표(schedules of concessions)를 제출하여야 한다.[3] 따라서 관세에 관한 양허 이외에 비관세 양허, 기타 추가적 약속을 할 수 있다.

약속을 했으면 준수해야 한다. 회원국은 다른 회원국의 상거래에 대하여 WTO

---

1) 자국의 제조업을 보호하기 위해서 원재료 수입에는 낮은 관세, 가공품 수입에는 높은 관세를 부과하는 경사관세(tariff escalation)제도를 운영하고는 한다.
2) 소위 'tariff peaks'라고 하는 것이 농수산물과 같은 각국의 민감분야에 존재한다.
3) GATT 제XXVIII조의2.

협정에 부속된 해당 양허표의 해당 부(Part)에 제시된 대우보다 불리하지 아니한 대우(no less favourable treatment)를 부여하여야 한다(GATT 제II조 제1항 (a)). 양허는 그 명칭상의 'schedule'이 시사하듯, 즉각적 이행뿐만 아니라 일정한 기간에 거친 이행을 약속할 수도 있다. 제II조 제1항 (a)에 선언된 양허준수원칙은 모든 WTO회원국에게 보장되는 MFN관세양허와 관련하여 제II조 제1항 (b)에서, FTA에 의한 특혜관세나 개도국에 대한 일반특혜관세 등과 같은 특혜관세양허와 관련하여 제II조 제1항 (c)에서 구체화되어 있다.[4] 양허를 준수하였는지 확인하기 위해서는 양허표상에 기재된 대우, 실제로 해당 상품에 부여된 대우, 후자가 전자보다 불리한지 여부를 살펴야 한다.

2. 양허표의 구성

UR협상 결과 각 WTO회원국이 제출한 양허표는 아래와 같이 구성되어 있다.
- 제I부: MFN 관세

  Section IA ― 농산물 관세

  Section IB ― 농산물 할당관세

  Section II ― 기타 산품
- 제II부: 특혜관세
- 제III부: 비관세조치에 관한 양허[5]
- 제IV부: 농산물 국내지지와 수출보조에 관한 구체적 약속

양허표에 기재된 관세율은 해당 품목에 대한 관세율의 상한일 뿐이므로, 각 회원국은 관세양허표 기재 관세율보다 낮은 관세율을 부과할 수 있다. 이때 관세양허표에 기재된 관세율을 양허관세율(bound rate)이라 하며, 실제 부과하는 관세율을 실행관세율(applied rate)이라 한다. 즉 실행관세율이 양허관세율을 초과하지 않는다면 양자가 서로 일치하지 않아도 된다.[6]

---

4) AB Report, Argentina ― Textiles, paras. 45 ― 47.
5) UR당시에는 인도네시아 등 8개 국가만이 비관세 양허를 했으나 가입협상에서는 보다 일반화되었다.
6) 즉 [양허관세율 ≥ 실행관세율]이 된다. 양허관세율과 실행관세율의 차이를 속칭 "water", "binding overhang"이라고 하는데 개도국의 경우 상당히 높다.

샘플: Section IA — 농산물 관세

Tariff item	Description of products	Base rate of duty			Bound rate of duty		Implementation	Special	Initial	Other duties
number		Ad valorem (%)	Other	U/B	Ad valorem (%)	Other	period from/to	safeguard	nego-tiating right	and charges
1	2	3			4		5	6	7	8
0101	Live horses, asses, mules and hinnies									
0101.1	Horses									
0101.11.0000	Pure-bred breeding animals	20.0			13.1					

샘플: Section IB — 농산물 할당관세

Description of products	Tariff item number (s)	Initial quota		Final quota		Implementation period from/to	Initial negotiating right	Other terms and conditions
1	2	quantity	tariff rate	quantity	tariff rate	5	6	7
		3		4				
Milch cows (Pure-bred breeding)	0102.10.1000	640 Heads	0.00	1,067 Heads	0.00			
Beef cattle (Pure-bred breeding)	0102.10.2000							
Other live bovine animals (Pure-bred breeding)	0102.10.9000							

샘플: 제Ⅲ부 - 비관세조치에 관한 양허

HS	Description	Concession
10011000	Durum wheat	Elimination of licenses on date of accession
17019910	Granulated sugar	Elimination of licenses and quotas on date of accession
85172100	Facsimile machinery	Elimination of tendering requirements on 1 January 2002

수입품에 관세를 부과하기 위해서는 해당 수입품이 관세표 HS코드의 어디에 속하는지를 결정하여야 하며, 종가세의 경우 수입물품의 가격을 산정하여야 하며, 수입품의 원산지를 결정하여야 MFN관세율을 적용할지 특혜관세 중 하나를 적용할지가 정해진다.

제II조 제7항에 의해 양허표는 GATT의 불가분의 일부가 된다.

3. 관세분류

(1) 개념

관세분류(customs classification)는 특정 물품이 품목분류표상 어떤 품목에 속하는지 정하는 것을 말한다. 관세율이 품목에 따라 다른 경우가 많으므로 관세분류는 실질적으로 중요한 의미를 갖는다.

(2) 기준

WTO는 특정 관세분류를 제안하지 않으면서 회원국들의 재량에 맡기고 있다. 다만 회원국이 관세분류를 어떻게 하느냐가 동종상품에 동등한 대우를 하여야 할 최혜국대우의무에 영향을 주지 않음을 강조하고 있다.[7] 현재는 세계적으로 '통일물품품목기호제도'(HS Code)[8]를 채택하여 관세분류의 기준으로 사용하고 있다. 이는 각국이 통일적으로 물품의 품목을 정함으로써 관세분류에 있어 공정성을 기하기 위한 것이다. 6자리까지의 관세분류번호는 국제 공통이며 한국은 10자리 분류를 사용하고 있다. HS코드는 약 5년을 주기로 세계관세기구(WCO)에서 개정되고 있는데 WTO회원국이 그 개정에 맞추어 관세분류를 수정하기 위하여 GATT 제II조 의무를 벗어날 필요가 있는 경우 일반이사회에 의해 집단적 혹은 개별적 면제(waiver)가 부여되었다.[9]

스페인 커피사건[10]이나 EC 컴퓨터부품 사건[11] 등 여러 사건에서 관세분류는 분쟁의 대상이 되고 있다. 분쟁의 원인은 종종 특정물품의 관세분류에 대하여 관련국이 이해를 달리한 결과 기대와 다른 관세율이 적용되는 데에 있다. 이때 어느 일

---

7) Panel Report, Spain — Unroasted Coffee (1981), para. 4.4.
8) International Convention on the Harmonized Commodity Description and Coding System. 기본적으로 21개 section(부), 97개 chapter(류, 2자리), 1,241개 heading(호, 4자리), subheading(소호, 6자리)으로 분류되어 있다.
9) WTO Analytical Index: GATT 1994 on Article II, paras. 190 − 192.
10) Spain — Tariff Treatment of Unroasted Coffee, BISD 28S/102. 스페인이 종래에는 볶지 않은 커피원두에 대해 구별 없이 무관세 부과하다가 추후에 일방적으로 세분류하여 차등부과한 것이 문제되었다.
11) EC — Customs Classification of Certain Computer Equipment, WT/DS62, 67, 68/AB/R, 1998. LAN카드를 IT부품으로 보아 무관세 대우해야 한다고 주장하는 미국이 가전부품으로 보아 14%관세를 부과한 EC를 제소하여 승소하였다.

방 회원의 의도보다는 WTO 전 회원의 공통의사(common intentions)가 우위에 있어야 하며, 관련국의 주관적 기대가 아닌 상품의 객관적 성격에 따라 관세분류가 행해져야 하고, 비엔나조약법협약 제31조와 제32조의 해석원칙이 적용되어야 한다.12)

HS협약의 부속서는 HS시스템의 해석을 위한 일반원칙을 제시한다. 이에 따르면 고유번호를 갖지 못한 미완성제품의 경우 완성품의 본질적 특성을 이미 가지고 있는 경우에는 완성품으로 분류한다. 일응 둘 이상의 세(細)번으로 분류 가능한 경우에는 가장 구체적으로 기술된 상품군에 속하도록 하며, 이것으로 해결되지 않는 여러 재료로 만들어진 복합물의 경우에는 본질적 특성을 부여하는 재료로만 구성된 것으로 간주하여 분류하며, 이로도 해결되지 않는 마지막 세번을 부여한다. 위의 원칙으로 해결되지 않는 경우에는 가장 유사한 상품군에 속하는 것으로 분류한다.

(3) 해석

관세양허의 해석에 있어서 HS Code는 비엔나조약법협약 제31조 제2항상의 문맥(context)으로서 기능한다. EC-닭고기 사건에서 EC는 관세 세분류를 통하여 보존목적의 염장(salted) 닭고기와 비보존목적의 염장 닭고기를 구별하여 전자보다 후자에 불리한 과세를 하였다. 패널과 상소기구는 HS Code는 염장과 비염장을 구분할 뿐 염장의 목적에 따라서는 어떤 구분도 이루어지지 않는다는 것을 회원국이 관세양허협상을 하는 과정의 문맥으로 인정하고 EC의 주장을 배척하였다.13)

조약법에 관한 비엔나협약

제31조 (해석의 일반규칙)
① 조약은 조약문의 문맥 및 조약의 대상과 목적으로 보아, 그 조약의 문면에 부여되는 통상적 의미에 따라 성실하게 해석되어야 한다.
② 조약의 해석 목적상 문맥은 조약문에 추가하여 조약의 전문 및 부속서와 함께 다음의 것을 포함한다.

---

12) Panel Report, EC — Chicken Cuts, paras. 7.425－7.427; AB Report, EC — Chicken Cuts, para. 246; AB Report, EC — Computer Equipment, para. 84.
13) EC — Chicken Cuts (WT/DS269/R), 2005, paras. 7.104ff; AB/R paras. 199ff. 협상당시 HS Code의 주석도 양허의 해석에 참고될 수 있다. Ibid. AB/R paras. 219－229.

(a) 조약의 체결에 관련하여 모든 당사국간에 이루어진 그 조약에 관한 합의[14]

(b) 조약의 체결에 관련하여, 1 또는 그 이상의 당사국이 작성하고 또한 다른 당사국이 그 조약에 관련되는 문서로서 수락한 문서

③ 문맥과 함께 다음의 것이 참작되어야 한다.

(a) 조약의 해석 또는 그 조약규정의 적용에 관한 당사국간의 추후의 합의

(b) 조약의 해석에 관한 당사국의 합의를 확정하는 그 조약 적용에 있어서의 추후의 관행

(c) 당사국간의 관계에 적용될 수 있는 국제법의 관계규칙

④ 당사국의 특별한 의미를 특정용어에 부여하기로 의도하였음이 확정되는 경우에는 그러한 의미가 부여된다.

제32조 (해석의 보충적 수단)

제31조의 적용으로부터 나오는 의미를 확인하기 위하여, 또는 제31조에 따라 해석하면 다음과 같이 되는 경우에 그 의미를 결정하기 위하여, 조약의 교섭 기록 및 그 체결시의 사정을 포함한 해석의 보충적 수단에 의존할 수 있다.

(a) 의미가 모호해지거나 또는 애매하게 되는 경우, 또는

(b) 명백히 불투명하거나 또는 불합리한 결과를 초래하는 경우

관세분류 관행에 이의를 제기하지 않은 것이 협약 제31조 제3항 (b)의 추후의 관행(subsequent practice)을 확인하는 합의가 되지는 않으며,[15] 관련국의 일관된 관세분류 관행은 협약 제32조의 보충적 해석수단으로서 조약 체결시의 사정(circum-stances of conclusion)은 될 수 있다.[16]

WTO 분쟁 중 낮지 않은 비율이 양허표의 해석을 놓고 발생하는 것이므로 양허협상 당시에 그 의미를 분명히 하려는 노력을 기울이는 것도 중요하다.

제 2 절 관세양허

1. 관세 일반

관세(tariff, customs duties)는 수출입에 부과되는 금전적 부담이다. 관세는 부과

---

14) (a) any agreement relating to the treaty which was made between all the parties in connection with the conclusion of the treaty;

15) AB Report, EC — Chicken Cuts, ibid., paras. 272 — 273.

16) Ibid., para. 305.

대상에 따라 수출물품에 부과되는 수출관세와 수입물품에 부과되는 수입관세로 구분할 수 있다. 일반적으로 국내생산자보호, 교역조건의 개선, 세수확대 등의 이유로 수입관세를 부과한다. 선진국의 경우 관세가 재정에서 차지하는 비중이 크지 않지만 조세징수 시스템이 덜 갖추어진 개도국의 경우 아직 관세의존도가 크기 때문에 높은 관세율을 유지할 유인이 더 크다. WTO법의 관세 규율 장치들이 수입관세를 낮추거나 철폐함으로써 무역을 확산시키는 것을 주된 목적으로 하고 있기 때문에 GATT/WTO법이 관세와 관련하여 직접적으로 규율하고 있는 사항들은 전통적으로 수입관세를 그 대상으로 하였다.

관세양허는 통상적으로 수입관세를 대상으로 양허협상을 한 결과이다. 드물게 국내수요물량에의 충당을 위한 수출억제, 정부재정수입 등을 목적으로 수출관세를 부과하는 경우도 있다. 하지만 중상주의적 수출증대에 관심이 있는 대부분의 국가에서 수출관세는 예외적인 경우에 불과하므로 GATT협상가들도 굳이 수출관세에 대해 양허협상을 벌일 필요를 느끼지 못하였다.

최근에는 식량 기타 자원부국이 수출관세를 통하여 수입국 시장에 부당한 영향력을 행사하는 현상을 어떻게 규제하여야 하는가의 문제가 부상하면서 수출장벽에 대한 양허가 다시 관심의 대상이 되고 있다. UR협상시에는 호주가 광물 수출 무관세양허를 한 바 있으며 그 이후 가입한 중국, 러시아 등 자원부국의 경우 수출세에 관한 약속이 더 빈번해졌다.[17]

관세는 부과 기준에 따라 종가세(ad valorem duties)와 종량세(specific duties)로 대별하여 나눌 수 있다. 종가세는 물품의 가격을, 종량세는 물품의 개수, 길이, 부피 등의 양을 관세 부과의 기준으로 삼는 것을 말한다. 변종으로는 종가세와 종량세를 결합하여 적용하는 복합(compound)관세,[18] 양자를 선택적으로 적용하는 선택(alternative)관세,[19] 특정 성분의 함량에 따라 적용하는 기술적(technical) 관세[20]가 있다. 공산품은 대부분은 종가세가 적용되고 농산물에 복합관세 등이 남아 있다. 투명성 차원에서 종가세가 비종가세에 비하여 무역친화적이므로 비종가세를 종가세로 전환하려는 노력이 경주되고 있다.[21]

---

17) 역으로 최근의 곡물가 급등이 식량 수입국들 경제에 인플레이션의 위험을 가져오자 수입국들은 인플레이션 방지 조치 가운데 하나로써 곡물에 대한 수입관세를 낮추거나 폐지하고 있다.
18) 톤당 50불의 종량세와 10%의 종가세를 누적하여 부과하는 방식이다.
19) 복합관세와 선택관세를 합하여 혼합(mixed)관세라고 부른다.
20) 기술적 관세의 예로는 알콜 함량에 따른 차등관세가 있다.
21) 일반이사회 도하작업결정, WT/ L/ 579, dated 2 August 2004, Annex B, para. 5.

WTO 각 회원국은 관세양허(tariff concession) 준수의무를 부담한다. 관세양허는 일반적으로 다자간 관세 및 무역 협상에서 일정 관세율 이상으로 관세를 부과하지 않겠다고, 최고관세(tariff ceilings)를 약속하는 것을 의미한다. 최고관세의 양허는 특정관세(rigid tariffs)를 약속하는 것보다는 관세의 신축성을 유지하면서도 그 변동 폭을 줄여서 예측가능성을 제고하는 효과를 가지며 후속 관세협상에 기준점으로 기능한다.

관세를 부과하는 방법 가운데 할당관세(tariff quota)라는 것이 있다. 이는 쿼터 물량 이내의 수입상품에는 낮은 관세를 적용하고, 쿼터물량을 초과하는 수입상품에는 높은 관세를 적용하는 형태로 관세를 부과하는 것으로서, 수입을 일정량 이하로 억제하여 관련 국내산업을 보호하려는 목적으로 사용된다. 이러한 할당관세제도는 특히 농산물 등의 수입에 있어 쿼터의 완전한 철폐 이전 단계에서의 잠정적 관세 부과 방법 가운데 하나로 이용되고 있다.[22]

2. 관세협상의 방식

관세협상은 원칙적으로 상호주의에 입각하여 양허의 균형을 추구한다. 다만 선진국은 개도국에 대하여 상응하는 양허를 요구하지 않는 것으로 양해된다.[23] 관세협상 방식은 다음과 같은 방식으로 발전하여 왔다.

(i) 품목별 협상(item by item approach): 협상의 대상을 각 품목별 관세율로 하는 것으로서, 시간이 많이 소요된다는 단점을 지닌다. 제1차 제네바라운드에서 제5차 딜런라운드에 이르기까지 채택된 방식이다.

---

22) 한국관세법 제71조(할당관세) ① 다음 각 호의 어느 하나에 해당하는 경우에는 100분의 40의 범위의 율을 기본세율에서 빼고 관세를 부과할 수 있다. 이 경우 필요하다고 인정될 때에는 그 수량을 제한할 수 있다.
1. 원활한 물자수급 또는 산업의 경쟁력 강화를 위하여 특정물품의 수입을 촉진할 필요가 있는 경우
2. 수입가격이 급등한 물품 또는 이를 원재료로 한 제품의 국내가격을 안정시키기 위하여 필요한 경우
3. 유사물품 간의 세율이 현저히 불균형하여 이를 시정할 필요가 있는 경우
② 특정물품의 수입을 억제할 필요가 있는 경우에는 일정한 수량을 초과하여 수입되는 분에 대하여 100분의 40의 범위의 율을 기본세율에 더하여 관세를 부과할 수 있다. 다만, 농림축수산물인 경우에는 기본세율에 동종물품·유사물품 또는 대체물품의 국내외 가격차에 상당하는 율을 더한 율의 범위에서 관세를 부과할 수 있다.
23) GATT 제36조 제8항.

(ii) 일괄적 감축(linear procedure): 예외 품목을 제외한 모든 품목들에 대하여 일괄적으로 동일 비율의 관세율 감축을 하는 것이다. 제6차 케네디라운드에서 채택된 바 있다.

(iii) 공식에 의한 감축(formula approach): 기존에 관세가 높았던 고관세 품목에 대해 더 높은 감축률을 적용하는 방식이다. 또한 이 방식에서는 국가별로도 상이한 가중치를 적용하였다. 예를 들어, Z를 감축 후의 관세율, X를 현재 관세율, 그리고 A를 국가별 가중치라 할 때, $Z = AX / (A + X)$와 같은 공식에 의하여 감축을 하게 된다. 제7차 도쿄라운드에서 채택되었다.

(iv) 분야별/품목별 협상(sectoral/item by item approach): 협상 대상 품목을 여러 분야로 나누어 각 분야별로 품목별 협상이나 기타 방식의 협상방식을 정하여 진행하는 것이다. 우루과이라운드에서는 품목별, 일괄적 감축의 혼합이 이용되었다.

도하라운드에서 선진국은 비농산물분야 시장접근(non-agricultural market access, NAMA)에서 개도국이 성의를 보여야 농산물분야에서 자신들도 관세를 감축할 것이라며 비농산물분야에서 공식에 의한 감축을 기반으로 하고 분야에 따라서는 관세를 철폐할 것을 제안하였으나 개도국들은 지나친 요구라며 거절하였다. 그 밖에 특정 평균관세 감축률을 정하되 분야 및 세번별 감축수준은 회원국의 재량에 맡기는 방법, 기존의 높은 관세대역에 적용하는 감축공식과 낮은 관세대역에 적용하는 감축공식을 달리하는 방법, 관세체계 단순화 등이 논의되고 있다.

3. 관세양허 준수의무

(1) 규정

가장 중요한 양허대상인 관세에 관련하여 GATT 제II조 제1항 (b)호는 다음과 같이 규정한다.

"어떤 체약당사자에 관한 양허표 제1부에 기재된 상품으로서, 다른 체약당사자 영토의 상품이 동 양허표에 관련된 영토로 수입되는 경우, 동 양허표에 명시된 조건 또는 제한에 따라 동 양허표에 명시되고 제시된 관세를 초과하는 <u>통상적인 관세</u>로부터 면제된다. 이러한 상품은 이 협정일자에 부과되고 있거나 이 협정일자에 수입영토에서 유효한 법령에 의하여 이후 부과되도록 직접적이고

의무적으로 요구되는 한도를 초과하여 수입에 대하여 또는 수입과 관련하여 부
과되는 여하한 종류의 모든 <u>그 밖의 관세 및 과징금</u>으로부터 또한 면제된다."

관세는 수량제한 등 다른 비관세장벽에 비하여 WTO체제에서 선호되는 정책
수단으로서 양허수준 이하의 관세부과는 합법적인 것이다.

(2) 해석

"양허표에 명시된 조건 또는 제한에 따라" 의무를 부담하며, 만약 조건이 명시
되지 않은 경우 조건이 없는 것이 되며 추후에 이행과정에서 임의로 조건을 붙이는
것은 양허위반이 되므로 회원은 양허 시에 조건 부과의 필요성을 면밀히 검토할 필
요가 있다.[24]

"영토로 수입되는 경우"(on their importation into the territory)라는 표현에서 관
세납부 의무의 발생원인과 발생시점은 국경을 통과하는 때임을 추론할 수 있다.[25]
그러나 의무발생시점 이후에 어느 시점에 징수할 것인가는 정해진 바가 없으므로
관세당국의 재량사항이다.[26] 내국세라고 하여 국경에서 징수할 수 없는 것도 아니
다. 사후에 발생할 것이 확실시되는 수입품의 유통, 판매, 소비에 대한 내국세를 징
수 편의상 국경에서 미리 선납할 것이 요구될 수 있는 것이다.

제1문의 "통상적인 관세"(ordinary customs duties, OCD)는 종가세, 종량세, 복합
관세, 선택관세, 기술적 관세와 같이 이미 알려진 형태의 관세를 포함한다. 여기에
서 나아가 제2문은 "그 밖의 관세 및 과징금"(other duties or charges, ODC)을 통해
제1문의 의무를 회피하려는 가능성을 차단하고 있다. 하지만 이 규정이 수입품과
국산품에 공통적으로 부과되는 세금까지 금지하는 것은 아니다.

"그 밖의 관세 및 과징금"의 개념과 관련하여 도미니카공화국[27] – 담배 사건패
널은 이는 규제회피 차단의 목적상 적극적으로 정의될 수 없으며 소극적으로만 정
의될 수 있다는 GATT 제II조 제1항 (b)호의 해석양해 준비문서의 분석[28]에 주목

---

24) Panel Report, Korea — Beef, para. 779.
25) AB Report, China — Auto Parts, para. 158.
26) 실제적 필요에 의해서도 시장에 유통되기 전에는 징수할 것이다.
27) 도미니카공화국과 도미니카연방은 다른 나라이고 별개의 WTO회원이다. 통상 영어표현은 전
    자가 Dominican Republic이고 후자가 Dominica이다. 그런데 후자의 경우 아직 WTO분쟁해
    결기구를 통하여 제소하거나 피소된 사례가 없다. 이하에서 편의상 도미니카라고 칭하는 것
    도 실은 도미니카공화국이다.
28) MTN.GNG/NG7/W/53.

하고, 동조 제1문의 통상적인 관세가 아니고 동조 제2항의 내국세, 반덤핑 및 상계 관세, 실비보전수수료가 아니면 모두 ODC가 된다고 설시했다.29) 인도-추가 수입세 사건도 "그 밖의 관세 및 과징금"은 "통상적인 관세"와의 관계 하에서만 정의될 수 있음을 확인하였다.30)

GATT 및 WTO 사례에서 "그 밖의 관세 및 과징금"으로 인정된 것으로는 통상 관세에 더하여 부과되는 수입 과징금,31) 수입품에 대한 보증금 납부 의무,32) 최대한도가 없이 통계정보수집의 재정적 지원을 목적으로 하는 특별세,33) 최대한도가 없는 통관수수료,34) 경제안정을 위한 임시부과금,35) 환전수수료36) 등이 있다.

GATT 제II조 제1항 (b)호의 해석양해37)는 다음과 같이 동 호의 "이 협정일자에 부과되고 있거나 이 협정일자에 수입영토에서 유효한 법령에 의하여 이후 부과되도록 직접적이고 의무적으로 요구되는 한도를 초과하여"라는 요건의 적용의 원칙을 구체화한다. 첫째, 투명성을 높이기 위하여 회원국은 관세양허 시에 양허대상 물품에 적용되는 '그 밖의 관세 및 과징금'의 성격과 수준을 자국의 양허표에 기재하도록 하였다. 둘째, '그 밖의 관세 및 과징금'은 당해 물품에 대한 최초의 관세양허가 있은 날을 기준으로 하여 그보다 높은 부담을 지울 수 없다. 양허의 기준 시점인 '이 협정일자'는 원회원국은 1994. 4. 15.이고 그 이후 가입 국가나 양허개정의 경우에는 새로운 양허가 양허표에 기재되는 시점이다.38) 셋째, 양허표에 게재된 '그 밖의 관세 및 과징금'에 대해 관련국은 당해 관세양허 후 3년 이내에 그것이 양허 시에 존재하지 않았던 것이거나 그 수준을 초과한다는 이의를 제기할 수 있다. 넷째, 관련국은 언제라도 '그 밖의 관세 및 과징금'이 GATT의 다른 규정에 위반된다는 이유로 이의를 제기할 수 있다.

29) Dominican Republic — Measures Affecting the Importation and Internal Sale of Cigarettes, WT/DS302/R, 2005, paras. 7.113-114.
30) AB Report, India — Additional Import Duties, para. 151.
31) Korea — Beef (Australia) (1989).
32) EEC — Minimum Import Prices (1978); and EEC — Animal Feed Proteins (1978).
33) Argentina — Textiles and Apparel (1998).
34) United States — Customs User Fee (1988).
35) Dominican Republic — Import and Sale of Cigarettes (2005).
36) Ibid.
37) Understanding on the Interpretation of Article II:1(b) of the GATT 1994.
38) Ibid., para. 2.

도미니카공화국 – 담배 사건[39]

도미니카는 경제안정화를 목적으로 모든 수입품에 2%의 수입세를 더하여 부과하였다. 이는 통상적인 관세로 양허표에 기재되지 않았으며, 내국산품에 부과되지 않으며 비용에 근거하지도 않으므로 GATT 제II조 제2항에 해당하지도 않는다. 결국 패널은 이를 '그 밖의 관세 및 과징금'(ODC)으로 보았다. 그런데 도미니카의 양허표상 ODC 항목 기재는 사실상 "zero"로 해석되므로 2%는 이를 위반한 것으로 판시했다. 도미니카는 또한 10% 외환수수료를 부과하였는데 이름에도 불구하고 관세행정의 비용에 근거하지 않고 수입품의 가격에 비례한 것이므로 GATT 제II조 제2항과 제VIII조의 수수료가 아니라 제II조 제1항 (b)의 ODC라고 설시했다. 나아가 패널은 온두라스는 도미니카의 양허 발효 후 3년이 경과한 후에 소송을 제기하였으나, 도미니카가 ODC난에 기재한 것은 사실 성질상 ODC에 해당하지도 않는 것이기에 제척기간을 근거로 도미니카가 조치를 정당화할 수 없다고 판시했다.[40]

회원국은 양허준수의무가 있지만 반대 없이 채택되어 GATT에 부속된 국가별 양허표의 내용이 GATT의 다른 규정에 합치하는 것으로 추정되는 것은 아니다. 양허를 통해 자신의 권리를 축소하고 다른 회원국에 혜택을 부여할 수는 있지만 자신의 의무를 축소할 수는 없는 것이다.[41] '그 밖의 관세 및 과징금'의 경우에도 마찬가지이다.[42]

종가세로 부과되던 관세를 종량세로 전환하는 것과 같이 관세부과 방법을 바꿀 수 있을까? 재협상이 필요하다는 GATT시대의 판례와는 달리,[43] 아르헨티나 – 신발 사건에서 상소기구는 GATT 제II조 제1항이 관세의 종류를 한정하지 않음에 주목하고 관세의 수준이 동등하게 유지되는 한 전환이 허용된다고 인정하였다.[44]

---

39) Dominican Republic — Measures Affecting the Importation and Internal Sale of Cigarettes, WT/DS302/R, 2005.

40) Ibid., paras. 7.54 – 7.79.

41) AB Reports, EC — Bananas (DS27) 1997, paras. 154 – 158; EC — Poultry para. 99. 만약 양허협상을 통해 협정문상 의무에 변경을 가할 수 있다고 한다면 회원국의 양허검증 과정은 엄청난 노력과 시간을 요하게 될 것이다. 따라서 정책적으로도 양허검증이 양허의 정확성에 대한 검증이지 GATT협정문과의 합치성에 대한 검증은 아니라고 이해하는 것이 적절하다.

42) Panel Report, Argentina — Textiles and Apparel (1998), para. 6.81.

43) GATT Panel Report, EEC — Newsprint, 1984, para. 50.

44) Argentina — Footwear, Textiles and Apparel (WT/DS56/AB/R) 1998, paras. 44 – 55. 당해 사건에서는 전환이 실질적으로 관세를 인상하는 효과를 가진다는 판단에 따라 관세양허 위반으로 판시되었다.

4. 양허의 변경

GATT 제XXVII조와 제XXVIII조는 각각 양허의 철회, 수정에 대해 규정하고 있다. 어느 경우에나 일방적으로 철회, 수정할 수 없으며 WTO사무총장에게 통지되어야 하고, 원 협상상대국,[45) 해당상품의 주요 수출국,[46) 상당한 이해관계를 갖는 국가[47)와 협의를 거쳐야 한다. 후 2자에 해당하는지 여부를 판단함에 있어서는 특혜무역을 제외하며 무역제한이 없는 가상 상태에서의 MFN 무역을 기준으로 삼아야 한다.[48) 기존의 수출실적이 없는 신상품에 대한 관세분류를 하는 경우에는 생산능력, 투자액, 예상수출입변동 등을 고려하여 협상 상대국을 결정하여 양허수정협상을 한다.

협상을 통한 보상적 조정으로 양허의 균형이 유지되어야 하며 수정 전보다 양허의 전반적 수준이 하락해서는 안 된다. 협의가 성공하지 못하는 경우 일방이 양허를 수정 또는 철회할 수 있으나 이는 관련국의 보복조치를 가져올 것이다. 보복조치로서의 양허변경은 해당 국가에 대해서만 효력을 가지며 제3국가에는 변경 전의 양허내용이 유지된다.

단순 오류에 대한 정정이건 철회 또는 수정내용에 대한 이견이건 3개월간 다른 회원국으로부터 이의제기가 없는 경우 인준된다(certification).[49) 하지만 이는 수정 등의 내용에 오류가 없다는 정확성에 대한 인준이지 GATT에 합치한다는 합법성에 대한 인정은 아니다.[50)

ITA와 같이 일부 WTO회원국간 관세철폐 협상의 결과 GATT 양허표의 수정이 필요한 경우도 있지만 추가 양허의 효과가 비차별적으로 전 회원국에 대하여 발생하므로 타 회원국에도 이익이 되어 반대가 드물다.[51)

---

45) INR(initial negotiating right). 이는 시원협상상대국(historic INR)과 직전협상상대국(current INR)으로 구분되며 각 해당 시점의 관세율을 초과한 수정에 대해서만 협상권을 갖는다. 제 XXVIII조에 대한 해석노트 참조(이하 3개 각주 동일).
46) PSI(principal supplying interest). 원협상상대국보다 수입국 해당시장에서의 최근 3년간 점유율이 더 높거나 자국의 수출에서 해당 산품의 수출비중이 가장 높은 수출국을 말하며 시장변화와 중소국가의 이익을 반영한 것이다.
47) SI(substantial interest). 일반적으로 10% 이상의 시장점유율을 요한다.
48) GATT 제XXVIII조 해석에 관한 양해, para. 3.
49) 1980 Decision on Procedures for Modification and Rectification of Schedules of Tariff Concessions.
50) WTO Panel (confirmed by AB), EC — Banana III. paras. 157−8.
51) ITA와는 달리 친환경제품에 대한 관세인하협상은 비친환경제품과의 경쟁관계에 영향을 주므

제 3 절   양허 준수의무에 대한 예외

1. 규정

GATT 제II조 제2항: 이 조의 어떠한 규정도 체약당사자가 상품의 수입에 대하여 언제든지 다음을 부과하는 것을 방해하지 아니한다.

    (a) 동종의 국내 상품에 대하여 또는 당해 수입상품의 제조 또는 생산에 전부 또는 일부 기여한 물품에 대하여 제III조 제2항의 규정에 합치되게 부과하는 내국세에 상당하는 과징금

    (b) 제6조의 규정에 합치되게 적용되는 반덤핑 또는 상계관세

    (c) 제공된 용역의 비용에 상응하는 수수료 및 그 밖의 과징금

2. 해설

국경에서 징수되는 부과금도 부과의 근거가 국내적 활동에 있을 경우에는 관세가 아니라 내국세가 되므로 제II조가 아니라 제III조 제2항이 적용되지만 편의상 국경에서 징수하는 것이다. (a)호의 내국세에 상당하는 과징금에 해당하여 제1항 적용의 면제를 받기 위해서는 질적으로 내국세에 관련된다는 것뿐만 아니라 양적으로 내국세에 부과되는 것에 상응해야 한다. 인도－추가 수입세 사건에서 상소기구는 인도가 수입품에 부과하는 내국세 관련 과징금이 국내산품에 부과하는 금액을 초과하였으므로 (a)호의 면제를 받을 수 없고 제II조 제1항 (b)호 제2문의 '그 밖의 관세 및 과징금'에 해당하며 당해 규정상 의무를 위반하였다고 판시하였다.[52]

제소국이 제II조 제1항 위반을 주장하면서, 제II조 제2항 (a)에 의한 항변을 배척하기 위하여 제III:2조의 위반을 별도로 청구할 필요는 없다. 하지만 피소국이 자신의 부과금이 제II조 제2항 (a)에 해당한다는 일응의 입증을 한다면 제소국은 그렇지 않다는 입증을 통해 그 추정을 복멸하여야 할 것이다.[53]

(a)호는 종종 국경세조정의 근거로 원용되는바 동종상품 이외에 '직접경쟁 대

로 협상 결과가 비차별적으로 적용된다고 하여 모두 찬성하리라는 보장은 없다.

52) India — Additional and Extra-Additional Import Duties (WT/DS360). 성격이 내국세에 상당하는 것이라면 제III:2조 위반도 성립하는 것이 아닌가 생각된다. 이 건에서는 제소국(미국)이 이를 방론으로는 언급하였으나 별도의 청구취지로 다루지 않아서 패널의 판정에서 제외되었다.

53) Ibid., para. 192.

체상품'에 대한 국경세의 면제여부와 수입품의 제조 또는 생산에 전부 또는 일부 기여한 물품(article)의 범위가 문제 될 수 있다. 예외를 좁게 해석한다는 측면에서 '직접경쟁 대체상품'은 제외하고 동종상품에 대한 면제만 허용되며, 제조 또는 생산에 전부 또는 일부 기여한 물품이 수입품의 일부분으로 물리적으로 남아있는 경우뿐만 아니라 소모되어 물리적으로 남아있지 않다고 하여도 수입품과 동종 국산품에 대해서 그 제조 또는 생산에 전부 또는 일부 기여한 소모된 물품에 대하여 과세가 이루어진다면 수입품에 대해서도 이에 상당하는 과세를 위하여 국경세조정이 허용된다고 하겠다.

(c)호에서 말하는 수수료 및 그 밖의 과징금은 GATT 제VIII조에서 구체적으로 규율하고 있다. 우선 다음과 같은 서비스에 대한 수수료 및 과징금임을 예시하고 있다: 영사 송장 및 증명서와 같은 영사사무; 수량제한; 허가; 외환통제; 통계용역; 문서, 문서작성 및 증명; 분석 및 검사; 그리고 검역, 위생검사 및 소독.[54] 또한 수수료 및 과징금이 비용에 상응하여야 함과 관련하여 이는 제공된 용역의 대략적 비용에 그 액수가 한정되며, 국내 상품에 대한 간접적인 보호나 재정상의 목적을 위한 과세가 허용되지 않는다고 규정하고 있다.[55]

'제공된 용역의 비용에 상응하는 수수료 및 그 밖의 과징금'은 '그 밖의 관세 및 과징금'에 요구되는 '양허표에의 게재', '최초양허시보다 후퇴금지' 등의 제한이 없다. 예외의 조건은 수수료 및 과징금이 제공되는 서비스와 관련될 것과 서비스 제공비용과 비례할 것을 요한다. 구체적으로 납세 의무자인 특정 업자에 제공되는 서비스와 관련되어야지 추상적으로 수출입업자 일반에 제공되는 서비스는 관련성 요건을 충족하지 못한다.[56] 비례성 요건과 관련하여, 미국—관세 수수료 사건에서 패널은 수수료가 개별적인 거래별 서비스의 비용과 비례하여야 한다는 점을 중시하고, 단지 관세서비스 총비용에 충당하는 목적으로 상품의 가격에 비례하여 수수료를 부과한 미국의 조치를 GATT위반으로 판시하였다.[57] 이 법리는 WTO설립 이후의 후속 사건에서도 지지되었다.[58] 아르헨티나가 통계서비스의 비용을 충당한다는 명목으로 3%의 무제한 종가세를 부과한 것에 대하여 패널은 고가품이나 저가품

---

54) GATT 제VIII조 제4항.
55) GATT 제VIII조 제1항.
56) Argentina — Measures Affecting Imports of Footwear (WT/DS56/R), 1998, para. 6.74.
57) US — Customs User Fee, 35th Supp. BISD 245, 1988, paras. 77−81, 86.
58) US — Certain EC Products(WT/DS165/R), 2000, para. 6.69.

이나 통계처리에 동일한 비용이 소요됨을 지적하며 서비스제공비용과의 비례성요건을 충족하지 못한다고 판시했다.[59]

이상으로부터 GATT상 '통상적인 관세', '그 밖의 관세 및 과징금', '제공된 용역의 비용에 상응하는 수수료 및 그 밖의 과징금'에 적용되는 합법성 요건에 차이가 있음을 알 수 있다. 즉 '통상적인 관세'는 그 자체가 관세협상의 대상이 되어 감축의 주요 대상이 됨에 비하여, 후 2자는 투명성과 합리적 개선을 목표로 보다 점진적이며 자발적인 감축방법이 추구되고 있다.

3. 타 규정과의 관계

무역원활화협정[60] 제6조는 수출입과 관련한 수수료 및 과징금의 부과에 적용되는 규칙을 정하고 있는데, 제2항 제ii호는 통관과 밀접하게 관련된 서비스에 대한 수수료나 과징금의 경우 특정 수출입에의 관련성을 입증하지 않아도 되도록 하고 있다. 종래의 판례법을 입법으로 수정한 것으로 생각된다. 동조 제3항이 회원국 관세법규 위반에 대한 벌금과 관련하여 벌금액의 산정과 징수에 있어 이해상충을 회피할 것을 요구한 것과 위반 내용과 벌금부과의 법적 근거를 서면으로 교부하도록 한 것도 주목된다.

외환수지불균형을 해소하기 위하여 필요한 경우에는 양허관세를 초과하여 수입부과금, 수입보증금 등을 부과할 수 있다.[61] 농업협정의 구체적 규정은 GATT나 다른 부속상품협정에 대해 특별법적 관계에 있다. 따라서 후자는 전자와 저촉하지 않는 한도에서 적용된다.

4. 관련 사례

(1) 캐나다 – 유제품 사건(DS103, 113)[62]

캐나다가 유제품의 국내생산과 수출에 대하여 정부보조를 부여하고 액체우유의 수입에 대하여 할당관세 제도를 운영하는 데에 대하여 미국과 뉴질랜드가 소송을 제기했다. 농업협정이 주로 관련되지만 GATT와 관련하여 상소기구는 캐나다가

---

59) Panel Report, Argentina — Textiles and Apparel (1998), paras. 6.75 – 80. 사실상은 통계가 아닌 재정목적으로 부과되었으니 서비스관련성 요건도 충족하지 못하였다.
60) 본서 제13장 제4절 참고.
61) Understanding on the Balance of Payment Provisions of the GATT 1994, para. 2.
62) Canada — Measures Affecting the Importation of Milk and the Exportation of Dairy Products, 1999.

양허표상에 캐나다 소비자에게 개인용으로 포장된 액체우유를 국경간 공급으로 판매하는 것을 제한한다는 조건을 붙였으므로 개인적 이용에 대한 관세쿼터 제한이 정당화되기는 하지만 각 수입을 20캐나다달러로 한도를 정한 것은 양허표상 근거가 없는 것으로 제II조:1(b) 1문을 위반하는 조건의 강화라고 판시했다.

(2) 중국-자동차 부품 사건(DS339, 340, 342)[63]

중국이 수입 자동차부품에 25% 과징금을 부과하는 조치가 GATT 및 중국의 WTO가입의정서 위반이라고 미국, EU, 캐나다가 제소했다. 상소기구는 문제의 과징금은 자동차 부품의 수입 이후에 내부적으로 부과되기 때문에 GATT 제II조:1(b)의 "통상적인 관세"가 아니라 제III조:2의 국내적 부과금이라고 판단하고 국산부품에는 부과되지 않고 있으므로 내국민대우 위반으로 판시했다. 패널은 자동차부품도 자동차로 분류된다는 해석이 중국관세 양허표의 해석상 가능하므로 그 분류자체가 제II조:1(b) 위반은 아니라고 보았다.

(3) 도미니카공화국-긴급수입제한조치 사건(DS415, 416, 417, 418)

선결적 항변으로 도미니카는 양허관세율과 실행관세율의 차이가 큰 상태에서 자국의 관세인상 조치가 양허관세율을 초과하지는 않았으므로 긴급수입제한조치가 아니며 그러므로 관련 GATT 제19조와 긴급수입조치협정의 적용을 받지 않는다고 주장하였으나 패널은 문제의 조치가 통상의 MFN실행관세에 더하여 일부국가로부터의 산품에 부과되므로 이는 통상의 관세가 아니고 GATT II:2의 하나에도 해당하지 않으므로 GATT II:1(b)의 기타 관세 및 과징금에 해당하며, 도미니카가 이를 양허표에 기록하지도 않고 가입시에 적용되던 과세도 아니며 그 당시 법령으로 강제되던 것도 아니므로 도미니카는 GATT II:1(b) 제2문의 의무를 위반하였고 따라서 긴급수입제한조치 요건 충족 여부를 살펴야 한다고 판시하였다.[64]

(4) 페루-농산물 사건(DS457)

패널과 상소기구는 페루의 수입농산물 가격대역제(price range system)에 따른 가변적 추가관세는 GATT II:1(b) 제2문의 "기타 관세와 부과금"에 해당하며 이를

---

63) China — Measures Affecting Imports of Automobile Parts, AB Report, 2008.
64) Panel Report, Dominican Republic — Safeguard Measures, paras. 7.74-7.91.

양허표에 등록함이 없이 적용하였으므로 동 규정 위반이라고 판시했다.[65]

(5) 콜롬비아 – 섬유 사건(DS461)

콜롬비아는 일정한 수준 이하로 수입되는 섬유제품은 불법자금세탁에 이용될 가능성이 대단히 높은 범죄성이 농후한 거래이므로 GATT 제II조 제1항 (a)호의 "통상(commerce)"이나 (b)호의 "수입"에 포함되지 않는다고 주장하였다. 하지만 상소기구는 이와 같은 성격규정에 의하여 GATT 제II조 제1항의 범위가 한정되지 않는다고 설시하고, 불법자금세탁방지와 같은 목적은 GATT 제XX조의 일반적 예외의 적용과정에서 고려되어야 한다고 지적하였다.[66] 한편, 패널은 복합관세는 통상의 관세일뿐 기타 "관세와 부과금"에 해당하지 않는다고 확인했다.[67]

제 4 절   기타 양허의무 회피방지 규정

1. 공정한 관세평가

GATT 제II조 제3항: 어떠한 체약당사자도 이 협정에 부속된 해당 양허표에 제시된 양허의 가치를 침해하도록 관세평가가격의 결정방법 또는 통화환산방법을 변경하여서는 아니 된다.

가장 일반적인 종가세 형식의 관세부과의 경우 수입국은 관세수입을 높이기 위하여 수입품에 대한 과세가격을 부풀리는 경향이 있고 반대로 수출입업자는 이를 낮추려고 하는 결과 분쟁이 발생하기 십상이다. 각국의 통일성 없는 관세평가 관행이 무역장벽이 되지 않도록 1979 도쿄라운드에서 관세평가코드가 채택되었으며 이는 별 변경 없이 관세평가협정(GATT 1994 제7조의 이행에 관한 협정)으로 WTO 체제에 편입되었다. GATT 제7조와 관세평가협정에 의하면 '국산품가격' 또는 '자의적이거나 가공적인 가격'에 기초한 관세평가는 금지되며 '수입품의 실제가격', '동일상품 거래가격', '동종 외국상품의 실제가격', '제3자에게 판매되는 가격', '감가상각가격', '제조원가를 기초로 한 구성(산정)가격'을 순차적으로 적용하도록 하였다.[68]

---

65) Panel Report, Peru — Agricultural Products, paras. 7.402 – 7.467: AB Report, para. 5.121.
66) AB Report, Colombia — Textiles (2016), paras. 5.34 – 5.45.
67) Panel Report, Colombia — Textiles (2016), para. 7.141.
68) 관세평가에 관한 보다 상세한 내용은 본서 제13장 제2절 참고.

2. 수입독점

GATT 제II조 제4항: 체약당사자가 이 협정에 부속된 해당 양허표에 기재된 상품의 수입에 대한 독점을 공식적으로 또는 사실상 설정, 유지 또는 승인하는 경우, 이러한 독점은 동 양허표에 제시되어 있거나 당해 양허를 최초로 협상한 당사자 간에 달리 합의된 경우를 제외하고는, 평균하여 동 양허표에 제시된 보호의 정도를 초과하여 보호를 부여하도록 운영되어서는 아니 된다. 이 항의 규정은 체약당사자가 이 협정의 다른 규정에 의하여 허용되는, 국내생산자에 대한 제반 형태의 지원을 사용하는 것을 제한하지 아니한다.

담배, 술과 같이 전매권을 가진 수입독점기업이 있는 경우가 적지 않다. 캐나다−술 사건에서 캐나다의 전매수입자가 국내산에 비해 수입산 주류에 대해 더 높은 가산액을 부과한 것에 대하여 캐나다는 수입산 주류에 대한 수요의 가격탄력성이 낮은 것을 이용한 전매사업자의 수익극대화 전략일 뿐이라고 항변하였지만 패널은 이를 배척하고 캐나다가 수입주류의 판매에 추가적 비용이 소요됨을 입증할 것을 요구하였다.[69]

3. 양허에 대한 기대

GATT 제II조 제5항: "체약당사자는 어떤 상품이 이 협정에 부속된 해당 양허표에 제시된 양허에 의하여 의도되었다고 믿는 대우를 다른 체약당사자로부터 받지 못하고 있다고 간주하는 경우 동 문제에 대하여 직접 상대체약당사자의 주의를 환기한다. 상대체약당사자가 의도된 대우가 주의를 환기한 체약당사자가 주장한 대우라는 점에는 동의하나 법원 또는 그 밖의 관계당국이 당해 상품은 동체약당사자의 관세법상 이 협정에서 의도된 대우가 허용되도록 분류될 수 없다는 취지로 판정하였기 때문에 동 대우를 부여할 수 없다고 선언하는 경우, 이들 두 체약당사자는 실질적인 이해관계가 있는 다른 체약당사자와 함께 동 문제의 보상조정을 목적으로 추가협상을 신속히 개시한다."

EC−컴퓨터 부품 사건에서 상소기구는 제5항 제2문은 일방 당사자의 기대가 양허위반 여부를 판단하는 기준이 될 수 없으며 여기서 '의도된 대우'는 회원국 공

---

69) Canada — Import, Distribution and Sale of Alcoholic Drinks by Canadian Provincial Marketing Agencies, 35th Supp. BISD 37, 88, 1988. 제II조 제4항 이외에 제17조 제1항(b), 제III조 그리고 유통규제와 관련하여 제XI조 등이 문제되었다.

통의 의도된 대우임을 분명히 하고 있다고 설시했다.[70) 양허의 내용은 일차적으로 양허제공국이 작성하기 때문에 양허요청국 입장에서는 양허의 내용이 불명확한 경우에는 객관적으로 그 의도에 부합하도록 수정을 요청하는 것이 적절할 것이다.

GATT협정위반이 아닌 경우에도 기대한 양허이익의 무효화 또는 침해가 있는 경우에는 비위반제소를 통하여 보상을 구할 수 있다. 예컨대 양허이후 관세분류 변경으로 예상한 양허이익이 침해되는 경우[71) 등에 위반제소의 성공여부와 관련 없이 비위반제소에 근거하여 보상을 구하거나 보상협의에 실패하는 경우 보복을 시행할 수 있다.

제 5 절 원산지

1. 원칙과 규정

FTA가 체결되어 특정국가에게 특혜관세를 부여한다면 과연 수입물품이 그 나라물품인지 판정할 필요가 있다. 그 판정 기준과 절차가 원산지규정이다. 원산지기준은 적용목적에 따라 특혜원산지규정과 비특혜원산지규정으로 구분될 수 있다. WTO회원국 수가 증가하여 거의 세계 모든 국가를 포함한 현재에도 최혜국대우를 위한 원산지규정뿐만 아니라 개도국특혜관세, 반덤핑·상계관세 및 긴급수입제한조치의 부과, 원산지표시 등의 적용과 관련하여 원산지규정은 여전히 중요하다.[72)

현재 국제적으로 인정되는 원칙은 완전획득(wholly obtained) 또는 실질적 변형(substantial transformation)이 일어난 곳을 원산지로 한다. 그런데 실질적 변형 여부의 판단기준으로 각국은 세번변경기준(change of tariff classification), 부가가치기준(ad valorem percentage criterion), 주요공정기준(qualifying processes) 등을 편의대로 사용하고 있다. 이와 같이, 적용되는 원산지규정이 각국별로 상이하며, 불명료한데다 글로벌 아웃소싱 생산의 확대와 FTA 체결의 증대는 사실관계와 적용법규를 더욱 복잡하게 만들어서 갈수록 운용이 어려워지고 있다.

WTO 원산지협정은 비특혜부문에 적용될 통일원산지규정을 제정할 임무를 관

---

70) AB Report, EC — Computer Equipment, para. 81.
71) 독일 — 정어리 사건에서 패널은 독일이 세분류를 통하여 수입정어리(sardines)에 높은 관세를 부과한 것은 양허의 기대이익을 침해한 것이라고 결정했다. 1st Supp. BISD 53 (1953).
72) WTO 원산지협정 제1조.

세협력이사회,[73] 원산지규정위원회, 원산지규정기술위원회에 부여하고, 그러한 목표가 달성되기까지[74] 지켜야 할 원칙을 제시하고 있다. 첫째, 원산지 결정의 요건이 명확하게 정의되어야 한다.[75] 둘째, 직간접적으로 무역정책상 목적을 추구하는 수단으로 사용되어서는 아니 된다. 즉, 국내산업을 보호하거나 외국산품 간 차별에 원산지규정이 사용되어서는 아니 된다.[76] 셋째, 무역에 제한·왜곡·방해를 초래하지 않아야 한다. 지나치게 엄격한 요건을 부과하거나 제조나 공정에 연관되지 않은 조건의 이행을 원산지 부여의 전제조건으로 요구해서는 안 된다.[77] 넷째, 수출입에 적용되는 원산지규정이 국내산 여부를 결정하는 기준보다 더 엄격해서는 안 되며 관련 외국 간 차별도 금지된다.[78] 다섯째, 투명하고, 일관되고, 통일적이며, 비차별적이고, 합리적 방법으로 적용되어야 한다.[79] 여섯째, 회원국의 원산지규정이 명확하게 적극적 기준[80]에 따라 정의되어야 한다.[81]

원산지 평가는 사정이 변하지 않는 한 3년간 유효하다. 원산지규정의 개정이 있는 경우 이는 소급하여 적용되지 않는다. 또한 원산지증명서를 요구하는 것을 필수불가결한 경우에 엄격히 한정될 필요가 있다.[82]

위와 같이 WTO 원산지규정은 회원국의 원산지규정이 담아야 할 내용을 적극적으로 규정하지는 않고 제III조의 통일원산지규정이 성립할 때까지의 잠정기간동안 각자의 원산지규정을 채택, 시행할 권한을 회원국의 재량에 맡긴 채 재량남용을 방지하기 위한 최소한의 메타규칙만을 규정하고 있다.

한편, 특혜관세에 적용되는 원산지규정과 관련해서는 진전을 보았다. 2015년 나이로비 각료회의는 최빈국 산품의 원산지를 인정할 때에 실질적 변형의 기준을 완화하고, 누적원산지 인정범위를 확대하며, 서류요건을 최소화하는 결정을 채택하였다.[83]

---

73) 현재의 세계관세기구(World Customs Organization).
74) 목표의 달성은 요원해 보인다.
75) WTO 원산지협정 제2조 (a)호.
76) WTO 원산지협정 제2조 (b)호.
77) WTO 원산지협정 제2조 (c)호.
78) WTO 원산지협정 제2조 (d)호.
79) WTO 원산지협정 제2조 (e)호.
80) 무엇은 원산지부여의 요건이 아니라는 소극적 기준이 아니라 무엇을 충족하면 된다는 기준을 말한다.
81) WTO 원산지협정 제2조 (f)호.
82) GATT 제8조:1(c)에 대한 해석노트 2.
83) WT/MIN(15)/47 — WT/L/917, "Preferential Rules of Origin for Least Developed Countries", Ministerial Decision of 19 December 2015.

2. 분쟁사례

미국-섬유원산지 사건(DS 243)[84]

미국 무역법에 의거하여 섬유의류(침대보, 커튼 등) 수입쿼터에 적용되는 원산지 규칙이 WTO원산지협정 제2조에 위반한다고 인도가 제소하였다. 패널은 원산지규정이 국내산품 보호의 무역정책을 목적으로 사용될 수 없음을 확인하였으나 인도가 미국법이 실제로 그런 목적으로 시행되었는지, 미국의 조치와 무역제한·왜곡·방해 효과 간에 인과관계가 있는지를 입증하지 못하였다고 판시하였다. 나아가, 원산지규정이 어떤 나라에는 불리하고 어떤 나라에는 유리한 효과를 갖는다는 것만으로는 원산지협정의 무역 정책적 목적이나 원산지협정 제2조(c)의 무역제한·왜곡·방해의 의도를 입증하기에 충분하지 않으며; 원산지규정의 적용을 위해 상품의 범위를 한정한 것 자체는 제조공정과 무관한 조건을 부과하였다고 할 수 없으며; 원산지협정 제2조(d)의 비차별의무는 동일(same)상품간의 차별에 적용되는 것이지 밀접하게 관련된(closely related) 상품간에 적용되지 않는다고 설시하였다.

제 6 절   수출관세 및 기타 부과금

17세기 유럽에는 수출관세가 성행하였으나 19세기 중반들어 거의 모두 철폐되었다. 그 결과 GATT와 WTO협정에의 수출세 관련 규정은 아직도 이를 부과하고 있는 소수의 국가가 있음에도 불구하고 일반적으로는 적용되지 않는 과거의 흔적으로 인식되었다. 그러나 근년에는 국제적으로 공급이 달리는 원자재나 농산물에 대하여 수출세를 부과하는 경우가 증가하게 되면서 다시 관심의 대상이 되고 있다.

WTO협정중에는 특별히 수출세만을 규율하는 규정은 없지만 일부 일반 규정이 수출세에도 적용된다. 앞 장에서 검토한 최혜국대우와 함께 이 장에서 검토한 양허준수의무가 그 예이다. GATT 제II조 제1항 (a)의 '통상(commerce)'은 수입과 함께 수출도 포함되는 것으로 해석되었다. 반면에 동조동항(b)의 경우 '수입'만을 언급하고 있으므로 수출세에는 적용되지 않는다. 제VIII조는 다시 서비스제공에 대한 수수료 및 부과금에 대한 관련성, 비례성을 포함한 제반의무를 수출에도 적용하

---

84) United States — Rules of Origin for Textiles and Apparel Products, 2003.

고 있다.

　한편, 중국과 같은 후속가입국들은[85] 최고세율을 명시한 품목을 제외하고는 수출에 대한 모든 세금 및 부과금을 철폐하기로 가입의정서에 약속하는 경우가 있다.[86] 중국－원광석(2012) 사건 패널은 위와 같이 명시되지 않은 보크사이트, 마그네슘 등 다수의 광석에 수출세를 부과한 중국의 조치는 가입의정서 위반이라고 판시했다.[87] 중국－희토류(2014) 사건 패널은 이를 재확인하였다.[88]

---

85) 사우디아라비아, 러시아, 우크라이나, 카자크스탄, 타지키스탄, 몬테니그로 가입협정과 같이 수출세 관련 WTO 플러스 의무부과는 이제 일반화되어 가고 있다.
86) Protocol on the Accession of the People's Republic of China, WT/ L/ 432, dated 23 November 2001, para. 11.3 and Annex 6.
87) Panel Report, China — Raw Materials (2012), para. 7.77 ff.
88) Panel Report, China — Rare Earths (2014), para. 7.48.

제5장

내국민대우원칙

제1절 의의

　　내국민대우원칙이란 수입상품을 국산품과 동등하게 대우하여야 한다는 원칙을 말한다. 이는 국내조치(조세 및 유통, 판매 등과 관련된 제반 법령과 조치)가 국산품 보호를 위한 비관세장벽이 되는 것을 막기 위하여 수입된 상품에 대해서는 국산 동종품과의 관계에서 조치의 무차별성을 의무화한 것이다.

　　내국민대우의 목적은 수입물품과 국산품간의 경쟁조건의 동등성(equality of competitive conditions)을 보장하고 동등한 경쟁관계에 대한 기대(expectations of equal competitive relationships)를 보호하기 위한 것이다.[1] 관세협상을 통해 확보한 시장접근 기회가 국내조치에 의해 훼손되는 것을 방지하는 것이 중요한 기능이다. 하지만 GATT 내국민대우의무의 적용범위가 관세 양허를 한 수입품에 대해서만 제한되는 것은 아니다. 양허여부와 무관하게 국내생산을 보호할 목적으로 시행되는 국내 조세, 규제조치를 일반적으로 금지하고 있다.[2]

　　내국민대우원칙도 최혜국대우와 마찬가지로 수입상품과 국산품 간 법적 차별뿐만 아니라 사실상 차별도 금지한다. 역으로 조치의 수입에 미치는 효과가 미미하거나 존재하지 않는다고 하여도 내국민대우위반이 될 수 있다.[3] 경쟁기회의 균등

---

1) WTO/AB, Japan — Alcoholic Beverages II, p. 16; AB Report, Korea — Alcoholic Beverages, para. 120; AB Report, Canada — Periodicals, p. 18.
2) Appellate Body Report, Japan — Alcoholic Beverages II (1996), 16. 이는 양허범위에서만 내국민대우의무를 지는 서비스협정(GATS)과 다른 점이다.
3) AB Report, Japan — Alcoholic Beverages II (1996), 109.

에 대한 기대를 보호하는 것이기에 차별적 조치에 따른 수입제한 효과가 현실적으로 발생할 것을 요하지 않으며 잠재적 발생가능성이면 족하다.[4]

내국민대우원칙은 동등한 경쟁기회에 경제적 악영향을 주는 것을 염려하여 국내조치의 무차별적 적용을 요구할 뿐 그 조치 자체의 합리성을 요구하는 것은 아니다. 즉, 내국민대우원칙 자체가 규제완화를 요구하거나 정책의 변경을 금하거나 자율적 정책형성의 여지를 없애는 것은 아니다.

최혜국대우원칙은 일반적으로 위반의 유인이 적고 위반이 외부로 쉽게 노출됨에 비하여 내국민대우원칙은 국내정치적으로 위반의 유인이 많고 위반을 숨기는 것이 상대적으로 용이하다. 이에 최혜국대우원칙의 위반사례보다 내국민대우원칙의 위반사례가 많다.

제 2 절   원칙의 내용: GATT 제III조

1. 기본원칙: 제1항

"WTO회원국이 부과하는 내국세 등 다양한 국내규제 및 조치가 국내생산을 보호하는 방식으로 국내상품 및 수입상품에 적용되어서는 안 된다는 것을 인정한다."[5]

"recognize", "should"와 같은 원문 표현에서 이 규정의 선언적 성격이 드러난다. 구속력 있는 세부원칙은 제2항 이하에 규정되어 있다. 제III조 제1항은 제III조의 나머지 규정의 맥락(context)으로서 해석을 위한 정보를 제공한다.[6]

양허하지 않은 상품인 경우에도 일단 수입되는 회원국 상품은 내국민대우를 보장해야 함이 입법연혁 상 분명하다.[7] 제III조는 특정량의 수입을 보장하는 것이 아니라 수입품과 국산품간의 동등한 경쟁관계에 대한 기대를 보호하는 것이기 때문에 제III조 위반을 주장하기 위해 세액의 차이나 규제의 차이가 초래하는 무역효

---

4) Appellate Body Reports, EC — Seal Products (2014), para. 5.82.
5) "The Members <u>recognize</u> that ... <u>should</u> not be applied ... so as to afford protection to domestic production."
6) AB Report, Japan — Alcoholic Beverages II, pp. 17 – 18.
7) AB Report, Japan — Alcoholic Beverages II, pp. 16 – 17.

과를 입증할 필요는 없다.8)

2. 세부원칙

(1) 차별적 내국세 및 보호적 내국세금지: 제2항

"WTO회원국의 상품이 다른 회원국에 수입될 경우 직접적으로든 간접적으로든 수입국내의 동종상품에 부과된 국내적 조세 또는 기타 부과금을 초과하여 과세되지 않는다. 나아가 수입품은 1항에 규정된 원칙에 반하여 과세되어서는 안된다."9)

제2항에 대한 주해는, 제2항 제1문에 합치되는 과세라도, 직접적인 경쟁 또는 대체관계(directly competitive or substitutable, DCS)에 있는 상품간에 비슷하게 과세되지 않는 경우에는 제2문에 위반된다고 설명하고 있다. 이로써 조세부과 문제에 있어서는 동종상품뿐만 아니라 직접경쟁 또는 대체관계에 있는 상품에까지 내국민대우의무가 미치게 된다. 따라서 과세차이가 제1문에 합치하는 것으로 판정되는 경우에는 제2문에도 합치하는지 심리할 필요가 있다.10) 다만 제1문은 동종상품에 대하여 조금이라도 초과하여 과세하지 말 것을 요구함에 비하여,11) 경쟁상품에 관한 제2문 주해는 비슷하게 과세할 것을 요구하고 있으며, 이에 따라 제2문의 경우에는 최소허용기준(de minimis level)을 넘지 않는 미소한 조세율 차이가 허용될 수 있다. 차이가 큰 경우에는 자국 상품 보호 목적이 추정되게 된다.

(2) 기타 국내규제 관련 내국민대우: 제4항

"국내 판매, 운송, 유통, 사용에 영향을 주는 모든 법률, 규정 및 요건과 관련하여, WTO회원국의 상품이 다른 회원국에 수입될 경우 국내원산의 동종상품에 부여된 대우보다 불리하지 않은 대우를 부여받아야 한다."

---

8) AB Report, Canada — Periodicals, p. 18.
9) "The products of the territory of any contracting party imported into the territory of any other contracting party shall not be subject, directly or indirectly, to internal taxes or other internal charges of any kind in excess of those applied, directly or indirectly, to like domestic products. Moreover, no contracting party shall otherwise apply internal taxes or other internal charges to imported or domestic products in a manner contrary to the principles set forth in paragraph 1."
10) Appellate Body Report, Canada — Periodicals (1997), 468.
11) Japan — Alcoholic Beverages II, AB, p. 23.

제2항이 규정하는 과세관련 차별 이외에 상품거래와 관련된 모든 국내규제가 포섭된다.

(3) 국산품 사용 요건은 명시적으로 금지됨: 제5항

"어떠한 체약당사자도 특정 수량 또는 비율로 상품을 혼합, 가공 또는 사용하는 것에 관련된 내국의 수량적 규정으로서, 그 적용을 받는 특정 수량 또는 비율의 상품이 국내공급원으로부터 공급되어야 함을 직접적 또는 간접적으로 요구하는 규정을 설정하거나 유지하지 아니한다. 또한 어떠한 체약당사자도 제1항에 명시된 원칙에 반하는 방식으로 내국의 수량적 규칙을 달리 적용하지 아니한다."

국산품과 수입품의 사용비율을 1:1 또는 다른 어떤 형평에 부합하는 비율로 설정하였다는 주장이 제5항 위반을 합리화하지 못한다.[12] 이 규정은 우루과이라운드 협상에 의해 채택된 「무역관련 투자조치협정」(Agreement on Trade Related Investment Measures, TRIMs)을 통해 확대된다.

3. 수입 시에 적용되는 국내규제

일반적으로 제Ⅲ조 내국민대우원칙은 국내조치에 적용되고 국경조치에 적용되지 않는다. 제Ⅱ조 관세양허준수, 제XI조 수량제한금지 등이 국경조치에 적용된다. 하지만 국산품과 수입품에 대해 모두 부과되는 내국세 등의 국내규제가 집행의 편의상 수입품에 대해서는 수입 시에 국경에서 세관에 의해 부과되는 경우가 많다. 이 경우에도 관련 조치는 GATT 제Ⅲ조의 적용대상이 된다.[13] 징수의 시점이 중요한 것이 아니라 납세의무의 발생 원인이 국내적 배포, 판매, 사용, 운송과 같은 국내적 활동에 근거한다는 점이 중요하다.

EC-Banana Ⅲ에서 상소기구는 문제가 된 조치가 EC의 바나나 수입허가 자체가 아니라 수입된 바나나를 EC사업자간에 배분하는 절차와 요건에 관한 문제이므로 GATT 제Ⅲ조의 범위에 들어온다고 설시했다.[14]

---

12) 제5항에 대한 주석.
13) "내국세, 내국과징금 또는 제1항에 열거한 종류의 법률, 규정 또는 요건으로서 수입산품 및 동종의 국내산품에 적용되고 또한 수입산품인 경우에는 수입시 또는 수입지점에서 징수 또는 실시되는 것은 내국세 및 내국과징금 또는 제1항에 열거한 종류의 법률, 규칙 또는 요건으로 간주하며 따라서 제Ⅲ조의 규정을 적용한다." GATT 부속서 I의 GATT 제Ⅲ조에 관한 주석.
14) AB Report, EC-Bananas Ⅲ, para. 211.

국산품과 수입품에 부과되는 과세의 성격과 수준이 일치한다면 형태가 동일하지 않아도 내국세로 간주될 수 있다. 아르헨티나－쇠가죽 사건에서 패널은 국산품에 대해서는 판매자로부터 원천징수하는 데 반하여 수입품에 대해서는 수입 시에 구매자인 수입업자로부터 징수하는 차이에도 불구하고 내국세에 상응하는 과세로 판단하였다.[15] 과세 이외에 성분함량이나 기술규격과 같은 수입조건의 경우에도 국내 상품에 동일하게 그런 기준이 적용되는 경우는 물론 수입품에만 적용되는 경우에도 내국민대우의무(제Ⅲ:4조) 위반으로 취급될 수 있다.[16]

다만 하나의 조치가 법적으로 여러 측면이 있다면 다른 법 규정의 적용을 동시에 받을 수 있다는 차원에서 어떤 조치에 GATT 제Ⅲ조와 제Ⅱ:1조 또는 제ⅩⅠ조 등이 같이 적용될 수 있는 여지가 부인되지 않는다.[17]

4. 국내조치의 정책목표의 관련성

GATT 제Ⅲ조를 비롯한 WTO협정을 위반하지 않는 이상에는 회원국은 국내정책 목표를 자유롭게 선정하고 추구할 수 있다.[18] 역으로 제Ⅲ조를 비롯한 GATT 의무규정의 적용가능성도 국가의 정책목표에 의해 좌우되지 않는다.[19] 물론 GATT 에 산재해 있는 예외규정 중 하나에 해당하여 의무의 면제를 받는 것은 그 다음 단계의 문제이다.

소위 목적효과설(aim－and－effect test)은 조치가 WTO협정과 합치하는지를 판단하기 위해서는 조치의 목적과 효과에 입각하여 조치가 검토되어야 한다고 한다. 예컨대 GATT 제Ⅲ:2조 적용을 위한 동종상품 여부의 결정에서도 구별의 목적이 국내생산을 보호하는 것이 아니라면 동종성이 부인된다는 것이다. 하지만 해당 조문상에 국내생산을 보호의 요건이 판단기준으로 명시되지 않은 이상에는 이와 같은 견해는 WTO 패널 및 상소기구에 의하여 일관되게 배척되어 왔다. 예컨대, 일본－소주Ⅱ 사건의 상소기구는 제Ⅲ:2조 제1문이 동조 1항을 구체적으로 언급하지

---

15) Panel Report, Argentina — Hides and Leather, paras. 11.145, 150, 154. 나아가 실제로 이루어진 과세 이전의 차별적 과세체계 자체가 제2항의 "기타 부과금"에 해당하다고 설시하고 있으나 이 점에는 의문이 있다. 제4항이 적용되어야 하는 것이 아닌가 한다.

16) Panel Report, India — Autos (DS146), 2002, para. 7.306.

17) Panel Report, India — Additional and Extra-Additional Import Duties (DS360) paras. 7.402－418, Panel Report, India — Autos (DS146) para. 7.224.

18) AB Report, Japan — Alcoholic Beverages II, p. 16.

19) Panel Report, Argentina — Hides and Leather, para. 11.144.

않고 있는 점에 의미를 부여하면서 이는 제1문에 명시적으로 언급된 요건을 충족
함으로써 제1항의 보호적 적용의 존재는 인정되는 것이므로 후자를 별도로 입증할
필요가 없음을 의미한다고 설시하였다.[20]

제 3 절　과세에 있어서의 내국민대우: 제III조 제2항

제1항은 그 자체로서는 구속력이 없으며 제III조 제2항 제1문에 완전히 녹아
있으므로 제1문 적용과정에서 차별적 과세로 '국내생산보호 목적'이 간주되며 추가
로 고려되지 않지만, 제2항 제2문은 제1항을 명시하고 있으므로 추가로 고려되어
야 한다. 제2항 제2문과 결합하는 경우 제1항은 "국내생산을 보호하도록 적용"(so
as to afford protection, SATAP)이라는 기준[21]의 충족을 요구한다. 따라서 제2문에
해당하기 위해서는 제소국이 i) 수입품과 국산품의 직접경쟁·대체가능성, ii) 과세
의 비유사성, 그리고 iii) 과세가 국내생산 보호를 목적으로 적용되었을 것을 입증
하여야 한다.

1. 공통사항

(1) "상품에 대한 내국 조세 및 모든 종류의 내국부과금"

제III조 적용의 범위의 요건으로서 부가가치세, 판매세, 소비세 등이 포함된다.
하지만 소득세는 상품에 부과되지 않고 인에 부과되므로 여기에 포함되지 않는다.
마찬가지로 관세 기타 국경세는 '내국'세가 아니므로 포함되지 않는다. 내국세인지
국경세인지 여부가 쟁점이 되기도 한다. 상소기구는 그 판단에 있어서 징수의 시점
은 결정적인 요소가 아니며 납세의무가 국내적 계기, 예컨대 수입상품의 유통, 사
용, 탁송 등에 의해 발생했는지 여부라고 설시하였다.[22] 국내법에서 어떻게 규정하
였는지 또는 국내 입법자의 의도 역시 결정적이지 않다. 조치의 성격과 그러한 조

---

20) AB Report, Japan — Alcoholic Beverages II, pp. 18–19. 상소기구는 목적효과설을 GATT
　　제II조, GATS 제XVII조 관련해서도 배척하였다. AB Report, EC — Bananas III, paras. 216,
　　241.
21) 이 기준이 '조치적용방식의 보호성'과 '조치목적의 보호성' 중 어느 것을 요구하는지에 대해
　　이견이 존재하였던 것으로 보이나 후술하는 바와 같이 전자에서 후자로 의견이 접근되는 것
　　으로 판단된다.
22) Appellate Body Reports, China — Auto Parts (2009), para. 162.

치가 내려지게 된 상황이 중요하다. 요컨대 상품에 대한 국경세 조정은 제III:2조의 적용대상이다.

(2) 동종성(DCS도 마찬가지) 판단 시 고려사항

최혜국대우의무 부분에서 동종성 판단 기준을 소개한 바 있으나 중요한 쟁점이 되는 부분이니 반복 설명하자면, 제품의 물리적 특성, 제품의 최종용도, 소비자의 기호 및 습관, 유통방식, 가격, 관세분류 등을 종합적으로 고려하여 사안별로 판단하여야 한다.[23]

GATT 시대 몇몇 판정은 조치의 목적과 효과가 국내생산에 보호를 부여하려는 것이었는지를 중시한 경우도 있으나[24] WTO 시대에 와서는 조치의 목적과 효과는 동종성 판단이 아니라 예외인정 여부를 판단할 때 고려할 요소라고 판례가 바뀌었다.[25] 특히 제III:2조 제1문의 경우 "국내생산보호를 목적으로"라는 언급이 없으며, 목적을 구성 요소로 하는 경우 제소국에 지나친 입증책임이 부과되며, 제XX조가 무의미해지고 동 조의 필요성원칙 등을 회피하게 된다는 문제점이 지적되었다.

관세분류 중에서 4단위 분류는 지나치게 대분류로서 동종성 판단에 의미가 없는 것으로 보고 있으며 6단위 분류는 유의미하게는 보고 있으나 절대적인 것은 아니다.[26] 동일한 맥락에서 관세분류와 관세양허는 구분되어야 하며 관세양허를 함에 있어서 대분류를 했다는 것이 그 안에 속하는 상품이 동종상품이라는 것을 시사하지는 않는다.[27]

관련 상품의 가격수준, 관련 상품을 다루는 국내규제의 구조 등도 동종성 판단에 유의미한 요소이다.[28] 원산지에 따른 수입금지의 결과 비교대상이 없을 때와 같은 예외적인 경우에는 가상의 수입 동종상품의 존재를 인정하는 방식으로 간이 심

---

23) AB Report, Japan — Alcoholic Beverages II, p. 20; AB Report, Canada — Periodicals, pp. 21 – 22.
24) US — Malt Beverages; US — Taxes on Automobiles.
25) 일본 — 주세 사건(Japan — Alcoholic Beverages DS8, 10, 11), Panel Report paras. 6.15 – 19. AB Report pp. 16 – 19. 이후 일관된 판례.
26) Philippines — Distilled Spirits, paras. 164 – 182. 6단위가 다름에도 불구하고 동종성을 인정함.
27) AB Report, Japan — Alcoholic Beverages II, p. 22.
28) Panel Reports, Philippines — Distilled Spirits (2012), para. 7.59. Ibid., AB Reports, para. 167.

리를 하는 것도 용인된다.[29]

　　대체가능성을 포함하는 DCS의 경우에는 현재시장에서의 경쟁뿐만 아니라 미래시장에서의 잠재적 경쟁을 고려하여야 할 것이다. 일반적으로 수요의 가격탄력성과 같은 수리적 자료, 가격차이, 통계 등이 중요한 자료로 사용되고 있으나 개중에는 '합리적 소비자(reasonable consumer)의 의견'과 같은 정성적 판단으로 뭉뚱그린 경우도 있다.[30]

　　동종성 판단에 재량적(discretionary) 요소가 포함됨은 불가피하나 자의적(arbi-trary) 결정이 용인되는 것은 아니다.[31]

(3) "직접적으로든 간접적으로든"

　　제품시장의 비교대상 상품에 노골적인 차별과세인지 차별의 효과가 하부시장이나 상부시장에 나타나는 차별과세인지를 가리지 않고 적용된다. 캐나다－정간지 사건에서 캐나다 배포용 광고가 실린 잡지에 부과된 소비세에 대하여 캐나다는 광고서비스에 대한 과세이므로 GATT가 아닌 GATS의 적용대상이라고 주장하였다. 상소기구는 GATS의 적용은 별론으로 하고 이는 매권의 정간지에 부과된 소비세이므로 간접적으로 수입에 영향을 주는 내국세임이 분명하다고 설시했다.[32]

　　생산과정의 어느 단계에 부과되는지 여부를 불문하고 모두 포함된다.[33] 멕시코－청량음료 사건에서 패널은 당해 과세는 직접적으로는 청량음료에 부과되었지만 간접적으로 청량음료에 첨가되는 비(非)사탕수수 감미료에 적용되고 있으며, 따라서 과세가 사탕수수 감미료와 비사탕수수 감미료간의 경쟁조건에 영향을 줄 수 있음을 인정하였으며,[34] 청량음료에 부과되는 유통세 또한 간접적으로 비사탕수수 감미료에 부과되는 것으로 볼 수 있다고 판시했다.[35]

　　한편, 국산부품 구입요건 등 국내규제 위반에 대한 벌과금이나 의무준수를 위한 보증금은 1차적 국내규제의 준수를 위한 2차적 집행 메커니즘에 불과하므로 제

---

29) Appellate Body Report, Canada — Periodicals (1997), 466; Panel Report, Indonesia — Autos (1998), para. 14.113.

30) WTO/AB, EC — Asbestos.

31) AB Report, Japan — Alcoholic Beverages II, pp. 19－21.

32) AB Report, Canada — Periodicals, p. 18.

33) Panel Report, Japan — Alcoholic Beverages I (1987), para. 5.8.

34) Panel Report, Mexico — Taxes on Soft Drinks, paras. 8.44－45.

35) Ibid., paras. 8.46－50.

Ⅲ:2조가 아니라 문제의 1차적 국내규제와 함께 제Ⅲ:4조 하에서 심리되어야 한다고 판시되었다.[36] 역으로 1차적 의무가 상품에 대한 내국세라면 그 조세의 징수와 처리에 관련한 조치에는 제Ⅲ:4조가 아니라 제Ⅲ:2조가 적용되어야 할 것이다.[37]

2. 제2항 제1문의 적용요건

(1) 수입품과 국산품의 동종성

GATT의 50여 곳에 등장하는 '동종상품'이라는 표현이 항상 동일하게 해석될 수는 없으며, 이러한 의미에서 위 판단 기준들이 서로 배타적인 것이라 볼 필요는 없다. 조항의 취지에 따라, 관련 문구의 해석에 있어 최혜국대우 관련 규정에서는 관세분류, 내국민대우 관련 규정에서는 소비자 수요, 공정무역 관련 규정에 있어서는 생산자간 경쟁에 비중을 두고 평가하게 될 것이다. 이와 관련하여 상소기구는 '동종성' 개념은 아코디언과 같이 위치한 맥락 및 상황에 따라 신축적으로 해석되어야 한다고 판시한 바 있다.[38]

제Ⅲ:2조 제1문은 동종상품, 제2문은 직접경쟁 또는 대체상품에 적용되므로 제1문의 동종상품의 범위는 좁게 해석된다. 그렇지 않으면 직접경쟁 또는 대체상품의 개념이 의미가 없어지기 때문이다.[39] 동종상품의 개념은 제Ⅲ조 제2항에서보다 제Ⅲ조 제4항에서 더 넓을 수 있다. 제Ⅲ조 제4항은 '직접경쟁상품 또는 대체상품'을 포함하고 있지 않기 때문이다. 그러나 제Ⅲ조 제4항 국내규제 차별상 동종상품의 범위가 내국세 차별상 동종상품과 경쟁·대체상품을 합친 범위보다 넓지는 않다.[40]

필리핀-증류주 사건에서 상소기구는 동종성 여부를 결정하는 것은 본질적으로 관련 상품간 경쟁관계의 성질과 한계를 결정하는 것이라고 설시하고[41] 이 결정

36) Panel Report, US — Tobacco (1994), para. 80; Panel Report, EEC — Animal Feed Proteins (1978), para. 4.4.
37) Panel Report, Argentina — Hides and Leather (2001), para. 11.144; AB Report, Thailand — Cigarettes (Philippines) (2011), fn. 144 to para. 114.
38) "... there can be no one precise and absolute definition of what is 'like'. ... The width of the accordion in any one of those places must be determined by the particular provision in which the term 'like' is encountered as well as by the context and the circumstances that prevail in any given case to which that provision may apply ..." (JAPAN — Taxes on Alcoholic Beverage, AB Report, p. 21).
39) Appellate Body Report, Japan — Alcoholic Beverages II (1996), 112−114.
40) EC — Asbestos, AB, paras. 98−100.
41) Appellate Body Reports, Philippines — Distilled Spirits (2012), para. 170.

을 위해서는 앞서 언급한 바 있는 4대 기준을 모두 적용하여 검토하여야 하며 이는 한정적 요소가 아니므로 다른 추가적 기준이 적용될 수도 있고, 협정문상 명시된 기준도 아니므로 이를 경직적으로 적용할 것이 아니며 모든 관련된 증거를 검토하는 것이 중요하다고 부연하였다.[42] 동 사건에서 재료가 사탕수수, 곡물, 포도 등 무엇인지를 불문하고 증류주는 동종상품으로 인정되었다.

제III:2조 내국세 차별에서는 사탕수수 설탕으로 감미를 하건 고과당옥수수시럽(HFCS)으로 감미를 하건 청량음료는 모두 동종상품이지만, 사탕수수 설탕과 HFCS 자체는 동종상품이 아니라 경쟁상품으로 간주되었다. 한편, 제III:4조 국내규제 차별에서는 사탕수수 설탕과 HFCS가 동종상품으로 인정되었다.[43]

(2) "초과하여" 과세

명목상 과세부담보다는 실질적 과세부담이 비교되어야 한다. 세율은 동일하더라도 과세의 방법이 다른 경우에는 실질적 과세부담이 다를 수 있다. 동일한 방법으로의 과세가 의무인 것은 아니지만 동종의 수입품과 국산품에 적용되는 다른 방법의 과세가 실질적으로 다른 과세부담을 초래한다면 GATT 제III조제2항제1문 위반이 될 것이다.[44]

패널은 수입품에 대한 과세율이 3%이고, 국산품에 대한 과세율은 사정에 따라 2% 또는 4%인 경우에 국산품에 대한 과세도 평균하면 3%로 동등하다는 항변을 배척하면서 개별 거래에 있어서의 차별이 전체적 균형으로 합리화될 수 없다고 판시했다.[45]

제1문의 비차별원칙은 미소한 차이도 허용하지 않는다. 상소기구는 "가장 적은 초과조차도 너무 많다"(even the smallest amount of excess is too much)고 일갈하였다.[46] 수입품에는 사전납부를 요구하여 국산품과의 과세시점의 차이가 30일간 존재한 것에 대하여 이는 미미한 수준의 차이이므로 허용되어야 한다는 항변이 조

---

42) Ibid., paras. 118, 131.

43) 멕시코 소프트드링크제 사건(Mexico — Tax Measures on Soft Drinks and Other Beverages, WT/DS308). 사탕수수 설탕과 사탕무 설탕은 내국세와 관련해서도 동종성이 인정되었다.

44) Panel Report, Thailand — Cigarettes (Philippines), paras. 7.610−611; AB Report, Thailand — Cigarettes (Philippines), para. 116.

45) Panel Report, Argentina — Hides and Leather, para. 11.260; 동일 취지, AB Report, Japan — Alcoholic Beverages II, p. 27; AB Report, Canada — Periodicals, p. 29.

46) AB Report, Japan — Alcoholic Beverages II (1996), 27−8.

금의 조세부담 차이도 허용하지 않는다는 입장에 입각하여 배척되었다.47)

과세 차이의 비교는 형식적 담세율의 비교가 아니라 실질적 담세율의 비교이
어야 한다. 태국-담배(2011) 사건에서 패널과 상소기구는 국내산과 수입산 담배에
동히 7%의 부가가치세가 부과되었음에 불구하고 국내산의 경우 원천징수에 의하
여 자동적으로 처리됨에 비하여 수입산의 경우 재판매사업자가 납세서류를 작성하
게 하는 경우 국내산에 부과되는 것을 초과하여 과세한 것이라고 설시하였다.48)

3. 제2항 제2문의 적용요건

(1) 직접경쟁 또는 대체상품

제Ⅲ조 제2항 2문에 따라 동종상품뿐만 아니라 '직접경쟁' 또는 '대체관계'에
있는 상품 간에도 내국민대우의무가 미친다. 1문의 동종상품과 2문의 직접경쟁 또
는 대체관계에 있는 상품은 서로 구별되는 것으로서, 이에 1문의 '동종상품'은 좁게
해석되어야 한다. 따라서 동종상품에 해당하는 경우에는 직접경쟁 또는 대체관계
에 있는 상품이 되나, 직접경쟁 또는 대체관계에 있는 상품이 항상 동종상품에 해
당되는 것은 아니다. 완전한 대체성에 가까운 상품은 동종상품으로 1문에 포섭될
것이고 그보다 경쟁의 정도가 덜한 경우에는 2문에 포섭될 것이다.49)

직접경쟁 또는 대체상품 여부를 판단함에 있어 앞서 동종성 판단시에 언급한
요소들이 고려되는데 특히, 관련시장의 경쟁조건, 수요의 교차 가격탄력성 등이 중시
되며, 정량적 지표뿐만 아니라 정성적 요소, 수입국 국내시장뿐만 아니라 유사한 조
건의 해외시장 상황도 참작될 수 있다. 시장에서의 경쟁은 정태적인 것이 아니라 동
적으로 진화하는 과정이므로 직접경쟁 또는 대체가능성의 판단에 현재뿐만 아니라
미래의 잠재적인 수요변화까지 고려될 수 있다. 특히 규제 장벽이 소비를 막고 있는
상황에서는 잠재적 수요가 숨어있을 수 있다. "직접"경쟁이라는 표현이 경쟁관계의
긴밀성을 요구하는 것은 사실이지만 '잠재적 경쟁'이라든가 '불완전 대체'는 2문의 직
접경쟁 또는 대체관계를 인정할 수 없다는 항변은 배척되었다. 상소기구는 완전대체
라면 1문에 해당할 것이며 불완전대체라도 2문에 해당할 수 있다고 판시하였다.50)

---

47) Panel Report, Argentina — Hides and Leather, para. 11.245.

48) AB Report, Thailand — Cigarettes (Philippines) (2011), para. 116.

49) AB Report, Philippines — Distilled Spirits (2012), para. 149.

50) AB Report, Canada — Periodicals, p. 28; AB Report, Korea — Alcoholic Beverages, pp.
114-118.

GATT초안 준비위원회에서는 사과와 오렌지, 아마씨유와 오동나무기름, 합성 고무와 천연고무가 직접경쟁 대체가능한 것으로 언급되었다.[51] WTO시대에 들어와서는 광고삽입 잡지와 광고비삽입 잡지,[52] 소주와 양주,[53] 사탕수수 설탕과 고과당 옥수수시럽,[54] 사탕수수 증류주와 곡물·과실 증류주[55]가 직접경쟁 또는 대체관계에 있는 것으로 인정되었다.

상소기구는 직접경쟁·대체가능성을 판단함에 있어서 현재의 소비자 선호와 시장경쟁만을 고려한다면 현재 억제된 숨은 수요를 과소평가하게 되며, 보호주의를 피하고 경쟁조건의 균등과 평등한 경쟁관계에 대한 기대를 보호한다는 제III:2조의 목적은 보호주의적 조치에 의해 좌절될 것이기에 숨은 수요(latent demand)와 잠재적 경쟁(potential competition)을 고려해야 한다고 주의를 촉구했다.[56] 제1문의 동종성을 판단할 때보다 제2문의 직접경쟁·대체가능성을 판단할 때에는 시장경쟁에 대한 정성적 분석을 더 중시함을 알 수 있다.[57] 이 과정에서 분쟁 대상인 시장뿐만 아니라 유사한 그러나 문제의 조치에 의해 왜곡되지 않은 다른 지방, 다른 나라 시장을 고려하는 것도 유의미한 것으로 인정되었다.[58]

(2) 과세의 비유사성

제1문의 '초과하여'와는 달리 최소허용기준을 넘지 않는 미소한 조세율 차이의 경우에는 비유사성이 부정될 수 있다. 최소허용기준은 사안별로 결정되어야 할 것이다.[59] 공식적으로 정해진 바는 없지만 캐나다-정간물(Canada-Periodicals) 사건에서는 광고 수익의 80%, 국산주와 양주에 대한 과세가 문제된 여러 사건에서는 최소 20%에서 100% 이상의 세율 차이가 있었는바 어느 정도의 유연성이 인정될

---

51) Geneva Session of the Preparatory Committee, quoted in the Panel Report, Korea — Alcoholic Beverages, paras. 10.37−40.

52) Appellate Body Report, Canada — Periodicals (1997), 474.

53) Panel Report, Korea — Alcoholic Beverages (1999), para. 10.98.

54) Mexico — Taxes on Soft Drinks (2006), para. 8.78.

55) AB Reports, Philippines — Distilled Spirits (2012), para. 242.

56) AB Reports, Korea — Alcoholic Beverages (1999), paras. 114−120; Philippines — Distilled Spirits (2012), paras. 217−226.

57) AB Report, Korea — Alcoholic Beverages (1999), para. 134; AB Reports, Philippines — Distilled Spirits (2012), para. 221,

58) AB Report, Korea — Alcoholic Beverages (1999), para. 137; AB Reports, Philippines — Distilled Spirits (2012), paras. 221−2.

59) AB Report, Japan — Alcoholic Beverages II (1996), 118.

수 있다는 것이 사견이다.

어떤 외국산 제품에 대해서는 유사하게 과세하고 다른 외국산 제품에는 비유사하게 과세한 경우도 제III:2조 제2문 위반이 됨은 물론이다.[60] WTO/GATT 규범은 경쟁의 왜곡이 전체시장이 아닌 일부시장이라고 해서 보호하지 않는 것은 아니며, 제III:2조 제2문의 균등한 경쟁조건 보장도 모든 직접경쟁·대체가능 수입품에 대해서 제공된다.[61]

(3) "국내생산을 보호하도록"

상소기구는 일본 — 소주II 사건에서 입법자의 공표된 또는 내심의 의도(intent)는 무관하며 국내산업보호가 입법의도가 아니어도 국내산업을 보호하는 방식으로 적용되었으면 제III조의 '국내생산을 보호하도록 적용(applied)'이라는 요건을 충족한다고 하였다.[62] 입법자의 의도가 관련되기는 하나, 여러 목적이 있거나 명백하지 않은 경우가 있기에, 결정적이지는 않으며 주관적 의도보다는 객관적 의도, 즉 적용의 실제가 중요하다는 정도로 법리가 완화될 필요가 있지 않은가 생각된다. 객관적 의도는 조치 적용의 디자인, 아키텍처, 구조로부터 추론되는 의도이다.[63] 실제로 이후의 사건에서는 상소기구와 패널의 법리가 이와 같은 입장으로 변경된 것으로 보인다.[64]

국내생산 보호목적을 판단하는 보다 체계적인 방법론은 추후의 판례를 통한 구체화를 기다려야 할 것이나 다음과 같은 요소와 정황이 판단에 있어 고려될 것이다.[65]

(가) 최소허용기준을 넘지 않는 미소한 조세율 차이의 경우 국내생산 보호목적의 존재가 부정된다. 사실은 과세의 비유사성 기준에서 이미 걸러졌으므로 이 문제를 다룰 필요조차 없다.

---

60) AB Report, Canada — Periodicals (1997), 474.

61) AB Report, Chile — Alcoholic Beverages (2000), para. 67; AB Reports, Philippines — Distilled Spirits (2012), para. 221.

62) AB Report, Japan — Alcoholic Beverages II (1996), pp. 27 — 28. 적지 않은 학자들도 이 입장을 취하고 있다. Van den Bossche, Peter and Zdouc (2017), Chapter 5.

63) Ibid., 119 — 120.

64) AB Report, Canada — Periodicals, p. 32; AB Report, Chile — Alcoholic Beverages, paras. 71 — 72; Panel Report, Mexico — Soft Drinks, paras. 8.91 — 94.

65) Mavroidis (2013), p. 305.

(나) 최소허용기준을 넘는 조세율 차이의 경우

조세율 차이가 현격한 경우에는 그 자체가 보호목적을 드러내는 것으로 인정된다.[66) 조세율 차이가 그 중간인 경우에는 조세조치의 디자인, 아키텍처, 현저한 구조와 같은 요소나 당해 상품의 수입체계와 같은 관련 정황을 고려하여 판단한다. 예컨대 알코올 도수를 기준으로 하였으나 비례적으로 세율 차이를 두지 않고 국산 주류와 수입주류를 구분하는 일정 도수를 기준으로 전후에 20%의 세율차이를 두는 조세조치는 디자인, 아키텍처, 구조로부터 국내생산 보호 목적을 추론할 수 있음이 인정되었다.[67)

(다) 기타 고려요소와 정황

- 상품의 원산지에 중립적인(origin-neutral) 규제인지 여부
- 당해 공적목적 달성을 위한 최선의 규제수단인지 여부
- 규제조치가 과학적 증거를 기반으로 하고 있는지 여부
- 동일한 공공목적을 추구하는 정책의 일관성 여부
- 국제기준의 준수여부
- 무역에 미치는 영향의 정도
- 규제준수를 위해 국내사업자도 준수비용을 부담하는지 여부

제4절 국내규제에 있어서의 내국민대우: 제4항

1. 적용요건

제4항 위반이 성립하기 위해서는 다음 세 가지 법률요건을 충족해야 한다. 첫째, 비교대상 수입품과 국산품의 동종성이 인정될 것. 둘째, 문제의 조치가 국내판매·유통·사용 등에 영향을 주는 법률, 규정 또는 요건일 것. 셋째, 수입품이 동종 국산품에 비하여 불리한 대우를 받았을 것.[68)

제1항의 '국내생산에 보호를 제공할 목적'은 제4항 적용의 맥락은 되지만 독립

---

66) WTO/Panel, Philippine — Distilled Spirits(DS 396, 403), paras. 7.180. 10-40배의 세율차이가 있었다.

67) WTO/AB, Chile — Alcoholic Beverages, paras. 64-71; AB Report, Japan — Alcoholic Beverages II, p. 29.

68) AB Report, Korea — Various Measures on Beef (2001), para. 133.

적 요건으로 필요하지는 않다.[69] 수입품에 대해 동종 국산품보다 불리한 대우를 하는 것 자체가 국산품에 대한 보호이다.[70]

후술하는 TBT협정 제2.1조의 적용에서 요구되는 '정당한 규제적 구분'인지에 대한 추가적인 검토는 GATT에는 제XX조가 있으므로 제III:4조의 적용단계에서는 필요하지 않다.[71]

2. 국내판매, 유통, 사용 등에 영향을 주는 법률, 규정 및 요건

"모든 법률, 규정 및 요건"은 사실상 모든 정부 조치를 포함한다.[72] 실체규정이냐 절차규정이냐를 묻지 않으며,[73] 일반규정이냐 개별적인 사안별 요건이냐를 불문하며,[74] 강행요건뿐만 아니라 수입 조건과 관련한 혜택을 받기 위해서 수용해야 하는 요건이라면 이 또한 포함한다.[75] 수입부품을 전혀 사용하지 않는다면 피할 수 있으나 수입부품을 사용하는 경우 따라야 하는 조치라면 이는 강제적 규정이라 할 것이다.[76]

민간의 행위에 대해 제4항의 "요건"으로 정부의 책임을 묻기 위해서는 민간의 행위와 정부의 행위 간에 모종의 견련성이 있음을 입증해야 할 것이나 반드시 법규정의 형식으로 민간의 행위를 사주했어야 하는 것은 아니다. 특정한 민간의 행위가 관세면제와 같은 혜택의 조건이라면 이러한 견련성의 존재가 인정된다.[77]

"영향을 주는(affecting)" 또한 넓게 인정되어서 "규율하는"("regulating" or "governing")과는 달리 직접적으로 의무를 부과하지 않고 간접적으로 국내외 산품간의 경쟁조건을 변경하는 경우도 포함한다.[78] 또한 영향이 현존함을 보일 것이 요구되지 않으며 잠재적인 영향이면 족하다.[79]

---

69) AB Report, EC — Banana III, para. 216.

70) AB Report, EC — Asbestos, para. 100.

71) AB Reports, EC — Seal Products (2014), para. 5.125.

72) Panel Report, Japan — Film, para. 10.376.

73) Panel Report, US — Section 337 Tariff Act (1989), para. 5.10.

74) Panel Report, Canada — FIRA (1984), para. 5.5.

75) Panel Report, Canada — Autos, para. 10.73: Panel Report, India — Autos, para. 7.189 – 191.

76) Panel Report, China — Auto Parts, paras. 7.240 – 243.

77) Panel Report, Canada — Autos, para. 10.106 – 107.

78) Panel Report, Italy — Agricultural Machinery (1958), para. 12; US — FSC (2002), AB, paras. 208 – 10.

79) Panel Report, Canada — Autos (2000), para. 10.80.

사례에 의하면 최저가 요건, 주류 유통망 제한 요건, 광고금지, 투자요건,[80) 수입인지 부착요건, 특별수송요건, 국산품과 분리된 별도 저장 요건, 국산품구입조건부 관세할인, 1개의 재생타이어 수입을 위해 10개의 중고타이어를 폐기할 의무, 수입 신문잡지의 유통망 제한, 인터넷으로 유통되는 음성콘텐츠에 대한 내용심의 요건, 국산원자재 사용요건, 부가가치세 징수를 위해 재판매자들이 지켜야 하는 행정 요건 등이 제III:4조와 관련하여 문제되었다.

일반적으로 조세조치는 제III:2조의 적용대상이지만 이러한 조세조치가 당해 상품의 국내 사용 등에 영향을 미치는 경우에는 제III:4조의 적용대상이 될 수도 있다.[81)

3. 수입품과 국산품의 동종성

제4항의 동종성은 제2항의 동종성보다는 넓으나 제2항의 직접경쟁·대체가능 성보다는 좁음은 위에서 설명한 바와 같다.[82) 하지만 실제에 있어서는 그 차이가 크지 않은 것이 현실이며 또한 정당하기도 하다. 그렇지 않으면 회원국은 규제조 치로 달성하지 못하는 국내산업 보호효과를 조세조치로 달성하려 할 것이기 때문 이다.[83)

EC－석면 사건에서 상소기구는 패널이 동종성의 판단기준을 구성하는 네 가지 요소 중 하나만 적용하고 성급한 결론을 도출한 점, 다른 요소의 적용이 서로 모순되거나 불확실한 결과를 보여줄 것이라는 예단으로 그에 대한 심리 자체를 중단한 점을 비판하고 네 가지 요소를 모두 개별적으로 적용한 이후에 종합적으로 결론을 내려야 한다고 훈시하였으며, 건강에 위해한 발암성분의 포함이 상품성질과 소비자 선택에 중요하게 반영된다고 보고 동종상품 여부의 결정요소로 고려하여 건축내장재 등에 사용되는 석면섬유(chrysotile asbestos fibres)와 비석면섬유(PCG fibres)의 동종성을 부인하였다. 규제의 목적이 동종성 판단에 고려되어서는 안되지만 경우에 따라 규제의 이유가 다른 판단 요소에도 영향을 주어 간접적으로 고려될 수 있는 것이다.[84)

---

80) 본장 끝의 「무역관련 투자조치협정」(TRIMs) 내용 참조.
81) Panel Report, Mexico － Taxes on Soft Drinks (2006), para. 8.113; AB Reports, China － Auto Parts (2009), paras. 183 and 197.
82) AB Report, EC － Asbestos (2001), para. 99.
83) Ibid.
84) Appellate Body Report, US － Clove Cigarettes (2012), para. 117.

제III조 제4항은 상품간 경쟁관계를 다루므로 동종상품 여부를 결정함에 있어서도 일반적으로 시장에서 상품간 경쟁의 정도를 보여주는 경제적 증거를 고려함이 중요하지만 건강과 같은 비경제적 요소 또한 배제해서는 안 되는 것이다.[85]

동종성 판단요소로서 규제목적(목적효과론)이 배척된 것은 앞서 살펴본 바와 같으며, 상품성질에 영향을 주지 않는 공정 및 제조방법(NPR-PPMs[86])의 차이도 동종성 판단에서 배제된다.[87] 하지만 EC-석면사건의 예와 같이 NPR-PPMs의 차이가 소비자 선호에 크게 영향을 미치는 경우에는 이를 통해 간접적으로 고려되게 될 것이다.

차별적 규제의 근거가 단지 상품의 원산지에 있을 뿐인 경우에는 당해 규제가 없었다면 동종 수입품이 있을 수 있으며 있을 것이라는 것을 지적하는 정도로 동종성 판단과정이 간략화될 수 있는 것은 제III:4조에서도 마찬가지이다.[88]

4. 불리한 대우

내국민대우의무가 요구하는 '불리하지 않은 대우'는 수입상품에 국산상품보다 유리한 대우를 부여하는 것을 포함한다. 따라서 내국민대우의무만 존재하는 경우 특정 국가로부터 수입되는 상품에만 국내산보다 유리한 대우를 부여하는 것을 막을 수 없어, 외국산 간의 무차별대우를 보장하지 못하는 결과가 초래될 수 있다. 이에 최혜국대우원칙이 짝으로 필요하게 되는 것이다.

EC-바다표범 제품(Seal Products)(2014) 사건에서 상소기구는 불리한 대우 판단의 기준을 다음과 같이 요약했다.[89] 첫째, 불리하지 않은 대우는 동종 수입품에 대한 "경쟁기회의 실제적 균등"(effective equality of opportunities)을 제공할 것을 요청한다.[90] 둘째, 형식적으로 다른 대우가 반드시 불리한 대우는 아니며, 형식적으로 같은 대우도 실제로는 불리한 대우가 될 수 있다.[91] 수입품과 국산품을 불문하

---

85) AB Report, EC — Asbestos, paras. 101 – 103.

86) Non — product related processes and production methods.

87) Panel Report, US — Tuna (Mexico) (1991), para. 5.15.

88) Panel Report, China — Publications and Audiovisual Products (2010), para. 7.1446; Panel Reports, US — COOL (Article 21.5 – Canada and Mexico) (2015), paras. 7.633 – 7.634; Panel Report, India — Solar Cells (2016), para. 7.83.

89) AB Reports, EC — Seal Products (2014), para. 5.101

90) Panel Report, US — Section 337 (1989), para. 5.11; Panel Report, Japan — Film (1997), para. 10.379.

91) Panel Report, US — Section 337, para. 5.11. 수입품에 대해서만 특허침해물품 심사절차를 거

고 개별 담배갑마다 납세인지를 붙이도록 한 것은 형식적 동일성에도 불구하고 실제로는 불리한 대우로 인정되었다.[92] 셋째, 경쟁조건의 실질적 균등성을 보장한다는 제III:4조의 목적에 반하여 조치가 수입상품의 경쟁조건에 악영향을 준다면 불리한 대우가 된다. 넷째, 당해조치와 경쟁조건의 악영향 간에는 진정한 관련성 (genuine relationship), 즉 밀접한 인과관계가 있어야 한다.

한국－쇠고기 사건에서 상소기구는 수입쿼터를 준수하여 외산 쇠고기를 수입하였음에도 불구하고 국산쇠고기와 수입산쇠고기의 이중유통체제를 통해서 판매점이 둘 중의 하나만 선택하여 취급하도록 한 결과 다수의 판매점이 국산쇠고기만 판매하는 것을 선택한 결과에 대해 산지에 따른 차별에 의해 외국산의 유통채널이 축소된 것으로 보고 제III조 제4항 위반을 인정하였다.[93]

상소기구는 조치가 수입품에 불리한 대우를 하는지 여부를 심사하기 위해서는 단순한 주장에 의존하지 말고 시장에 미치는 의미를 엄밀히 분석해야 한다고 하면서도 실제 효과(actual effect)에만 근거할 필요는 없다고 설시하였다.[94] 불리한 대우 여부의 심사는 조치의 디자인, 구조, 예상되는 운용 등에 대한 면밀한 심사에 기반을 두어야 한다.

한국－쇠고기 사건에서는 조치의 영향에 의해 결과적으로 산지에 따른 차별이 있다고 보았으나, 도미니카공화국－담배 수입판매 사건에서 상소기구는 담배수입에 대한 납세보증금부과의 비율이 국산담배에 대한 납세보증금 비율보다 높은 것은 시장점유율 차이에 따른 단위당 비용의 차이를 반영한 것이라는 항변을 받아들여 산지에 따른 차별을 하지 않은 본 조치는 결과적 차이에도 불구하고 제III조 제4항을 위반하지 않았다고 결정하였다.[95] 상소기구는 수입품이 피해를 본 결과가 있다고 하여도 그것에 의해 바로 산지에 따른 차별임이 인정되는 것이 아니라 산지와 관련 없는 요소(시장점유율)에 의해서 설명 가능한 경우 수입품에 대한 불리한 대우가 아니라고 판시함으로써[96] 다소간 회원국의 규제정책 재량에 여유를 주었다. EC－Biotech 사건 패널 또한 제소국 아르헨티나가 EU내에서 비Biotech 수입품이

치게 한 것이 문제됨.

92) Panel Report, Dominican Republic — Import and Sale of Cigarettes, para. 7.182.

93) Korea — Various Measures on Beef (DS161, 169), AB, 2000, para. 146.

94) US — FSC, AB, para. 215. Appellate Body Report, Thailand — Cigarettes (Philippines) (2011), para. 134.

95) AB Report, Dominican Republic — Import and Sale of Cigarettes (DS302), 2005, para. 96.

96) Ibid.

EU산 비Biotech 제품에 비해서 불리한 대우를 받았음을 주장, 입증하지 않은 결과 EU의 조치가 다른 요인에 근거한 것이 아니라 원산지에 따른 차별임을 보일 요건을 충족하지 못하였다고 판시했다.97) 하지만 이는 원산지중립적인 규제도 수입품에 대해 불리한 대우를 초래할 수 있다는 점에 대하여 일시적으로 간과한 일탈적 판례이며 이후 판례에서 원산지에 따른 차별이 제III:4조 위반을 위한 필수적 요소는 아닌 것으로 확립된다. 즉, 원산지에 따른 차별이 없더라도 문제의 조치와 경쟁기회에의 악영향 간에 진정한 관련성이 있는 경우에는 불리한 대우가 된다.98)

국산품 구입에 비례하여 수입량을 조절하는 것은 자체로서 국산품에 비해 외산품을 불리하게 대우하는 것이다. 국산 쌀을 구매하는 양에 비례하여 외산 쌀을 저율관세에 수입할 수 있는 할당관세제는 동종 수입 외국쌀을 국내쌀에 비하여 불리한 위치에 놓이게 함이 인정되었다.99)

국산품에 대한 대우가 균일하지 않을 경우에 동종 수입상품이라도 구체적 상황에 따라 유사한 상황에 있는 국내산품에게 부여되는 저급한 대우를 부여하는 것이 정당화될지에 대해 패널은 그와 같은 취급이 문언상의 근거가 없을 뿐만 아니라 '비슷한 상황'에 대한 판단에 영향을 주는 불확정한 외부적 요인과 수입국의 주관에 따라 다른 대우에 처하게 할 우려가 있다는 이유로 배척하였다.100)

제III:4조의 법문이나 판례에는 '미소한(de minimis) 영향의 예외'를 인정할 근거가 없다.101)

제 5 절 사례

1. 한국-주세 사건102)

소주와 양주에 대하여 차별적으로 과세한 한국의 조치에 대하여, 양측은 상품 성질, 상품의 최종용도, 시장에서의 대체가능성 등을 놓고 대립하였다. 패널은 소

---

97) Panel Report, EC — Approval and Marketing of Biotech Products, paras. 7.2513 – 2516.
98) AB Report, Thailand — Cigarettes (2011), para. 134; AB Reports, EC — Seal Products (2014), para. 5.101
99) AB Report, Turkey — Rice, paras. 215 – 234.
100) Panel Report, US — Gasoline, para. 6.12 – 13.
101) Panel Reports, Canada — Wheat Exports and Grain Imports (2004), para. 6.190.
102) Korea — Taxes on Alcoholic Beverages, WT/DS75, WT/DS84.

주와 양주(위스키, 일반증류주)가 직접경쟁상품 또는 대체상품 관계에 있다고 보았으며, 또한 이러한 대한민국의 조치는 국내생산을 보호하려는 목적으로 적용된 것이라고 하였다.

종 류	주세	교육세 (주세액 대비)	총세율	이행	
				주세	교육세
위스키	100%	30%	130%	72%	30%
증류식소주	50%	10%	55%	72%	30%
희석식소주	35%	10%	38.5%	72%	30%
일반증류주 (럼, 진, 보드카)	80%	30%	104%	72%	30%

상소기구는 동종상품은 직접경쟁·대체가능상품의 부분집합이기에 모든 동종상품은 직접경쟁·대체가능상품이지만 그 역은 성립하지 않는다고 지적하고 동종상품의 개념은 좁게 직접경쟁·대체가능상품의 범주는 보다 넓게 해석할 것을 제안했다.[103] 나아가 경쟁·대체가능이란 특정한 필요나 선호를 충족시키는 대안적 방법이 되거나 대신 사용할 수 있는 상황을 말하며 '직접'이란 경쟁관계의 밀접도를 의미한다고 정의했다.[104] 나아가 시장 경쟁은 역동적이므로 현재의 소비자 선호만을 참조해서 경쟁관계를 분석해서는 안 되며 잠재적 수요도 고려하여야 한다고 설시했다.[105]

제III:2조 제2문의 경우 '국내생산 보호목적'이 별도의 요건이라는 점과 '유사하지 않게 과세'의 요건은 어느 정도의 과세 차이를 허용한다는 점을 고려한다면, 국민건강보호라는 목적하에 알코올 도수에 따른 차등과세,[106] 국내 증류식소주의 경우 전통주 보호차원에서 보조금부여(GATT III:8), 소득재분배라는 목적 하에 가격에

---

103) AB Report, Korea — Alcoholic Beverages (1999), para. 118.
104) Ibid., paras. 115 – 116.
105) Ibid., paras. 114 – 115.
106) 태국 — 담배수입제한 사건(Thailand — Restrictions on the Importation of and Internal Taxes on Cigarettes, DS10/R – 37S/200)의 경우에서 보는 바와 같이 과학적 입증의 장벽이 낮지 않으며, 칠레 — 증류주 사건에서 알코올 도수 4%도 차이에 20%의 세액차이를 두는 것을 정당화하지 못한 것에서 보듯이(AB Report, Chile — Alcoholic Beverages, para. 67) 객관적인 합리성을 갖출 것이 요구된다.

따른 누진세 부과 등이 가능하지는 않았을지 아쉬움이 있다.

2. EC-석면 사건[107]

(1) 사실관계

1996년 프랑스 정부가 취한 석면 및 석면함유 건축자재의 생산, 수입 및 판매 금지 조치에 대해, 캐나다는 동 조치가 GATT 제III조, 제XI조 및 TBT 협정 제2조를 위반하였다고 주장하면서 WTO에 제소하였다.

(2) 패널 단계

패널은, 프랑스의 법안이 동종제품에 대한 차별대우로 GATT 제III조 제4항 내국민대우원칙을 위반한 것이나, 이는 GATT 의무의 예외를 규정하고 있는 GATT 제XX조(b)호와 두문에 의해 정당화된다고 판정하였다.

(3) 상소 단계

이에 반하여 상소기구는, 건강에 위해한 석면의 물리적 특성과 이에 대한 소비자의 기호와 습관을 고려하지 않고 석면을 포함한 건축자재와 석면을 포함하지 않은 건축자재를 동종제품으로 본 패널의 판정을 파기하면서, GATT 제III조 및 제20조 (b)호를 해석하는 새로운 방법을 제시하였다. 즉 제III조 제4항의 동종성을 판단하는 데 있어 "상품에 결합된 건강 또는 환경적 위험이 소비자의 행동에 영향을 준다."는 증거가[108] GATT 제III조 제4항의 동종제품 여부를 결정하는 중요한 요소라고 한 것이다.

상소기구는 결론적으로 문제의 조치가 GATT 제III조 제4항을 위반하지 않았다고 판시하였다. 다만, 가사 위반이 되는 경우에도 "인간의 생명 또는 건강을 보호하기 위해 필요한 조치"이기 때문에 GATT 제XX조 (b)호에 의해 정당화된다는 패널의 판정을 지지하였다.[109]

---

107) EC — Measures Affecting Asbestos and Asbestos-containing Products, WT/DS135.

108) 여기서 소비자 행동의 증거를 객관적인 소비자설문조사에 입각한 데이터에서 찾지 않고 "합리적" 소비자라면 능히 그렇게 행동한다는 관념에서 찾은 것에 대해서는 적지 않은 비판이 있다. Mavroidis (2013), pp. 282-283.

109) 박덕영, "WTO EC — 석면 사건과 첫 환경예외의 인정", 대한국제법학회논총 제51권 제3호.

3. 한국-쇠고기 사건[110]

한국은 국산쇠고기와 수입쇠고기를 구별하여 전문점이나 대형수퍼의 특별코너에서만 수입쇠고기의 판매를 허용하였다는 이유로 WTO에 제소되었다. 이에 대하여 한국은 양자를 달리 취급한 것은 맞지만 수입쇠고기를 국산쇠고기보다 불리하게 취급하지는 않았다고 주장하였다.

패널은 수입쇠고기에 대하여 국내쇠고기와 다른 유통체계를 구축한 자체가 불리한 대우라고 판정하였으나 이는 상소기구에 의해서 배척되었다.[111] 그러나 쇠고기 판매점에 국산쇠고기와 수입쇠고기 중 하나를 선택하여 유통하도록 하고, 대부분의 판매점은 국산쇠고기를 선택하였으며,[112] 그 결과 수입쇠고기는 판매망에서 배척되어 한국 시장에서의 경쟁 기회를 빼앗기게 되었다. 이에 상소기구는 사실상 수입쇠고기가 동종의 국산쇠고기보다 불리한 대우를 받았다고 인정하였다.

후술하는 GATT 제XX조 (d)의 적용에 있어 제소국이 제시하지 않은 덜 무역제한적인 조치를 재판부가 직권으로 발견하여 피소국에게 덜 무역제한적인 조치를 사용하는 것이 불가능하다는 것을 입증하도록 한 것은 입증책임분배의 원칙에서 벗어났으며, 유사상품에 대해서 유사한 조치를 취하지 않은 일관성의 부족을 들어 조치의 필요성에 의문을 표시한 것은 문언상 근거가 없으며 시장에 대한 몰이해를 반영한다는 지적이 있다.[113]

4. 인도네시아 국민차 사건

인도네시아 국민차 사건에서 상소기구는 현지부품조달의 경우 세를 감면해주는 것이 차별적 내국세에 해당한다고 판정하였다.

5. 부품수입에 대한 과세 사건

GATT 시대에 EC의 우회덤핑방지세는 부품 수입 시점이 아닌 조립 후의 시점에 부과되었고, 이에 내국세로 인정되었다.[114] 그러나 WTO 출범 이후 EC는 부품

---

110) Korea — Measures Affecting Imports of Fresh, Chilled and Frozen Beef, WT/DS161, WT/DS169.
111) Appellate Body Report, Korea — Various Measures on Beef (2001), para. 135.
112) 슈퍼마켓의 경우에는 별도의 섹션에서 판매가 허용되었다.
113) Mavroidis (2013), pp. 342-344.
114) GATT Newsletter, April 1990. https://docs.wto.org/gattdocs/q/GG/GATTFOCUS/70.pdf

의 수입시점에 우회덤핑방지세를 부과하는 것으로 제도를 변경하였다. 이러한 제도변경은 내국민대우원칙의 적용을 회피하기 위한 것으로 볼 수도 있다.

WTO 시대에 중국－자동차 부품(China－Auto Parts) 사건에서 패널과 상소기구는 통관시점에 적용되는 자동차부품에 대한 과세도 조립부품에 대한 내국세 부과로 인정하고 제II:1(b)조가 아닌 제III:2가 적용되어야 한다고 판시하였다.115)

제 6 절   내국민대우의무에 대한 예외

1. 정부조달과 국내보조금

정부조달과 국내보조금지급에 대해서는 내국민대우원칙의 적용이 배제된다(제III조 제8항). 그러나 정부조달협정,116) 보조금 및 상계관세협정의 적용을 받는 것은 위 규정의 내용과는 별개의 문제이다.

캐나다－재생에너지 사건에서 온타리아주는 발전소가 태양광 집열판과 풍차를 온타리오주내 공급자로부터 구입하는 경우에는 안정적인 우대가격으로 전기를 구입하였다. 이에 유럽연합과 일본이 GATT 제III:4조 위반으로 제소하였다. 캐나다는 제III:8(a)조의 정부조달 예외를 원용하였다. 패널은 예외 항변을 인용하였으나 상소기구는 이를 파기하며 동 (a)호는 내국민대우의무의 범위를 제한하는 것이지 의무위반을 정당화하는 것은 아니다라고 설파하였다. 상소기구는 이어서 동 (a)호의 요건을 다음과 같이 분설하였다. 첫째, 구매가 법령과 요건에 따라 행해진 것이어야 한다. 둘째, 구매가 정부기관이 수여된 공적 기능을 수행하는 차원에서 행한 것이어야 한다. 셋째, 구입된 물품과 차별을 주장하는 수입물품간에 경쟁관계가 존재해야 한다. 넷째, 물품구입이 정부자체가 소비하거나 정부기능을 수행하기 위해 민간에 제공되는 등 공공목적(governmental purposes)으로 구입한 것이어야 한다. 다섯째, 상업적 재판매를 목적으로 하거나 상업적 판매를 위한 생산에 사용할 목적으로 구매한 것이어서는 안 된다. 이 사건에서 정부조달 품목이 전기이고 차별을 주장하는 수입품이 발전 장비이므로 양자 간에 경쟁관계가 없기 때문에 예외의 적용을 받을 수 없었다.117)

---

115) DS339, 340, 342, Panel Report, paras. 7.212, 223, AB Report, para. 253.

116) 미국, EU, 일본, 한국 등은 정부조달협정 가입국인 반면 중국은 미가입국이다.

117) AB Report, Canada — Certain Measures Affecting the Renewable Energy Generation

국내보조 예외에 관한 제III:8(b)조는 GATT 시대부터 엄격하게 해석되었다. 상소기구에 의해 확인된 조약초안 자료에 의하면 면제받는 국내보조금은 정부재정의 지출에 의한 직접보조금만 포함하며 조세의 감면은 포함하지 않는다.[118] 주머닛돈이 쌈짓돈이라는 측면에서는 이상한 논리이지만 제III조 제2항의 엄격한 차별금지 법리와 예외의 엄격해석원리에 따를 때 이해 못할 바도 아니다.

2. 스크린쿼터

스크린쿼터의 설정은 제III조 제10항 및 제4조에 의하여 내국민대우의무에 대한 예외로 인정된다. 스크린쿼터는 UR 이후 GATS의 시청각서비스에 해당하여 이에 따른 규율을 또한 받게 되었다.[119] 그런데 GATS하의 시청각서비스에 대하여 각국이 설정한 MFN예외의 과다 및 내국민대우 양허수준 과소로 실질적으로 이 분야의 개방수준이 UR에 의해 축소되는 결과를 낳았다. 다만 이후 한미, 한EU FTA와 같은 자유무역협정에 의하여 개방 및 협력 수준을 확대하고 있다.

3. 기타 예외

최혜국대우의무의 경우와 같이 개별의무면제(waiver), 국가안보 예외(제XXI조), 일반적 예외규정(제XX조)에 의한 예외 등이 가능하다.

TRIMs, 통과의 자유

• GATT 제III:5조와 제XI조가 각각 국산원자재사용(local content)의무와 수출성과(export performance)의무를 금지한 데에서 나아가 「무역관련 투자조치협정」(Agreement on Trade Related Investment Measures, TRIMs)은 기업체에 부과하는 국산원자재사용의무와 수출성과의무가 GATT 제III:4조 위반이며 수출입균형의무, 외환균형의

Sector/Canada — Measures Relating to the Feed in Tariff Program (DS412, 426), 2013. paras. 5.56-5.79. 거의 동일한 사실관계에 대해서 동일한 법리가 적용된 후속 사건으로 India — Solar Cells (DS456), 2016이 있다.

118) AB Report, Canada — Periodicals, pp. 33-34. EC — Commercial Vessels (2005), paras. 7.55-7.75.

119) 엄격하게 보면, 영화 CD나 DVD의 수출입은 상품무역이 될 것이며 TV의 외화상영시간 제한은 서비스무역으로 분류될 수 있을 것이나 극장의 상영편수 제한과 같이 분류가 모호하거나 양 협정이 동시에 적용가능한 부분이 있다.

무, 수출이나 수출용 판매제한이 GATT 제XI조 위반임을 분명히 하고 있다.[120]

• GATT 제V조는 통과의 자유에 대해 규정하고 있다. 제3국을 목적지로 하는 화물이 회원국을 단지 통과 또는 환적 후 통과할 뿐인 경우에 그 통과의 자유를 최대한 보장하고 불합리한 비용을 청구하거나 차별해서는 아니 된다고 규정하고 있다. 다만 안보 등 우월한 공공목적을 위한 예외가 인정될 것이다. 그런데 제3국을 목적지로 한 복제약에 대해서 특허법질서를 이유로 통과항에서 몰수한 것에 대해서 발송국에서 강제실시 절차에 의해 생산된 정당한 통과물품에 대한 부당한 몰수조치로서 GATT 제V조 위반에 해당한다고 항의한 사례가 있다.[121]

---

120) TRIMs 부속서의 예시목록(Illustrative List)
 1. 1994년도 GATT 제III조 제4항에 규정된 내국민대우의무와 합치하지 아니하는 무역관련투자조치는 국내법 또는 행정적인 판정에 의하여 의무적이거나 집행가능한 조치 또는 특혜를 얻기 위하여 준수할 필요가 있는 조치로서,
   가. 기업으로 하여금 국산품 또는 국내공급제품을, 특정 제품을 기준으로 하거나 제품의 수량 또는 금액을 기준으로 하거나 또는 자신의 국내생산량 또는 금액에 대한 비율을 기준으로 하여 구매 또는 사용하도록 하거나,
   나. 기업의 수입품의 구매 또는 사용을 자신이 수출하는 국산품의 수량이나 금액과 관련된 수량으로 제한하도록 하는 조치를 포함한다.
 2. 1994년도 GATT 제XI조 제1항에 규정된 수량제한의 일반적인 철폐의무에 합치하지 아니하는 무역관련투자조치는 국내법 또는 행정적 판정에 의하여 의무적이거나 집행가능한 조치 또는 특혜를 얻기 위하여 준수할 필요가 있는 조치로서,
   가. 기업에 대하여 국내생산에 사용되거나 국내생산과 관련된 제품의 수입을 전반적으로 제한하거나, 동 기업이 수출하는 국내생산량 또는 금액과 관련된 수량만큼만 수입하도록 제한하거나,
   나. 기업의 외환취득을 동 기업이 벌어들인 외환과 관련된 액수로 제한함으로써 기업이 국내생산에 사용되거나 국내생산과 관련된 제품을 수입하는 것을 제한하거나, 또는
   다. 기업의 제품수출이나 수출을 위한 제품의 판매를, 특정 제품, 제품의 수량 또는 금액 또는 자신의 국내생산량 또는 금액에 대한 비율을 기준으로 제한하는 조치를 포함한다.
121) 인도와 브라질이 네덜란드 세관의 몰수조치에 대해 EU를 상대로 제소하였으나 패널 구성에는 이르지 않았다(각, DS 408, 409).

제 6 장

수량제한금지

관세장벽에 대비하여 여타의 무역제한조치를 속칭 비관세장벽(non-tariff barrier)이라고 하며 양적·질적, 기술적·행정적 제한을 망라한다. 관세장벽이 낮아지면서 비관세장벽의 제거가 무역협상에서 차지하는 비중이 높아지고 있다. GATT 제XI조는 대표적인 비관세 장벽인 수량제한에 대해 다룬다.

제 1 절   수량제한의 일반적 폐지

1. 규정: GATT 제XI조 제1항

GATT 제XI조 제1항은, "회원국은 다른 회원국 영역 상품의 수입, 다른 회원국 영역에 대한 상품의 수출 또는 수출을 위한 판매에 대하여 쿼터나 수출입허가 또는 기타 조치에 의거하거나를 불문하고 관세, 조세 또는 기타 과징금을 제외한 금지 또는 제한을 설정하거나 유지하여서는 아니 된다."라 하여 수량제한 금지원칙을 규정한다.

2. 의의

GATT체제상 수량제한은 일반적으로 금지되며, 수량제한금지는 GATT의 주춧돌 중 하나이다. GATT체제의 기본원리에 따를 때 관세조치가 수량제한보다 체제정합성이 높기에 쌀 관세화협상에서 보는 바와 같이 수량제한을 철폐하고 보호가

정히 필요하다면 관세를 이용할 것이 유도된다. 월등한 품질의 제품을 생산하는 외
국수출자의 경우 관세를 지급하고도 시장진입이 가능하기 때문에 국내사업자의 독
점력 행사를 견제하는 잠재적 경쟁자의 역할을 수행한다는 점에서 관세는 상대적
인 제한임에 비하여 수량제한은 아무리 우수한 외국 제품이라도 그 한도를 넘을 수
없는 절대적 제한으로 독점적 비효율을 낳는다. 관세는 투명하게 부과되므로 비차
별 원칙의 적용이 용이하며, 추후에 관세양허협상에 의해 관세를 인하할 수 있는
반면 수량제한은 불투명, 자의적 결정에 흐르기 쉬우며 행정에 고비용이 들고[1] 추
후 시장개방의 대상으로 포함하기가 더 어렵다.[2]

관세수입은 국가재정수입이 되지만 쿼터의 경우 물량을 배정받은 국내 수입업
자의 독점적 이익 또는 외국 수출업자의 초과이익으로 귀결된다. 또한, 관세의 경
우 지불해야 할 금액과 수출입에의 효과가 분명한 반면, 수량제한의 경우 해당 쿼
터가 어떻게 배분될지 불분명하다. 수입국이 물량조작, 차별적 할당 등의 행위를
할 우려가 상존한다.

관세, 조세 또는 기타 과징금을 제외한 것은 한편으로는 지적한 바와 같이 이
들의 무역제한 효과가 수량제한보다는 덜하기 때문이고 다른 한편으로는 이들은
이미 GATT 제II조 그리고 때로는 GATT 제III조 제2항에 의하여 규율되기 때문이다.

2012년 상품무역이사회는 수량제한의 통보절차에 대한 결정[3]을 채택하여 투
명성을 제고하고자 하였다. 그러나 통보절차는 투명성을 위해서 요청되는 것이고
WTO규범합치성과는 별개이다. 결과적으로 통보는 잘 지켜지지 않는다.

3. 적용범위

'수량'(quantitative)이라는 단어는 조문의 제목에만 있을 뿐이며 본문에는 '쿼터'
에 대한 언급 이외에도 '수출입허가', '기타조치'를 언급하고 있으므로 관세 등 과징
금을 제외한 모든 무역제한이 포함되도록 유연하게 해석된다.[4] 아래에서 상술하듯

---

1) 예컨대, 최혜국대우원칙을 관세에 적용하면 최저관세율의 일관된 적용으로 해결되는 반면 최
   혜국대우원칙을 쿼터에 적용하는 경우 과거 수출량, 수출국의 특수사정 등을 고려하여야 하
   므로 간단한 문제가 아니다.
2) Panel Report, Turkey — Restrictions on Imports of Textile and Clothing Products,
   WT/DS34/R, 1999, para. 9.63.
3) Council for Trade in Goods, Decision on Notification Procedures for Quantitative
   Restrictions, adopted on 22 June 2012, G/ L/ 59/ Rev. 1, dated 3 July 2012.
4) Panel Report, Japan — Semi-Conductors (1988), para. 104.

이 최저수출입가격, 수출입균형의무, 국산원자재 사용의무, 수입자, 판매점, 수입항 제한 등도 제XI:1조의 적용대상으로 인정되었다. 물론 제목이 본문의 해석에 영향을 주어 상품의 수출입의 수량을 금지 또는 제한하는 조치로 어느 정도 범위를 제한할 수도 있겠다.[5]

제I조가 수출입 등과 '관련된'(in connection with) 모든 대우에 적용됨에 비하여 제XI조는 수출입'에 대한'(on) 제한에 적용되는 점에서 문언상 차이가 있다. 이 또한 국내생산 제한이 간접적으로 수출입물량에 영향을 주기보다는 직접적으로 영향을 줄 것을 요한다고 해석할 수 있다.

마지막으로, "made effective through"라는 표현은 수출입의 금지 또는 제한을 만들고 작동시키는 조치(measures through which a prohibition or restriction is pro-duced or becomes operative)에 제XI:1조가 적용되는 것이라고 설시하여[6] 직접적인 수출입 제한을 야기하는 조치로 적용범위가 한정됨을 시사했다.

하지만 위와 같은 제한적 해석은 단지 의미론적일 뿐 실질적으로 수출입물량에의 제한이라는 기준을 충족하는 것이 어려운 것 같지는 않다. 상소기구는 수량제한의 존재가 인정되기 위하여 문제 조치의 효과를 계량화하여 보일 필요는 없으며 제한 효과는 관련 정황 하에서 조치의 디자인, 아키텍처, 현저한 구조에 의해서 입증될 수 있다고 설시했다.[7]

제XI:1조는 일반적으로 국경조치에 적용될 것이나 특별한 상황에서는 국내조치에도 적용될 수 있다. 먼저 일반론으로 GATT 제XI조는 수입, 수출에 대한 제한에 적용되며, 국내적 규제로서 수출입품과 국산품에 동일하게 적용되는 제한이지만 집행상의 편의를 위하여 수입품에 대해서는 국경에서 집행되거나 간접적으로 수출입에 영향을 줄 뿐인 경우에는 적용되지 않는다. 프랑스—석면 사건에서 패널은 캐나다로부터의 수입에 영향을 주며 프랑스에서는 석면을 생산하지 않는다고 하더라도 프랑스의 조치가 국내의 모든 석면제품의 생산 및 판매를 금하고 있음을 중시하여 제III조를 적용하였다.[8] 하지만 반대로 국내조치의 효과가 수출입을 제한하는 것을 본질적 속성으로 한다면 조치의 장소에도 불구하고 제XI:1조가 적용될

---

5) AB Reports, China — Raw Materials (2012), para. 320; AB Reports, Argentina — Import Measures (2015), para. 5.217.
6) AB Reports, Argentina — Import Measures (2015), para. 5.218.
7) WTO/AB, Argentina — Import Measures (2015), para. 5.217.
8) EC — Asbestos, WT/DS135/R, 2001.

수 있다고 판단한 패널도 있다.[9]

제VIII조가 규율하는 수출입관련 수수료와 형식요건의 경우 제XI:1조의 적용범
위에서 배제되는지가 문제된 사건에서 상소기구는 양 규정이 선택적 또는 중첩적
으로 적용될 수 있다고 보았다. 즉, 제XI:1조가 원칙적으로 배제되지는 않으나[10]
수출입관련 수수료와 형식요건이 다른 제한의 효과로부터 독립하여 자체로서 수출
입 제한을 초래하는 경우가 아니라면 제XI:1조의 의미에서의 수출입제한에 상당하
지 않는다고 설명하였다.[11]

(1) 쿼터

제로쿼터인 수출입 금지를 포함하며, 양적 단위로 정의된 제한뿐만 아니라 금
액 단위로 정의된 제한도 쿼터가 될 수 있다. 수출액의 일정 비율만 수입할 수 있
도록 하는 조치는 제XI조 위반이 되며, 생산부품의 일정 비율을 국내에서 조달하도
록 하는 것은 제III조 위반이다.[12]

WTO 패널은 중국의 상무부가 코크스, 보크사이트 등 원재료의 연간 수출한도
를 정하고 위반 시 벌금을 부과한 것은 명백한 GATT 제XI조 위반이며, 쿼터리스
트에 포함되지 않은 것이 사실상 수출 불허라면 이 또한 GATT 제XI조 위반이라고
판시했다.[13]

국내제조업에 대한 지원을 위하여 원자재 수출을 제한하는 경우가 있는데 이
또한 제XI조 위반에 해당한다.[14] 수출제한을 쿼터가 아닌 최저수출가격 설정을 통
해서 추진하는 것도 제XI조 위반으로 판시되어 왔다.[15]

한편, 관세할당은 일정 쿼터 내의 수입에 대해서는 저관세 쿼터를 넘는 수입에
대해서는 고관세를 부과하는 제도이다. 어떤 관세할당이 쿼터내 수입에 대한 관세
뿐만 아니라 쿼터를 넘어서는 수입에 대한 관세도 양허관세보다 낮으며, 쿼터배분
에 있어 제I조 및 제XIII조에 따른 비차별원칙을 준수한다면 그 자체로는 GATT와

---

 9) Panel Report, Brazil — Retreaded Tyres (2007), para. 7.372.
10) AB Report, Argentina — Import Measures (2015), para. 5.218.
11) Ibid., para. 5.217.
12) India — Automotive Sector, WT/DS146/R, 2002.
13) China — Raw Materials, paras. 7.214ff.
14) 아르헨티나 — 소가죽 사건.
15) GATT Panel, EEC — Minimum Import Prices, para. 4.9; WTO Panel, China — Raw
    Materials, para. 7.1081.

합치할 수 있는 제도이다.16)

(2) 수출입허가

수입허가와 관련해서는 별도로 수입허가절차협정(Agreement on Import Licen-
sing Procedures)이 체결되어 GATT 규정을 구체화하고 있으나 수출허가와 관련해
서는 대응하는 협정이 없다. 어느 조치가 수입허가절차협정이나 수출입수수료 및
형식에 관한 GATT 제VIII조의 적용을 받는다는 것이 GATT 제XI조의 적용을 받지
않는다는 것은 아니다. 다만, 관점에 차이가 있어서 수입의 형식적 요건이 주는 부
담은 제VIII조의 적용대상이 되고 수입제한의 효과만이 제XI조 제1항의 적용대상
이 된다.17)

수출입허가제도 또한 당연히 GATT 제XI조 위반이 되는 것은 아니다. GATT
제XI조 위반이 되기 위해서는 무역의 금지(prohibition) 또는 제한(restriction)이어야
한다. 수출입허가제도가 수출입의 안정성, 통계확보 등을 위한 것일 뿐인 경우에는
자동허가가 이루어지거나 심사에 자의성이 없기 때문에 GATT 제XI조의 '금지 또
는 제한'에 해당하지 않는다.18)

GATT 제XI조와 수입허가절차협정의 위반이 모두 주장되는 경우 패널은 먼저
특별법인 수입허가절차협정 위반여부를 판단하여야 한다. 동 협정 위반으로 판정
되는 경우 일반법인 GATT 제XI조 위반을 판단할 필요가 없지만 동 협정 위반이
없는 경우에는 나아가 GATT 제XI조 위반여부를 판단하여야 한다.19)

중국－원재료 사건에서도 수출허가가 자동적으로 부여되거나 GATT의 예외규
정20)에 의해 정당화되는 경우에는 GATT위반이 성립하지 않으나 당국이 갖고 있
는 재량에 따른 불확실성이 있는 경우에는 GATT 제XI조 제1항의 무역제한으로 인
정되었다.21)

---

16) GATT 제XIII조 제5항; 'GATT 제XXVIII조의 해석에 관한 양해' 제6항; AB Report, EC－
   Bananas III, para. 335.
17) WTO/AB, Argentina－Import Measures, para. 5.264.
18) GATT, EEC－Minimum Import Prices, para. 4.1.
19) WTO/AB, EC－Bananas III, para. 204; AB, Argentina－Import Measures, para. 5.253.
20) GATT XI:2, XII, XVIII, XIX, XX, XXI.
21) WTO/Panel, China－Raw Materials, 7.959.

(3) 기타조치

'기타 조치'(other measures)는 여타의 무역제한조치를 폭넓게 포섭하는 개념으로 인식되어 왔다.22) '조치'라고 하였으므로 구속력있는 법규, 요건만이 아니라 비구속적(non-mandatory) 조치도 포함된다.23)

가. 사실상의 수량제한

정부의 조치가 법적으로 수량제한을 요구하는 경우에는 수량제한의 효과를 초래하는지 여부를 불문하고 제XI조의 위반이 된다.24) 즉 현재 수입량보다 훨씬 높게 수량제한을 설정하는 조치와 같은 것으로 현재는 악영향이 없지만 미래 무역확대의 가능성을 억제한다는 점을 고려한 것이다.

반면에 수량제한을 요구하는 법적 조치는 없지만 그러한 결과가 발생하였고 이를 야기한 것으로 의심되는 정부의 조치가 있는 경우 이러한 조치가 제XI조 위반이 되는지가 문제된다. 판례는 진정한 인과관계를 입증하는 경우 위반을 인정할 수 있다는 입장이다. 다만 그 입증의 수준에 관해서는 입장이 엇갈리는 것으로 보인다.

GATT시대 일본-반도체 사건에서 패널은 비록 일본정부가 구체적으로 가격과 물량에 대한 지시를 하지 않았다고 할지라도 일본사업자간의 수출가격 담합이 일본정부의 관련 기업에 대한 비용 및 가격정보를 신고할 것을 요구하고 위반 시 벌금을 부과하는 제도에 의해 뒷받침되고 있음을 이유로 GATT 제XI조 위반을 인정하였다.25) WTO시대 아르헨티나 쇠가죽 사건의 패널도 수출심사에 국내가공업자의 임석을 허용하여 사실상 제한이 제XI조 위반이 될 수 있음을 인정하였지만 인과관계의 입증을 요구하였다.26)

콜롬비아-수입항 사건에서 패널은 조치의 디자인, 구조, 아키텍처를 기반으로 제XI:1조 위반을 보일 수 있으면 무역수축의 수치나 조치와 무역수축효과간의

---

22) WTO/Panel, Argentina — Import Measures, para. 6.435.
23) Panel Report, Japan — Semi-Conductors (1988), paras. 104-117. 다만 패널은 인센티브 시스템에 충분한 변화를 가져오며, 정부의 관여가 있을 것을 동조 조치에 해당하기 위한 기준으로 제시했다.
24) Panel Report, Japan — Leather (US II) (1984), para. 55; Panel Report, EEC — Oilseeds I (1990), para. 150.
25) Japan — Semi-conductors, 35th Supp. BISD 116, 1988, para. 109-113.
26) Panel Report, Argentina — Hides and Leather (2001), para. 11.17-21.

인과관계를 요하지 않는다고 설시하며 수입항 제한은 당해 상품의 경쟁기회의 제한을 가져오므로 수입제한 효과가 있으며 제XI:1조 위반에 해당한다고 판단했다.[27]

나. 최저수출입가격

수입업자에게 최소수입가격을 준수할 것을 요구하는 것은 GATT 제XI조를 위반하는 수입제한으로 인정되었다.[28] 관세와는 달리 최소수입가격은 GATT 제II조의 규율을 받지 않는 수입제한으로 GATT 제XI조에 의한 규율이 필요하다.

최저수출가격이 수출국의 국내수요를 충족하기 위하여 일방적으로 실시되는 경우는 물론이고,[29] 주요무역상대국의 요청에 의해 시행되는 경우에도 제3국이 이로 인해 피해를 입는 경우가 있으므로[30] GATT 제XI조를 위반하는 무역제한이다.

다. 수출입균형의무, 국산원자재 사용의무 등

수출액을 한도로만 수입을 허용하는 제도는 GATT 제XI조의 무역제한임이 수차례 확인되었다.[31] 국산원자재 사용의무는 GATT 제III조 위반이 됨과 동시에 제XI조 위반이 된다. 수입제한 효과가 있기 때문이다.[32] 수입허가를 받기 위해서는 일정액의 자본투자가 전제될 것을 요구하는 것과 수익금의 외국으로의 송금을 금지하는 것 또한 수입제한이 된다.[33]

중국 등 신규가입국은 WTO가입의정서에서 국내외기업들의 무역권(trading rights)을 인정할 것을 약속했다. 이는 수출입을 제한 없이 할 수 있는 권리로 GATT 제XI조가 추구하는 것과 목적을 같이한다. 수출자에게 자본금요건을 부과하는 것, 이행요건을 부과하는 것 등은 무역권을 제한하는 것이다.[34]

---

27) Panel Reports, Colombia — Ports of Entry (2009), paras. 7.252, 275.
28) GATT Panel, EEC — Minimum Import Prices.
29) China — Raw Materials.
30) Japan — Semiconductors. 미국의 국내반도체업계를 보호하기 위한 요청에 의해 일본이 반도체 수출가격을 일정 수준 이상 유지하도록 하는 정책을 폈는데 이는 당시 반도체산업이 존재하지 않았던 유럽의 하방산업에게는 가격경쟁력 저하의 요인이 되었다.
31) India — Autos, para. 7.254 – 7.277; Argentina — Import Measures, para. 6.256 – 7.
32) WTO/Panel, Argentina — Import Measures, para. 6.258.
33) WTO/Panel, Argentina — Import Measures, para. 6.259.
34) WTO/Panel, China — Raw Materials, para. 7.224ff.

라. 수입자, 판매점, 수입항 제한, 기타

수입허가를 실제 이용자에 한정하여 부여함으로써 중간 유통상이 수입할 수 없게 하는 것,[35] 수입 맥주의 판매점을 제한하는 것,[36] 수입항구를 특정항으로 제한하는 것은[37] 제XI조를 위반하는 무역제한이다.

기타, 수출입허가 조건의 불투명성,[38] 수입비용을 과다하게 인상시키는 조치[39]도 수입제한 효과가 있기에 제XI:1조 위반이 될 수 있다.

4. 민간에 의한 수량제한 행위의 국가로의 귀책

제XI조 등에 대한 해석주해는 수출입제한이 국영무역(state-trading operations)을 통해서 시행되는 제한을 포함함을 밝히고 있다.[40] 국영무역의 시행 자체가 무역제한은 아니지만, 국영무역의 행위는 정부행위로 귀책된다.[41]

민간기관의 행위도 국가의 행위에 기인한 경우에는 국가로 귀책될 수 있다는 점은 다른 GATT규정과 마찬가지이다. 정부의 적극적 승인행위가 있었다거나,[42] 정부권한의 위임이 있었을 경우,[43] 민간기업이 특정한 방향으로 행동하도록 인센티브를 제공하는 경우에는[44] 민간의 행위라고 하여도 국가로 귀책될 수 있다. 정부가 법집행을 제대로 하지 않는 부작위인 경우에도 작위와 마찬가지로[45] GATT 제XI조 위반이 될 수 있다.

WTO협정위반이 있을 경우에는 무역제한 효과가 추정되지만, 역으로 무역제한 효과로부터 협정위반을 추론하기는 쉽지 않다. 게다가 중간에 민간기관이 끼인 경우에는 이중의 인과관계를 입증해야 할 것이다. 즉, 무역에의 악영향이 특정 민

---

35) Panel Report, India — Quantitative Restrictions, para. 5.143.
36) Canada — Import, Distribution and Sale of Alcoholic Drinks by Canadian Provincial Marketing Agencies, 1988, BISD 355/37, para. 4.24. 그러나 내국민대우의무와 구별하기 위해서는 수입 후의 유통이 아니라 수입에 직접 영향을 미친 경우이어야 할 것이다. 한국 — 쇠고기 사건의 경우 수입 후의 유통이 조치의 규제대상이었던 것과 대비된다.
37) Panel Report, Colombia — Ports of Entry, paras. 7.274 − 7.275.
38) China — Raw Materials (2012).
39) Brazil — Retreaded Tyres (2007).
40) Note Ad Articles XI, XII, XIII, XIV and XVIII.
41) Panel Report, Korea — Various Measures on Beef, para. 774.
42) Panel, Japan — Film, para. 10.45.
43) Panel, China — Raw Materials, para. 7.1004 − 1005.
44) Japan — Semi-conductors, paras. 109 − 117
45) AB, US — Corrosion Resistant Steel Sunset Reviews, para. 81.

간의 행위에 의하여 야기되었으며 그 민간의 행위에 국가의 책임을 인정할 수 있을
만한 사유의 존재를 입증해야 한다.

따라서 원칙상 가능함에도 불구하고 국가가 아무런 행위를 하지 않는 상태에
서 민간행위를 국가조치로 귀속시키기에 입증상의 어려움이 있다. 일본-필름사건
에서는 민간사업자간의 배타적 거래협정이었으며 일본정부의 부작위에 의한 묵인
이 있었는지 여부에 대해 미국의 입증불비로 GATT 제XI조 위반은 인정되지 않았
으며, 비위반제소 주장도 입증불비로 기각되었다.

수출카르텔에 대해 각국 정부가 묵인하는 것도 GATT위반으로 제소된 사례가
없다.46) 그러고 보면 단순한 인센티브의 제공이나 법규의 미집행이 있다고 하여도
그것이 사기업의 행위의 결정적 요소가 아닌 경우에는 사기업 행위를 국가에 귀속
시키는 데에 적지 않은 어려움이 있다.

5. 조치와 무역제한효과간 인과관계

문제의 조치가 무역에 대한 제한효과를 갖는지에 대한 입증책임을 원고가 갖
는다. 쿼터의 경우에는 법적 수량규제이기 때문에 수출입에 대한 제한효과가 간주
되지만, 수출입허가인 경우에는 그 내용이 자동허가인지 실질적으로 수출입을 제
한하는지에 따라 원고에게 일정한 입증책임이 있으며, 사실상의 제한조치가 주종
을 이루는 기타 조치의 경우에는 실제로 주장되는 수출입제한효과가 있는지에 대
한 보다 긴밀한 인과관계의 입증을 제소국이 하여야 할 것이다.

일본-반도체 사건에서 패널은 정부의 조치에 의해 실제로 가격인상과 수출제
한이 있었는지의 입증이 없어도 그런 개연성만으로도 GATT 제XI조 위반을 인정하
기에 충분한 것으로 보았다.47) 반면, 아르헨티나 소가죽 사건(DS155)에서 EU는 아
르헨티나가 소가죽 수출심사과정에서 구두회사 등 국내 하방연관 산업의 대표가
참석하도록 함으로써 수출업자가 이들의 눈치를 보고 자발적으로 수출물량을 제한
하였다고 주장하였으나 WTO 패널은 국가의 조치와 수출제한효과간의 인과관계에
대한 원고의 입증불비로 기각하였다. 일견 모순된 것으로 보이는 두 판시에 대하여
상소기구가 법리를 명확히 하기 전까지는, 일본-반도체 사건의 경우 가격과 물량
조절이 조치의 목적이었기 때문에 무역제한 효과나 견연 관계에 대한 입증을 엄격

---

46) 미국의 Webb-Pomerene Act처럼 법률로 독점금지법이 적용되지 않음을 규정하는 것은 단
순히 묵인하는 것이 아니므로 GATT위반이 성립할 가능성이 더 크다고 주장될 수도 있겠다.
47) Japan-Semi-conductors, 35th Supp. BISD 116, 1988, para. 109-113.

히 요구하지 않은 반면에 아르헨티나−소가죽 사건의 경우에는 당해조치의 목적이 적어도 외향적으로는 가격과 물량조절에 있지 않으므로 무역제한효과의 존재와 인과관계에 대한 보다 엄격한 입증을 요구한 것으로 이해된다. 즉, 수출입 물량에 대한 직접적인 법적 제한에 비하여 간접효과로 사실상의 제한이 발생한다는 주장에 대해서는 그 효과의 존재 및 조치와 효과간의 인과관계에 대한 상대적으로 높은 수준의 입증을 요구하는 것이 현재 우월한 견해인 것으로 보인다.[48)

제 2 절 수량제한 금지원칙의 예외

1. 면제

(1) 면제와 예외

개념상 면제는 규범의 적용범위 밖에 존재하기 때문에 원고가 규범의 적용범위 안에 들어온다는 것을 입증해야 하는 사항임에 비하여 예외는 일단 규범의 적용범위 안에 들어오지만 일정한 요건을 충족함을 피고가 입증하면 그 규범의 적용이 정지되는 경우이다.

그러나 실무에 있어서 이 구분은 잘 지켜지지 않으며, 면제든 예외든 이를 원용하는 측에서 입증책임을 지도록 하고 있다.[49)

(2) 제XI.1조에 명시된 면제

'관세, 조세 또는 기타 과징금'이 명시적으로 적용범위에서 제외되어 있다. 관세는 GATT 제II조, 조세 또는 기타 과징금은 GATT 제III조에 의하여 정교하게 규율되기 때문에 일반적인 금지 규정인 GATT 제XI조의 적용이 부적절한 것으로 판단한 것이다.

수입에 대한 관세, 조세 또는 기타 과징금뿐만 아니라 수출에 대한 관세, 조세 또는 기타 과징금에도 GATT 제XI조가 적용되지 않는다. 수입에 비해 수출에 대해서는 현실적으로 수출국에서 이러한 관세 등을 부과하는 경우가 드물기 때문에 애써 구체적 규범을 형성하려는 노력을 기울이지 않았을 뿐이다. 다만, 근년에는 중

---

48) Mavroidis (2016), pp. 94−99.
49) WTO/AB, US−Wool Shirts and Blouses, p. 16.

국과 같이 가입의정서 상에서 수출 관세 등에 대하여 포기 또는 한도를 약속하는 경우가 있다. 이와 같은 구체적 규범이 형성되지 않은 경우 수출 관세 등은 허용된다.

(3) 기타 면제

GATT 제XI조는 생산제한(production quota)에 대해서는 언급하지 않고 있다. 생산을 제한하는 경우 수출량도 감소하는 것도 일반적이기는 하지만 절대적인 견연관계가 있다고는 할 수 없으며 생산제한에 대하여 GATT위반을 문제 삼은 적이 없다는 실행이 생산제한은 제XI조를 포함한 GATT위반이 아니라는 해석을 지지한다. 행여 이런 해석이 패널에 의해서 배척되는 경우에도 GATT 제XX조의 어느 항에 해당하여 정당화될 여지는 여전히 존재한다.

할당관세(tariff quota)는 본질적으로 관세제도이므로 수량제한에 관한 제XI조의 적용범위에서 벗어난다. 다만 수량제한의 속성이 인정되어 저관세할당의 배분과 관련한 비차별원칙을 준수하여야 한다.[50]

2. 예외

(1) 식품, 필수품, 농수산물 등 예외

GATT 제XI조 제2항은 식품, 필수품, 농수산물 등에 대한 수량제한 금지원칙의 예외 사항들을 아래와 같이 규정하고 있다. 농산물의 경우 현재는 WTO농산물협정이 더 상세하게 규율하고 있다.

(a) 식료품 또는 수출 회원에게 필수적인 상품의 중대한 부족을 방지하거나 완화하기 위하여 일시적으로 적용되는 수출의 금지 또는 제한
(b) 국제무역에 있어서 상품의 분류, 등급 또는 판매에 관한 표준 또는 규정의 적용에 필요한 수입 및 수출의 금지 또는 제한
(c) 다음 목적을 위하여 운영되는 정부조치의 시행에 필요한 것으로서 어떤 형태로든 수입되는 농산물 또는 수산물에 대한 수입의 제한
 i. 동종의 국내상품 또는 직접 대체될 수 있는 국내상품의 수량을 제한하기 위한 것
 ii. 무상 또는 당시의 시장가격보다 낮은 가격으로 국내소비자들에게 제공함으로써 동종의 국내 상품 또는 직접 대체될 수 있는 국내 상품의 일시적인 과잉상태를

50) GATT 제XIII.5조.

> 제거하기 위한 것
>
> iii. 국내생산이 상대적으로 경미한 수입 산품에 직접적으로 의존하는 동물성상품의 수량을 제한하기 위한 것
>
> 이 항 (c)호에 따라 상품의 수입에 대한 제한을 적용하는 회원은 특정한 장래의 기간 중에 수입이 허용될 상품의 총량 또는 총액과 이러한 물량 또는 금액에 있어서의 변경을 공고하여야 한다. 또한, 위 (i)에 의하여 적용되는 제한은, 제한이 없을 경우 양자 간에 성립될 것이 합리적으로 기대되는 총국내생산에 대한 총수입의 비율과 비교하여 동 비율을 감소시키는 것이어서는 아니 된다. 회원은 동 비율을 결정함에 있어서 과거의 대표적인 기간 동안 우세하였던 비율과 당해 상품의 무역에 영향을 주었을 수도 있거나 영향을 주고 있을 수도 있는 특별한 요소에 대하여 적절한 고려를 한다.

(a)호의 적용요건을 살펴보면, 중대한(critical) 부족이 요구된다는 점에서 GATT XX(j)의 공급부족보다 결핍의 정도가 심대할 것을 요구한다. 그렇다고 해서 예방적 조치가 허용되지 않는 것은 아니며 상품의 부족이 임박한 경우에는 조치가 가능하다.[51] 상품의 필수(essential)성은 그것이 중요(important), 필요하거나(necessary) 불가결(indispensable)하면 인정되며 반대로 대체품이 존재하는 경우에는 필수성이 부정된다. 최종재뿐만 아니라 중간재도 필수재가 될 수 있다.[52] 이 조항은 단기적 대책에 적용된다는 점에서 천연자원의 장기적 보전과 관련된 제XX조(g)와는 구별된다.[53]

(b)호는 상품의 품질을 보증하는 규제를 통하여 장기적으로 무역을 확대하려는 취지의 것이다.[54] 고려인삼의 품질을 유지하기 위한 인삼에 대한 수출입 규제가 이에 해당할 것이다. 다만 이와 같은 규제가 중간재의 수출량을 줄이고 국내 하방 산업에의 공급을 늘리기 위한 방책으로 사용되는 것과 구별하는 것에 어려움이 발생할 수도 있다.

(c)호에서는 전 두 호와 달리 "금지"가 언급되지 않고 "제한"만 언급하고 있으므로 완전한 수입금지는 이 호에 근거하여 예외를 인정받을 수 없다. 동호에 대한

---

51) WTO/AB, China — Raw Materials, paras. 324-327.
52) WTO Panel, China — Raw Materials, paras. 7.282, 344, 340.
53) WTO Panel, China — Raw Materials, paras. 7.297, 349. 이 사건에서 중국의 조치는 10여 년간 존속하였으므로 이 요건을 충족하지 못하였다.
54) GATT Panel, Canada — Herring and Salmon, para. 4.3.

주석은 신선품에 대한 국내시장 안정을 위한 조치에 적용될 뿐 가공품의 수급을 위한 조치는 예외가 허용되지 않는다고 설명한다. i.은 가부장적 또는 종교적으로 엄격한 국가에서의 담배, 술 등에 대한 제한, ii.는 보존이 어려운 계절과일이나 출어기 생선, iii.은 코트용 밍크, 푸아그라용 거위 간을 예로 들 수 있다. i.의 국내 생산 제한을 위하여 보조금을 지급하는 것은 허용되는 것으로 이해된다. ii.의 일시적 과잉상태는 구조적 과잉상태를 제외하는 것으로 이해된다. i.의 경우에는 수입제한과 국내생산 감축 간에 비례관계가 요구됨에 비하여 ii.의 경우에는 국내생산을 감축할 것이 요구되지 않는 것으로 이해된다.[55]

GATT 제XI조 제2항 각호는 동조 제1항에 대한 예외인데 조건을 충족하는 조치가 취해지는 경우 영향받는 국가에 제공하는 보상이나 허용되는 보복조치에 대해서 전혀 언급함이 없다는 점에서 국내생산 제한과 같은 예외의 조건을 엄격하게 심사하여야 할 것으로 인식되고 있다.[56] GATT 제XI조 제2항을 충족하지 못하는 경우에는 GATT 제XX조를 비롯한 다른 예외를 원용할 수도 있을 것이다.[57]

(2) 국제수지 예외

GATT 제XII조는 국제수지보존을 위한 예외를 규정한다. 이 조항은 자국 준비통화의 심각한 감소 또는 그 위험이 있는 경우 및 준비통화수준이 매우 낮은 회원국이 준비통화의 합리적 증가를 도모하는 경우 예외를 인정하고 있다. 또한 제18조 B절은 개발도상국이 경제개발계획 실시에 충분한 수준의 준비통화수준을 확보하고자 하는 경우의 보다 완화된 예외에 대하여 규정한다.

국제수지 예외는 고정환율제에서 변동환율제로 변화한 현재는 그 의의가 축소되었다. 결과적으로 선진국은 거의 사용하지 않고 개도국만이 원용하여 왔다.[58]

국제수지 예외를 이유로 한 조치의 GATT합치성은 국제수지위원회(BoP Committee)의 심의사항이기 때문에 패널이 사법심사를 할 수 없다는 주장이 제기되었으나 일관되게 배척되었다.[59] 분쟁해결제도의 예외 없는 적용을 규정한 국제수지

---

55) GATT Panel, EEC — Dessert Apples, para. 12.14.
56) GATT Panel, EEC — Dessert Apples, paras. 12.15 – 17.
57) WTO/AB, China — Raw Materials, para. 334.
58) 한국도 1969 – 1989년 사이에 GATT 제18조(B)를 원용하였다.
59) GATT panel, Korea — Beef, paras. 110 – 113; WTO AB, India — Quantitative Restrictions, para. 105.

규정양해[60]와 DSU의 문언에 따른 당연한 해석이다

(3) IMF와의 외환약정 준수를 위한 예외(GATT 제XV조)

금융위기 극복을 위하여 IMF와의 협의에 의한 외환통제 또는 외환제한을 하는 경우에는 그 효과적 수행을 위하여 수입허가제, 결제통화지정 등과 같은 수출입에 대한 제한 또는 통제를 할 수 있다.

회원국은 환율조작과 같은 환율조치로 본 GATT의 의도를 좌절시키거나 무역조치로 IMF협정의 의도를 좌절시키지 말아야 한다(동조 제4항). 하지만 이 조항이 적극적으로 적용되어 위반이 인정된 예는 없다.

동 조항의 허용범위를 일탈하지 않았는지를 판단하는 데에 WTO 패널은 IMF의 의견을 존중하고 있다.[61]

(4) 개도국 특별대우

GATT 제18조 제2항이 국제수지균형을 위한 수량제한에 대하여 보다 완화된 접근을 요청하고 있다. 동조 C절이 허용하고 있는 유치산업보호를 위한 예외는 1960 – 70년대에는 자주 원용되었으나 현재는 아주 드물게 사용되고 있다.

(5) 긴급수입제한조치

GATT 제19조는 수입 상품이 국내 생산자에게 심각한 피해를 야기하거나 그러한 우려가 있는 경우 수입국이 긴급수입제한조치를 사용할 수 있다고 규정한다. 긴급수입제한조치는 일시적인 조치로서 국내 생산자가 구조조정을 하여 무역 환경에 대응할 수 있도록 하는 것이다.[62]

(6) 기타

일반예외(제XX조), 국가안보(제XXI조), 세이프가드조치에 대한 대항조치(제23조 제3항)와 WTO의무 위반국에 대한 보복조치(제23조 제2항)도 수량제한 금지원칙에 대한 예외가 될 수 있다.

---

60) Understanding on the Balance of Payments Provisions of the GATT 1994, 특히 각주1.

61) Dominican Republic — Import and Sale of Cigarettes, paras. 7.139 – 145.

62) 덤핑을 피하기 위한 방책으로 수출국이 자발적으로 수량제한을 행하는 것이 허용될까? GATT 일본 — 반도체 사건에서 패널은 일본의 이와 같은 항변을 배척했다(para. 120).

1960년대 이래 섬유교역은 선진국이 구조조정의 압박을 완화하기 위하여 다자간섬유류협정(Multi-fiber Agreement, MFA)이라는 제도를 통해 섬유수출국에 대한 수량할당 조치를 취하였으나, 우루과이라운드협상을 통하여 이를 철폐하기로 하였고 WTO섬유의류협정(Agreement on Textiles and Clothing, ATC)을 거쳐서 후자가 2005년 만료함에 따라 현재는 완전히 GATT체제 내에 들어와서 제XI조 제1항에 따라 수량제한은 금지된다.

3. 허용된 수량제한의 운용기준

(1) 필요성

예외규정에 근거한 수량제한의 경우에도 필요성의 원칙에 의한 제한을 받는다. 국제수지가 개선되었는데 국제수지악화에 근거한 수량제한을 지속할 수 없으며, 긴급 상황을 벗어났는데 긴급수입제한 조치를 무한히 지속할 수 없다. 수량제한이 예외적으로 인정되는 경우에도 무역왜곡 효과를 최소화하는 방식으로 적용되어야 한다.

(2) 비차별원칙

원칙적으로 최혜국대우원칙이 준수되어 제외국으로부터의 수입에 부과되는 제한이 유사하여야 한다(GATT 제XIII:1조).[63] 이 원칙으로부터의 예외는 엄격하게 해석된다.

로메협정에 대해서 WTO가 부여한 의무면제가 GATT 제I조는 명시하고 있으나 제XIII조는 명시하지 않은 상황에서, 패널은 의무면제의 실효성을 위해서는 제XIII조도 묵시적으로 면제된 것으로 보아야 한다고 하였으나 상소기구는 이를 뒤집어서 명시된 것만이 면제에 포함된다고 설시한 사례가 있다.[64]

또한, 수출자율협정에 의한 제한과 쿼터에 의한 수입제한 간에는 유사성이 없다는 사례도 있다.[65]

---

63) 제XIII조 수량제한의 무차별 시행
    1. 회원은, 모든 제3국의 동종상품의 수입 또는 모든 제3국으로의 동종상품의 수출이 유사하게 금지되거나 제한되는 경우가 아니면 다른 회원 영토의 상품의 수입에 대하여 또는 다른 회원 영토로 향하는 상품의 수출에 대하여 어떠한 금지나 제한도 적용하지 아니한다.
64) WTO/AB, EC — Bananas III, paras. 182-8.
65) Panel Report, EEC — Apples (Chile I) (1980), para. 4.11.

(3) 교역패턴에 비례한 쿼터배분

수입허가 또는 승인보다는 쿼터가 선호된다. 전체수입쿼터를 정하는 경우에도 국가별쿼터를 정하지 않은 채 수입업자의 상업적 선택에 맡기는 것이 가능하다. 국가별 쿼터를 설정하는 경우 쿼터는 실질적 이해관계를 가지는 모든 공급국과의 합의에 의하여 배분되어야 하며, 합의에 실패하는 경우 대표적 기간(통상 3년) 동안의 역사적 시장점유율에 입각하여 할당되어야 한다(제XIII조 제2항).[66] 제1항 무차별원칙의 의미가 제2항에 의하여 과거 지분 존중으로 탈색되었다. 신규 공급자에 대항하여 수입국가 및 그 국내사업자와 기존의 공급자가 시장점유율 유지를 편법으로 사용될 소지가 있다. 실질적 이해관계를 인정받지 못하는 기타 국가들에 적정량을 할당하여 경쟁기회를 제공하여야 할 것이다.[67]

EC-바나나 III 사건[68]에서 제XIII조의 의무가 특정 품목의 모든 수입을 대상으로 하여 적용되는지 특정 쿼터제도 하에서 수입되는 물품에만 적용되는지가 쟁점이 되었다.[69] 패널과 상소기구는 모든 수입을 대상으로 하여 적용됨을 확인하고

---

66) 2. 상품에 대하여 수입제한을 적용함에 있어서 회원은 이러한 제한이 없을 경우에 여러 회원이 얻을 것으로 기대될 수 있는 몫에 가능한 한 근접하도록 동 상품의 무역량을 분배할 것을 목표로 하며, 이를 위하여 다음의 규정을 준수한다.
  (a) 실행가능한 경우에는 항상, 허용된 수입의 총량을 나타내는 쿼터(공급국간에 할당되었는지 여부를 불문한다)가 확정되어야 하며, 동 총량은 이 조 제3항(b)에 따라 공고되어야 한다.
  (b) 쿼터가 실행가능하지 아니한 경우에는 수입 허가 또는 승인에 의하여 제한이 쿼터 없이 적용될 수 있다.
  (c) 회원은 이 항 (d)호에 따라 배분되는 쿼터의 운영을 위한 경우를 제외하고는 특정 국가 또는 공급원으로부터의 당해 상품의 수입을 위하여 수입면허 또는 수입허가가 이용되도록 요구하여서는 아니 된다.
  (d) 공급국간에 쿼터가 배분되는 경우 제한을 적용하는 회원은 당해 상품의 공급에 대하여 실질적인 이해관계를 가지는 다른 모든 회원과 쿼터 몫의 배분에 관한 합의를 모색할 수 있다. 이러한 방법이 합리적으로 실행가능하지 아니한 경우 당해 회원은 동 상품의 공급에 대하여 실질적인 이해관계를 가지는 회원에게 몫을 배분하되 동 상품수입의 총량 또는 총액 중 과거의 대표적인 기간 동안 동 회원에 의하여 공급된 비율에 기초한 동 상품의 무역에 영향을 미쳤을 수도 있거나 미치고 있을 수도 있는 특별한 요소에 대하여 적절한 고려를 한다. 회원이 이러한 총량 또는 총액 중 자신에게 배분된 몫을 전량 이용하는 것을 방해하는 어떠한 조건이나 절차도 부과되지 아니한다. 단, 동 쿼터가 관련될 수 있는 정하여진 기간 내에 수입이 이루어져야 한다.
67) Panel Report, EC-Banana III (Article 21.5-Ecuador), paras. 7.73-76.
68) European Communities-Regime for the Importation, Sale and Distribution of Bananas (WT/DS27), 1997.
69) EC는 아프리카, 캐리비안, 태평양(ACP)지역으로부터 수입되는 바나나에 대한 쿼터제도와 여

이종의 쿼터제도 간 그리고 하나의 쿼터제도 내에서의 차별 모두 금지된다고 설시하였다.

미국－선형파이프 사건에서 패널은 미국이 특별한 이유 없이 역사적 교역패턴을 무시하고 긴급수입제한조치로 수량할당을 배분한 것은 제XIII조 제2항 두문 위반이라고 판시했다.[70]

(4) 합의

실질적 이해관계를 가지는 모든 공급국가가 합의하지 않고 일부 국가만 합의한 경우에는 합의의 효력이 없으며 제2항 (d)호 제2문에 따라 할당하여야 하며,[71] 일단 할당된 배분비율도 사정이 변경되는 경우에는 조정의 대상이 될 수 있다.[72]

(5) 준용

양허수정에 따른 보상,[73] 긴급수입제한조치[74]나 농산물협정[75]에 의해 수량할당을 적용하는 경우에도 GATT 제XIII조의 비차별원칙을 준수하여야 한다. 국제수지보존을 위해서 IMF와 협의하에 행하는 경우와 같은 일정한 경우에는 다시 제XIII조에도 불구하고 차별적 쿼터를 운용할 수 있지만(제14조) 실제로는 여간해서 발생하지 않는다.

(6) 기타

쿼터는 수입허가제에 의해 운용되는 경우가 많은데 WTO 수입허가협정(Im-port Licensing Agreement)이 허가절차의 공정, 형평, 중립성을 확보하기 위한 보다 구체적인 규정을 두고 있다.

타 국가로부터 수입되는 바나나에 대한 쿼터 제도를 분리하여 운영하였다.

70) Panel Report, US － Line Pipe, para. 7.54. 역사적으로 최대수출국이던 한국에게 다른 수출국과 균등 분할한 쿼터만 부여한 것이 문제되었다.
71) Panel Report, EC － Banana III, paras. 7.71－7.72; AB Report, Brazil － Poultry, para. 93.
72) 제XIII조 제4항.
73) AB Report, EC － Poultry, para. 100.
74) Panel Report, US － Line Pipe, para. 7.49.
75) AB Report, EC － Banana III, para. 157.

4. 사례

(1) 인도-수량제한 사건(WTO/DS90)[76]

국제수지를 보호하기 위한 목적으로 수량제한을 한다는 인도의 주장이 인도의 외환보유상황이 수량제한을 정당화시킬 정도로 나쁘지 않다는 이유로 필요성을 충족하지 못하여 배척되었다.

(2) 인도-자동차 사건(WTO/DS146, 175)[77]

외국으로부터의 자동차부품 수입 허용량을 자동차 수출액을 한도로 하는 수출입균형 정책에 대하여 GATT 제XI:1조를 위반하는 수량제한이자 제III:4조를 위반하는 수입품에 대한 불리한 조치임을 인정하였다. 제XVIII:B조 국제수지균형예외 주장은 입증불비로 배척되었다.

(3) 아르헨티나-수입조치 사건(WTO/DS438)[78]

상소기구는 아르헨티나의 수입허가절차가 GATT 제XI조 제1항 수량제한금지에 위반된다는 패널의 결정을 확인하며, 제VIII조의 수입절차에 관한 형식적 요건이 일반적으로 제XI조 제1항 위반의 정당화 사유가 되는 것은 아니라고 판시하였다.[79]

(4) 중국-원금속 사건(WTO/DS394, 395, 398)

패널과 상소기구는 중국의 원금속 수출제한 조치는 GATT 제XI조 이외에도 중국의 WTO가입의정서상 수출관세 및 쿼터 철폐약속을 위반하였으며 제XI조제2항(a)의 예외요건인 '일시성'(temporarily applied)과 '중대한 부족'(critical shortage)에 해당함을 입증하지 못하였다고 판시하였다.[80]

---

76) India — Quantitative Restrictions on Imports of Agricultural, Textile and Industrial Products, 1999
77) India — Measures Affecting the Automotive Sector (EU, US), 2002.
78) Argentina — Measures Affecting the Importation of Goods, 2015.
79) 예컨대 사소한 형식적 요건 흠결에 보정명령으로 치유할 수 있는 기회를 주지 않고 수입 불허하는 경우는 제XI조 위반이 될 것이다.
80) China — Measures Related to the Exportation of Various Raw Materials, 2012.

(5) 중국 – 희토류 사건(WTO/DS431, 432, 433)[81]

패널과 상소기구는 중국의 희토류 등 광물자원에 대한 수출제한조치가 GATT 제XI:1조 및 중국의 WTO가입의정서상 의무와 위반되며 GATT 제XX조(g)에 규정된 예외요건을 충족하지 못한다고 판시했다.

* 정리: GATT 일반적 의무규정의 구조

외산품 간	내외산품 간		
최혜국대우 (I)	국경조치	내국조치	수량제한 등 비관세 무역제한조치
	통상관세(II:1(b)1문) 기타부과금(동2문) 비관세양허	조세 동종(III:2 1문) 경쟁대체(III:2 2문) 비조세조치(III:4)	수량제한 수출입허가 기타 무역제한 조치
	양허준수(II)	내국민대우(III)	금지(XI)

---

81) China — Measures Related to the Exportation of Rare Earths, Tungsten and Molybdenum, 2014.

제 7 장

일반적 예외와 안보 예외

WTO나 GATT가 자유무역을 최고의 가치로 전제하지는 않는다. 평화적 공존 하에 개방적이고 공정한 무역을 위한 원칙을 정하고 있다고 봄이 합당하다. 나아가 GATT는 회원국이 일정한 사회적 가치를 무역자유화, 시장접근, 비차별보다 우선 적으로 추구할 수 있도록 허용하고 있다.

제 1 절　일반적 예외

1. GATT 제XX조 일반

(1) 규정

회원국의 조치가 GATT 제XX조의 예외에 해당하기 위해서는, 그 조치가 제XX 조 각호에 열거된 경우 중 하나에 해당하여야 하며, 동시에 제XX조 두문(chapeau) 의 요건 ―자의적이거나 부당한 차별 또는 위장된 제한이 아니어야 한다는― 을 만 족시켜야 한다. 제XX조의 규정은 다음과 같다.

> "GATT의 어떠한 규정도 다음의 조치를 채택하거나 실시하는 것을 방해하는 것으로 해석되지 아니한다. 단, 이러한 조치가 동일한 조건하에 있는 국가 간에 자의적이거나 정당화할 수 없는 차별의 수단 또는 국제무역에 대한 위장된 제한 조치로 사용되지 않을 것을 조건으로 한다.
> (a) 공중도덕을 보호하기 위하여 필요한 조치

(b) 인간 및 동식물의 생명 또는 건강의 보호를 위하여 필요한 조치

(c) 금 또는 은의 수입 또는 수출에 관련된 조치

(d) 관세행정, 지재권보호, 기만적 행위의 방지, 기타 GATT에 배치되지 않는 법률 또는 규칙의 준수를 확보하기 위하여 필요한 조치

(e) 교도소 노동 산품에 관련된 조치

(f) 미술적, 역사적, 고고학적 가치가 있는 국보의 보호를 위해 취해지는 조치

(g) 유한천연자원의 보존에 관한 조치가 국내의 생산 또는 소비에 대한 제한과 관련하여 실시되는 경우

(h) 정부 간 상품무역협정에 의한 의무에 따라 취해지는 조치

(i) 국내가격이 정부의 안정화 계획의 일환으로 국제가격보다 낮게 유지되고 있는 국내 가공산업에 불가결한 수량의 국내원료를 확보하기 위하여 국내원료의 수출을 제한하는 조치로서 국내산업의 보호나 수출증진을 목적으로 하지 않으며 비차별적인 것

(j) 일반적 또는 지역적으로 공급이 부족한 산품의 획득 또는 분배를 위하여 필수적인 조치. 다만 모든 회원이 동 상품의 국제적 공급의 공평한 몫에 대한 권리를 가진다는 원칙에 합치하며 이를 야기한 조건이 존재하지 아니하는 때에는, 즉시 정지하여야 한다."

GATT 제XX조나 후술하는 제XXI조 안보예외에 해당하는 경우 GATT의 일부 규정이 아닌 모든 규정의 위반에 대하여 면책이 부여된다. 그런 의미에서 '일반적' 예외이다.

(2) 성격

GATT 제XX조는 GATT의 다른 의무규정 위반이라는 판정이 내려진 이후에야 작동한다. 제XX조는 다른 의무규정을 위반한 상황을 위반이 아닌 상황으로 변경시키지지는 않는다. 다만 그 책임을 면제할 뿐이다.[1]

WTO체제에서 수입국은 자국시장을 개방하는 조건으로 수출국에 대하여 자국, 즉 수입국이 원하는 정책을 채택하도록 할 수 있을까? 초기 패널의 부정적 입장을 수정하면서 상소기구는 GATT 제XX조 각호에 의해서 중요성과 정당성이 인정되는 정책이라면 그럴 여지가 있다고 보았다. 만약 이를 인정하지 않는다면

---

1) AB Report, Thailand — Cigarettes (Philippines) (2011), para. 173.

GATT 제XX조는 의미를 대부분 상실할 것이며 이는 국제법의 해석원리에 반하는 결과이다.[2) 하지만 GATT 제XX조는 무제한의 정책재량을 회원국에 인정하지는 않는다. 법문이 규정한 사항에 해당하고 일정한 요건을 충족하여야만 의무위반의 책임을 면제받을 수 있다.

상소기구는 제XX조의 의의를 권리와 의무의 균형에 두었다. 미국-가솔린 사건에서 상소기구는 WTO회원국의 건강보호 및 고갈 가능한 천연자원의 보호, 대기오염통제 등 환경보호를 위한 조치를 취할 권리는 이미 GATT 제XX조 문언에 중요한 국가이익으로 명시되어 있고, WTO설립조약 전문과 무역과 환경에 관한 결정이 GATT와 그 부속협정에 반하지 않는 한 넓은 범위에서 회원국의 독자적 정책수립을 인정하고 있음을 지적하였다.[3)

예외는 좁게 해석되어야 한다는 원리에도 불구하고 패널과 상소기구가 경우에 따라서는 법문의 의미를 신축적으로 해석한 것은 예시가 아니라 열거규정인 제XX조 각호를 시대의 변화에 따른 정책수요에 대응할 수 있도록 하기 위한 불가피성에 의해서 이해된다.

(3) 구조

제XX조는 각호와 두문의 이원적 구조로 되어 있다. 두문은 일반적 문언으로 구성되어 있으므로 구체적 사안에 따라 경계가 달리 설정될 수 있다.[4) 따라서 적용순서는 각호의 충족여부에 대한 심사가 먼저이며 이를 충족하지 못하는 경우 두문을 적용할 필요가 없다.[5)

첫 번째 심사는 조치 자체가 각호의 하나에 해당하느냐에, 두 번째 심사는 당해 조치의 적용양태("not applied in a manner")가 두문의 요건을 충족하느냐에 초점이 있다.[6)

각호의 면제조건을 기술하기 위해 사용된 용어는 비슷한 듯 하면서도 다르다. 이와 같은 용어의 차이에 따라 각호의 조치와 그것이 추구하는 목적 간에 다른 정

---

2) AB Report, US — Shrimp, para. 121.
3) AB Report, US — Gasoline, pp. 30-31.
4) AB Report, US — Shrimp, paras. 119-120.
5) WTO/Panel, China — Raw Materials, para. 7.469; WTO/AB, Brazil — Retread Tyres, para. 139.
6) Panel Report, Brazil — Retreaded Tyres (2007), para. 7.107.

도의 상관관계를 요구하는 것으로 이해된다.[7]

2. 각호

(1) 공통원칙

가. 요건

위 각호의 예외에 해당하는지를 판단함에 있어서는 목적적합성, 수단의 필요성 및 비례성을 고려한다. 조치 내용, 구조 등으로부터 인식할 수 있는 조치의 의도(design)가 각호의 목적 중 하나에 해당하는지를 보는 목적접합성은 비교적 쉽게 인정된다. 하지만 필요성 심사(necessity test)라고 통칭되는 그 다음 단계 심사는 조치가 추구하는 목적의 중요성, 수단의 정책목표에의 기여도, 조치의 무역제한 효과에 대한 비교형량 분석을 기초로 다른 대안의 이용가능성과 재차 비교하는 복잡한 절차이다. 또한 편의상 여기서 '공통'원칙으로 설명하지만, 각호에 따라 그리고 각 사안에 따라 필요성 기준의 충족에 있어서 요구되는 요건의 경중과 심리방법에는 차이가 있을 수 있음을 유념하여야 한다.[8]

나. 입증과 심사수준

이 규정을 원용하는 피소국이 입증책임을 지며, 패널의 사법심사 범위는 목적의 적합성에 대한 형식적 심사와 수단의 적절성에 대한 실질심사이다. 제XX조의 예외를 인정받기 위해서는 보호 목적이 동조 각호의 하나에 해당해야 하는 것은 당연하며 오히려 문제가 되었던 것은 어느 정도의 보호를 목적으로 하는가이다. 판례는 일관되게 그 판단은 회원국의 몫이며 다른 회원국이 이의를 제기할 수 있는 사안이 아니라는 것이다. 예컨대 지적재산권 침해물품에 대한 단속의 강도, 물품의 유통과정에서 사기방지조치의 강도를 어느 정도로 할 것인가는 당해 회원국이 결정할 사안이며 다른 회원국이 이의를 제기하거나 사법심사의 대상이 아니다(Korea-Beef). 필요성 심사는 정책 목적을 대상으로 하는 것이 아니라 목적 달성을 위한 조치의 필요성을 대상으로 한다.[9]

---

7) '필요한', '필수적인', '관련된' 등. 관련된(relating to)은 필요한(necessary to) 보다 덜 엄격한 견연성을 요한다.

8) Appellate Body Reports, US-COOL (Article 21.5-Canada and Mexico) (2015), para. 5.205.

9) Appellate Body Report, EC-Asbestos (2001), para. 168; Panel Report, US-Gasoline (1996), para. 6.22.

다. 조치목적의 중요성

조치수단의 필요성과 비례성을 판단함에 있어서 조치목적의 중요성에 대한 고려는 불가피하다. 목적의 중요성과 조치가 목적에 기여하는 정도가 클수록 쉽게 필요성을 충족할 수 있을 것이다. 예컨대, 인간의 생명 또는 건강의 보호 목적이 다른 목적보다 수단의 필요성의 인정범위를 넓힌다.[10] 그런 차원에서 회원국이 위험의 정도를 판단하고 패널이 증거의 가치를 판단하는 데에는 어느 정도 재량이 불가피하며 반드시 증거의 우세에 따라 국가정책을 결정하고 사법적 판단을 내려야 하는 것은 아니다.[11]

라. 목적달성에의 필요성

일반적으로 필요성을 판단하기 위해서는 조치가 추구하는 이해나 가치의 중요성, 조치목적 달성에의 기여도, 무역제한성 등을 포함한 관련 요소를 고려하여야한다. 이와 같은 분석으로 당해 조치가 필요하다는 예비적 결론에 도달하는 경우이 조치를 당해 목적 달성에 대등한 기여를 하면서도 덜 무역제한적인 다른 조치와비교하여야 한다. 이 비교는 문제의 이해나 가치의 중요성에 비추어 수행되어야 한다. 이런 절차를 거쳐 조치의 필요성이 판단되어야 한다.[12] 필요성 판단에 요구되는 비교형량(weighing and balancing)은 모든 관련 요소를 개별적으로 검토한 후 상호 관계에서의 중요성을 판단하여 최종적인 결론에 도달하는 종합적인 작업(hol-istic operation)이다.[13]

목적 달성에의 기여도와 관련해서는 목적과 수단간에 실질적 관련성(genuine relationship)이 있어야 한다. 정당한 규제목적 달성에 필수불가결할 것까지 요구하지는 않지만 단순히 도움이 되는 정도로는 부족하며 필수불가결에 가까울 정도의[14] 실질적인(material) 기여를[15] 해야 한다는 견해도 있었다. 하지만 각호에 따라서 요구되는 기여의 수준은 달라질 수 있다. 후속 판결은 목적 달성에의 기여뿐만

---

10) AB Report, EC — Asbestos (2001), para. 172.
11) Ibid., paras. 177 − 178.
12) AB Report, Brazil — Retreaded Tyres (2007), para. 178.
13) Ibid., para. 182.
14) AB Report, Korea — Various Measures on Beef, paras. 161 − 164. "We consider that a 'necessary' measure is, in this continuum, located significantly closer to the pole of 'indispensable' than to the opposite pole of simply 'making a contribution to'."
15) Brazil — Retreaded Tyres (2007).

아니라 다른 요인들에 대한 종합적 고려로 필요성 충족여부를 판단해야 한다며 '실질적 기여'기준의 적용가능성을 제한하였다.[16] 예컨대, 법규로서 달성하고자 하는 목적이 중요할수록 이를 이행하는 조치의 필요성이 쉽게 인정받을 것이다. 하지만 목적 달성에의 기여도가 높을수록 필요성의 인정 가능성이 높은 것 또한 사실이므로 패널은 단순히 관련성이나 기여함을 확인하는 데에 그치는 것이 아니라 그 기여도를 양적·질적으로 평가하여야 하고 피소당사자는 이에 관한 자료를 제출하여야 한다.

마. 대안분석

조치국이 조치의 필요성에 대한 일응의 입증을 하면, 제소국이 동등하게 효과적이면서도 덜 무역제한적인 조치가 있음을 입증하여 WTO협정 합치에 대한 일응의 추정을 복멸할 수 있으며, 그 경우 피소국은 다시 그러한 덜 무역제한적인 조치가 자국에게 사용 가능하지 않음을 입증하여 책임을 벗어날 수 있다.[17]

조치가 절대적으로 가장 무역제한성이 적을 것을 요구하지는 않지만 합리적으로 가용한 조치 중에서는 가장 덜 무역제한적인 조치를 사용할 것이 요구된다. 이에는 대안이 목적 실현에 기여하는 정도, 이행의 곤란도, 무역에의 영향 등을 고려하여야 한다.[18]

EC-석면 사건에서 캐나다는 석면사용의 전면금지보다는 '통제된 사용'이 합리적으로 가용한 대안이 될 수 있다고 주장하였지만 상소기구는 과학적 증거에 의하면 통제된 사용이 프랑스가 추구하는 수준의 건강보호를 달성할 수 없으므로 목적 달성을 위한 대안 조치가 될 수 없다고 판시했다.[19] 해당 국가의 경제, 기술적 발전 수준에 비추어 지나친 부담이 되는 조치는 합리적으로 가용한 조치라고 할 수 없을 것이다.[20]

바. 종합적 판단

결국, 조치목적의 중요성, 조치의 목적 달성에의 기여 정도, 조치의 무역제한성

---

16) AB Reports, EC—Seal Products (2014), para. 5.213.
17) AB Report, EC—Hormones, para. 104; US—Gambling.
18) 태국—담배 사건; 미국—337조 사건.
19) AB Report, EC—Asbestos (2001), para. 174.
20) AB Report, Brazil—Retreaded Tyres (2007), para. 156; Appellate Body Reports, EC—Seal Products (2014), para. 5.277.

을 각 요소별로 분석하고 대안과 비교형량하여 종합적으로 허용여부를 판단한다.[21]

(2) 각호의 이해

가. (a)호 공중도덕

(a)호의 '공중도덕'은 또한 사회, 문화, 윤리, 종교적 가치에 의해 영향 받으므로 각 회원국에 따라 내용을 달리할 수 있다. '공중도덕'은 초기에는 윤리적 원칙으로 파악되었으나 현재는 공공질서일반을 포함하는 것으로 이해될 수 있다(EC-바다표범[22]; US-Gambling[23]). (a)호를 이와 같이 넓게 해석하는 경우 이는 다른 호에 대한 포괄적 보충규정이 될 것이며, 그 남용을 방지하기 위해서는 필요성을 엄격하게 심사할 필요가 있다.[24]

중국-시청각물 사건(2010)에서 중국은 수입시청각물에 대해 승인된 수입기관에 의한 내용심사제도를 운영하는 것은 GATT 제XX조(a)호에 의해 정당화될 수 있다고 주장했다. EC-바다표범 사건(2014)에서 유럽연합은 자신의 차별적인 바다표범보호정책을 동물복지에 관한 공중도덕을 보호하기 위해 필요한 조치라고 주장하였다. 콜롬비아-섬유 사건(2016)에서 콜롬비아는 당해 복합관세가 불법자금세탁과 마약거래 등 불법행위로부터 공중도덕을 보호하기 위한 조치라고 주장하였다. 패널은 각 조치의 목적 관련성을 인정하였다.

(a)호에의 해당여부는 목적과 조치와의 관련성, 목적의 중요성과 추구되는 보호의 수준에 대한 검토, 조치의 목적에의 기여 정도와 무역제한 정도의 평가와 형량, 덜 무역제한적인 대안의 존재여부에 대한 검토를 거쳐 판단한다.[25]

조치가 공중도덕을 보호할 수 없는 것이라면 조치와 목적간의 관련성은 부인된다. 조치가 공중도덕을 보호할 가능성이 전혀 없는 것이 아니라면(not incapable of) '기획의도'(designed to protect)가 공중도덕 보호에 있다고 일응 인정되고 다음

---

21) Brazil — 재생타이어, para. 210.
22) AB Report, EC — Seal Products, paras. 5.291-5.339.
23) 당해 사건의 재판부는 'public order'라는 문언을 사용한 GATS 제XIV조를 적용하였으므로 'public morals'라는 문언을 사용하고 있는 GATT 제XX조에 그대로 타당할 수 없다고 말할 수도 있으나 두 조항이 동일한 목적을 달성하고자 하는 규정이라는 점에서 GATT XX의 진화적 해석을 GATS XIV가 명문으로 반영한 것으로 볼 수도 있다.
24) Mavroidis (2013), pp. 332-334.
25) Panel Report, China — Publications and Audiovisual Products, para. 7.788; AB Report, paras. 307-310.

단계의 필요성 심사로 들어간다. 패널이 조치회원국의 설명을 그대로 받아들여야 하는 것은 아니고 내용, 구조, 예상 영향 등 제반 증거를 고려해야 하지만 통과가 어려운 심사는 아니다. (b)호 심사에서 구체적인 위험의 존재를 요구하는 것과는 달리 (a)호의 경우 '공중도덕'의 보호대상의 성격상 구체적인 위험의 존재를 입증할 것을 요구하지 않는다.[26] 보호의 수준을 결정하는 것도 회원국의 재량이다.[27]

필요성 심사는 보다 심층적인 종합심사이다. 목적의 중요성, 조치의 목적달성에의 기여도, 무역제한성과 같은 제반요소의 비교형량이 이루어져야 하고 덜 무역적인 대안의 존재에 대한 검토도 이루어져야 한다.[28] 무역제한성이 큰 조치를 정당화하기 위해서는 다른 긍정적 요소들이 이를 능가할 수 있도록 면밀하게 조치를 설계하여야 한다.[29] 목적의 중요성 자체가 제소국에 의해 부정되는 예는 아직까지 없었다. 앞서 목적 관련성이 다분히 형식적인 '기획의도'(designed to protect)에 대한 평가라면 이 단계의 목적달성에의 기여도는 기여가 있는지에 대한 확인을 넘어서 어느 정도 기여하는지 양적 또는 질적으로 평가하여야 한다.[30] 필요성에 대한 일차적 입증책임은 원용국, 즉 피소국이, 덜 무역제한적인 대안에 대한 일차적 입증책임은 제소국이 진다.

사건화되지는 않았지만 방글라데시는 공포만화, 음란물, 자국의 정책에 반하는 영토표기가 된 지도의 수입금지의 근거로,[31] 사우디아라비아는 각종 주류, 도박기기, 제조시에 동물 피가 들어간 모든 식료품, 돼지 및 그 부위 등에 대한 수입금지의 근거로 (a)호를 원용하고 있다.[32]

나. (b) 생명, 건강

"동식물, 사람의 생명 또는 건강 보호"라는 (b)호의 목적에 해당하는지와 관련해서는 큰 이견이 없었다. 미국 - 가솔린, 태국 - 담배, 브라질 - 재생타이어, EC -

---

26) AB Reports, EC — Seal Products (2014), para. 5.198.
27) Ibid., para. 5.200.
28) AB Reports, EC — Seal Products (2014), paras. 5.169 and 5.214 – 215.
29) AB Report, China — Publications and Audiovisual Products (2010), para. 310.
30) AB Report, Colombia — Textiles (2016), para. 6.7.
31) Report by the Secretariat, Trade Policy Review: Bangladesh, WT/ TPR/ S/ 168, dated 9 August 2006, Appendix, Table AIII. 3.
32) Report of the Working Party on the Accession of the Kingdom of Saudi Arabia to the World Trade Organization, WT/ ACC/ SAU/ 61, dated 1 November 2005, Annex F, List of Banned Products.

석면, 미국-참치/돌고래 등 여러 사건에서 조치회원국에 의해 원용되었다. 패널은 조치의 목적에 관한 해당 회원의 성격규정을 전반적으로 수용하는 태도를 취하였다. 하지만 중국-원광석 사건에서 수출제한은 환경과 사람의 생명을 보호하기 위한 조치라는 주장에 대해 제소국은 사후에 급조된 합리화에 불과할 뿐이라고 지적했고 패널도 당해 수출제한이 공해감축을 위한 포괄적 프로그램의 일부임을 입증하지 못했다고 보았으며 정책의 목표에 의구심을 보냈다.33) 조치의 목적을 판단함에 있어서는 최종적인 법률·정책문건뿐만 아니라 배경문서, 기타 조치의 구조 및 운영에 관한 증거를 검토하여야 한다.34)

(b)호의 건강보호를 위한 조치를 적용함에 있어서 과학적 견해가 일치하지 않는 경우에 회원국이 반드시 다수의 견해에 따를 의무가 있는 것은 아니다. 자격이 있고 존경받는 과학적 견해라면 소수의견을 근거로 조치를 취할 수도 있다. 따라서 패널도 반드시 증거의 우세(preponderance of evidence)에 의해서 결정을 내릴 필요는 없다.35)

환경보호조치를 (b)호에 의해 정당화하는 경우도 있으나 후술하는 바와 같이 판례가 (g)호의 요건을 유연하게 해석하자 요즈음은 (g)호가 선호되고 있다.

다. (c) 금, 은

(c)호를 적용한 유일한 사례는 GATT시대의 캐나다-금화 사건으로 외국금화에는 거래세를 부과하고 자국금화에는 면세한 조치에 GATT 제Ⅲ조, 제XX조(c)를 적용하였다.36)

라. (d) 법규준수

(d)호의 법규는 개방적 문언으로 되어 있으므로 예시된 관세법, 지재권 등 이외에 회원국의 다양한 정책목표를 추구하기 위한 법규가 여기에 포함될 수 있다. 이 호에 해당하기 위해서는 당해 조치가 (i) GATT에 비합치하지 않는 법규의 준수를 확보하기 위해 디자인되고(목적적합성을 최근 WTO판례에서는 '디자인'이라고 종종 표현한다), (ii) 그 준수확보를 위해 필요한 것이어야 한다(필요성).37)

---

33) Panel Reports, China — Raw Materials (2012), para. 7.516.
34) AB Reports, EC — Seal Products (2014), para. 5.144.
35) AB Report, EC — Asbestos (2001), para. 178.
36) GATT Doc. L/5863 of 17 September 1985.
37) AB Report, Korea — Various Measures on Beef (2001), para. 157.

　　"준수의 확보"요건은 준수를 확보할 수 없는 것이라면 준수확보를 위해 '디자인'되었다고는 할 수 없지만 준수확보가 완벽하게 법규의 목적을 달성할 것을 요구하지는 않는다.[38] 콜롬비아 – 섬유 사건에서 패널은 복합관세와 불법자금세탁 방지 법규의 준수확보와는 관련이 없다며 '디자인'요건 불충족으로 심리를 중단하였지만 상소기구는 같은 사실을 놓고 그 관련성을 인정하고 다음 단계인 필요성 심사로 나아갔다. 적어도 일부 저가품은 자금세탁 목적으로 수입되며 고율의 복합관세 부과가 이를 억지할 수 있다고 본 것이다. 조치가 법규의 준수를 확보할 개연성이 없지는 않고(not incapable of) 이에 기여한다는 정도로 '디자인'요건 충족기준을 낮게 본 것이다.[39] 당해 조치가 관련 법령의 준수의 확보를 유일한 목적으로 디자인되었을 필요도 없다.[40]

　　"법률 또는 규칙"은 조치국의 법률 또는 규칙이기에 타국의 것을 포함하지 않지만 자국법의 일부가 되는 국제법규는 포함한다.[41] 다만 상소기구는 특정 국제문서가 국내법체계의 일부를 구성한다고 해도 그 자체로는 (d)호에서 규정하는 법률 또는 규칙이 되기에 충분치 않고 국내법체계 내에서의 규범성(normativity)과 특정성(specificity)을 충분히 갖추고 있는지 검토하여야 한다고 설시하였다.[42] 단순히 법령의 이름을 언급하기보다 그 법하의 구체적인 규정과 의무를 언급하는 것이 준수확보에 기여함을 보이는 데 유리할 것이다.[43]

　　"GATT에 배치되지 않는"이라는 조건을 충족하지 못한 사례도 있다.[44] 달리 입증되지 않는 한 회원국의 법령은 WTO협정에 배치하지 않는 것으로 추정된다. 제소하는 측에서 해당 법령이 GATT에 배치한다는 것을 입증하여야 한다.[45]

　　필요성 요건과 관련하여 상소기구는 당해조치가 필수불가결하다면 필요성 요건을 충족한다는 것이 분명하지만 필수불가결하지는 않은 조치도 요건을 충족할 수 있을 것이라고 하면서도 '기여를 하는'보다는 '불가결한'에 훨씬 더 가까운 기준

---

38) AB Report, India — Solar Cells (2016), para. 5.58.

39) AB Report, Colombia — Textiles (2016), paras. 6.8 – 6.9.

40) Panel Report, Korea — Various Measures on Beef (2001), para. 658.

41) AB Report, Mexico — Taxes on Soft Drinks, paras. 75, 77.

42) AB Report, India — Solar Cells (2016) paras. 5.140 – 141.

43) Ibid., para. 5.110.

44) Panel Report, EC — Trademarks and Geographical Indications (Australia) (2005), para. 7.332; Panel Report, Thailand — Cigarettes (Philippines) (2011), para. 7.758.

45) Panel Report, Colombia — Textiles (2016), para. 7.511; AB Report, US — Carbon Steel (2002), para. 157.

이라고 설명했다.46) 필수불가결하지는 않지만 필요성 요건을 충족하는지를 판단하기 위해서는 조치의 법규 준수에의 기여도, 법규가 추구하는 가치의 중요성, 무역제한성 등 제반 요소의 비교형량 과정을 거쳐야 한다.47)

마. (e) 교도소 생산품

(e)호가 원용된 사건은 없으나 강제노역에 의해 제조된 상품과의 경쟁상 불균형을 시정할 필요성을 인정한 것으로 볼 수 있다.

바. (f) 국보

(f)호에는 '필요한' 또는 '관련된'이라는 표현이 없으며 그만큼 예외가 넓게 인정될 가능성이 있다. 본 호가 원용된 사건은 없다.

사. (g) 유한천연자원

(g)호의 '유한천연자원'은 1947년 GATT준비문서에서는 광물 등 무생물자원으로 인식되었으나 이미 GATT 시대에서 어족자원 같은 생물자원이 유한천연자원으로 인정되더니48) WTO시대에 들어서는 깨끗한 공기도 이에 포함되는 것으로 보게 되었다.49) 상소기구는 GATT 자체의 문언은 바꾸지 않았으나 그 맥락이 되는 WTO설립협정 전문이 '지속가능한 발전'(sustainable development)을 명시적으로 인정한 것을 고려하는 시각에서 보면 '유한천연자원'과 같은 GATT의 일반적 용어는 정태적인 것이 아니라 '진화적'이며 그 개념은 이제 무생물과 생물자원을 공히 언급하는 현대 국제협정과 선언들을 감안하지 않을 수 없다고 설시했다.50)

(g)호의 '관련하여'는 합리적 연관(rational connection)으로 목적과 수단 간에 긴밀하고 진정한 관계(a close and real relationship)가 있어야 하며 부차적이고 우연한 것은 부족하다.51) 패널은 조치의 주된 목적(primarily aimed at)이 유한천연자원

---

46) Appellate Body Report, Korea — Various Measures on Beef (2001), para. 161.
47) Ibid., para. 164.
48) GATT Panel, Canada — Herring and Salmon, para. 4.4; 이는 WTO 상소기구가 바다거북을 유한천연자원으로 인정한 것에 의해 재확인되었다. US — Shrimp, 후술 사례연구 참조.
49) WTO Panel, US — Gasoline, para. 6.37.
50) AB Report, US — Shrimp (1998), paras. 129-130.
51) WTO/AB, US — Gasoline, p. 19; US — Shrimp, paras. 141-142.

의 보전일 것을 요구하였으나 필수적일 것을 요구하지는 않았다.52) 이 관련성의 판단은 조치의 디자인과 구조에 대한 분석에 초점이 있으며 실제 영향을 평가해야 하는 것은 아니지만 이를 고려하는 것이 금지되는 것은 아니다.53)

(g)호의 경우에는 유한천연자원 보호를 위한 국내제한조치와 함께 적용되어야 한다고 요구함으로써 남용을 방지하고 국내기업과 외국기업간 부담의 균형(re-quirement of even-handedness)을 꾀하고 있다. 엄격한 동일성이 요구되지는 않는다. 엄격하게 동일했다면 제XX조까지 원용할 필요도 없었을 것이다.54) 미국의 공해저감을 위한 가솔린 정유기준이나 바다거북 보호를 위한 새우잡이 어선의 그물기준은 국내외에 공히 적용되므로 일견 이 기준을 충족하는 것으로 판단되었다.

(g)호의 "실시되는 경우"(made effective)라는 표현이 국내조치의 효과에 대한 실증조사를 요구하거나 실제로 국내생산 또는 소비제한의 효과가 있어야 하는 것은 아니다.55)

아. (h) 정부간 상품무역협정

(h)호의 '정부 간 상품무역협정'으로는 코코아, 커피, 면화, 곡물, 설탕, 올리브 오일, 열대목재 등과 관련한 협정이 있다. 동 호에 대한 해석각주에 의해 '정부 간 상품무역협정'은 유엔 ECOSOC이 승인한 원칙을 준수하여야 한다. '정부 간 상품 무역협정'은 비차별적, 개방형 협정이어야 한다는 ECOSOC결의가 있으며56) 로메(Lome)협정은 이 기준을 충족하지 못한다는 미채택 GATT 패널보고서가 있다.57)

자. (i) 국내가격안정화조치

(i)호의 국내가격안정화조치는 GATT 협상 당시에는 유행하였으나 현재는 가격통제의 부작용이 인식되어 별로 사용되지 않고 있다.

---

52) GATT panel reports, US — Tune(EEC), US — Taxes on Automobiles. AB Report, US — Gasoline, p. 18, 21.
53) AB Reports, China — Rare Earths, para. 5.114.
54) WTO/AB, US — Gasoline, pp. 20-1.
55) Ibid.; China — Raw Materials, para. 360-1.
56) Resolution 30(IV) of 28 March 1947.
57) GATT Panel, EEC — Banana I.

차. (j) 공급부족 산품

(j)호는 2차 세계대전 직후 각종 산품이 부족한 상황이 해소되면 폐기할 예정이었으나 대규모 자연재해 발생의 경우에도 적용가능하다는 인식에 의해 유지되었다.[58]

인도－태양광 부품 사건(2016)에서 인도는 정부기관에 전기를 공급하는 태양광전력회사들에게 부품 셀, 모듈에 대한 국산품사용의무를 부과하였다. 이 조치가 GATT 제III:4조, TRIMs협정 제2.1조 위반으로 문제되자 인도는 GATT 제XX조(j)호를 원용하며 공급부족 산품의 구매와 배분을 위한 필수적인 조치라고 주장했다. 패널과 상소기구는 '공급부족'여부의 판단은 단지 특정 상품의 국내생산능력의 부족이 아니라 외국 사업자를 포함한 관련 상품 및 지리적 시장의 모든 공급처를 감안하여야 한다며 인도의 항변을 배척하였다.[59]

'필수적'(essential)인 것은 절대적으로 없으면 안되거나 필요한 것으로 정의되므로 최소한 다른 호의 '필요한'(necessary)과 같이 '도움이 되는'보다는 '필수불가결'에 가까움을 의미한다고 조심스럽게 해석했다.[60]

수량제한조치가 공급부족에 대한 예외에 따라 정당화되기 위해서는 다른 회원국의 동 상품의 국제적 공급에 있어 공평한 몫을 존중하여야 하므로 조치국이 일부 국가에게 임의로 배분하여서는 안 된다.[61]

조치의 시간적 존속기간은 공급부족의 상황이 지속되는 한시적 기간을 상정한다. 따라서 공급부족의 존재에 대한 분석도 특정 시점을 대상으로 하는 것이 아니라 공급부족의 원인의 소멸여부와 함께 일정한 기간 동안 수요와 공급의 추세 등을 종합적으로 고려하여야 한다.[62]

앞서 살펴본 제XI조 제2항 (a)의 예외와 비교할 때 "위급한 부족"이 "부족"으로, "일시적 적용"이 "이를 야기한 조건이 존재하지 아니한 때에는 즉시 정지"로 완화되었는바 제XI조 제2항 (a)의 예외를 충족하지 못하여도 제XX조 (j)호 예외를 충족할 여지가 있다.

---

58) GATT Doc. BISD 3S/249, para. 42.
59) AB Report, India ─ Solar Cells (2016), paras. 5.89－90.
60) Ibid., para. 5.62.
61) Contracting Parties to the GATT, Fourth Session, Report of Working Party "D" on Quantitative Restrictions, GATT/CP.4/33 (March 28, 1950), p. 3.
62) AB Report, India ─ Solar Cells (2016), para. 5.70.

3. 두문

(1) 의의

제XX조 각호의 예외가 방자하게 행해지는 경우 GATT의 다른 의무규정들은 의미를 잃을 것이다. 하지만 GATT가 회원국의 정책주권을 인정하여 명시적으로 규정한 제XX조 각호의 예외가 허울뿐인 것으로 전락해서는 안 된다. 제XX조 두문의 취지는 예외의 남용방지에 있으며, 제XX조 각호의 예외를 원용할 권리와 타 회원국의 협정상 권리를 존중할 의무 간에 균형을 이루어야 한다는 신의성실원칙의 구체적 표현이다.[63]

권리간 균형을 이루는 경계선(line of equilibrium)은 고정되어 있지 않으며 조치의 성격과 형태, 사안의 구체적 사실관계에 따라 변화한다. 두문의 요건이 조치에 대한 실질심사를 의미하지는 않으며 조치가 적용되는 방식("not applied in a man−ner")을 중심으로 한 전체적 평가에 제한된다.[64]

(2) 요건

두문은 자의적 또는 정당화할 수 없는 차별금지, 국제무역에 대한 위장된 제한금지라는 두 가지 평가기준을 제시한 것으로 이해된다. 그러나 두 가지 기준은 엄격하게 구별되는 것이 아니라 서로 영향을 주고받는다. 예컨대 자의적이며 정당화할 수 없는 차별은 위장된 무역제한의 중요한 징표이다.

가. 자의적 차별

일반적으로 수입완제품에 대한 차별조치가 (부품)생산과정의 환경오염을 이유로 한 경우 즉, 상품비관련 PPM(Process and Production Methods, 생산공정방식)에 기반한 수입품 차별로서 정당화할 수 있는 경우는 GATT 제III조의 비차별 의무를 위반하지만 제XX조 두문의 비차별 요건을 만족할 것이다. 그런데 만약 상품비관련 PPM이 수입국의 동종상품 생산업자는 충족하기 쉬운 반면 수출국 생산업자는 충족하기 어려우며 수출국의 사정에 맞추어서 신축적인 기준을 적용하지 못할 정당한 이유없이 단일 기준을 고집한다면 이는 자의적 차별이 될 수 있다.

---

63) AB Report, US — Shrimp, paras. 158−159.
64) WTO/AB, US — Gasoline, pp. 22−5.

미국-새우/바다거북 사건의 상소기구는 미국이 각 수출국의 다양한 구체적 사정에 대한 고려 없이 획일적으로 미국과 같은 정책을 취하도록 강제한 것, 인가를 부여하는 절차가 관련업체에 청문권을 부여하지 않으며 투명성이 결여되는 등 적정 절차의 원칙을 위반한 것에서 정당화할 수 없는 자의적 차별의 존재를 인용하는 근거를 찾았다.[65]

미국-새우/바다거북 사건의 이행패널은 TEDs[66]와 동등하게 효과적인(comparable in effectiveness) 다른 친바다거북 그물망의 사용을 인정하는 미국의 이행조치는 조치적용에 있어 충분한 유연성을 허용하므로 WTO판정에 합치한다는 주장을 인용하였다.[67] 만약 미국이 이와 같은 이행조치상 허용기준을 만족하지 못하는 그물망을 사용한 새우수입에 대해 수입, 판매, 조세상 차별을 하더라도 제XX조를 충족할 수 있다.

나. 정당화할 수 없는 차별

많은 사례에서 문제의 조치가 자의적 차별과 정당화할 수 없는 차별에 동시에 해당하는 것으로 구별되지 않고 처리되었지만 일부 사건에서는 구별되는 개념으로 다루어졌다.[68] 미국-가솔린 사건 상소기구는 차별이 "예견된 것이었고 우연하거나 피치 못할 것이 아니었음"(foreseen and not merely inadvertent or unavoidable)을 정당화할 수 없는 차별의 징표로 보았다.[69] 즉 차별의 고의성을 문제 삼은 것이다. 아르헨티나-쇠가죽 사건의 패널도 다른 대안이 있는데도 차별적 조치를 채택한 것은 정당화할 수 없는 차별이라고 판시했다.[70]

미국-새우 사건(1998)의 상소기구는 미국이 합의에 의한 문제의 해법을 찾으려는 양자간, 다자간 협상을 거부한 것에서 정당화할 수 없는 차별이라는 성격을 도출했다.[71] 이 사건의 이행분쟁에서 상소기구는 제XX조 두문의 요건을 만족시키기 위해서는 일방적 조치에 나서기 전에 다자적 해결에 관한 협상에 진지한 노력을 기울여야 한다고 설시하고 미국이 이와 같은 진지한 노력을 기울였다고 판단

---

65) AB Report, US — Shrimp, paras. 164 – 181.
66) turtle — excluding devices.
67) AB Report, US — Shrimp (Article 21.5 – Malaysia) (2001), para. 144.
68) Panel Report, EU — Seal Products (2014), para. 7.645.
69) AB Report, US — Gasoline (1996), 28 – 29.
70) Panel Report, Argentina — Hides and Leather (2001), paras. 11.324 – 11.330.
71) Appellate Body Report, US — Shrimp (1998), para. 172.

했다.[72]

위 원사건에서 상소기구는 미국이 제 외국에 대하여 서로 다른 유예기간을 부여하는 등 차별을 한 것도 정당화할 수 없는 차별을 구성한다고 판시했다.[73]

브라질－재생타이어 사건(2007)에서 상소기구는 브라질이 MERCOSUR 회원국으로부터 수입하는 재생타이어의 수량이 미미하므로 이들과 유럽으로부터 수입되는 재생타이어를 차별한다고 하여도 차별의 실질적 영향이 적으므로 정당화될 수 있다는 패널의 판시를 배척하면서 차별이 정당화될 수 있는지를 판단함에 있어서는 차별의 영향이 아닌 차별의 원인(cause)과 근거(rationale)를 중심으로 분석하여야 한다고 설시하였다.[74] 차별의 원인과 근거가 제XX조 각호 목적의 추구와 아무런 합리적 관련성이 없거나 오히려 그 목적에 반한다면 이는 제XX조 예외의 남용이라고 할 것이라고 설시했다.[75]

브라질이 국민건강보호를 이유로(GATT 제XX조(b)) 재생타이어의 수입을 금지하면서도 MERCOSUR 회원국으로부터 수입하는 재생타이어에 대해서는 GATT 제XXIV조에 근거한 자유무역협정인 MERCOSUR 중재재판소의 제한철폐결정을 이유로 수입을 허용한 것에 대하여 상소기구는 MERCOSUR 중재재판소의 제한철폐결정은 국민건강보호와 무관하거나 심지어는 그에 반한다고 할 수 있으므로 차별의 정당한 이유가 될 수 없다고 판시했다.[76] 상소기구는 국내법원의 금지명령의 대상이 된 수입과 관련해서도 같은 판단을 내렸다.

위와 같은 이유로 상소기구는 브라질의 조치가 자의적이며 정당화될 수 없는 차별이라고 판시했으며, 나아가 차별의 대상이 된 수출입 물량이 소량이라는 점이나 국내 또는 지역 법원의 결정이 위장된 제한이 아니라는 근거가 될 수 없다고 판시했다.[77]

EC－바다표범 제품 사건(2014)에서 상소기구는 앞선 사건에서 설시한 법리를 재확인하며 자의적 또는 정당화할 수 없는 차별을 판단함에 있어 가장 중요한 요소 중 하나는 제XX조 각호의 목적 중 하나에 의하여 잠정적으로 정당화되는 조치의 정책목표와 그 차별이 조화가능한지 또는 합리적으로 관련되는지 여부라고 요약

---

72) AB Report, US － Shrimp (Article 21.5－Malaysia) (2001), paras. 115－34.

73) AB Report, US － Shrimp (1998), paras. 173－5.

74) WTO/AB, Brazil － Retread Tyres, paras. 228－9.

75) Ibid., para. 227.

76) WTO/AB, Brazil － Retread Tyres, paras. 226－8.

77) WTO/AB, Brazil － Retread Tyres, para. 251.

했다.78)

다. "동일한 조건하에 있는 국가간에"

미국-새우 사건(1998)에서 상소기구는 두문상의 차별이 외국수출국간에만 발생하는 것이 아니라 수출국과 수입국간에 발생할 수 있음을 확인했다.79) EC-바다표범 제품(2014) 사건에서 상소기구는 여기서의 "조건"은 위반이 문제된 GATT 실체규정과 이를 잠정적으로 정당화하는 제XX조의 해당 호와의 관련하에서 이해되어야 한다고 설시했다.80) 피소국이 조건이 다름을 입증하지 않으면 조건이 동일한 것으로 추정된다.81)

라. 국제무역에의 위장된 제한

미국-가솔린 사건(1996)에서 상소기구는 두문의 '자의적 차별', '정당화할 수 없는 차별', '국제무역에의 위장된 제한'은 서로 의미를 주고받으며, '위장된 제한'이 위장된 차별을 포함하며, 특히 제XX조 예외조치로 위장한 자의적이며 정당화할 수 없는 차별을 포함한다고 분석했다.82) 나아가 국제무역에의 위장된 제한 여부를 심사함에 있어서도 제XX조 예외의 남용과 부당한 이용을 회피하려는 데에 목적이 있음을 주목해야 한다고 지적했다.83) 형식적으로는 제XX조 예외에 속하는 비무역적 제한도 사실은 다른 무역제한 목표 추구를 감추기 위한 위장에 불과하다면 이는 남용에 해당할 것이다.84)

(3) 다른 조항상 비차별의무와의 관계에 관한 이론적 부연

GATT 제I조, 제III조, 또는 제XI조(이하 1차 규범)의 비차별 의무를 위반하지만 제XX조 두문의 비차별 요건을 만족하는 경우는 있는가? GATT 1차 규범의 비차별 원칙과 제XX조 두문의 비차별 원칙이 동일하다면 두문의 비차별 원칙은 무의미한 것이 될 것이다. 그렇기에 상소기구는 둘이 서로 상이하며 후자는 전자에 추가된

---

78) AB Reports, EC — Seal Products (2014), para. 5.306.

79) AB Report, US — Shrimp (1998), para. 150.

80) AB Reports, EC — Seal Products (2014), para. 5.301.

81) Ibid., para. 5.317.

82) AB Report, US — Gasoline (1996), 25.

83) Ibid.

84) Panel Report, EC — Asbestos (2001), para. 8.236.

요소를 고려한다는 입장이지만[85] 구체적으로 어떤 요소를 고려하는지는 아직 뚜렷하지 않으며 이러한 추가고려 요소가 실질적 영향평가에 해당한다면 이는 두문의 기준이 실질적 영향평가를 요하지 않는다는 다른 법리[86]와 충돌하게 된다. 이에 양자 간의 관계에 대한 다양한 의견이 분분하게 제시되었다. 필자는 조치의 목적은 1차 규범이 아닌 제XX조에서 고려되며 1차 규범에서 차별적이라고 일응 판단된 조치도 제XX조 각호의 목적에 해당하는 경우 그 프리즘을 통하여 본 모습을 드러낸 결과 일부는 객관적이며 정당화할 수 있는 조치로 재판명되는 것이고 다른 일부는 자의적이며 정당화할 수 없는 차별 또는 위장된 무역제한으로 확정되는 것으로 법적용의 구조를 파악함이 적절하다고 생각한다. 제XX조의 적용과정에서 1차 규범 적용에서 고려되지 않은 요소가 고려될 수 있음은 물론이다.

4. 사례

아직까지 GATT 제XX조 예외에 의해서 인정받은 조치는 아래 미국 – 새우 사건의 이행조치가 유일하다. 이로 인해 시민단체, 특히 환경보호단체는 반WTO적 태도를 취하기도 한다. 그러나 상소기구는 사례들은 구체적인 사안에 대한 판단일 뿐 일반적으로 WTO협정이 회원국의 환경보호, 유한자연자원 보호를 위한 조치와 협력의 중요성을 부정하는 것이 아니며 단지 WTO협정상 예외에 대한 남용을 견제하는 것임을 강조하였다.[87]

(1) 태국 – 담배수입제한 사건[88]

자국산 궐련의 판매를 허용하는 한편 외국산 궐련의 경우 건강에 해로운 화학처리가 되었다는 이유로 수입을 허가하지 않은 태국의 조치에 대하여, 패널은 태국의 관행이 GATT 제XI조를 위반하고 있고, 외국산 궐련에 들어간 첨가물이 건강에 해롭다는 증거가 없으며 국민보건을 위해서라면 금연교육, 홍보, 과세 등 다른 덜

---

85) US – Gasoline 사건에서 상소기구는 미국이 외국사업자에 대한 개별심사의 행정 부담을 줄일 수 있는 방안에 대한 탐색을 하지 않은 점과 당해조치에 의하여 외국사업자가 추가로 부담하는 비용을 감안하지 않은 점이 GATT 제III조에서는 고려할 필요가 없지만 제XX조에서는 고려되는 요소라고 설명하였다. Op. cit., p. 26.

86) WTO/AB, Brazil Retread Tyres, paras. 228 – 9.

87) AB Report, US – Shrimp (1998), paras. 185 – 6; AB Report, US – Gasoline (1996), 29 – 30.

88) GATT Panel, Thailand – Restrictions on the Importation of and Internal Taxes on Cigarettes, DS10/R – 37S/200, 1990.

무역제한적인 방안이 있다는 이유에서 제XX조 (b)호의 '필요성'을 충족하지 못하고 있다고 하여 GATT 불합치로 평결하였다.

(2) 미국-가솔린 사건[89]

환경보호를 위한 가솔린 기준설정에 있어 국내 정유업자에게는 1990년도보다 악화되지 않을 것을 요건으로 개별적 기준치 설정을 허용하고 수입업자에게는 통상 이보다 높은 법정 기준치를 사용하도록 요구한 미국의 조치에 대하여 브라질과 베네수엘라가 제소하였다. 이에 대하여 상소기구는 다음과 같은 결정을 내렸다.

미국의 위와 같은 차별조치는 제III조 제4항에 반한다. 하지만, 위 조치는 대기 정화를 위한 것으로서, 깨끗한 공기라는 천연자원의 보호와 인간 건강의 보호를 목적으로 하는 것이라는 점에서 제XX조 (b)호 및 (g)호의 목적적합성을 인정하였다. 하지만 다음 단계에서 (g)호의 '관련성'은 인정되지만 (b)호의 '필요성'을 충족하지 못하는 것으로 판단했다. 나아가 상소기구는 위 조치가 제XX조 두문의 두 요건을 충족하지 못하는 것으로 보았다. 미국이 (휘발유 수출국가들이 요구하였던) 협력협정 추진 등의 대안을 찾는 노력을 다하지 않았다는 점을 위의 판단에 있어 고려하였다.

(3) 미국-참치/돌고래 사건

GATT 시대의 미국-참치/돌고래 사건[90]으로 분쟁이 거슬러 올라간다. 참치를 건착망을 사용하여 잡을 때 돌고래가 같이 잡히는 경우가 많은데, 이렇게 포획된 돌고래는 풀어주지 않으면 죽게 된다. 이에 미국은 돌고래의 보호를 위해 참치어로에 대한 규제에 돌고래와 관련된 사항을 추가하였고, 이를 해양포유동물보호법[91]으로 규범화하였다. 이 법에 따라 미국에 참치를 수출하는 국가가 미국 돌고래 보호기준을 충족시키고 있다는 점을 미국 당국에 입증하지 못하면 미국에 참치 수출을 할 수 없게 되었으며, 결국 기준을 충족시키지 못한 멕시코의 대미 참치 수출이 금지되었고, 멕시코는 미국의 수입 금지 조치가 GATT 제XI조에 위반된다고 주장하며 미국을 제소하였다.

이 사건에서 미국은 제XX조 일반적 예외 규정의 (b)호 및 (g)호를 인용하며

---

89) United States — Standards for Reformulated and Conventional Gasoline, WT/DS2.
90) 미국 — 참치수입제한 사건(I)[BISD 39S/155].
91) Marine Mammal Protection Act.

방어하였으나 결국 패소하였다. 패널은 GATT 제XX조 (b)호 및 (g)호 소정의 식물, 동물 및 사람의 생명과 건강을 보호하기 위하여 필요하거나 또는 유한천연자원의 보존을 주된 목적으로 한 무역조치를 취할 수 있는 권리에 자신의 영토를 넘어서 다른 체약국의 정책 변경을 강요하기 위한 목적의 무역금지조치를 부과할 권리가 포함되어 있다는 견해를 뒷받침할 만한 어떠한 근거도 없다고 판시하였다. 또한 패널은 수입품의 공정 및 생산방식(PPMs) 가운데 상품 비관련 PPMs에 의한 수입규제는 내국민대우원칙에 위반된다고 하였다.

미국이 멕시코의 협의요청을 무시하고 조치를 취한 것도 비난을 받았다. 그러나 당시 북미자유무역협정 관련 협상에 미칠 악영향을 우려한 멕시코가 제소를 취하함으로써 이 사건은 GATT 보고서 채택 없이 끝나게 되었다.

그 후, 이 문제는 EC, 네덜란드에 의해 다시 제기되어 미국의 조치가 GATT 제III조, 제XI조 위반이며 제XX조 예외요건을 충족하지 못한다고 판시되었다(DS29).[92] 미국은 이후 수입금지보다는 돌고래 안전인증표시제로 전환하였다. 그러나 이 또한 멕시코에 의해서 WTO에 다시 제소되어서, 미국의 TBT위반 인정, 이행소송과 보복승인소송으로 계속되고 있다(DS381).[93]

(4) 미국-새우/바다거북 사건[94]

미국은 새우잡이용 그물에 바다거북이 탈출할 수 있는 장치를 마련하지 않고 새우를 포획하는 나라로부터의 새우 수입을 금지하였는데, 이러한 미국의 조치는 GATT 제XI조 위반으로 판정되었다.

상소기구는 WTO설립협정 전문에서 지속가능한 성장을 위한 자원의 최적이용을 목표로 제시한 맥락에서 고찰할 때, GATT XX(g)의 '천연자원'과 같은 일반적 용어는 그 내용이 정태적으로 한정되는 것이 아니라 개념상 진화적이라고 설시하였다. CITES[95]나 UNCLOS[96]와 같은 근년의 국제협정의 관행이 생물과 무생물 자

---

92) GATT Panel Report, United States — Restrictions on Imports of Tuna, June 1994.

93) AB Report, United States — Measures Concerning the Importation, Marketing and Sale of Tuna and Tuna Products, 2012.

94) United States — Import Prohibition of Certain Shrimp and Shrimp Products, WT/DS58, 1998.

95) 멸종위기 야생 동·식물종의 국제거래에 관한 협약(Convention on International Trade in Endangered Species of Wild Flora and Fauna).

96) 유엔해양법협약(United Nations Convention on the Law of the Sea).

원을 망라하여 천연자원이란 용어를 사용하는 것이 개념진화의 증거로 제시되었다. 이와 같은 개념진화를 근거지우는 후속관행이나 합의는 모든 WTO회원이 인정하여야 하는지 분쟁회원간의 관행이나 합의만 있으면 되는지는 아직 해결되지 않은 쟁점이다.[97]

그 뒤 미국의 이행조치에 대해서도 분쟁이 이어졌는데, 이에 대하여 이행패널은, GATT 제XX조 (b)호에 의한 조치를 취하는 국가는 그 조치를 취하기 전에 수출국과 선의의 교섭을 다하여야만 하나, 협정을 체결할 의무까지 부담하는 것은 아니라고 판시하였다. 이 점에서 상기 '미국-참치/돌고래' 사건에서 판시한 관련 법리가 실질적으로 제한되었다.

이후, 미국이 미국의 어로방식(TEDs)과 유사한 효과를 갖는 다른 어로방법을 인증하고, 관련국에 협의기회를 부여함에 따라 두문의 요건을 충족한 이행을 한 것으로 인정되었다.[98] 현재까지는 이 판정이 해당 조치가 GATT의 다른 의무규정을 위반하면서도 제XX조에 의해서 정당화됨을 인정한 유일한 판정이다.[99]

(5) EC-석면 사건 (제5장 제5절 사례 참조)

5. GATT 제XX조의 다른 협정에의 적용

GATT 제XX조가 WTO의 다른 상품분야 협정(Annex 1A 협정) 또는 가입의정서에 대해서도 적용되어서 예외의 근거가 될 수 있는지가 논란이 되었다. 상소기구는 해당 협정과 가입의정서가 명시적 또는 묵시적으로 GATT 제XX조를 언급하는 경우에는 적용가능하다고 판시하였다.

예컨대, TRIMS 제3조[100]는 명시적으로 GATT 제XX조의 적용가능성을 긍정함에 비하여 SPS는 문언[101] 및 목적상 제XX조의 예외를 다시 인정하면 무의미한 예

---

97) 비엔나 조약법협약 제31조 제3항의 해석과 관련된 문제이다.

98) AB Report, US-Shrimp (Article 21.5-Malaysia) (2001).

99) 제XX조에 합치되는 것이 명백한 조치는 분쟁에 이르지 않을 것이며, 합치하지 않는 것으로 판정된 조치는 합치하게끔 수정되는 결과 더 이상 분쟁의 대상이 되지 않는 것이 통상적이므로 제XX조에 의해서 조치가 정당화된 판정이 유일하다는 것에서 제XX조의 역할이 미미하다고 결론짓는 것은 전체 모습을 보지 못하는 것이며 실질에 있어 제XX조는 회원국의 무역외적 가치 추구에 중요한 역할을 한다.

100) "All exceptions under GATT 1994 shall apply, as appropriate, to the provisions of this agreement"

101) SPS 제2.4조.

외의 반복이 되어 GATT 제XX조에 의한 예외인정 가능성이 부인되었다.[102)

가입의정서의 경우에도 직·간접적으로 연결고리 역할을 하는 문언이 있는 경우에는 GATT XX의 원용이 가능하다. 중국－시청각서비스 사건에서는 해당 의무 규정을 도입하는"WTO협정에 합치하는 방식으로 무역을 규제할 중국의 권리를 저해하지 아니하며"[103)라는 문구가 그 역할을 하였다.[104) 중국－원재료 사건과 중국－희토류 사건에서는 가입의정서의 수출세금지 관련 규정이 단지 GATT 제VIII조(수출입 수수료 및 형식)를 언급하고 있었으며 이는 GATT 제XX조와 연결되지 않으므로 제XX조를 발동시키지 못하였다.[105)

제 2 절   안보상의 예외

1. 일반

GATT 제XXI조는 안보상의 예외에 대하여 다음과 같이 규정한다.

"이 협정의 어떠한 규정도 다음으로 해석되지 아니한다.
(a) 공개시 자국의 필수적인 안보이익에 반한다고 회원이 간주하는 정보를 제공하도록 회원에 요구하는 것
(b) 자국의 필수적인 안보이익의 보호를 위하여 필요하다고 회원이 간주하는 다음의 조치를 체약국이 취하는 것을 방해하는 것
    (i) 핵분열성 물질 또는 그 원료가 되는 물질에 관련된 조치
    (ii) 무기, 탄약 및 전쟁도구의 거래에 관한 조치와 군사시설에 공급하기 위하여 직접적 또는 간접적으로 행하여지는 그 밖의 재화 및 물질의

---

102) WTO/Panel, US — Poultry, para. 7.482; EC — Hormones, paras. 8.31－2. 그 밖에 농업협정은 제21조 문언상 긍정되며, TBT는 전문, 제2.2조 등의 문언 및 목적상 부정되며, 반덤핑협정은 제18.1조 문언에 의해 부정되고, 보조금 및 상계관세협정과 긴급수입제한조치협정의 경우도 그 자체가 독자적인 예외를 구성하기 때문에 다시 제XX조 예외가능성을 추가함은 부적절하기에 부정된다. 반면 관세평가협정, 선적전검사협정, 원산지협정, 수입허가협정은 문언 및 목적상 제XX조 예외가 인정된다. Mavroidis (2013), pp. 363－6.
103) "Without prejudice to China's right to regulate trade in a manner consistent with the WTO Agreement" 가입의정서 para. 5.1.
104) WTO/AB, China — Audiovisual Services, para. 233.
105) WTO/AB, China — Raw Materials, paras. 7.158－60; China — Rare Earths, paras. 5.18－5.74. 구체적 예외의 존재와 같은 가입의정서의 구조도 이런 해석의 맥락이 되었다.

거래에 관련된 조치

(iii) 전시 또는 국제관계에 있어 그 밖의 비상시에 취하는 조치

(c) 국제 평화 및 안보의 유지를 위하여 국제연합헌장하의 자국의 의무에 따라 체약국이 조치를 취하는 것을 방해하는 것"

(a)호와 (b)호가 판단의 주체를 조치를 취하는 회원국으로 규정하고 있는 점, GATT 제XX조와는 달리 두문을 통한 통제가 없는 점 등은 GATT 제XXI조하 조치에 대한 사법심사가 제한적일 수밖에 없도록 한다. GATT 초기 미국-수출제한 사건(1949)의 패널은 "각국은 자신의 안보와 관련한 문제에 대하여 최종적인 심판관이 될 수밖에 없다. 하지만 각 회원국은 GATT를 약화시키는 효과를 갖는 조치를 취하지 않도록 조심하여야 한다"고 설시하였다.[106]

2. 보안정보

(a)호에서 보안정보의 범위를 정하는 주체는 조치를 취하는 회원국으로 해석되며 이는 확대해석의 가능성을 낳는다. 과거 미국은 전략물자의 목록을 밝히는 것조차 안보이익을 해한다는 견해를 표명한 적이 있다.[107]

3. 전략물자 통제

이 조항 (b)호에 기하여 각국이 운영하고 있는 것이 전략물자 수출입통제제도이다. 전략물자란 대량살상무기 및 그 운반수단과 이의 제조, 개발에 이용이 가능한 물품으로, 기술 및 소프트웨어 등을 포함하는 상당히 넓은 개념이다. 각국은 특정 물품들을 전략물자로 지정하는 등의 방법으로 전략물자의 수입과 수출에 제한을 가하고 있다. 한국의 경우 '대외무역법' 및 '전략물자수출입고시'에 따라 대량파괴무기로 전용될 가능성이 높은 물품이 선적되어 있는 것으로 의심되는 경우 허가를 받도록 하고 있다. 한, 미, 일, 영 등 서방 40여 개국은 바세나르협정[108]을 체결하여 전략물자의 수출입을 통제하고 있다.

GATT 제XXI조(b)(iii)의 "… 또는 국제관계에 있어 그 밖의 비상시"를 전시에

---

106) Panel Report, US — Export Restrictions (Czechoslovakia) (1949), GATT/ CP. 3/ SR. 22, Corr. 1.

107) GATT/ CP. 3/ 38 (1949), 9.

108) Wassenaar Arrangement on Export Controls for Conventional Arms and Dual—Use Goods and Technologies, 1996.

준하는 경우에 한정하는 것이 문언해석으로나 통상질서의 유지라는 목적에 적합할
것이다.

4. UN헌장에 따른 제재

UN 안전보장이사회 결의에 의거한 수출입 제한은 (c)항에 해당한다. 이와 같
은 UN헌장상의 근거 없이 이른바 적성국가 내지 불량국가에 대하여 일방적으로
취하는 경제제재조치는 조치 상대국이 WTO회원국인 경우 협정상의무에 대한 위
반이 될 수 있다. 이러한 의무 위반이 GATT 제XXI조의 안보상 예외에 의하여 어
느 정도까지 받아들여질 수 있는지에 대한 논의는 아직 진행 중이다.[109]

5. 사례

많지 않은 사례 중에는 1970년 이집트의 이스라엘에 대한 경제적 보이코트,
1982년 포클랜드 전쟁 중에 EU, 호주, 캐나다의 아르헨티나에 대한 경제제재,
1985년 미국의 니카라과에 대한 경제봉쇄, 1991년 EU와 여타 국가의 유고슬라비
아에 대한 경제제재 등이 있다. GATT체약국단은 제XXI조에 대한 결정을 채택하여
안보조치를 취하는 경우 제3국에 그 내용을 통지할 것을 촉구하고 그런 상황에서
도 제3국의 GATT하 권리를 온전히 보유한다고 확인하였다.[110] 경제제재를 행하는
국가는 통상 그 발동여부는 주권적 결정으로 GATT 제XXI조의 충족은 사법적으로 판
단할 사안이 아니라고 주장한다. 반면 패널은 이와 같이 제XXI조 충족여부를 조치국
의 자기 판단에 위임하는 것은 필연적으로 그 남용을 불러올 것이라고 우려한다.[111]

---

109) 2차 세계대전 이후 개도국들은 서방의 경제적 간섭을 막으려는 목적으로 경제적 강박의 한
     계에 관한 국제법 형성을 위해 노력해왔다. 타국을 강박함으로써 이로부터 그 국가의 주권
     적 권리를 예속하고 이익을 확보할 목적으로 시도되는 경제적 조치는 국가간 우호관계를 해
     치며 국내문제 불간섭원칙에 반한다는 원칙이 미주기구(OAS)헌장을 비롯하여 1960년대 이
     래 채택된 일련의 UN총회 결의에 반영되어 나타난다. 그러나 UN총회결의에 법적 구속력이
     없으며 만장일치로 채택된 것도 아니기에 아직 광의의 경제적 강박이 금지된다는 국제법상 컨
     센서스는 없다고 보여진다(UN Doc A/48/535, Agenda Item 91(a)). ICJ도 1986 *Nicaragua
     v. US* 사건에서 미국의 경제적 강박이 양국간 우호통상항해조약상의 의무에 위반됨은 인정
     하면서도 국제관습법상 불간섭원칙의 위반에는 해당하지 않는다고 판시했다. 그러나 구체적
     인 상황에서 경제적 강박이 WTO협정 등 국제법 위반이 될 수 있는 여지는 여전히 존재한다.
110) Decision Concerning Article XXI of the General Agreement, L/ 5426, adopted on 2
     December 1982, 29S/ 23.
111) GATT Panel, US — Nicaraguan Trade, para. 5.17. 다만 제XXI조 합치성 여부는 해당 패널
     의 위임사항에서 배제되었기 때문에 구체적 판단을 하지는 않았다.

WTO시대에 들어와서의 사례로는 미국의 헬름스-버튼(Helms-Burton)법이 있다. 이 법의 원래 명칭은 '쿠바의 자유 및 민주화를 위한 법'112)이다. 이 법은 쿠바에 대해서 경제제재를 할 뿐만 아니라 쿠바와 거래하는 제3국에 대해서도 제한을 가하였다. 특히, 쿠바정부에 의해 수용된 미국인의 재산을 거래하는 외국 회사를 미국법원에 제소할 수 있도록 규정하였다. 이에 대하여 유럽은 외교적으로 강력하게 항의하고 GATT 제I, III, V, XI, XIII조 위반으로 WTO에 제소하였을 뿐만 아니라,113) 이 법에 따른 미국의 판결이 있는 경우 유럽 내에서 그 집행을 막을 수 있도록 방어법률을 입법하였다. 미국은 이 분쟁은 본질적으로 통상문제가 아닌 외교안보문제이므로 WTO의 관할사항이 아니라는 입장을 표명했다.114)

친환경 생산·공정 규제와 GATT

상품의 생산 또는 공정방식(Production and Process Methods, PPMs)과 관련하여 수입국이 친환경 방식을 사용한 상품만 수입을 허가하고 이를 준수하지 않고 생산된 외국의 수입품에 대하여 수입금지 또는 제한 조치를 가하는 상황을 상정해보자.

PPMs에는 제품관련 PPMs와 제품무관련 PPMs의 두 가지가 있는데 제품관련 PPMs는 제품의 특성을 좌우하는 PPMs를 말하며, 제품무관련 PPMs는 제품의 특성에는 나타나지 않는 순수한 공정 및 생산방식을 말한다. 통상적으로 무역조치는 제품자체의 특성을 기준으로 시행되기 때문에 생산방식이 다르더라도 최종 제품의 특성에 차이가 없다면 동종 제품으로 간주되며(US-참치/돌고래 사건; EC-호르몬 사건), 최종제품의 특성에 차이가 있으면 이종 제품으로 간주된다. 즉, 친환경/비친환경적 특성이 제품 자체에 체화된 경우는 이종제품이 될 수 있다(EC-석면 사건).

그러나 환경주의자들은 여기서 나아가 제품의 생산·공정에서도 많은 환경문제가 발생하기 때문에 이에 근거한 규제가 인정되어야 하며 이는 일반적 예외규정 적용 단계 (GATT 제XX조 (b) 또는 (g))에서 무차별원칙 위반에 대한 예외취급이 아니라 애초에 친환경 방식과 비친환경 방식에 따라 내외 상품을 구별하지 않고 공히 적용되는 조치이므로 본질적으로 국내규제로서 비록 국경조치로 제한이 이루어지는 경우에도 이런 규제는 수량규제금지의무(GATT 제XI조)가 아닌, 내국민대우의무(GATT 제III조) 위반 여부로 다루어져야 하며,115) 후자를 적용하는 경우에 소비자가 친환경방식에 따른 제

---

112) Cuban Liberty and Democratic Solidarity Act.
113) EU가 미국과 추가적 협상을 이유로 패널의 작업 중단을 요청하여 유야무야되었다.
114) WT/ DSB/ M/ 24, dated 16 October 1996, 7.
115) 이는 제III조 위반의 경우 제소국이 입증하여야 하는 요건이 더 많고 그에 비례하여 환경보

품과 비친환경방식에 따른 제품을 분명히 구분하여 인식하는 경우 이는 동종성 요건을 충족하지 못하는 이종 제품이므로 내국민대우의무 위반 자체가 되지 않는다는 주장을 한다. 이러한 주장을 내세우는 것은 지금까지 패널이나 상소기구가 일반적 예외의 인정을 엄격하게 해석한 것에도 일부 기인하는 전략이다. 이런 접근에 대해서는 제XX조의 적용 시에 살펴야 할 '환경보호'와 관련한 고려를 제III조 적용 시에 미리 살핌으로써 GATT법의 법체계에 반하며 일반적 예외 규정을 무의미한 것으로 만들 수 있다는 비판이 있다.

호법령을 적용하는 피소국의 경우 방어가 용이하기 때문이다.

제8장

반 덤 핑

반덤핑, 보조금 및 상계관세, 긴급수입제한 등 이하 3개 장에서 다루는 주제들을 '불공정무역'(unfair trade)에 대한 구제조치라 통칭하기도 한다. 그러나 긴급수입제한조치의 발동요건은 불공정과는 관련이 없으며, 반덤핑조치와 상계관세부과의 각 요건인 덤핑과 보조금지급을 항상 불공정한 것으로 파악할 수 있는가에 대해서도 이론의 여지가 있다.[1] NGO측 시각에서 보는 '공정무역'은 전 세계적인 산업자본과 유통자본의 불공정한 거래조건을 해소해야 한다는 것으로서[2] 전통적 논의와는 다른 시각을 제공하고 있으며, 국내법인 산업피해구제법상 '불공정무역'은 지적재산권 침해물품과 원산지규정 위반물품의 교역도 포함하는 개념으로 사용되고 있다. 따라서 반덤핑, 상계관세, 긴급수입제한을 포섭하는 용어로 '무역구제(trade remedies)'가 중립적이라고 생각된다.

우선, '덤핑(dumping)'에 대해서는 '덤핑방지관세(antidumping duty)'조치가 취해지고, '보조금(subsidy)'에 대해서는 '상계관세(countervailing duty)'조치가 취해진다는 용어의 사용을 기억해두자.

---

1) 장기가변비용 이하로 판매하는 약탈적 가격전략이 아닌 이상에는 염가판매나 가격차별은 친경쟁적 효과가 크다는 것이 경쟁법 학자들의 일반적 견해이다.
2) NGO의 공정무역 운동은 불공정무역 해소를 위하여 제3세계 제품에 대한 제값 쳐주기, 공정무역제품 구매운동, 민주적 생산자조합을 통한 직거래, 장기 구매계약 등을 추진하고 있다. 마일즈 리트비노프·존 메델레이(김병순 역), 『인간의 얼굴을 한 시장 경제, 공정무역』, 모티브, 2007.

제 1 절 서론

각국의 반덤핑조치 법령이[3] 규율의 대상으로 삼는 행위는, 수입국의 산업에 실질적 피해를 야기하거나, 그런 위협이 되거나, 또는 산업의 수립을 지연시키는 덤핑, 즉 상품의 정상가격 이하로의 수출이다.

WTO의 발족 이후 2016. 12.까지 세계적으로 회원국에 의해 5,286건에 달하는 반덤핑절차가 개시되었다고 보고될 정도로 반덤핑조치는 많이 취해지고 있으며, 특히 한국은 중국에 이어 두 번째로 빈번히 반덤핑조치의 대상이 되고 있다.[4] 한편, 빈번히 반덤핑조치를 발동하는 국가를 살펴보면 미국과 EU 이외에도 인도, 브라질 등 신흥개도국 또한 이를 애용하고 있음을 볼 수 있다.

〈연간 반덤핑조사의 대상국이 된 빈도〉

												1995. 1. 1. ~ 2016. 12. 31.
연도	06	07	08	09	10	11	12	13	14	15	16	95~16
중국	73	61	78	78	44	51	60	76	63	70	94	1217
대만	13	6	11	12	5	9	22	17	13	10	10	285
인도	6	4	6	7	4	7	10	11	15	13	12	217
인도네시아	9	5	11	10	4	5	6	7	5	6	9	198
일본	9	4	3	5	5	5	6	11	7	8	12	207
한국	19	13	9	8	9	11	22	25	18	17	32	398
태국	8	9	13	8	5	8	10	14	9	3	10	210
미국	11	7	8	14	19	10	9	13	11	5	5	276

---

3) 한국의 관련 국내법령으로는 '관세법' 및 '불공정무역행위조사 및 산업피해구제에 관한 법률'이 있다.
4) https://www.wto.org/english/tratop_e/adp_e/adp_e.htm

〈연간 반덤핑조사를 발동한 빈도〉

연도	06	07	08	09	10	11	12	13	14	15	16	95~16
											1995. 1. 1. ~ 2016. 12. 31.	
아르헨티나	10	7	19	28	14	7	12	19	6	6	25	348
호주	11	2	6	9	7	18	12	20	22	10	17	316
캐나다	7	1	3	6	2	2	11	17	13	3	14	213
EC	35	9	19	15	15	17	13	4	14	11	14	493
인도	31	47	55	31	41	19	21	29	38	30	69	839
일본		4					1		2	2	1	11
한국	7	15	5		3		2	8	6	4	4	135
미국	8	28	16	20	3	15	11	39	19	42	37	606
브라질	12	13	24	9	37	16	47	54	35	23	11	403
중국	10	4	14	17	8	5	9	11	7	11	5	234

반덤핑조치와 관련된 WTO 규정에는 (i) GATT 제VI조, (ii) 반덤핑협정(GATT 제VI조의 이행에 관한 협정, ADA)이 있다. WTO협정이 규율하는 것은 사기업의 덤핑행위가 아니라 회원국이 취하는 반덤핑조치이다. 반덤핑조치를 전적으로 회원국의 재량에 맡기면 관세양허를 통한 시장개방 효과가 무색해질 수 있음을 우려한 것이다. WTO반덤핑협정에 의거하여 취하는 것이 아닌 어떤 구체적 조치도 덤핑수출에 대해서 취하면 안 된다.[5] 후술하겠으나, WTO협정상 인정되는 조치에는 잠정조치, 가격약속, 반덤핑확정관세의 부과가 있으며 그 밖에 민·형사상 책임을 묻는 것은 협정위반이 된다.[6]

반덤핑조치 발동요건은 덤핑의 존재, 피해의 존재 및 인과관계이다. 각 요건을 이하에서 자세히 살펴보기로 한다.

---

5) 반덤핑협정 제18.1조.
6) AB Report, US — 1916 Act (2000), para. 137.

[사례연구] 미국－Byrd 수정법 분쟁[7]

1) 사실관계

미 의회가 반덤핑관세 및 상계관세 징수액을 미국내 제소당사자들에게 배분하는 것을 골자로 한 Byrd 수정법을 2000. 10. 11.(하원) 및 10. 18.(상원) 통과시킴에 따라 2000. 10. 28. 동법이 발효되었다. 우리나라는 동법이 WTO협정 위반임을 들어 2000. 12. 21. WTO에 제소하였다. 또한 EU, 일본, 호주, 브라질, 칠레, 인도, 인도네시아, 태국, 캐나다, 멕시코 등 총 11개국이 공동 제소국으로 참여하였다.

2) 패널 단계 및 상소기구 단계

패널은 WTO협정상 덤핑 및 보조금 지급에 대해 반덤핑관세 또는 상계관세 조치, 잠정조치, 가격약속만이 허용되므로 Byrd 수정법은 WTO 반덤핑협정 제18.1조, 보조금/상계관세협정 제32.1조 위반이라고 판정하고 동법 폐지를 권고하였다. 상소기구도 2003. 1. 16.자 보고서에서 패널의 판정을 지지하였다.

3) 이행 단계(양허 정지조치 포함)

합리적 이행기간과 관련하여 공동제소국들과 미국간에 합의가 이루어지지 않음에 따라 공동제소국들은 2003. 3. 14. WTO 분쟁해결에 관한 양해 제21.3조 (c)호에 따른 중재절차를 요청하였다. 중재인은 미국에 대해 2003. 12. 27.까지 이행조치를 취하라고 판정하였다.

미국측이 2003. 12. 27.까지 Byrd 수정법을 폐지하지 않음에 따라 공동제소국들은 2004. 1. 15. WTO 분쟁해결기구에 대미 양허정지를 요청하였다. 미국이 2004. 1. 23. 양허정지 수준에 대해 이의를 제기함에 따라 양허정지 수준에 관한 중재 패널이 설치되었으며, 동 패널은 2004. 8. 31. 공동제소국이 반덤 및 상계관세 징수액의 72% 수준의 양허정지를 허용하는 판정을 내렸다. 2004. 11. 26. WTO DSB회의에서 한국, EC, 일본, 캐나다, 멕시코, 인도, 브라질 등 공동제소국은 대미 양허정지조치 승인을 획득하였다.

미 의회는 2006. 2. Byrd 수정법을 2007. 10. 1.까지 폐지하는 내용의 법안을 통과시킨 바, 이로써 미국의 이행문제도 일단락되었다.

---

7) United States — Continued Dumping and Subsidy Offset Act of 2000, WT/DS217, WT/DS234.

제 2 절 덤핑의 존재

(1) 덤핑

'덤핑'은 '상품의 정상가격 이하로의 수출'이라 정의될 수 있다.[8] 연관된 용어에 덤핑차액(마진)과 덤핑마진율이 있는데, 이를 구하는 산식은 아래와 같다.

$$\text{덤핑차액(마진)} \quad = \quad \text{정상가격} - \text{수출가격}$$
$$\text{덤핑마진율} \quad = \quad (\text{덤핑차액} / \text{수출가격}) \times 100$$

덤핑은 원칙적으로 일정기간 모든 거래를 기초로 계산되지만 후술하듯이 표적덤핑의 경우에는 특정 범주의 거래에 한정될 수 있다. 덤핑마진율이 2% 이하인 경우(미소 마진)에는 반덤핑관세를 부과할 수 없다.

(2) 정상가격

'정상가격'은 수출국 내 통상의 거래에서 동종상품의 비교가능한 소비자가격을 의미한다.[9] 그러나 수출국에서 소비를 위하여 판매되는 동종상품의 양이 수입국에 판매되는 양의 5% 미만인 경우에는 달리 입증되지 않는 한 정상가격으로 인정될 수 없다.[10]

가. 통상의 거래 가격

'통상의 거래'라는 조건은 관계자간의 거래나 비정상적으로 저가이거나 고가인 특이한 거래를 배제할 수 있는 근거가 된다.[11] 조사당국에게 어느 정도 재량이 인정되지만 협정은 다음과 같은 기준을 제시한다.

수출국 국내시장에서의 동종상품의 판매 또는 생산단위비용(고정 및 가변비용)에 관리, 판매 및 일반비용을 합한 것 미만의 가격으로 이루어지는 제3국에

---

8) 반덤핑협정 제2.1조.
9) Ibid.
10) 반덤핑협정 각주2.
11) Appellate Body Report, US — Hot-Rolled Steel (2001), paras. 139-140.

대한 판매는, 당국이 이러한 판매가 상당기간(통상 1년) 이내에 상당량으로(20% 이상) 이루어지고 그 가격은 합리적인 기간 내에 총비용의 회수하지 못하는 가격이라고 판단하는 경우에 한하여, 가격을 이유로 통상적인 거래에 속하지 아니하는 것으로 취급될 수 있고 또한 정상가격을 결정하는 데 있어서 고려대상에서 제외될 수 있다. 판매시 단위비용 이하인 가격이 조사대상 기간 동안의 가중평균 단위비용보다 높은 경우, 이러한 가격은 합리적인 기간 내에 비용을 회수할 수 있는 것으로 간주된다.[12]

조사당국은 가능하면 수출자 또는 생산자가 제출한 가격정보를 존중해야 한다.

조사대상 수출자 또는 생산자가 유지하고 있는 기록이 수출국에서 일반적으로 인정된 회계원칙에 따르고 있고 고려중에 있는 상품의 생산 및 판매와 관련되는 비용을 합리적으로 반영하고 있는 경우, 비용은 일반적으로 조사 대상 수출자 또는 생산자가 유지하고 있는 기록에 기초하여 산출된다.[13]

EU–Biodiesel 사건(2016)에서 EU가 아르헨티나 생산자의 원가회계기록을 무시한 것은 이 규정 위반으로 판단되었다.

나. 동종상품의 가격

반덤핑협정에서 '동종상품'이라는 용어는 동일한 상품 즉, 대상 상품과 모든 면에서 같은 상품을 의미하며, 그런 상품이 없는 경우에는 매우 유사한 특성을 갖고 있는 상품을 의미하는 것으로 해석된다.[14]

수출국 내에서의 동종상품의 가격을 기초로 정상가격을 결정할 수 없는 경우, 적절한 제3국에의 대표성을 갖는 동종상품 수출가격이 기준이 된다.

---

12) 반덤핑협정 제2.2.1조.
13) 반덤핑협정 제2.2.1.1조.
14) 반덤핑협정 제2.6조. 다른 협정에서의 동종상품 개념보다 좁게 해석되는 경향이 있다. 이는 수출자가 상품변형으로 반덤핑관세를 회피할 수 있는 위험을 높이는 반면에 국내산업 피해판정을 쉽게 하는 장점이 있다.

다. 비교가능한 가격

1) 원칙

반덤핑협정 제2.2조가 "수출국의 국내시장 내에 통상적인 거래에 의한 동종상품의 판매가 존재하지 아니하는 경우, 또는 수출국 국내시장의 특별한 시장상황 또는 소규모의 판매[15] 때문에 적절한 비교를 할 수 없는 경우"에는 제3국 수출가격 또는 구성가격을 정상가격으로 사용할 수 있다고 밝히고 있는 데에서 비교가능성에 대한 힌트를 얻을 수 있다.

2) 비시장경제 해석각주

먼저 비시장경제의 가격과 관련하여, GATT 제VI조 제1항에 대한 해석각주 제1.2항은 동종상품의 거래가 완전한 또는 실질적인 독점체제에서 이루어지고 모든 가격이 정부에 의해 결정되는 국가에서 수입되는 경우 수출가격과 동 국가에서의 국내가격과의 엄격한 비교가 항상 적절하지 않을 수 있음이 고려되어야 한다고 설명하고 있다.[16] 이 경우 조사당국이 대안이 되는 비교방법을 선택하는 데에 특별한 제약이 없다. 실제로는 제3국의 판매가격이나 구성가격이 이용된다. EU는 중국의 가격을 대신하여 브라질과[17] 인도의[18] 가격을 이용하곤 하였다. 상소기구는 덤핑조사기관은 수출국사정에 입각하여 제3국 가격에 대한 조정할 것을 요청받는 경우 이를 고려해야 한다고 설시했다.[19] 또한, 구성가격을 사용하는 경우에도 비용 및 이윤은 생산자와 수출자의 실제 자료를 기반으로 해야 한다.[20]

3) 가입의정서 한시규정

중국의 WTO가입의정서 제15항(a)(i)는 반덤핑조사를 받는 중국의 생산자가

---

15) 5%를 기준으로 유연하게 판단된다.

16) "It is recognized that, in the case of imports from a country which has a complete or substantially complete monopoly of its trade and where all domestic prices are fixed by the State, special difficulties may exist in determining price comparability for the purposes of paragraph 1, and in such cases importing Members may find it necessary to take into account the possibility that a strict comparison with domestic prices in such a country may not always be appropriate."

17) EU — Footwear (China).

18) EC — Fastener (China).

19) AB Report, EC — Fasteners (Article 21.5 – China) (2016), para. 5.207.

20) AB Report, EU — Biodiesel (2016), paras. 6.81 – 83.

상품의 제조, 생산 및 판매에 관하여 동종상품을 생산하는 산업에 시장경제조건이 작동한다는 것을 명확히 보여줄 수 있을 경우 수입국은 가격비교를 결정함에 있어 조사 중인 산업에 대한 중국의 가격 또는 비용을 사용하여야 한다고 규정하며, 제 15항(a)(ii)는 반대로 생산자가 이를 보여줄 수 없을 때는 수입국이 중국의 가격 또는 비용과 엄격한 비교에 기초하지 않은 방법을 사용할 수 있다고 규정한다. 제15항(d)는 중국 정부차원에서 경제전반 혹은 특정 산업분야가 수입국 기준에 따라 시장경제조건을 충족함을 입증하는 경우 (a)항은 적용 종료한다고 규정하는 한편 제15항(d) 제2문은 제15항(a)(ii)는 중국의 WTO 가입 15년 후에는 어떤 경우에도 종료되어야 한다고 규정한다. 2011년 EC—Fastener 사건(DS397)에서 상소기구는 제15항(d) 제2문에 의해서 가입 15년인 2016. 12. 11. 이후에는 제15항(a)(ii)뿐만 아니라 (a)(i)도 종료하는 것으로 해석하였다.

미국, EU, 캐나다, 일본 등은 상소기구의 해석에 동의하지 않거나 그 함의를 제한적으로 이해하며 여전히 중국에 시장경제지위를 부여하지 않고 있다. 즉, 조사당국이 GATT 제VI조 제1항에 대한 해석각주 제1.2항에 해당함을 입증하면 여전히 제3국 가격이나 구성가격을 이용할 수 있는 것이다. 중국은 2016. 12. 12. 자신에 시장경제지위를 부여하지 않는 미국을 WTO에 제소하였다.[21]

4) '특별한 시장상황'의 확장

한편, 미국은 무역특혜연장법(Trade Preferences Extension Act)의 Title V에 의해 관세법(Tariff Act of 1930)을 개정하였는바 그 주요내용 중 하나는 정상가격 산정시 '특별한 시장상황'(Particular Market Situation, PMS)이 존재하는 경우에는 수출국 국내가격과 비용을 무시할 수 있는 권한을 확대한 것이다(제504조). 이 개정법으로 상무부는 조사대상 물품의 판매에 구체적으로 관련된 시장환경뿐만 아니라 에너지나 자연자원과 같은 투입요소를 포함한 산업 일반에의 정부의 관여도와 같은 보다 광범위한 경제적 고려를 할 수 있게 되었다. 최근 상무부는 한국산 유정용 강관에 대한 반덤핑 행정재심[22] 이래의 사건에서 적극적으로 특별한 시장상황 규정을 적용

---

21) United States—Measures Related to Price Comparison Methodologies (DS515).

22) Issues and Decision Memorandum for the Final Results of the 2014—2015 Administrative Review of the Antidumping Duty Order on Certain Oil Country Tubular Goods from the Republic of Korea, April 10, 2017; A Notice by the International Trade Administration on 04/17/2017, 82 Fed. Reg. 18105, (Amended, 07/10/2017).

하고 있다.

반덤핑협정 제2.2조가 언급은 하고 있으나 구체적 설명이 없어서 오랫동안 소극적으로 적용하던 '특별한 시장상황' 규정을 미국, EU, 호주 등의 국가가 시장경제 국가의 규제산업에까지 적용하는 것은 중국에게 이를 적용하기 위한 사전정지작업이라는 해석도 가능하다. 하지만 이는 특별한 시장상황에서의 반덤핑조치의 적용에 관한 WTO반덤핑협정과 GATT 제Ⅵ:1조에 관한 해석각주의 허용한도를 넘어설 우려가 있는 조치라고 할 것이다.23)

라. 구성가격

구성가격은 원산지국에서의 생산비용에 합리적인 금액의 관리비, 판매비, 일반비용 및 이윤을 합산한 가격이다.24)

여기서 관리, 판매 및 일반비용 그리고 이윤의 금액은 조사대상 수출자 또는 생산자에 의한 동종상품의 정상적인 거래에서의 생산 및 판매에 관한 실제자료에 기초한다. 이러한 금액이 이에 기초하여 결정될 수 없을 경우에는 아래에 기초하여 결정될 수 있다.

(ⅰ) 당해 수출자 또는 생산자에 의하여 원산지국의 국내시장에서 동일한 일반적인 부류(same general category)의 상품의 생산 및 판매와 관련하여 발생되고, 실현된 실제 금액,

(ⅱ) 조사대상인 다른 수출자 또는 생산자에 의하여 원산지국의 국내시장에서 동종상품의 생산 및 판매와 관련하여 발생되고 실현된 실제 금액의 가중평균25)

(ⅲ) 기타 합리적인 방법으로 구성가격을 결정하는 경우, 이윤은 원산지 국내시장에서 다른 수출자 또는 생산자가 일반적인 동일부류 상품을 판매하여

---

23) 졸고, "미국 반 덤핑법상 '특별한 시장상황'의 적용과 WTO협정", 국제경제법연구, 15권 3호 (2017), pp. 45-69.

24) 반덤핑협정 제2.2조.

25) (ⅰ)호는 상품의 범위를 확대한 방법이고, (ⅱ)호는 수출자 또는 생산자의 범위를 확대한 방법이다. (ⅱ)호에 따른 계산은 실제 거래된 금액을 사용하므로 정상적인 거래가 아니라는 이유로 그 판매자료를 배제하여서는 아니 된다. AB Report, China — HP-SSST (EU) / China — HP-SSST (Japan) (2016), para. 5.59; AB Report, EC — Bed Linen (2001), paras. 74-83.

통상적으로 실현한 이윤을 초과하지 못한다.26)

(3) 수출가격

수출가격은 원칙적으로 실제 거래가격이 될 것이나 수출자와 수입자가 특수관계에 있거나 그들 간에 모종의 보상약속이 있어서 정상적인 거래가격이 아닌 경우에는 예외적으로 구성수출가격을 산출할 수 있다. 이때에는 수입품이 독립구매자에게 최초로 재판매되는 가격을 기초로 하며, 그 것이 없으면 기타 합리적인 방식으로 산출한다.27)

(4) 공정한 비교

반덤핑협정 제2.4조는 정상가격과 수출가격간의 공정한 비교와 관련하여 다음과 같은 원칙을 제시하고 있다.

(i) 동일한 거래단계와 근접한 시점에서의 가격을 비교한다. 일반적으로 공장도 가격을 비교한다.

(ii) 제반판매조건, 과세, 거래단계, 수량, 물리적 특성의 차이와 가격비교에 영향을 미친다고 증명된 그 밖의 차이점들을 적절히 고려한다.

(iii) 가격비교를 위하여 화폐환산이 필요한 경우에는 판매일의 환율을 기준으로 환산한다.

(iv) 가중평균가격비교(W-W)와 개별거래가격비교(T-T) 중 하나를 택일하여 일관되게 적용하여야 한다. 다만 표적덤핑에 대응하여 예외적으로 가중평균정상가격과 개별수출가격을 비교(W-T)할 수 있다.28)

조사기관이 공정비교를 확보할 전반적인 의무를 진다. 조사기관이 먼저 공정

---

26) 반덤핑협정 제2.2.2조.
27) 반덤핑협정 제2.3조.
28) 반덤핑협정 제2.4.2조 "…일반적으로 조사기간 동안의 덤핑마진의 존재를 가중평균 정상가격과 모든 비교가능한 수출거래가격의 가중평균과의 비교에 기초하거나 또는 각각의 거래에 기초한 정상가격과 수출가격의 비교에 의하여 입증된다. 당국이 상이한 구매자, 지역, 또는 기간별로 현저히 다른 수출가격의 양태를 발견하고, 가중평균의 비교 또는 거래별 비교 사용으로 이러한 차이점이 적절히 고려될 수 없는 이유에 대한 설명이 제시되는 경우에는 가중평균에 기초하여 결정된 정상가격이 개별 수출거래가격에 비교될 수 있다."

비교를 위해 어떤 자료가 필요한지를 관계인에게 통지하면 관계인은 이를 제출하여 참작사유를 정당화해야 한다.[29] 조사기관은 요청된 조정에 대한 처리를 투명하게 해야 한다.[30]

(5) 제로잉

제로잉은 개별거래의 덤핑마진이 '−'인 경우 이를 '0'으로 간주하고 '+'의 마진만을 합산하여 조사대상 상품 전체에 대한 최종적인 덤핑마진을 계산하는 방법이다. 예를 들어, 2달에 걸쳐 매달 1단위씩 수출하면서 첫 달에는 수출가 4\$, 국내판매가 5\$, 둘째 달에는 수출가 5\$, 국내판매가 4\$인 경우, 평균한다면 수출가나 국내판매가나 4.5\$로 동일하므로 덤핑은 없다. 그러나 제로잉을 하는 경우 첫 달의 덤핑 마진은 1\$, 둘째 달의 덤핑마진은 '0'이며, 전체기간에 대한 최종적인 덤핑마진은 (1\$+0\$)/2 = 0.5\$이 된다.

일반적으로 기간별 구분을 통해 제로잉이 발생하지만 상품별 세분류에 의해서도 제로잉이 발생할 수 있다. 도쿄라운드 시기만 하더라도 다수 국가가 제로잉을 실시하고 있었고 그 위법성 여부가 불분명하였으나, WTO반덤핑협정의 해석으로 패널과 상소기구가 제로잉을 금지하는 판례법을 확립해가자 대부분의 나라가 더 이상 이를 실시하지 않고 있으며 현재 미국만이 남아있는 상태이다.

즉, EC−침대보,[31] US−연성목재V[32]를 비롯한 다수의 사건에서 제로잉이 덤핑마진을 과다하게 부풀리며, 공정비교에 관한 반덤핑협정 제2.4조와 제2.4.2조 위반임을 확인한 바 있다. 원덤핑조사뿐만 아니라, 관세정산, 연례재심과 일몰재심과정에서도 제로잉을 사용할 수 없으며,[33] 가격비교의 방법을 W−W, T−T, 또는 W−T 어느 것을 사용하는 경우에도 제로잉이 허용되지 않음이 확인되었다.[34][35]

---

29) AB Reports, EC — Fasteners (Article 21.5 − China) (2016), para. 5.172.

30) Ibid., paras. 5.163, 5.204,

31) AB Report, European Communities — Anti-Dumping Duties on Imports of Cotton − type Bed Linen from India, WT/DS141 (2001), para. 53.

32) AB Reports, United States — Final Dumping Determination on Softwood Lumber from Canada, WT/DS264 (2004), para. 98; Ibid. (Article 21.5 − Canada) (2005), paras. 87 − 94.

33) AB Reports, US — Zeroing (EC) (2006), para. 146; US — Zeroing (Japan) (2006), para. 146; US — Zeroing (Japan) (2007), paras. 168 − 9; US — Corrosion-Resistant Steel Sunset Review (2004), para. 127; US — Continued Zeroing (2009), para. 285; US — Washing Machines (2016), paras. 5.135 − 5.137, 5.177 − 5.179.

34) AB Report, US — Washing Machines (2016), para. 5.182.

35) 반덤핑협정 제2.4.2조 제2문이 상정하는 특수한 상황(소위, 표적덤핑)에서는 표적부분을 별도

한국은 미국의 제로잉 관행을 제소해서 수차례 승소한 결과 미국의 제로잉 관행축소에 기여하였다.

(6) 덤핑마진의 계산

제2.4.2조에 의거하여 원칙적으로 수출자별, 상품별로 덤핑마진이 산출된다. 조사당국은 W−W, T−T 중 어느 방식을 통하여 덤핑마진을 계산하든 모든 비교가능한 거래를 계산에 포함시켜야지 일부만 가지고 계산해서는 안 된다. W−T방식을 이용하기 위해서는 구매자, 지역, 또는 기간별로 현저히 다른 수출가격의 양태를 발견하고, W−W 또는 T−T 방식이 이러한 차이점을 적절히 고려할 수 없는 이유에 대한 설명이 제시되어야 한다. W−T의 경우 덤핑마진은 표적거래를 분자로 모든 거래를 분모로 해서 계산된다.[36] 표적거래에 해당하는 것만 분리해서 분모로 삼고 나머지는 버리는 것은 허용되지 않는다.[37]

[사례연구]

1) 미국−한국산 스테인레스 강철에 대한 반덤핑 사건

미국은 한국산 스테인레스 강철 후판(plate) 및 판재(sheet&strip)에 대해 1999년 반덤핑관세를 부과하였다. 이에 대하여 한국이 미국을 제소하였다.

패널은 이중의 통화환산과 관련하여 통화환산은 공정비교를 위해 필요한 경우에만 사용되어야 한다고 판시했다. 거래기업 파산에 따른 판매대금 미지급 처리에 대해서는 이는 판매조건의 차이에 포함되지 않으므로 조정고려(allowances)의 대상이 아니라고 판단했다. 마지막으로 다중기간 평균과 관련하여, 미국은 1997년 원화의 평가절하기간을 전후로 덤핑조사기간을 두 개의 소기간으로 구분하여 각 소기간의 덤핑마진을 산정한 후, '−'의 마진은 '0'으로 간주하였다(제로잉). 이에 대하여 패널은 반덤핑협정 제2.4.1조는 평가절하를 기준으로 다중평균(multiple average) 방식의 적용을 허용한다고 보았으나, 미국이 수출물량 변동을 고려치 않고 기간을 세분화하였으므로 가중평균 정상가격과 모든 비교가능한 수출거래들의 가중평균을 비교하도록 한 반덤핑협정 제2.4.2조에 반한다고 판시하였다.[38]

로 분리하여 계산하는 것은 가능하다는 점에서 제로잉이 합리화된다는 소수의견이 있다. 후술하는 미국 − 세탁기(DS464) 사건 상소기구의 소수의견.

36) AB Report, US — Washing Machines (2016), paras. 5.55, 5.98, 5.111, 5.117.
37) Ibid., paras. 5.55, 5.117, 5.124, 5.129−5.130.
38) United States — Anti-Dumping measures on Stainless Steel Plate in Coils and Stainless

2) 미국-한국산 철강 제품에 대한 반덤핑 사건

우리나라는 2009. 11. 우리나라의 철강제품에 대한 미국의 제로잉 사용에 대해 제소
하였고, 이후 양자협의를 통한 합의를 모색하였으나 실패하였다. 이에 따라 2010. 5.
패널이 설치되었다.

패널은 미국이 한국산 철강 제품에 대하여 제로잉을 사용하여 덤핑 마진을 과다 계
상하고 이에 기반하여 반덤핑관세를 부과한 것이 반덤핑협정 제2.4.2.조에 반한다는 우
리나라의 주장을 받아들였다.39)

제 3 절 국내산업에 피해

1. 개념

(1) 국내산업

'국내산업'은 동종상품 생산자 전체 또는 동종상품 생산자들 중 생산량의 합계
가 그 상품의 국내총생산량의 상당 부분(major proportion)을 점하는 국내생산자들
을 의미한다.40) 이때 당해상품의 수입자이거나 수출자 또는 수입자와 관련된41) 기
업은 제외된다. '상당 부분'인지 여부의 결정에는 아직 정성적인 판단이 개입한다.
27%는 부족하며42) 50%를 넘을 것은 요구되지 않는다는43) 판정례가 있다. 대기업
위주의 높은 집중도를 보이는 산업에서는 높은 비율을 요구할 것이나 다수의 중소
기업으로 구성된 산업의 경우에는 낮은 비율도 상당 부분이라 할 수 있을 것이다.
어느 정도 재량이 인정될 것이나 조사당국은 포함된 기업이 전체 산업에 대한 대표
성을 갖는지 유의하여야 하며 일단 포함된 기업의 경우에는 일관되게 그와 관련된
정보를 포함해야지 넣다 뺐다 하면 안 된다. 피해조사에 협조하는 기업들만 포함시
키는 경우 국내산업의 확정과 피해판정에 왜곡이 발생할 수 있다.

Steel Sheet and Strip from Korea, WT/DS179, 2000.

39) United States — Use of Zeroing in Anti-Dumping Measures Involving Products from Korea, WT/DS402.
40) 반덤핑협정 제4.1조.
41) 직접 혹은 간접적으로 통제관계에 있어서 비관계 회사였을 경우와는 달리 행동할 여지에 대한 근거가 있어야 한다.
42) EC — Fasteners (China), AB Report, para. 419.
43) Argentina — Poultry Antidumping Duties, Panel Report, para. 7.341.

(2) 피해

피해란, 국내산업에의 실질적 피해(material injury), 실질적 피해의 우려(threat) 또는 국내산업 확립의 실질적 지연(material retardation)을 의미한다.[44] 긴급수입제 한조치의 '심각한(serious)' 피해보다는 요건이 완화되어 있다.

무역구제조치의 발동요건으로서 피해는 경쟁에의 피해가 아니라 경쟁자에의 피해라는 점에서 공정거래법상 경쟁제한과 구별된다.

2. 피해판정의 기본원칙

피해의 판정은 명확한 증거(positive evidence)[45]에 기초하며, (1) 덤핑수입물량 및 덤핑수입품이 동종상품의 국내시장 가격에 미치는 영향 및 (2) 동 수입품이 이러한 상품의 국내생산자에 미치는 결과적인 영향에 대한 객관적인 검토를 포함한다.[46] 협정이 구체적인 피해판정 방법을 규정하지 않으므로 조사당국의 재량이 어느 정도 인정된다. 하지만 신뢰할 수 있고 최신의 데이터를 고려한 판정이어야 하며, 객관성을 위해서는 신의성실에 입각한 공정한 절차에 따라야 한다. 피해에 대한 긍정판정이 쉽도록 하는 것은 공평하다 할 수 없다.[47]

덤핑수입의 물량과 관련하여, 조사당국은 절대적으로 또는 수입회원국의 생산 또는 소비에 비하여 상대적으로 덤핑수입품이 상당히 증가하였는지 여부를 고려한다. 덤핑수입품이 가격에 미치는 영향과 관련해서는 조사당국은 수입회원국의 동종상품의 가격과 비교하여 덤핑수입품에 의하여 상당한 가격절하(undercutting), 가격하락(depression) 또는 가격상승억제(suppression)를 초래하는지 여부를 고려한다.[48] 20% 가격 차이의 가격절하는 상당한 것으로 인정되었으며,[49] 가격효과는 일시적인 것이 아니라 지속성이 있는 것이어야 한다. 여기서 덤핑이 아닌 정상적인 수입의 물량증가나 그 가격효과를 포함해서는 안 된다.[50]

---

44) 1994년 GATT 제6조 제1항 및 반덤핑협정 제3조 각주9.
45) 적극적, 객관적이고 검증가능하며 신뢰할 수 있는 성질의 증거이어야 한다. AB Report, US — Hot-Rolled Steel (2001), para. 192; AB Reports, China — HP-SSST (EU)/ China — HP-SSST (Japan) (2015), para. 5.138.
46) 반덤핑협정 제3.1조.
47) Appellate Body Report, US — Hot-Rolled Steel (2001), paras. 193, 196, 206.
48) 반덤핑협정 제3.2조.
49) EC — Tube or Pipe Fittings, para. 7.268.
50) AB Report, EC — Bed Linen (Article 21.5 — India) (2003), paras. 111 – 112. 협정 3.2조나 3.4조의 검토에서 덤핑이 야기한 영향인지 여부를 강조하는 것은 제3.5조에서 다루는 인과관

3. 피해의 징표로서 고려요소

(1) 실질적 피해

실질적 피해 여부를 결정함에 있어서 고려되어야 할 사항으로는 다음과 같은 것들을 들 수 있다(제3.4조). 판매, 이윤, 생산량, 시장점유율, 생산성, 투자수익률, 또는 설비가동률에서의 실제적 또는 잠재적인 감소; 국내가격에 영향을 미치는 요소; 덤핑마진의 크기; 자금 순환, 재고, 고용, 임금, 성장, 자본 또는 투자 조달능력에 대한 실제적 또는 잠재적인 부정적 영향 등 산업의 상태에 영향을 미치는 제반 관련 경제적 요소 및 지표에 대한 평가가 필요하다. 열거된 15개 요소는 망라적이 아니므로 그 밖에 드러나거나 이해당사자가 제기한 요소도 고려할 수 있는 반면 열거된 요소는 필수적으로 고려해야 한다. 이러한 요소 중 하나 또는 일부가 반드시 결정적인 지침이 될 수는 없다. 개별 요소별 영향에 대한 검토 후에 종합적으로 덤핑수입의 영향을 평가한다.

(2) 실질적 피해의 우려

실질적 피해의 우려 또한 사실에 기초해야지 단순한 주장, 추측 또는 막연한 가능성에 기초하여서는 아니 된다. 덤핑이 피해를 초래하는 상황이 명백히 예측되고 급박한 것이어야 한다. 실질적 피해 우려의 존재에 대한 판정을 내리는 데 있어서 당국은 특히 다음과 같은 요소를 고려해야 한다(제3.7조).

(i) 실질적인 수입증가의 가능성을 나타내는, 국내시장에로의 덤핑수입의 현저한 증가율,

(ii) 추가적인 수출을 흡수하는 다른 수출시장의 이용가능성을 감안하여, 수입 회원국의 시장으로 덤핑수출을 실질적으로 증가시킬 수 있는 가능성을 나타내는, 충분하고 자유롭게 처분가능한 수출자의 생산능력 또는 수출자의 생산능력의 임박하고 실질적인 증가,

(iii) 수입이 국내가격을 현저히 하락 또는 억제시킬 수 있는 가격으로 이루어지고 있는지 및 추가수입에 대한 수요를 증가시킬 것인지 여부, 그리고

계와 중복되는 것이 아니냐는 항변이 있었으나 상소기구는 고려의 범주에서 훨씬 넓고, 종국적인 제3.5조하의 판단을 위해 필요한 분석이라고 지적하며 항변을 배척했다. AB Report, China — GOES (2012), paras. 147−150.

(iv) 조사대상 상품의 재고현황

이러한 요소들 중 어느 하나도 그 자체로서 반드시 결정적인 지침이 될 수 없으며, 고려된 요소 전체가 덤핑수출이 추가로 임박하고, 보호조치가 취해지지 아니하면 실질적인 피해가 발생할 수 있을 것이라는 결론에 도달하게 하여야 한다.

실질적 피해의 우려의 경우에는 제3.7조의 요소뿐만 아니라 제3.4조의 요소들도 고려하여야 한다는 것이 패널의 견해이다.[51] 다만 중복되는 검토를 반복할 필요는 없을 것이다.[52] 조사기관은 자신의 결정이 단순한 주장, 추측, 낮은 가능성에 근거한 것이 아니라 사실과 추론상 실질적 피해가 명백히 예측되고 급박한 것임을 보이는 합리적이고 적절한 설명을 제공해야 하며,[53] 반덤핑조치의 적용에 각별한 주의를 기울여야 한다.[54]

(3) 산업 확립의 실질적 지연

국내산업 확립의 실질적 지연이라는 기준은 실제로는 거의 사용되지 않고 있다. 1967 반덤핑코드는 이 역시 확정적 증거에 의해 뒷받침될 것을 요구했다. 예컨대, 신산업 계획이 고도의 단계에 도달했거나, 공장 건설이 진행 중이거나, 고정장비의 구입 등은 새로운 산업의 확립이 가상적인 것이 아니라 실제적인 것임에 대한 증거가 될 것이다.[55]

제 4 절   인과관계

1. 인과관계 판단시 고려 요소

덤핑과 피해간에 실질적인 관련성(genuine and substantial relationship)이 있어야 한다. 덤핑과 피해간의 인과관계를 입증함에 있어서, 덤핑수입품 외에 국내산업에 피해를 초래할 수 있는 다른 요소의 존재가능성이 검토되어야 하며, 이러한 다

51) Panel Reports, Maxico — Corn Syrup (2000), paras. 7.131 – 132.
52) Panel Report, US — Softwood Lumber VI (2004), 7.105 – 111.
53) AB Report, US — Softwood Lumber VI (Article 21.5 – Canada) (2006), para. 98.
54) 반덤핑협정 제3.8조.
55) 1967 Antidumping Code, Art. 3(a). https://www.wto.org/gatt_docs/English/SULPDF/91890173.pdf

른 요소들에 의한 피해는 덤핑에 의한 피해 산정시 제외되어야만 한다(non−attri−
bution requirement). 수입품이 국내 동종품에 대한 대체성이 없다면 실질적 피해의
원인이 될 수 없다. 관련된 요소에는 덤핑가격으로 판매되지 아니하는 수입품의 수
량 및 가격, 수요감소 혹은 소비형태의 변화, 외국생산자와 국내생산자의 무역제한
적 관행 및 이들 간의 경쟁, 기술발전, 국내산업의 수출실적 및 상품 생산성 등이
포함된다(제3.5조).[56]

위 제3.4조 요소에 대한 검토가 의무적임에 비하여 제3.5조 요소에 대한 검토
는 의무적인 것은 아닌 것으로 이해된다.[57] 관련 정보를 이해당사자가 제출하는 한
도에서 조사기관에 검토의무가 있으며 직권으로 비귀속 요소를 찾을 의무는 없다.
다만 조사기관이나 분쟁패널은 이해당사자가 제출하는 정보와 대안적 설명에 열린
눈과 귀로 대해야 한다.

중국−HP-SSST(EU, Japan)(2015) 사건에서 상소기구는 중국이 덤핑 이외의 비귀
속 요인을 구별하지 않은 것 특히, 소비감소와 국내 생산능력 확장이란 요소에 의한
피해를 배제하지 않은 것은 반덤핑협정 제3.1조와 제3.5조 위반이라고 판단했다.[58]

이론상으로는 이와 같이 덤핑에 귀속되는 피해를 구제하는 데 적합한 한도에
서 반덤핑관세를 부과해야 하겠지만 실제로는 일단 덤핑이 피해를 부분적으로라도
야기했다는 것이 입증되면 덤핑마진에 상응하는 반덤핑관세를 부과하고 있다.

2. 누적

2개국 이상으로부터 덤핑물품이 수입되는 경우 국가별 덤핑수입에 의한 피해
평가만으로는 수입의 누적효과를 적절히 반영하지 못할 수 있다. 이에 협정은 국가
별 수입에 대한 피해평가 이후에 전체적 피해를 누적 평가할 수 있는 가능성을 열
어놓는다. 여기에는 세 가지 조건이 붙는다. 첫째, 수출가격 대비 덤핑마진이 2%
미만인 경우에는 미소마진(*de minimis*)으로 누적되지 않는다. 둘째, 수입물량기준
3% 미만을 점유하는 국가들의 총량이 7%를 초과하지 않는 경우 이러한 덤핑 수입
량은 무시할 만한(negligible) 수준으로 간주되어 누적되지 않는다.[59] 셋째, 수입상

56) 반덤핑협정 제3.5조.
57) Panel Report, Thailand — H-Beams (2001), para. 7.274.
58) AB Report, China — HP-SSST (EU, Japan) (2015), para. 5.286.
59) 반덤핑협정 제5.8조 제2문 이하. 반대해석하면 미소기준을 가까스로 넘는 중소기업이나 수출
물량이 감소하고 있는 기업도 반덤핑관세를 부과 받게 되는 경우가 발생한다.

품간의 경쟁조건 및 수입 상품과 국내 동종상품간의 경쟁조건을 감안할 때 수입품
의 효과에 대한 누적적 평가가 적절하다고 조사당국이 결정하는 경우에 한한다.[60]

　　미국－Carbon Steel(India)(2014) 사건에서는 덤핑으로 인한 피해와 보조금으
로 인한 피해를 누적(cross－cumulation)할 수 있는지가 문제되었다. 상소기구는 동
시에 진행되지 않은 덤핑조사에서의 수입효과와 상계관세조사에서의 수입효과를
누적하는 것은 허용되지 않는다고 판시했다.[61] 반대해석하면 양 절차를 동시진행
하는 경우에는 누적이 허용되는 것으로 이해된다.

제 5 절 덤핑조사절차

1. 조사기관

　　한국의 경우 무역위원회가, EU의 경우 집행위원회 통상국(EU Commission, DG
Trade)이 관련 업무를 담당한다. 미국의 경우 덤핑존재 여부는 상무부 수입청
(Import Administration, DoC)이, 피해조사는 국제무역위원회(US International Trade
Commission, ITC)가 담당한다.

2. 조사 절차

(1) 조사의 개시

　　조사는 조사기관의 직권에 의하여 개시될 수도 있으나 일반적으로 수입국 국
내 산업이나 그를 대신한(by or on behalf of) 서면신청에 의하여 개시된다.[62] 신청
에 의한 개시의 경우 신청이 있으면 항상 조사가 개시되는 것이 아니라, 조사기관
이 신청인의 적격 등 개시 요건을 검토하여 요건이 충족되는 경우에만 조사개시의
결정을 하고, 이 결정에 따라 조사가 개시된다.

　　신청인의 적격과 관련하여, 조사신청에 대하여 찬반 의견을 표명한 국내 생산
자들의 생산량 대비 50%를 초과하여 찬성하는 경우 조사신청이 국내산업 또는 그
를 대신하여 이루어진 것으로 간주된다고 규정한다. 또한 찬성 의견을 표명한 국내
생산자의 총생산량이 동종상품 국내총생산량의 25% 이상이어야만 조사가 개시될

---

60) 반덤핑협정 제3.3조.
61) AB Report, US ― Carbon Steel (India) (2014), paras. 4.571, 4.591, 4.600.
62) 반덤핑협정 제5.1조, 제5.6조.

수 있다고 규정한다.[63]

조사신청서에 덤핑의 증거, 국내산업에의 피해에 대한 증거, 덤핑과 피해간의 인과관계에 대한 증거가 포함되어야 한다(제5.2, 5.3조). 합리적으로 가용한 범위에서 주장을 뒷받침하는 정보를 포함하라는 이야기지 분석자료를 요구하는 것은 아니다.[64] 즉, 반덤핑절차 개시 신청서가 포함하여야 하는 정보에 관한 협정규정이 의도하는 것은 절차의 남용을 방지하려는 것이지 시작부터 완벽한 자료를 구비할 것을 기대하는 것은 아니다.[65]

반덤핑조사기관은 조사개시 결정이 이루어지기 전에는 조사개시신청이 접수된 사실을 공개하지 않아야 하지만 조사개시를 결정하면 이를 관련 수출국 정부에 통지하고 공표하여야 한다.[66] 요건을 갖추지 못한 조사신청은 기각되며 조사개시 이후에도 덤핑이나 피해의 증거가 부족한 것으로 확인되는 경우 즉시 조사를 종료한다.[67] 수출가격 대비 덤핑마진이 2% 미만이거나, 또는 수입물량기준 3% 미만을 점유하는 국가들의 총량이 7%를 초과하지 않는 경우에도 조사를 종료한다.

(2) 조사의 진행

반덤핑협정은 조사절차가 적정절차원칙에 따라 공정하게 이루어지도록 하기 위해 상세한 규정을 두고 있다.

가. 증거규칙

반덤핑조사와 관련된 모든 이해관계자들은 당국이 요청하는 정보에 대한 통지를 질의서(questionnaire)의 형태로 받으며, 관련된 증거를 서면으로 제출할 수 있다. 반덤핑조사 질의서에 대한 응답에는 30일 이상의 충분한 기간이 부여된다. 하지만 조사절차가 기한 내에 이루어질 수 있도록 당국은 절차에 대한 통제를 유지하여야 한다.[68] 이해당사자의 방어권을 위하여 당국은 요청에 따라 모든 이해당사

---

63) 반덤핑협정 제5.4조.
64) Panel Report, Thailand — H-Beams (2001), para. 7.75; Panel Report, Mexico — Corn Syrup (2000), para. 7.76.
65) Panel Report, Guatemala — Cement II (2000), paras. 8.35, 8.62. Panel Report, US — Softwood Lumber V (2004), paras. 7.75, 7.84.
66) 반덤핑협정 제5.5조, 제12.1조.
67) 반덤핑협정 제5.8조 제1문.
68) 반덤핑협정 제6.1조.

자가 회합하는 기회를 제공하여 반대의견이 제시될 수 있도록 한다. 이러한 기회
의 제공시 비밀보호의 필요 및 당사자의 편의를 고려하여야 한다. 어떤 당사자도
이러한 회합에 참석할 의무는 없으며, 회합 불참이 그 당사자를 불리하게 하지 아
니한다. 이해당사자는 또한 정당한 경우 구두로 다른 정보를 제시하는 권리를 갖
는다.[69)]

나. 투명성

이해관계자들이 제출한 정보는 다른 이해당사자들이 접근가능하도록 즉시 공
개되어야 한다. 피조사회사의 방어권 등을 위해 조사당국도 조사에 사용되는 정보,
조사결과를 이해당사자에게 공표 또는 통보하여야 한다.[70)] 다만 성격상 비밀인 정
보(예를 들어 누설될 경우 경쟁자에게 중대한 경쟁상 이익이 되거나 정보 제공자 또는 그
정보의 취득원이 된 자에게 중대하게 불리한 영향을 미칠 것으로 예상되는 정보) 또는 조
사의 당사자가 비밀로서 제공하는 정보는 정당한 사유가 제시되는 경우 당국에 의
해 비밀로 취급된다. 단순히 비밀 취급을 요청할 수 있는 것이 아니라 충분한 사유
(good cause)를 제시하여야 한다. 비밀취급이 인정되는 경우에는 공개용 요약본을
제출하여야 한다.[71)]

다. 정보의 검증과 최선의 가용정보

조사당국은 제출받은 정보, 특히 판정의 근거가 되는 정보의 정확성을 확인하
여야 하며 이를 위해 필요한 경우 현장조사를 할 수 있다.[72)] 조사당국에게 정보에
대한 취사선택권이 전혀 없는 것은 아니지만 정확성 및 적정절차 원리에 의해서 상
당한 제약을 받는다.[73)]

이해당사자가 합리적인 기간 내에 필요한 정보에의 접근을 거부하거나 달리
동 정보를 제공하지 아니하는 경우 또는 조사를 중대하게 방해하는 경우, 조사기관
은 입수 가능한 최선의 가용정보(best information available)에 기초하여 긍정적 또는
부정적인 예비 및 최종판정을 내릴 수 있다.[74)] 이와 같은 경우에는 당국은 먼저 피

---

69) 반덤핑협정 제6.2조.
70) 반덤핑협정 제6.4조 6.7조, 12.2조.
71) 반덤핑협정 제6.5조.
72) 반덤핑협정 제6.6조.
73) AB Report, China — HP-SSST (EU, Japan) (2015), para. 5.74.
74) 반덤핑협정 제6.8조.

조사기업에게 가용정보로 판정이 내려질 것임을 고지하고, 피조사기업이 합리적 기한 내에 제출한 정보의 한도 내에서는 그 정보를 우선 사용하여야 한다.75) 합리적 기한은 정보의 성격과 양, 정복획득의 난이도, 검증의 용이성, 다른 이해관계인에 주는 영향 등 사안별 사정에 따라 결정되어야 한다.76)

피조사기관의 비협조는 협조했을 때보다 불리한 대우를 초래할 수 있다는 점이 인정되기는 하지만77) 피조사기관이 최선의 협조를 다한 경우에도 조사기관이 원하는 정보를 얻지 못하였다는 이유로 불리한 대우를 해서는 안 된다. 수출자에게 불합리한 부담을 지우는 것은 허용되지 않는다.78)

증거 또는 정보가 받아들여지지 않는 경우 정보를 제공한 당사자는 즉시 그 이유를 통보받아야 하며 합리적인 기간 내에 추가설명을 할 수 있는 기회가 주어져야 한다.79)

당국이 2차적인 출처에서 얻은 정보를 기초로 판정을 내려야 하는 경우 당국은 특별한 신중을 기하여야 한다. 당국은 가능하다면 다른 독립된 출처로부터 취득한 정보로 해당 정보를 검증하여야 한다.80)

라. 조사대상기업

조사기관이 덤핑마진을 결정하는 데 있어서는 '수출자별 덤핑마진 결정'을 원칙으로 한다. 그러나 그 숫자가 너무 많아 개별적 결정이 어려워 조사대상을 한정하는 경우 통계적으로 유효한 샘플링을 하거나 능력범위에서 해당 국가로부터의 최대한의 수출물량을 조사대상에 포함시켜야 한다.81) 조사대상의 선정에는 관계인과의 협의와 동의가 권장된다.82) 조사대상에 포함되지 않은 기타 수출자에 대해서는 조사된 기업의 가중평균 덤핑마진으로 부과한다. 이때 미소마진이나 가용정보에 기반한 덤핑마진은 계산에 포함시키지 않는다. 선정되지 않았어도 자발적으로

---

75) AB Report, Mexico — Anti-Dumping Measures on Rice (2005), para. 288.
76) AB Report, US — Hot-Rolled Steel (2001), paras. 84−85.
77) 반덤핑협정 부속서 II, 제7조.
78) Appellate Body Report, US — Hot-Rolled Steel (2001), paras. 99−102.
79) 반덤핑협정 부속서 II, 제6조.
80) 반덤핑협정 부속서 II, 제7조.
81) 샘플링과 관련하여 분쟁의 소지가 많다. EU — Footwear(China), Panel Report, para. 7.368; EC — Fastener(China) AB Report, para. 436.
82) 반덤핑협정 제6.10조.

조사에 협조한 수출자에 대해서는 개별적 덤핑마진을 산정할 수 있다.[83]

마. 조사대상기간

덤핑관련 정보가 수집, 분석되는 덤핑조사 대상기간은 6개월 이상 12개월 이내의 기간을 대상으로 한다.[84] 피해조사 대상기간은 덤핑조사 대상기간을 포함한 최소 3년의 기간으로 권고된다. 가능하면 조사개시에 근접한 기간을 대상기간으로 설정할 것이 권고된다.[85]

바. 공고와 사법심사

조사기관은 최종판정 이전에 판정의 근거가 되는 기초사실과 이유에 대해 모든 이해당사자에게 고지하여야 하며 이는 당사자들의 방어권을 고려하여 충분한 시간 이전에 제공되어야 한다.[86] 긍정판정이 내려지는 경우 협정 제12조에 의해 판정정보의 공고가 요구된다. 일반적으로 요지는 관보에 게재되고, 판정의 기초가 되는 사실과 법적용, 수출입자가 제기한 주장의 수용 또는 기각에 대한 이유를 별도의 보고서에서 밝힌다. 이와 같이 관련된 정보의 공개의무는 사법심사를 추구할 기회를(제13조) 이해당사자에게 보장하기 위함이다.[87] 사법심사를 행하는 기관은 그 형태가 중재, 행정재판정의 형태를 띠는 경우에도 반덤핑조치를 취하는 기관으로부터는 독립적이어야 한다.

(3) 예비판정과 잠정조치

조사기관은 반덤핑조치 발동요건이 충족되었는지 여부에 대한 예비판정을 할 수 있다. 예비판정을 내리는 것은 원칙적으로 재량사항이나, 예비판정이 없으면 잠정조치의 발동이 불가능하다. 조사기관은 조사개시 60일 경과 후, 예비판정을 기반으로 한 잠정조치를 최장 9개월을 초과하지 않는 기간 동안 적용할 수 있다. 잠정조치는 잠정적으로 산정된 덤핑마진을 초과하지 않는 범위 내에서 잠정관세부과

---

83) 반덤핑협정 제9.4조.
84) 덤핑조사 소요기간은 통상 1년에서 1년 반 이내이다. 반덤핑협정 제5.10조.
85) WTO Antidumping Committee Recommendation Concerning the Periods of Data Collection for Antidumping Investigation, WTO Doc. G/ADP/6, 2000.
86) 반덤핑협정 제6.9조.
87) Appellate Body Report, China — GOES (2012), paras. 258–259.

또는 보증금 수령의 형태로 이루어진다.[88]

긍정적 예비판정이 내려지는 경우에는 수출자의 가격약속으로 분쟁을 종결할
수 있다. 가격약속이란 수출자가 가격을 인상하거나 또는 덤핑에 의한 수출을 중지
하겠다는 약속을 하고 이 약속을 조사기관이 수락하는 것을 말한다.[89] 가격약속을
요청하거나 수락해야 할 의무는 없다. 수출자는 가격약속 이후에도 조사를 계속할
것을 요청할 수 있다.[90] 그러나 가격약속은 현실적으로는 최종판정에 대한 예측이
애매한 경우에 이용되고 있다.

(4) 최종판정과 반덤핑조치

반덤핑조치 발동요건이 충족된 경우 조사기관은 반덤핑관세부과여부 및 반덤
핑관세액을 결정한다. 이때 반덤핑관세는 덤핑마진을 초과할 수 없으며, 덤핑마진
미만의 관세가 국내산업에 대한 피해를 제거하기에 적절한 경우에는 동 관세는 덤
핑마진 미만으로 되는 것이 바람직하다("lesser duty rule", 최소부과원칙).[91] 반덤핑
관세부과의 근거는 조사보고서의 채택으로 확정되며 부과국은 추후에 WTO분쟁해
결절차에서 그 근거를 바꿀 수 없다.

반덤핑관세부과의 요건을 갖추었어도 관세부과가 의무는 아니다. 반덤핑협정
은 다양한 공공이익을 반영하기 위하여 조사대상 상품의 산업적 이용자와 동 상품
이 소매단계에서 일반적으로 판매되는 경우 대표적인 소비자단체에게 덤핑, 피해
및 인과관계에 대한 조사와 관련한 정보를 제공하는 기회를 부여할 것을 규정하고
있으나[92] 형식적 기회부여로 의무는 충족되는 것으로 해석되고 있다.[93] EU, 캐나
다 같은 나라는 국내법으로 조사기관이 반덤핑관세 부과결정에 앞서 공익합치성을
검토하도록 의무화하고 있다.

반덤핑관세는 피해를 야기하는 모든 덤핑의 원천에 비차별적으로 부과된다.
당국은 통상 관련 덤핑상품의 모든 제공자를 언급하지만 다수이어서 일일이 언급
하는 것이 비현실적인 경우에는 공급국가만 언급할 수도 있다.[94]

---

88) 반덤핑협정 제7조.
89) 반덤핑협정 제8조.
90) 반덤핑협정 제8.6조.
91) 반덤핑협정 제9.1조, 9.3조.
92) 반덤핑협정 제6.12조.
93) AB Report, US — OCTG Review, para. 241-242.
94) 반덤핑협정 제9.2조.

(5) 존속기간과 재심

반덤핑관세나 가격약속은 피해를 초래하는 덤핑을 상쇄하는 데 필요한 기간 및 정도 내에서만 존속해야 한다.[95] 반덤핑협정상 허용되는 재심은 필수적 재심과 선택적 재심으로 분류할 수 있다. 필수적 재심은 다시 중간재심과 종료재심을 포함하며, 선택적 재심은 신규수출자재심과 관세평가재심을 포함한다. 원심에서 덤핑과 피해가 현재 존재하는지 여부를 심사하였다면 재심에서는 반덤핑관세의 부과종료가 향후 덤핑과 피해의 지속과 재발을 야기할지 여부를 심사의 대상으로 한다.

가. 필수적 재심

협정 제11.2조는 당국은 자체적으로, 또는, 확정 반덤핑관세의 부과 이후 합리적인 기간이 경과하고 검토가 필요하다는 명확한 정보를 제시하는 이해당사자의 요청에 따라 반덤핑관세의 계속적인 부과의 필요성에 대해 검토할 것을 규정한다. 통상 중간재심 또는 상황변경재심이라 불리는 이 절차는 조사기관이 반덤핑관세의 지속적 부과가 필요한지 여부 및 관세가 철회 또는 변경되었을 경우 피해가 지속되거나 재발할 가능성이 있는지 여부를 조사하여 반덤핑관세부과의 지속여부를 결정한다. 이때 반덤핑관세가 철회 또는 변경되었을 경우 피해가 지속되거나 재발할 가능성이 있다는 점에 대한 입증책임은 조사당국이 진다. 검토결과 반덤핑관세가 더 이상 정당화되지 않는 경우 반덤핑관세의 부과는 즉시 종결된다.

종료재심은 부과일로부터 5년 후 원칙적으로 종료되는 반덤핑조치를 계속 연장할 필요가 있는지 여부를 결정하는 절차이다.[96] 이때 원심때 적용되던 상세한 기준이 반복되지 않기 때문에 재심과정에는 적용되지 않는다는 주장이 있었으나, 이미 상소기구는 각 재심에서도 같은 기준을 적용하여야 한다고 설시한 바 있다.[97] 또한 구체적으로 종료재심이 형식적인 것이 아니라 적극적 증거와 충분한 사실자료에 근거한 엄격한 심사일 것을 요구하고 있으며 재발가능성은 높은 개연성(probable)을 요구하지 낮은 가능성(possible or plausible)을 의미하지 않는다고 설시하였다.[98]

---

95) 반덤핑협정 제11.1조
96) 반덤핑협정 제11.3조 제2문 및 제3문.
97) AB Report, US — Anti-Dumping Measures on Oil Country Tubular Goods (2005), para. 108.
98) AB Report, US — Corrosion-Resistant Steel Sunset Review (2004), paras. 111 – 114.

나. 선택적 재심

신규수출자재심은 덤핑상품의 신규수출자가 있는 경우 이에 대한 처리를 위한 재심이다. 신규수출자는 기존 덤핑관세를 부과 받는 대신에 신속절차에 따른 개별적 산정을 요청할 수 있으며, 재심기간 중 관세부과는 정지되지만 보증금의 납부가 요청될 수 있다.99)

관세평가재심은 확정반덤핑관세 부과 이후 중대한 시장상황의 변화에 따른 수입품 가격 및 덤핑마진 변화를 반영하기 위한 재심이다.

[사례연구] 미국 – DRAM 반덤핑 분쟁100)

1) 사실관계

1991. 4. 22. 미국 Micron사가 한국산 DRAM 반도체에 대한 반덤핑 조사를 신청함에 따라 조사가 개시되었으며, 미국 상무부는 1993. 4. LG전자와 현대전자에 대해 각각 5.15%, 4.28%의 반덤핑관세 부과 판정을 내렸다. 삼성전자는 미소마진을 이유로 반덤핑 부과 대상에서 제외되었다.

상기 최종판정 이후 3차례에 걸친 연례 재심에서 LG전자와 현대전자는 계속해서 미소마진 이하의 판정을 받았으며, 1996. 5. 3번째 연례 재심 신청시 반덤핑관세의 철회 요청을 하였다. 미국 상무부가 1997. 7. 16. 철회 요청을 기각함에 따라, 우리 정부는 1997. 8. 14. 미국 상무부의 반덤핑관세 철회 기각 판정에 대하여 WTO에 제소하였다.

2) 패널 단계

패널은 1999. 1. 29. 최종보고서에서, 미국 상무부 규정상 반덤핑 조치 철회요건 중 '덤핑재발 가능성이 없어야(not likely) 한다'고 규정한 조항이 WTO반덤핑협정 제11.2조에 위배된다고 판정하였다.101)

3) 이행 단계

한·미 양측은 1999. 7. 26. DSB 회의에서, 1999. 11. 19.까지 판정내용을 이행하기

---

99) 반덤핑협정 제9.5조.

100) United States — Anti-Dumping Duty on Dynamic Random Access Memory Semiconductors (DRAMS) of One Megabit or Above from Korea, WT/DS99.

101) WTO반덤핑협정이 조사당국이 덤핑재발 가능성의 존재를 입증하여 조치기간을 연장할 수 있도록 한 것과 비교할 때, 미국은 조치연장을 위한 입증을 요구하지 않고 조치철회를 위한 덤핑재발 가능성의 부존재를 입증할 것을 요구함으로써 조치철회보다 연장을 택하도록 유인하는 측면이 있었음.

로 합의하였다고 통보하였다. WTO 패널 판정에 따라 1999. 9. 22. 미국 상무부는 관
련 조항을 삭제하였으나, 11. 5. 개정된 법령에 따른 재조사 결과 반덤핑 조치를 계속
유지키로 결정하였다.
　　한국은 미국이 재조사를 거쳐 반덤핑 조치를 계속함에 따라, 2000. 4. 6. WTO DSB
에 이행 패널의 설치를 요청하였다. 이에 따라 WTO 분쟁해결절차 제21.5조에 의거한
이행패널이 2000. 4. 25. 구성되었으며, 심리를 진행하는 과정에서 미국 상무부는
2000. 9. 19. 일몰재심을 통해 현대전자에 대한 반덤핑관세를 철폐하였다.

제 6 절　반덤핑관세의 초과납부와 관세환급

　　최종판정에서 확정한 덤핑마진은 그 이후 수입되는 물품의 실제 덤핑마진과는
상이할 수 있다. 기업이 책정하는 가격이 변동하고 시장환경이 변동하므로 덤핑마진
이 일정하지 않은 것은 오히려 당연하다. 이와 같이 5년을 기간으로 일단 확정된 덤
핑마진에 근거한 반덤핑관세와 실제 덤핑마진과의 차이를 해소하는 방안에 있어 회
원국의 관행이 일치하지 않기 때문에 WTO반덤핑협정 제9.3조와 제10조는 반덤관핑
세가 소급적으로 산정되는 경우와 장래적으로 산정되는 경우를 구분하여 제시한다.

[반덤핑관세의 소급적 산정과 환급]

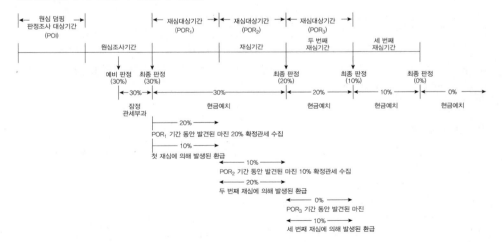

[반덤핑관세의 장래적 산정과 환급]

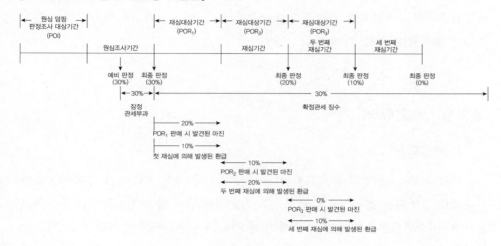

  소급적 산정의 경우, 수입품이 입항할 때에 반덤핑관세가 징수되는 것이 아니라 현금예치 또는 유가보증수표를 확정된 덤핑마진금액만큼 예치해둔다. 부족금액은 추가 징수되고 초과금액은 환급된다. 새로 계산된 덤핑관세율이 후속 선적에 대한 예치율이 된다.

  장래적 산정의 경우, 반덤핑관세는 수입품이 입항시 확정적으로 지불된다. 다만 환급요청이 있는 경우 실제 덤핑마진을 계산하여 차액을 환불한다. 뒤에 계산된 덤핑관세율이 그 이후 부과되는 덤핑관세에 영향을 주지 않고 11조의 재심이 없는 한 최초확정덤핑관세율이 지속적으로 부과된다.

  피해의 최종판정(피해의 우려 또는 산업의 확립에 실질적인 지연의 판정은 해당되지 아니함)이 내려진 경우, 또는 잠정조치가 없었다면 피해의 판정으로 귀결되었을 피해의 우려의 최종판정의 경우 반덤핑관세는 잠정조치가 적용된 기간에 대하여 소급적으로 부과될 수 있다.[102]

  당국이 당해 덤핑수입품에 대해서 아래와 같이 판정할 경우 확정 반덤핑관세는 잠정조치 적용 전 90일 이내에 소비용으로 반입된 상품에 대하여 부과될 수 있다.

  (1) 피해를 초래한 덤핑 전력이 있거나 혹은 수출자가 덤핑행위를 하고 있으며 이러한 덤핑이 피해를 초래할 것이라고 수입자가 알았거나 알았어야 함, 또한

  (2) 관련 수입자에게 의견을 제시할 수 있는 기회가 주어진 경우 덤핑수입품의

---

102) 반덤핑협정 제10.2조.

시기 및 물량과 다른 상황(수입품 재고의 급격한 증가와 같은)에 비추어 적용될 확정 반덤핑관세의 구제효과를 심각히 저해할 가능성이 있는 상대적으로 단기간에 걸친 대규모 수입품에 의해 피해가 초래됨.[103]

제 7 절 우회덤핑, 기타

1. 우회덤핑

미국과 EU는 덤핑관세부과를 피하기 위하여 제3국을 통하여 수입되거나 또는 부품으로 수입되는 경우를 우회덤핑으로 규정하고 이를 방지하는 규정을 운용하고 있으며, 미소변경품과 후개발 상품에 대해 기존의 덤핑관세를 부과하는 근거도 마련하고 있다.

그러나 덤핑관세는 덤핑상품에 대하여 부과하여야 하는 것으로, 이와 동종인 상품에까지 대상을 확대하는 것의 근거는 불분명하다는 견해가 제기되고 있다. 또한 부품 및 후개발 상품을 완성품과 동종상품으로 볼 수 없다는 비판도 제기된다. 그리고 탈세와 조세회피를 구별하여 후자는 허용하는 것과 같이, 우회 수출이 원산지를 허위로 표시하는 것이 아닌 이상에는 일정한 조건하에 허용되어야 한다는 주장도 제기되고 있으며, 반덤핑관세는 GATT 제II조 양허준수의무원칙에 대한 예외이므로 엄격하게 해석되어야 하는바 이에 우회덤핑관세를 인정하여서는 안 된다는 비판도 있다.

문제는 양 강대국인 EU 및 미국의 규제현실을 부정할 수 없다는 것이다. 이에 우회덤핑관세를 WTO 후속협상에서 다룰 주제 중 하나로 포함시켰으나 아직 별다른 논의의 진전은 없는 상황이다.

EU가 수입부품을 이용한 역내조립품에 대하여 추가 과세한 것은 관세가 아닌 내국세로서 GATT 내국민대우원칙에 반한다는 판정을 받은 뒤 부품 수입시에 관세를 부과하는 것으로 제도를 변경한 이후, 이와 관련된 WTO 판정은 아직 없다.

한편, 덤핑판정을 피하기 위한 방책으로 수출국이 수량제한을 하는 것이 허용될까? 일본-반도체 사건에서 일본이 이와 같은 항변을 하였으나 GATT 패널은 이를 받아들이지 않았다.[104]

---

103) 반덤핑협정 제10.6조.
104) Panel Report, para. 120.

2. 기타

제3국을 대신하여 반덤핑조치를 부과하는 경우 상품무역이사회의 승인을 받아야 한다.

분쟁해결에 관한 특칙으로 반덤핑협정 제17.6조가 있다. 이에 따르면 패널은 반덤핑당국에 의한 사실의 확정이 적절하였으며 동 사실에 대한 법적 평가가 공평하고 객관적이었을 경우 패널이 다른 결론에 도달하였다 하여도 평가를 번복하지 아니할 의무를 부담한다(동조 (i)호). 또한 회원국 당국의 조치가 반덤핑협정의 가능한 해석 중 하나에 기반하였다면 협정에 합치하는 것으로 판단하여야 한다(동조 (ii)호).

선진국은 개도국에 대해서 반덤핑관세를 최대한으로 부과하기보다는 낮은 범위에서 부과하거나 가격약속을 수락하는 대안을 검토할 것이 요청된다.[105]

반덤핑조치에 일부 문제가 있음이 인정된다고 해서 WTO패널이 직접 해당 반덤핑조치의 철회를 권고하지는 않는다. 재심과 같은 다른 이행방법이 있을 수 있기 때문이다.

제 8 절 반덤핑 규정에 대한 이견 및 개선논의

1. 이견

덤핑은 약탈적 성격이 있는 것이 아닌 한 수입국 소비자의 후생을 높이며, 이때 그 후생 증가 폭은 수입국 산업의 피해 정도보다 크다는 견해가 있다. 이 견해는 약탈적 성격의 덤핑은 공정거래법에 의하여 처리하면 된다고 한다.

또한, 반덤핑 조치는 국제적 경쟁력을 잃은 쇠퇴기 산업의 방패막으로 사용되고 있다는 견해도 있다. 반덤핑 조치로 쇠퇴기 산업을 단기적으로 보호하는 것보다는 구조조정 및 실업급여, 재교육 등의 장기적 정책을 추진하는 것이 바람직하다는 것이다.

가격약속에 대해서는 실질적으로 관 주도의 카르텔 조성일 뿐이라는 비판도 제기된다.

국제사례를 보면, 유럽연합의 경우 회원국간에는 반덤핑규정을 적용하지 않으

---

105) 반덤핑협정 제15조. Panel Report, EC — Bed Linen (2001), para. 6.229.

나, NAFTA 등 다수의 FTA는 회원국간 반덤핑규정을 존치하고 있는 상황이다.

2. 개선논의

DDA에서 반덤핑협상 논의의 흐름은 크게 ① 한국, 일본을 포함한 15개국으로 구성된 프렌즈그룹, ② 미국, ③ EU, 호주, 캐나다, 그리고 ④ 인도, 이집트 등 개발도상국의 4세력으로 구분할 수 있다. 프렌즈그룹은 반덤핑조치의 확산은 관세인하를 통한 시장접근 효과를 반감시키고 공정경쟁을 저해하므로 반덤핑조치의 오남용을 방지하고 절차적 투명성과 예측가능성을 확보하는 방향으로 협정개정이 이루어져야 한다고 주장하는 반면, 미국은 반덤핑협정의 기본 틀을 유지하고자 하는 입장이며, 협정의 실질적 개정에 소극적이고 주로 절차적 문제의 개선(조사 절차의 공개, 적법 절차, 절차의 투명성 등)과 우회덤핑방지에 관심을 가지고 있다.

국가	기본입장	주요제안
프렌즈 그룹	· 반덤핑조치의 오남용방지 · 피제소자의 과도한 부담경감 · 절차적 투명성 개선과 예측가능성 증진	· 제로잉 금지 · 최소부과원칙 의무화 · 공익고려절차 의무화 · 조사개시요건 강화 · 일몰재심 기준강화, 5년 일몰 강화 · 재심시 원심기준 적용
미국	· 협정의 기본개념, 원칙, 효과를 유지한 상태에서 개정추진 · 절차적 투명성 증진	· 절차적 사항 개선(조사절차공개) · 우회덤핑방지
EU 호주 캐나다	· 프렌즈그룹 제안 중 일부에는 찬성하나 원칙적으로 반덤핑제도 약화에 반대	· 제로잉 금지 · 공익고려절차 의무화
인도 이집트	· 국내유치산업 보호를 위해 반덤핑제도의 손상에 반대 · 조사당국의 재량권 확대	· 산업설립의 실질적 지연

그러나 2018년 현재까지 반덤핑제도에 대한 각 그룹의 입장은 팽팽하게 대립되어서 본격적인 협상에는 들어가지도 못하고 있다.

제 9 절 한국관련 추가적 사례

1. 한국－인도네시아산 백상지(白上紙) 반덤핑관세(DS312)

한솔제지, 한국제지, 신호제지, 동아제지, 삼일제지 등 5개 한국기업들은 2002. 9. 30. 인도네시아의 인쇄용지와 정보용지에 대하여 반덤핑조사 개시를 KTC에 신청하였다. 덤핑증빙 자료에 의하면 조사신청물품의 수입량이 증가함에 따라 국내가격보다 저가판매되어 수입상실이 발생하였다. 무역위원회는 2002. 11. 14. 인도네시아의 Indah Kiat와 Pindo Deli, Tjiwi Kimia, April Fine 4개 기업에 질의서를 송부하고 조사에 착수한 결과 '03. 9. 24. 덤핑 및 산업피해 최종 긍정판정하고 인다키아트, 핀도델리, 트지비키미아에 8.22%의 단일덤핑방지 관세를 향후 3년간 부과할 것을 재경부장관에게 건의하였다. 단일덤핑률이 산정된 것은 특정회사가 위 3개사 지분의 과반수 이상을 소유, 3사의 집행위원 및 이사의 상당수가 동일인, 3사간에 관계회사를 통한 내부거래가 존재하여 가장 낮은 반덤핑관세율 부과받는 기업으로 수출을 전환하는 것을 방지하기 위한 것이다. 재경부는 반덤핑관세조치를 '03. 11. 7. ~ '06. 11. 6.까지 부과하였다.

위 3개사가 제소한 무역위의 인도네시아산 백상지에 대한 덤핑판정 관련『덤핑방지관세부과처분 취소소송』에서 서울행정법원은 2005. 9. 1. 무역위원회의 덤핑판정 및 재경부장관의 덤핑방지관세부과처분은 적법하다고 판단하고 원고의 청구를 기각하였다.

한편, 인도네시아는 한국의 조치가 WTO반덤핑협정 제2조(덤핑마진 산정), 제3조(피해판정), 제6조(증거기준) 등에 저촉된다며 2004. 8. 패널설치를 요청하였다. 2005. 10. 회람된 패널보고서에서 패널은 조사대상 상품을 획정하는 것은 조사국가의 재량이며 동종상품에 속하는 범주로 한정하여야 하는 것은 아니라고 판시하고, 자료 비제출의 경우 이용가능한 자료로 판정할 수 있음, 법적으로 별개의 회사라도 소유, 임원 등 구조적으로 충분히 긴밀한 관계에 있을 경우에는 동일 수출자로 취급할 수 있음을 확인하였다. 하지만 패널은 KOTRA, KOTIS 자료가 아무리 신뢰할 만하더라도 무역위는 이들 정보의 신뢰성 확인 절차를 수행해야 할 의무가 있는데 검증사실에 대한 증거가 없다며 한국의 주장을 수용하지 않았다. 또한 반덤핑협정 제3.4조의 피해요소는 취합하는 것으로 충분한 것이 아니라 서로 연관하여 평가하여야 한다고 확인하였다. 평가요소가 일관적이지 않은 경우에는 그럼에도 불구하고 전체 피해판정이 정당하다는 데에 충분한 설명이 있어야 한다고 설시하였다. 피조사자가 비밀 요청한 정보뿐만 아니라 성격상 비밀인 정보도 비밀로 취급하는 정당한 사유가 제시되어야 하고, 구성가격 산출을 위하여 다른 회사의 비용자료를 사용할 때에는 같은 거래단계 회사의 자료를 사용하거나 거래단계의 다름에 따른 조정이 필요하다고 지적하였다.106)

이후 이행패널에서는 2차 자료를 사용하는 경우 신중한 고려를 다하지 못한 것은 협정 제6.8조와 부속서 II 제7항 위반이며, 피해요소평가에 대해 이해당사자의 의견제출 기회제공을 소홀히 한 것이 협정 제6.2조 위반으로 지적되었다.

무역위원회는 한국제지, 홍원제지의 2009. 11. 종료재심사 요청에 대해 종료시 피해재발가능성이 없다고 판단하여 최종적으로 2010. 10. 인니산 백상지에 대한 반덤핑조치의 종료를 결정하였다.

2. 미국 - 한국산 세탁기 반덤핑관세(DS464)107)

미국은 수입한 전체 물량이 아닌 특정시기 · 지역에서 판매된 물량에 대해서만 표적덤핑으로 보고 가중평균정상가격과 개별거래가격을 비교하는 방식으로(W-T) 덤핑 마진을 산정하였으며 이에 제로잉을 결합하여 계산해왔다. WTO분쟁해결패널과 상소기구는 미국이 삼성전자와 LG전자의 블랙프라이데이 세일 판매를 표적덤핑으로 판단한 점, 제로잉 방식을 적용해 고율의 반덤핑관세를 부과한 건 모두 WTO협정에 위반된다고 판정했다.

반덤핑협정 제2.4.2조 제2문은 조사당국이 가중평균가격비교(W-W)와 개별거래가격비교(T-T) 방법으로 표적덤핑에 대한 대응을 적절히 할 수 없는 경우에는 W-T방식으로 덤핑마진을 산정할 수 있도록 하고 있다. 그런데 거래가격은 거래상대방, 시점, 물량 등에 따라 변동하기 마련인데 이런 임의적 변동을 합산하는 것은 표적덤핑이 말하는 일정한 양태(pattern)를 입증하는 데 부적절하다고 판시했다. 또한 W-T비교방법은 위의 일정한 양태를 구성하는 거래에만 적용되어야 함을 확인하였다. 이러한 가격차별을 평가함에 있어서 조사기관은 차이의 원인을 고려할

106) 김승호, "한국 - 인도네시아산 특정지류에 대한 반덤핑관세 사건(DS312, 2005. 10. 28.) 판례해설", 무역구제 통권 제21호(2006. 1.), pp. 92-128.
107) United States — Anti-dumping and Countervailing Measures on large residential washers from Korea, AB Report, 7 September 2016.

의무는 없으나 단지 양적인 기준만이 아니라 질적인 측면도 고려되어야 한다. 이를 통해 W−T방법을 동원하기 전에 W−W와 T−T방식으로는 가격차별을 확인할 수 없는 이유를 설명하여야 한다. W−T 비교방식에 있어서 그 양태에 속하지 않는 거래를 제외함은 정당하지만 전체 덤핑마진을 산정함에 있어서는 이를 포함시켜야 할 것이다.

W−T방법하에서 제로잉이 허용되는지 여부와 관련하여 상소기구는 그 패턴에 속하는 모든 거래는 정상가격을 하회하든 상회하든 가리지 않고 포함되어야 하므로 제로잉은 협정 2.4.2조에 반하며 제로잉을 통해 산출된 반덤핑관세의 부과는 반덤핑협정 제9.3조와 GATT 제VI:2조에 반한다고 판시했다. 이 논점에 대해서는 반대의견(separate opinion)이 부기되었다.

3. 미국−반덤핑관세

반덤핑조사절차에서 피조사업체의 협력이 미진했다는 이유로 미 상무부가 '기업에 불리한 가용 정보(AFA·Adverse Facts Available)'를 활용해 고율의 관세를 부과하고 있다. AFA는 미국이 지난 2015년 6월 관세법을 개정해 공격적으로 관세를 물릴 수 있도록 한 무역특혜연장법(TPEA)의 개정안 중 776조b항에 해당한다. 피소업체가 최선을 다하지 않았다고 판단할 때는 수백%에 이르는 징벌적 관세를 맞기도 했다. 상무부는 또 덤핑마진 산정을 위해 수출기업으로부터 제공받는 생산원가 자료 중 '특별 시장 상황(PMS)'에 해당한다고 판단하는 경우에는 조사당국 재량으로 다른 방식을 사용하며 덤핑 마진을 상향 조정하고 있다.[108] 이와 같은 미국의 최근 반덤핑조치남용에 대하여 다수의 국가가 WTO분쟁해결절차를 발동하였다.[109]

---

108) "美 반덤핑 조사 급증… 자의적 해석 — 징벌적 관세 대응 필요", 이데일리(www.edaily.co.kr), 2017. 4. 24.

109) DS535(캐나다), 536(베트남), 539(한국).

제 9 장

보조금 및 상계관세

제 1 절 서론

1. 의의

반덤핑협정이 덤핑을 규제하는 것이 아니라 반덤핑조치를 규제하는 것과는 달리 보조금은 정부의 조치이므로 보조금 및 상계관세 협정은 보조금 및 상계관세 양자를 모두 규율한다.

보조금지급은 이른바 '불공정무역'의 한 양태로서, 한 국가의 정부가 자국의 민간기업들에 대하여 재정적 지원을 하는 행위를 말한다. 이러한 재정적 지원은 그 국가의 민간기업들이 다른 국가의 기업들에 대하여 경쟁적 우위를 확보할 수 있도록 해 주며 결국 국제경쟁질서를 교란시키게 되므로 이를 막아야 한다는 것이 규제의 취지이다.

하지만, 보조금규제는 덤핑규제와 같이 소비자이익의 희생아래 국내생산자를 해외경쟁으로부터 보호한다는 비판에 더하여, 시장실패 보완이나 유치산업 보호론적 차원에서 보조금의 긍정적 효과를 인정해야 한다는 비판이 있다. 이는 보조금 및 상계관세조치에 대한 규제를 훨씬 복잡하게 만드는 원인이 된다.

2. 법규정

GATT 체제하에서 제III:8조는 내국민대우에서 내국보조금 예외를 인정하였으며 제VI조와 제XVI조도 보조금지급을 정면으로 금지하기보다는 통보와 협의의무와 세계무역에서 과거 대표적 기간을 고려하였을 때 과도한 지분을 차지할 정도로 적용하지 않을 것과 같은 유연한 규범을 유지하고 문제가 발생하면 상계관세나 비위반제소를 통해서 사후적으로 폐해를 시정한다는 접근을 택하였다. 이와 같은 기조는 도교라운드 코드에서도 유지되었다.

우루과이라운드를 거치면서 특히 미국에서 레이건행정부 이후 신자유주의적 경제조류가 유행하면서 보조금 철폐의 목소리가 높아졌으며 이는 유럽의 전통적인 시장개입과 대립하였다. 클린턴행정부가 들어서면서 중간 타협점으로 WTO보조금협정이 탄생하게 되었다.

보조금 지급과 상계관세 규제와 관련된 WTO규정에는 다음과 같은 것들이 있다.

(i) GATT 제6조, 제16조

(ii) 보조금 및 상계관세에 관한 협정(이하 보조금협정이라 한다)

(iii) 농업협정 및 서비스 협정상 특칙

WTO체제에서는 제정법과 판례에 의해서 보조금 규범이 훨씬 강화되었다. 소위 신호등체계에 의해서 수출보조금 및 수입대체보조금은 금지보조금(홍색), 국내보조금 중 연구개발 및 낙후지역개발보조금 등은 한시적 허용보조금(녹색), 그 중간영역의 국내보조금은 조치가능보조금(호박색)으로 분류되었다.

보조금 및 상계관세조치와 관련된 국내법령에는 '관세법'과 '불공정무역행위조사 및 산업피해구제에 관한 법률'이 있다.

제 2 절 보조금협정상 보조금의 성립요건

1. 정부의 재정적 기여

(1) 유형

보조금협정 제1.1조는 정부(또는 공공기관)의 재정적 기여(financial contribution) 요건과 관련하여 다음 네 가지를 규정한다.

(i) 정부가 민간기업으로 자금을 직접 이전해준 경우

(ii) 세금 및 각종 부과금을 감면해준 경우

(iii) 정부가 일반적인 사회간접자본 이외의 상품 또는 서비스를 제공하거나 또

는 상품을 구매한 경우

(iv) 위와 같은 기능을 민간기관으로 하여금 행하도록 위임하거나 지시한 경우

공공기관 여부를 결정하는 데에는 정부의 소유지분보다는 당해 기관이 정부의 권한을 부여받아 행사하는지 여부가 관건이다.

임업을 위한 산지의 무료임대, 채광권의 무료부여, 재생에너지로 생산한 전력의 구매보장 등은 (iii)에 해당하는 것으로 판시되었다.[1]

정부기능의 민간 위임(entrust)은 위탁(delegation)보다, 지시(direct)는 명령(com-mand)보다 넓은 개념으로 정황정보에 의해서 합리성 기준(reasonableness standard)에 따라 판단될 수 있다.[2]

(2) 소득 또는 가격지지

보조금협정 제1.1(a)(2)는 GATT 제XVI조의 문언을 반복하면서 포괄적으로 모든 형식의 소득 또는 가격 지지는 정부의 재정적 기여에 해당하는 것으로 취급하고 있다. 그러나 패널은 정부재정에서 금전적인 지출이 있지 않는 객관적인 법규에 따른 간접적 혜택은 이에 해당하지 않는 것으로 보고 있다.

즉, GATT시대의 특정물품에 대한 자율적 수출제한(VERs) 및 WTO시대에도 수출제한이 초래할 수 있는 가격지지는 부수적인 효과로서 보조금요건으로서 재정적 기여에 해당하지는 않는다고 해석했다.[3]

같은 맥락에서, 환경기준, 노동기준을 완화하여 간접적으로 국내기업을 도와주는 행위도 재정적 기여가 포함되지 않으므로 보조금지급이 아닌 것으로 해석된다.

---

1) 각 AB Reports, US — Softwood Lumber IV (Canada), para. 75; US — Carbon Steel (India), para. 4.73; Canada — Renewable Energy, para. 5.128.

2) 압도적 증거(compelling evidence)까지는 요구되지 않는다. AB Report, US — Countervailing Duty Investigation on DRAMs, paras. 109 – 125, 137 – 139.

3) GATT Panel on Subsidies and State Trading, Report on Subsidies, L/1160, 23 March 1960; WTO Panel Reports, United States — Measures Treating Export Restraints as Subsidies (DS194), 2001, para. 8.17; China — Countervailing and Anti-Dumping Duties on Grain Oriented Flat – rolled Electrical Steel(GOES) from the United States (DS414), para. 7.93. 물론 수량제한금지원칙과 같은 다른 규범 위반이 될 수 있다.

2. 경제적 혜택

정부의 재정적 기여의 결과 민간기업에 실제로 경제적 혜택(benefit)이 부여되었을 것이 보조금의 두 번째 요건이다.

경제적 혜택이 있었는지 판정은, 분쟁의 대상이 된 정부와 민간기업간 거래가 실제 시장 기준('독립 시장참가자 기준'이라고도 함)에 비추어 기업 측에 유리한 것이었는지 여부에 기반을 둔다. 이때 실제 시장 기준은 보조금이 지급된 국가(피조사국)의 시장상황에 의한다.[4]

3. 특정성

보조금은 특정적 ―특정 기업(군)이나 산업(군)을 대상으로 하는 것― 이어야만 한다. 즉 특정 기업(군)을 상대로 지급되는 것이 아니라 다수의 다양한 기업(군)을 상대로 부여되는 혜택은 특정성의 요건을 충족시키지 못한다.

사전적으로 수혜자격이 특정적인지가 관건이다, 왜냐면 일반적 지원도 결과적으로는 수혜기업의 숫자가 한정적일 수 있기 때문이다.

수출보조금과 수입대체보조금과 같은 금지보조금은 그 자체로서 특정적인 것으로 간주된다.[5]

제 3 절   대응조치에 따른 보조금의 구별

1. 금지보조금

보조금협정 제3조는 법률상 또는 사실상 수출실적에 따라 지급되는 보조금(수출보조금)과 국내 상품의 사용을 조건으로 지급되는 보조금(수입대체보조금)을 금지보조금으로 규정한다. 보조금협정 부속서I이 예시하는 수출보조금에는 다음과 같은 유형이 있다: 수출성과부 보조금, 수출에 보너스를 주는 외화보유제도, 수출품을 우대하는 물류비용체계, 수출품 생산을 위한 중간재의 저가제공, 수출품에 대한 세금 및 각종 부과금 면제, 국제기준을 하회하거나 장기운용비용을 보전하지 못하

---

4) 보조금협정 제14조.
5) 보조금협정 제2.3조.

는 수출보험·신용제도, 등.

　보조금협정 제4조에 따라 피해국은 금지보조금을 교부하고 있는 것으로 생각되는 회원국에 대하여 협의를 요청할 수 있는데, 이때 요청을 받은 회원국은 협의를 개시하여야 하며 만일 협의가 실패로 끝나는 경우에는 피해국은 금지보조금을 지급하는 회원국을 DSB에 제소할 수 있다.

　금지보조금에 대해서는 WTO분쟁해결절차상 패널은 3개월 이내에 결정할 것이 요구된다(통상 부여되는 6개월의 반).

2. 조치 가능 보조금

　보조금협정 제5조는 (i) 국내 산업에 대한 피해, (ii) 양허 혜택의 무효화 또는 침해 및 (iii) 이익에 대한 심각한 손상(serious prejudice)의 세 가지 사항을 요건으로 한 보조금을 규정하고 있는데, 이를 조치 가능 보조금이라 한다.

　다음의 경우에는 심각한 손상이 간주된다.[6]

가. 상품에 대한 종가기준 총 보조금 지급이 5%를 초과하는 경우
나. 특정 산업이 입은 영업손실을 보전하기 위한 보조금
다. 특정 기업이 입은 영업손실을 보전하기 위한 보조금. 다만, 비반복적이며 당해기업에 대해 되풀이될 수 없으며, 단지 장기적인 해결책 강구를 위한 시간을 제공하고 심각한 사회적 문제를 피하기 위하여 부여되는 일회적인 조치는 제외된다.
라. 직접적인 채무감면, 즉 정부보유채무의 면제 및 채무상환을 위한 교부금

　단, 위 규정에도 불구하고, 보조금을 지급하는 회원국이 당해 보조금이 아래에 열거된 어떠한 효과도 초래하지 않았음을 입증하는 경우 심각한 손상은 존재하지 아니한 것으로 판정된다.

　심각한 손상의 징표는 다음과 같다.[7]

가. 보조금으로 인하여 보조금지급회원국 시장으로의 다른 회원국 동종상품의

---

6) 보조금협정 제6.1조.
7) 보조금협정 제6.3조.

수입을 배제 또는 방해하는 경우
나. 보조금으로 인하여 제3국시장으로부터 다른 회원국 동종상품의 수출을 배
   제 또는 방해하는 경우
다. 보조금으로 인하여 동일시장에서 다른 회원국의 동종상품의 가격에 비해
   보조금 혜택을 받은 상품의 현저한 가격인하, 또는 동일시장에서의 현저한
   가격인상 억제, 가격하락 또는 판매감소를 초래하는 경우
라. 보조금을 받는 특정 일차 상품 또는 산품(primary product or commodity)에
   있어서 보조금지급 회원국의 세계시장 점유율이 이전 3년간의 평균 점유
   율과 비교하여 증가하고, 이 같은 증가가 보조금이 지급된 기간에 걸쳐 일
   관성 있는 추세로 나타나는 경우

심각한 손상의 인정에 있어, '가격인하'의 경우에는 동일시장과 동종제품을 명
기한데 반하여 '가격인상억제 및 가격하락'의 경우에는 동일시장만을 명기하고 동
종제품을 명기하지 않은 것은, 후자의 경우 동종제품에 한정될 필요가 없다는 취지
인 것으로 추론된다.[8]

3. 허용 보조금

과거 보조금협정은 연구개발 보조금, 낙후지역에 대한 보조금 및 환경 보조금
을 허용되는 보조금으로 열거하였으나, 현재 허용 보조금과 관련된 조항들은 적용
이 만료되었다. 그 결과 과거 허용되던 보조금의 법적 지위가 불명확하게 되었다.
현재로서는 상계조치의 대상이 된다고 할 것이지만 향후 협상에서 허용보조금의
부활가능성이 적지 않다.
사상최대의 통상 분쟁인 보잉사와 에어버스사에 대한 미국과 EU의 보조금지
급에 관한 WTO사례에서[9] 문제의 보조금은 연구개발과 관련된다. 하이테크 산업
은 결국 연구개발 경쟁인데 연구개발보조금을 허용보조금으로 하면 결국 이 분야
에서 보조금지급에 대한 규제를 포기하는 것이나 다름없다.

---

8) 한국 — 조선보조금 사건(Korea — Measures Affecting Trade in Commertcial Vessels, WT/
   DS273).
9) DS316, 317, 347, 353.

[사례연구] EC-조선 보조금 분쟁[10]

1) 사실관계

한국은 우리 조선업계와 경쟁하는 역내 조선사에 대해서만 6%의 운영보조금을 지급하는 EU의 조치가 WTO협정 위반이라고 보고 2003. 9. 3. WTO에 제소하였다.

2) 패널 판정

EU는 자신의 조치가 한국의 보조금지급에 대한보복조치라고 주장하였으나, 2005. 2. 10. WTO 패널은 EC의 조치가 일방적인 보복 조치를 엄격하게 금지하고 있는 DSU 제23.1조에 위반된다고 판시하였다.

제 4 절 구제조치

보조금협정 제32조 제1항은 회원국의 자의적인 보조금상계조치를 억제하기 위하여 이 협정 및 GATT에 따르지 않고는 다른 회원국의 보조금에 대한 구체적인 조치를 취할 수 없도록 규정하였다.

WTO에 합치하는 구제조치에는 i) WTO에 제소하여 해당 보조금이 WTO협정 위반이므로 철회하거나 부정적 효과를 없애도록 보고서를 채택하고 이를 이행하지 않는 경우에는 대항(보복)조치를 취하는 방법(협정 제7조)과 ii) 상계관세를 부과하는 방법(협정 제10조 이하)이 있다. 동일 보조금에 대하여 보복조치와 상계관세를 중복하여 부과하지는 못한다.

금지보조금은 보조금지급철폐가 원칙이며 신속한 절차진행이 요청된다. 조치가능보조금은 WTO협정에 합치하도록 수정이 요구된다.

상계관세부과의 요건인 보조금의 존재, 실질적 피해, 인과관계는 반덤핑관세부과의 요건과 대동소이하다. 상계조치는 일반적으로 상계관세의 조사 및 부과라는 형태로 취해진다. 즉 일반관세에 더하여 상계관세를 중첩적으로 부과함으로써 보조금 지급의 효과를 쇄멸시키는 것이다.

상계관세율 = (보조금의 경제적 혜택 ÷ 보조금의 혜택과 관련한 매출액) × 100

---

10) European Communities — Measures affecting trade in commercial vessels, WT/DS301.

제 5 절 상계관세의 조사 및 부과

상계관세 조사는 보조금을 부여받은 기업뿐만 아니라 보조금을 수여한 정부에 대해서도 행해진다. 그만큼 더 민감하다.

보조금 지급에 의하여 덤핑이 행해진 경우 상계관세와 반덤핑관세가 중첩적으로 적용되는지 여부에 대하여 견해의 대립이 있다. GATT 제6조 제5항은 어떠한 상품도 덤핑 또는 수출보조금지급이라는 동일한 상황을 보상하기 위한 반덤핑 및 상계관세 양자 모두의 부과대상이 되지 아니한다고 규정한다.[11] 이중구제는 GATT 명문 규정에 반하는 것이라 보아야 한다.

하지만 보조금조사와 반덤핑조사가 같이 진행되는 경우가 종종 있으며 조사결과 상계관세와 반덤핑관세가 동시에 부과되는 경우가 있다. 영향을 원인별로 분리해서 병과는 가능하되 중복구제는 금지된다는 것이 다수의견이다.

미국 ─ 반덤핑관세와 상계관세 사건[12]에서 패널은 수출보조금과 덤핑에 대한 조치의 병과가 문제일 뿐 국내보조금과 덤핑에 대한 조치의 병과는 문언상 금지되지 않는다고 본 반면 상소기구는 보조금협정 제19.3조의 '적절한 금액'의 상계관세가 아니라는 이유로 중복구제를 금지했다.

상계조치의 절차는 반덤핑조치의 절차와 유사하다. 잠정상계관세는 예비판정에 기초하여 조사개시 60일 후에 4달 기간 한도로 부과할 수 있다. 보조금부여국이 부정적 효과 제거를 약속하거나 수출자가 가격인상으로 부정적 효과 제거를 약속하는 것도 가능하다. 조사기간이 총 18개월을 초과해서는 안 된다.

DSB는 정보수집을 촉진하는 기능을 담당할 대표를 임명할 수 있다. 패널은 판정을 행함에 있어서 정보수집과정에 관련된 당사자의 비협조 사례로부터 불리한 추론을 하여야 한다.[13]

상계관세는 큰 시장을 가진 국가는 효과적으로 발동할 수 있으나 소규모 경제는 효과적으로 발동하기 어렵다. 즉, 상계관세는 자국에 수입되는 상품에 부과하므

---

11) "No product of the territory of any contracting party imported into the territory of any other contracting party shall be subject to both anti-dumping and countervailing duties to compensate for the same situation of dumping or export subsidization."

12) United States ─ Definitive Anti-Dumping and Countervailing Duties on Certain Products from China (DS379).

13) 부속서 5의 심각한 손상과 관련한 정보개발절차 참조.

로 제3국시장과 보조금부여국가 내에서의 보조금효과를 상쇄하지 못하며, 보조금
지급으로 이미 시장을 석권한 경우에는 비교가능한 사업자의 부재로 보조금 산정
이 어려운 경우가 있다.

　　WTO 출범 이후 2016. 12.까지 상계관세조사의 발동건수는 총 445건으로 반
덤핑조사의 10분의 1에 못 미치는 수준이다. 주요 이용국가와 피조사국가의 양상
은 반덤핑과 비슷하다. 다만 반덤핑의 주요이용국인 인도가 상계관세는 조사발동
은 안하고 피조사건수가 상당하다는 차이점이 있다. 결국 실제로 상계관세를 부과
하는 빈도는 연평균 어림잡아 미국이 4건,[14] 유럽연합이 1.5건, 캐나다가 1건 순서
이다. 조사 후 실제 추가관세가 부과되는 비율도 반덤핑관세의 경우에는 과반이상
이나 상계관세의 경우에는 과반이하[15]이다.

제 6 절   기타 판례에 나타난 법리

　　• 속인주의에 의하여 미국기업의 해외소재 지점에도 소득세를 과세하는 것이
미국세법상의 원칙인데 해외판매기업(Foreign Sales Corporation)에 대한 세금감면은
수출보조금으로서 금지된다.[16]

　　• 정부의 지시와 위임은 반드시 명시적일 필요는 없다. 각 증거를 개개로 보아
서는 안 되며 전체로 보아야 한다.[17]

　　• 인도네시아 자동차 사건에서 인도네시아는 보조금협정과 GATT 제III조 제2
항이 충돌하므로 사안에는 보조금협정만이 적용된다고 주장하였으나, 패널은 충돌
이 존재하지 않으며 GATT 제III조 제2항의 적용이 보조금협정상 관계 규정을 무력
화하는 것도 아니라고 하였다. 패널은 위와 같은 인도네시아의 특혜 법제가 보조금
협정상 정부세입의 포기에 해당하여 금지되는 보조금의 지급과 같게 된다고 하였
으며, 또한 GATT 제III조 제2항의 내국민대우원칙에도 반하는 것이라 판시하였다.

　　• 최소허용기준(de minimis standard 즉, 보조금액이 가격의 1% 이상일 것)은 최초

---

14) 최근 수년간은 연 10건을 상회하고 있다.

15) 최근 미국의 적극적 부과로 과반에 육박하면서 이 비교가 향후에는 유의미하지 않을 수 있다.

16) United States ― Tax Treatment for "Foreign Sales Corporations", WT/DS108.

17) 한국 하이닉스 상계관세 사건(United States ― Countervailing Duty Investigation on Dynamic
　　Random Access Memory Semiconductors (DRAMS) from Korea, WT/DS296).

상계관세부과와 관련하여 규정되어 있으나 중간, 일몰재심과 관련하여서는 규정되지 않았으므로 반대해석에 의해 이에는 적용되지 않는다.[18]

[사례연구] 미국-DRAM 상계관세 분쟁[19]

1) 사실관계

미국은 1997년 금융위기 이후 하이닉스에 대한 채권단의 구조조정 조치를 정부의 보조금으로 간주하여 2003. 6. 17. 하이닉스 DRAM에 대해 44.29%의 상계관세를 부과하였다. 이에 대하여 우리나라는 2003. 6. 30. 미국의 조치를 WTO에 제소하였고, 2004. 1. 23. 패널이 설치되었다.

2) 패널 단계

2004. 12. 21. WTO 패널은 미국의 조치가 아래와 같은 이유로 WTO 보조금협정에 위반된다고 판정하였다.

(i) 미국(상무성)은 공공기관으로서의 성격이 인정된 4개 금융기관을 제외한 채권은행들이 정부의 지시 또는 위임에 의해 하이닉스 구조조정에 참여하였음을 입증치 못함(보조금 협정 제 1.1(a)(1)(iv)조 위반)

(ii) 이에 근거하여 보조금의 여타 요건인 혜택 및 특정성의 요건도 충족시키지 못함(보조금 협정 제1.1(b)조 및 제 2.1조 위반)

(iii) 산업피해 판정과 관련하여 미국(국제무역위원회)은 하이닉스 DRAM의 수입에 의한 피해와 다른 요인에 의한 피해를 제대로 구분하지 않았음(보조금협정 제 15.5조 상의 non-attribution 위반)

3) 상소단계

미국은 패널의 판정에 불복, 2005. 3. 29. 상소기구에 항소하였으며 2005. 6. 27. 상소기구는 하이닉스 DRAM에 대한 미국의 상계관세 부과 조치가 WTO협정에 위배된다는 패널의 판정을 번복하였다. 즉, 상소기구는 패널이 사실상 미국의 상계관세 조치와 관련된 사실 조사를 새로 실시하였으며, 이는 제출된 사실에 의해서만 판정을 내려야 한다는 패널의 검토기준(standard of review)을 위반한 것이라고 판단했다.

---

18) AB Report, United States — Countervailing Duties on Certain Corrosion — Resistant Carbon Steel Flat Products from Germany (DS213), 2002.

19) United States — Countervailing Duty Investigation on Dynamic Random Access Memory Semiconductors (DRAMS) from Korea, WT/DS296, 2005.

[사례연구] 일본 – 하이닉스 DRAM 상계관세 분쟁[20]

1) 사실관계

우리나라는 일본 정부의 하이닉스 DRAM 에 대한 상계관세 부과 조치(2006. 1. 27, 27.2%)가 보조금협정 위반이라는 이유로 일본을 WTO에 제소하였다.

2) 패널 단계

2002. 12월 채무재조정에 참여한 4개 채권은행(외환은행, 조흥은행, 우리은행, 농협)이 한국 정부의 '위임 및 지시'에 의해 참여하였음을 일본 조사 당국이 입증치 못함에 따라 재정적 기여 요건이 미충족되었고, 이에 기초한 경제적 혜택 요건도 미충족한 것으로 결정되었으나, 동 채무재조정의 하이닉스에 대한 특정성은 인정되었다. 결국 보조금 협정상 보조금 요건을 충족시키지 못함에 따라 일본 조사당국의 2002. 12월 채무재조정에 대한 상계관세 부과조치는 보조금 협정 위반으로 판정되었다.

2001. 10월 채무재조정의 경우, 재정적 기여, 경제적 혜택 및 특정성은 인정되어 보조금은 존재한 것으로 판정되었으나 보조금의 효과가 2005년에 종료되었으므로 2006년에 상계관세를 부과한 것은 협정 위반으로 판정되었다.

일본 조사 당국이 자국 법령에 규정되지 않은 방식으로 보조금의 혜택을 계산한 것은 보조금 협정 제14조[21]에 위반한 것으로 판정되었다.

3) 상소 단계

상소기구 보고서는 2007. 12. 17.에 채택되었는데, 동 보고서는 2001. 10월에 실시된 채무연장, 출자전환 등 하이닉스 채권자들의 채무재조정에 의한 보조금의 효과는 2005년 말로 종료되어야 한다고 하였고, 따라서 일본 당국이 취한 2006년 상계관세 부과조치가 보조금 협정 위반이라는 당초의 패널 판정을 지지하였다.

상소기구는 또한 2002. 12월에 이루어진 채무재조정에 대해서도 비록 WTO 보조금 협정상의 '위임과 지시'가 있었다는 점은 인정하였으나, '혜택'을 받았다고 볼 수 없으므로 보조금이 아니라는 점을 재확인하고, 일본 정부가 이를 보조금으로 판정하고 상계관세를 부과해 온 것은 WTO협정을 위반한 것이라고 하여, 이 부분에 대해서도 당초의 패널 판정을 지지하였다.

---

20) Japan — Countervailing Duties on Dynamic Random Access Memories from Korea, WT/DS336.

21) "…수혜자에게 주어진 혜택을 계산하기 위하여 조사당국이 사용하는 모든 방법은 관련 회원국의 국가법률 또는 시행규정에 규정되며, 각 개별사안에 대한 이들의 적용은 투명해야 하고 적절히 설명되어야 한다."

본 상소기구의 판정으로 일본 당국이 상계관세 조치를 유지할 수 있는 법적 근거가 상실되었으며, 이에 따라 우리나라는 일본의 하이닉스에 대한 상계관세 조치 폐지를 요구할 수 있는 근거를 확보하게 되었다.

본 판정은 하이닉스 DRAM에 대한 EU의 중간재심에도 긍정적인 영향을 미쳤고, 결국 하이닉스 DRAM에 대한 상계관세를 2007. 12. 31.부로 소급하여 철폐하기로 함에 따라 한국산 하이닉스 DRAM의 유럽 시장 확보에도 기여하였다.

제10장

긴급수입제한조치

제 1 절   서론

이른바 '불공정'한 무역에 의한 경우가 아니라 WTO법에 위반되지 않는 정상적인 무역에 의하여 수입된 상품도 급격히 수입량이 증가하는 경우 수입국의 국내산업에 심각한 피해를 야기할 수 있다. 이러한 경우에 대한 예외적 안전장치로 마련된 것이 바로 긴급수입제한조치(Safeguards)이다. 긴급수입제한조치와 관련된 WTO협정상 규정에는 아래와 같은 것들이 있다.

(i) GATT 제XIX조
(ii) 긴급수입제한조치협정
(iii) 농업협정 및 서비스 협정상 특칙

긴급수입제한조치에 관한 GATT 제XIX조는 일정한 긴급 상황이 있는 경우 회원국이 WTO협약상 의무에서 벗어날 수 있도록 해 준다는 점에서 도피조항(escape clause)이라 불리기도 한다.

GATT 제XIX조에 따른 긴급수입제한조치는 특정수출국이 아닌 모든 수출국에 대하여 비차별적으로 적용하고[1] 보상협상을 해야 하는 번거로움 때문에 미국, EU 등은 이로부터 벗어나기 위한 방안을 찾기 시작하였고 GATT에 의해 규제가 어려

---

1) GATT 시대에 노르웨이가 긴급수입제한조치를 취하면서 EEC와 EFTA국가들에는 적용하지 않은 것이 GATT 제XIII조 위반으로 판시되었다. Panel Report, Norway — Textiles.

운 자율수출규제(Voluntary Export Restraints), 시장질서 유지협정(Orderly Marketing Arrangements) 등이 등장하였다.

이들 소위 회색지대조치의 폐지를 위한 개도국들의 노력의 결과 우루과이라운드에서 합의에 이르러 결국 회색지대조치 폐지를 의무화하는 긴급수입제한조치협정(제11조)이 체결되었다.

관련된 국내법령에는 '관세법', '불공정무역행위조사및산업피해구제에관한법률' 및 '대외무역법'(수량제한 관련)이 있다.

제 2 절   긴급수입제한조치 발동의 요건

1. 수입의 증가

특정 상품의 수입이 절대적으로 증가하였거나, 또는 국내생산량에 비해 상대적으로 증가한 경우(예: 특정 상품의 수입량은 변하지 않았으나 국내생산량이 반으로 줄어든 경우) 요건이 충족된다.

수입의 "급격한" 증가이어야 한다. 그렇지 않으면 후술하는 두 가지 요건을 충족하지 못할 것이다.

2. 예측하지 못한 사태 발전 및 GATT협정상 부담하는 의무의 효과에 기인한 수입의 증가

수입의 증가가 예측하지 못한 사태 발전 및 GATT 협정상 부담하는 의무의 효과로 인한 것일 때 두 번째 요건이 충족된다.

예측하지 못한 사태의 발전이 있었는지 여부는 긴급수입제한조치를 취하고자 하는 국가가 입증해야 한다.

3. 국내산업에 대한 심각한 피해나 피해의 우려

동종 또는 직접경쟁상품을 생산하는 국내산업에 심각한 피해가 있거나 또는 피해의 우려가 있는 경우 세 번째 요건이 충족된다. 동종상품을 생산하는 국내산업만 언급하는 반덤핑, 상계관세협정에 비하여 보호대상이 다소간 확대되었다.

또한, 위 요건이 반덤핑조치나 상계관세조치의 요건인 '실질적(material) 피해'

보다 가중된 '심각한(serious) 피해'를 요한다는 점에 유의할 필요가 있다. '심각한 피해'라 함은 국내산업의 지위에 미친 중대하고도 전반적인 손상을 의미하며, '심각한 피해의 우려'는 명백히 급박하게 다가올 것이 예상되는 심각한 피해를 의미한다.

4. 인과관계

수입의 증가와 국내산업이 입은 피해간에 인과관계가 있어야 한다. 이에 따라 피해의 여부 및 피해의 정도를 산정하는 데 있어 수입의 증가 외의 다른 요소에 기인한 피해는 분리되어야 한다.

수입만으로 심각한 피해가 야기되어야 하는 것은 아니나, 수입이 중요한 요인이 되어야 할 것이다.[2]

5. 필요성

긴급수입제한조치협정 제5.1조에 따라, 회원국은 심각한 피해를 방지하거나 구제하고 조정을 촉진하는 데 '필요한' 범위 내에서만 긴급수입제한조치를 적용해야 한다.

긴급수입제한조치는 심각한 피해를 방지하거나 치유하고, 구조조정을 용이하게 하는 데 필요한 범위와 기간에만 취해져야 하는데 수량제한의 경우에는 통계의 활용이 가능한 대표적인 최근 3년 동안의[3] 평균수입량 이하로 수입을 감축할 수 없다. 다만 심각한 피해의 방지나 치유를 위하여 정당하고 명백한 사유가 있을 때에는 그러하지 아니하다.[4]

제 3 절   조사

각국의 관계당국은 수입자, 수출자, 기타 이해관계자의 소견을 듣는 공청회를 개최한다든지, 공고를 낸다든지 하는 등의 방법으로 조사절차를 투명하게 하여야

---

2) US — 밀당 사건(Definitive Safeguard Measures on Imports of Wheat Gluten from the European Communities, DS166/AB).
3) 수입이 급증한 당해 연도는 제외될 것이다.
4) 긴급수입제한조치협정 제5.1조.

한다. 피해의 조사에 있어서는 수입품의 수량변화, 생산 및 판매의 변화, 수익 및 고용상의 변화, 설비가동률 등이 고려된다.

덤핑이나 보조금 조사의 경우 조사기간(통상 1년)이 '실질적 손해' 결정을 위한 조사기간(통상 3년)보다 짧으나, 긴급수입제한조치조사의 경우 조사기간은 최근기간을 포함하여야 하며 수입증가 조사기간과 심각한 피해 조사기간이 동일한 (통상 5년) 경향을 보이고 있다.[5]

제 4 절 긴급수입제한조치의 적용방식

긴급수입제한조치는 그 형태에 제한이 없다. 관세부과, 수량제한, 할당관세 등 다양한 형태의 조치가 가능하며, 선택은 피해국의 재량에 따른다.

쿼터 할당에 의한 긴급수입제한조치가 있는 경우, 이전 기간의 국별 수입량에 비례하여 쿼터를 적용해야 한다. 다만 쿼터 할당 시에 국가별 수입 증가를 반영할 수 있도록 비율을 조정할 수 있다.[6]

지역무역협정 당사국으로부터의 수입의 경우에는 '조사'단계에 포함하였으면 '조치'단계에도 적용하여야 하며, 그 역도 마찬가지이다(평행주의, parallelism). 관세동맹의 경우에도 같은 원칙이 적용된다.

긴급수입제한조치는 연장되지 않는 한 4년을 초과할 수 없으며, 연장된 경우에도 총 8년을 초과할 수 없다.[7] 특정 상품에 대하여 긴급수입제한조치를 재발동하기 위해서는 원 조치의 종료일로부터 2년 이상이 경과하여야 한다. 조치의 수준은 연차적으로 경감성(degressivity)을 가져야 한다. 잠정 긴급수입제한조치는 최대 200일 내에서 관세인상의 형태로만 가능하다.

회원국은 심각한 피해나 피해의 우려와 관련한 조사 과정의 개시 및 그 사유, 증가된 수입품으로 인한 심각한 피해 또는 심각한 피해의 우려에 관한 판정, 그리고 긴급수입제한조치의 적용 또는 연장에 관한 결정에 대하여 긴급수입제한조치위원회[8]

---

5) AB Report, 아르헨티나 — 신발; Panel Report, US — Line Pipe.
6) 긴급수입제한조치협정 제5.2조.
7) 긴급수입제한조치협정 제7.1조, 제7.2조, 제7.3조.
8) 긴급수입제한조치협정 제13.1조는 긴급수입제한조치에 대한 감시기구로서 상품무역위원회 산하에 긴급수입제한조치위원회를 두고 있다.

에 즉시 그리고 수시로 통보하여야 할 의무를 부담한다.9) 또한 조치 발동 또는 연장에 있어 회원국은 이해관계국에 대하여 사전 협의의 기회를 제공해야 한다.10)

제 5 절 보상 및 대항조치

긴급수입제한조치에 의한 수출국의 피해를 구제하고 긴급수입제한조치의 남용을 방지하기 위하여 보상적 구제조치와 보복적 대항조치를 두고 있다.

긴급수입제한조치를 발동 또는 연장하려는 회원국은 자국과 조치의 영향을 받는 수출국간의 양허 및 기타 의무 수준이 실질적으로 동일하게 유지되도록 노력하여야 하는데, 이때 양허 및 기타 의무 수준의 실질적 동일성 유지를 위해 회원국은 수출국에게 보상을 제시할 수 있으며, 이를 보상적 구제조치라 한다. 보상적 구제조치의 구체적 형태는 합의로 결정할 수 있다.11)

긴급수입제한조치를 발동 또는 연장하려는 회원국이 이해관계국과 30일 내에 보상에 대해 합의하지 못한 경우, 조치로 인해 영향을 받은 수출국은 조치일로부터 90일 이내에 상품무역이사회가 양허정지의 서면 통고를 접수한 날로부터 30일 경과한 후, 상품무역이사회가 반대하지 않는 한, 조치국의 무역에 대하여 1994 GATT 상의 실질적으로 동등한 양허 또는 다른 의무의 적용을 정지할 수 있다.12) 이를 보복적 대항조치라 한다. 이때 요건을 갖춘 긴급수입제한조치에 대해서는 3년이 경과해야 보복적 대항조치가 가능하다.13) 요건을 갖추지 못한 긴급수입제한조치에 대해서는, WTO법 위반이 명백한 경우에는 조기대항조치도 가능하다. 즉 WTO DSB가 당해 조치에 대하여 위법판단을 내린 경우에는 3년 이내에도 보복적 대항조치를 취할 수 있는 것이다.

반덤핑, 상계관세가 특정기업, 특정국가를 대상으로 함에 비하여 긴급수입제한조치는 비차별적으로 다자적인 차원에서 조치를 부과해야 하고, 보상이 요구되며 발동요건도 엄격하므로 사용빈도가 상대적으로 적다. 특히 선진국은 반덤핑조

---

9) 긴급수입제한조치협정 제12.1조.
10) 긴급수입제한조치협정 제12.3조.
11) 긴급수입제한조치협정 제8.1조, 제12.3조.
12) 긴급수입제한조치협정 제8.2조.
13) 긴급수입제한조치협정 제8.3조.

치를 더 선호하는 것으로 보인다. WTO 출범 이후 2017. 6.까지 긴급수입제한조치 총 조사발동건수는 328건이며, 조치부과비율은 절반 정도이다. 인도(총42건), 인도네시아(27), 터키(23) 순으로 자주 발동하였으나 그들도 조치부과는 한해 1건 미만이다.

제 6 절   사례

이하에서는 긴급수입제한조치가 문제가 되었던 사건들에서 패널의 주요 판시 내용을 살펴본다.

1. 한국-유제품 세이프가드 사건[14]

• 탈지분유 등의 유제품 수입에 대한 한국의 긴급수입제한조치에 대해 EC가 제소하였다.

• GATT 제19조의 '예측하지 못한 사태 발전(unforeseen development)'이 긴급수입제한조치협정에는 명문으로 규정되어 있지 않지만, 이에 대한 입증도 필요하다. 이때 예측하지 못한 사태 발전의 예로 급격한 통화가치의 변화, 기술적 변화, 소비자 선호 변화 등을 들 수 있다.

• 피해요소의 객관적 평가에 대한 설명은 조사결과보고서에 현출되어야 하며, 이에 대한 패널단계에서의 소명은 무의미하다.

• 통보를 게을리 한 것은 '즉시' 통보의무 위반이다.

2. 미국-원형파이프 세이프가드 사건[15]

• 수입제한조치로서 관세할당을 적용하는 경우에도 GATT 제XIII조가 적용된다. 즉 국별 과거 수출실적이 반영된다.

• 피해 분석시에는 캐나다산 및 멕시코산 상품의 수입을 고려하였으나 긴급수입제한조치 적용대상에서는 제외한 것은 평행주의[16] 위반이다.

---

14) Korea — Definitive Safeguard Measure on Imports of Certain Dairy Products, WT/DS98.

15) 우리나라가 제소한 사건이었다. United States — Definitive Safeguard Measures on Imports of Circular Welded Carbon Quality Line Pipe from Korea, WT/DS202.

16) 긴급수입제한조치협정 제2조, 제4조.

• 다른 요소가 수입 증가에 기여한 경우, 그 요소는 분리하고 그에 따른 피해가 수입증가의 탓으로 귀속되지 않았음을 명시적으로 설명하여야 한다.

3. 미국 – 탄소강관 세이프가드 분쟁[17]

(1) 패널 단계

• 할당관세(Tariff Quota)의 기본관세율(2%)이 적용되는 물량을 수출국별로 할당하는 과정에서 모든 수출국에게 일률적으로 9,000톤을 설정함으로써, 수량규제시 나라별 과거 수출실적을 반영하도록 규정한 GATT 제XIII조에 위반
• 미국내 수입 증가와 국내산업 피해간의 인과관계를 입증하지 못함(세이프가드 협정 제4.2조(b) 위반)
• 세이프가드 조치의 선결요건인 '예상치 못한 상황[18]' 요건을 충족하지 못함(GATT 제19조 위반)
• 세이프가드 조치 시행 이전에 관련국에게 충분한 협의 기회를 제공하지 않았으며, 조치 대상국들에 대해 동 조치 이전 수준의 양허조건을 유지하려는 노력을 하지 않았음(세이프가드 협정 제12.3조 및 8.1조 위반)

(2) 상소 단계

• 미국의 세이프가드 조치가 수입증가로 인한 심각한 피해(serious injury)로부터 국내 산업을 구제하기 위해 필요한 정도를 넘어섬(긴급수입제한조치협정 제5.1조 위반)
• 피해조사 단계에서는 NAFTA 회원국인 멕시코와 캐나다의 수입 물량도 포함시켰으나 조치적용 단계에서는 제외(세이프가드 협정 제2조 및 제4조 위반)

4. 미국 – 철강 세이프가드 사건[19]

• 조사사안에 대한 상세한 분석, 조사된 요소의 완전성 및 적절성에 대한 증명책임은 주무당국에게 있는 것이며, 패널이 조사보고서에 산재해 있는 자료를 재구

---

17) United States — Definitive Safeguard Measures on Imports of Circular Welded Carbon Quality Line Pipe from Korea, WT/DS202.
18) 'Unforeseen developments'.
19) 우리나라 등이 제소한 사건이었다. United States — Definitive Safeguard Measures on Imports of Certain Steel Products, WT/D248,249.251,252,253,254,258,259.

성하여 이해할 의무는 없다.

• 각 상품별로 각각 피해가 입증되어야 한다.

• 수입 증가는 돌연·급격·심각하여야 하며 동시에 가까운 과거에 있었어야 한다. 조사기간 특정시점의 수입량이 조사기간 이전보다 높다는 것만으로는 불충분하다.

• 긴급수입제한조치는 원칙적으로는 무차별적으로 적용되어야 한다.[20]

---

20) 그러나 중국을 비롯한 몇몇 국가는 가입협상시에 차별적 긴급수입제한조치의 대상이 될 수 있다는 조건을 수용하였다.

제11장

SPS, TBT 협정

무역에 대한 과학기술적 규제를 규율하는 국제통상법규정에는 다음과 같은 것들이 있다.

- 위생 및 식물위생조치(검역)협정(Agreement on the Application of Sanitary and Phyto-sanitary Measures, SPS)
- 기술적무역장벽협정(Agreement on Technical Barriers to Trade, TBT)
- GATT 제XX조의 일반적 예외 규정 가운데 (b)호는 SPS협정, (d)와 (g)호는 TBT협정과 관련된다.

SPS협정은 음식, 질병, 병충해로 인한 인간, 동물 및 식물에 대한 위험에 대처하는 조치를 그 대상으로 한다. TBT협정은 기술규정, 표준 등과 같은 기술적 무역장벽에 의해 무역제한적 효과가 발생하는 것을 억제하기 위한 규제장치이다.

비과학에 비하여 과학은 합리와 이성을 표징하는 것이 사실이지만 과학적 증거가 항상 확실한 것은 아니다. 과학이 정책을 결정하기보다는 합리적 정책결정과정의 필수적 고려요소가 되었다는 것이 SPS, TBT의 특성이다. 미국과 유럽의 최신 과학행정관행이 UR을 통해 국제화된 것이라 할 것이다.

제 1 절　위생 및 식물위생조치

1. 서론

(1) SPS협정의 의의

구제역, 조류독감, 소해면상뇌증과 같은 질병은 가축의 수입 및 섭취과정에서 전염, 확산될 수 있으며 식품첨가물, 방사선처리, 살충제 등 잔류 농약 등도 소비자에게 질병을 야기할 수 있다.

국가간 무역 규모가 증대됨에 따라 인간, 동물 및 식물에 악영향을 미칠 수 있는 질병 원인체나 오염물질의 전파도 보다 쉬워지게 되었다. 이에 무역의 활성화가 야기할 수 있는 인간, 동물 및 식물에 대한 위험을 억제함으로써 공중보건 및 자연보호를 도모하기 위한 과학기술적 규제장치의 필요성이 대두되었으며, SPS협정은 이러한 과학기술적 규제장치 가운데 하나로서 마련된 것이다.

SPS협정은 농업협정 등을 통한 농산물 자유화약속을 질병확산 방지라는 미명하에 우회하려는 목적으로 이용될 수 있는 검역제도의 남용을 억제하는 데에 상당히 기여한다. 하지만 SPS 적용대상은 농산물보다 더 넓다.

원칙적으로 SPS협정은 TBT협정이나 GATT 제XX조 (b)호에 우선하여 적용된다. SPS협정에 합치하면 GATT에 합치하는 것으로 추정된다.[1]

(2) 개념과 적용범위

SPS협정 부속서A는 아래 목적으로 적용되는 모든 조치를 SPS조치로 정의한다.

　　가. 병해충, 질병매개체 또는 질병원인체의 유입, 정착 또는 전파로 인하여 발생하는 위험으로부터 회원국 영토내의 동물 또는 식물의 생명 또는 건강의 보호,

　　나. 식품, 음료 또는 사료내의 첨가제, 오염물질, 독소 또는 질병원인체로 인하여 발생하는 위험으로부터 회원국 영토내의 인간 또는 동물의 생명 또는 건강의 보호,

　　다. 동물, 식물 또는 동물 또는 식물로 만든 생산품에 의하여 전달되는 질병이

---

1) SPS협정 제2.4조.

　　나 해충의 유입, 정착 또는 전파로 인하여 발생하는 위험으로부터 회원국
　　영토내의 인간의 생명 또는 건강의 보호, 또는
　라. 해충의 유입, 정착 또는 전파로 인한 회원국 영토내의 다른 피해의 방지
　　또는 제한

　위생 또는 식물위생 조치는 모든 관련 법률, 법령, 규정, 요건 및 절차를 포함
하며, 특히, 최종제품 기준, 가공 및 생산방법, 시험, 조사, 증명 및 승인절차, 동
물 또는 식물의 수송 또는 수송중 생존에 필요한 물질과 관련된 적절한 요건을
포함한 검역처리, 관련 통계방법, 표본추출절차 및 위험평가 방법에 관한 규정,
식품안전과 직접적으로 관련되는 포장 및 상표부착을 포함한다.

　식품안전기준, 첨가제안전기준 및 식품표시기준 등에 SPS협정이 적용되는지
TBT협정이 적용되는지는 미묘한 문제로서, 일반적으로 조치의 목적과 성질에 따
라 결정될 것이다. 즉 위의 '음식, 질병, 병충해로 인한 인간, 동물 및 식물에 대한
위험에 대처하는 조치'라는 범위에 들어오면 SPS협정이 적용되고, 그 밖에 공산품
규격이나,2) 식품의 경우에도 사기방지 등 상거래 질서를 주목적으로 한 조치라면3)
TBT협정이 적용될 것이다.

　미국－가금류 사건4)에서 패널은 미국의 2009년 예산세출법 제727조5)가 직접
적으로 위생검역 문제를 규율하지는 않지만 이와 관련한 행정부의 활동을 통제하
기 위한 것이므로 SPS조치에 해당한다고 판단하고, 그 결과 '위험평가에 기초할 것'
등과 같은 SPS협정상 의무준수여부를 검토하였다.

2. SPS협정의 주요내용

(1) 기본원칙

　SPS협정은 기본원칙으로, (1) 필요성 및 과학적 근거, (2) 자의적이거나 부당
한 차별 또는 위장된 무역제한의 금지, 그리고 (3) 비례성을 두고 있다.

---

2) EC ― 석면 사건(European Communities ― Measures Affecting Asbestos and Asbestos ―
　 containing Products, WT/DS135).
3) EC ― 정어리 명칭 사건(European Communities ― Trade Description of Sardines, WT/
　 DS231).
4) Panel Report, US ― Poultry (China, DS392) para. 7.124.
5) 미 식품안전검사국이 중국산 가금류 상품의 수입을 허용하기 위한 규칙을 만들고 집행하는
　 데 예산을 사용하지 못하도록 규정했다.

가. 필요성 및 과학적 근거

제2.2조는 회원국은 위생 및 식물위생조치가 인간, 동물 또는 식물의 생명 또는 건강을 보호하는 데 필요한 범위 내에서만 적용되고, 과학적 원리에 근거하며 또한 충분한 과학적 증거 없이 유지되지 않도록 보장할 것을 요구한다.

제5조가 위험평가 및 위생 및 식물위생 보호의 적정수준 결정에 대해 보다 구체적으로 규정한다. 회원국은 관련 국제기구에 의해 개발된 위험평가 기술을 고려하여, 자기나라의 위생 또는 식물위생 조치가 여건에 따라 적절하게 인간, 동물 또는 식물의 생명 또는 건강에 대한 위험평가에 기초하도록 보장한다.

관련 국제표준, 지침 또는 권고에 합치하는 위생 또는 식물위생 조치는 인간, 동물 또는 식물의 생명 또는 건강을 보호하는 데 필요한 것으로 간주되며, 이 협정 및 GATT의 관련 규정에 합치하는 것으로 추정된다(제3.2조). 조치를 국제기준에 완전히 합치시키지는 못하는 경우에도 국제기준에 기반(base on)할 것이 요구된다(제3.1조). 그러나 국제기준을 크게 벗어난 것을 국제기준에 기초하고 있다고 볼 수는 없다.6)

나. 자의적이거나 부당한 차별 또는 위장된 무역제한의 금지

제2.3조에 의해 위생 및 식물위생 조치가 동일하거나 유사한 조건 하에 있는 회원국들을 자의적이고 부당하게 차별하지 아니하며 국제 무역에 대한 위장된 제한을 구성하는 방법으로 적용되지 아니하도록 보장할 것이 요구된다. 즉, 유사한 건강상의 위험에 대해서는 유사한 위생검역조치를 적용하여야 한다.

동일하거나 유사한 조건이 아닌 경우에도 전적으로 회원국의 재량이 인정되는 것은 아니다. 위생 또는 식물위생 보호의 적정수준의 적용에 있어서 일관성을 달성할 목적으로, 각 회원국은 적절한 것으로 판단하는 수준에서의 구별이 상이한 상황에서 국제무역에 대한 차별적 또는 위장된 제한을 초래하는 자의적 또는 부당한 구별을 회피하여야 한다.7)

다. 비례성

위생 또는 식물위생 보호 적정수준을 달성하기 위하여 위생 또는 식물위생조

---

6) Panel Report, US — Animals (DS447), 2015.
7) SPS협정 제5.5조.

치를 수립 또는 유지하는 때에는, 회원국은 기술적 및 경제적인 타당성을 고려하여, 동 조치가 위생 또는 식물위생 보호의 적정 수준을 달성하는 데 필요한 정도 이상의 무역제한적인 조치가 되지 않도록 보장한다.[8]

이때 필요한 정도 이상으로 무역제한적인지 여부를 판단하는 데 있어서는, 기술적·경제적 가능성을 고려하여 합리적으로 수행할 수 있는 조치인지, 회원국이 위생 또는 식물위생 보호의 적정수준을 달성하고 있는지, 그리고 무역에 대한 제한이 현저히 적은 다른 조치는 없는지가 고려된다.[9]

이와 관련하여, 일본 – 수입사과 사건[10]에서 상소기구는 일본이 수입사과가 병충해를 일으키는 매개체 중의 하나일 가능성(possible)을 보였으나 이것으로는 부족하며 위험의 입증을 위해서는 수입사과를 통하여 병충해가 유입될 개연성(likelihood)이 증명되어야 한다고 판시하였고, 또한 위험은 미소한데 반하여 이러한 미소한 위험에 대한 수입금지 조치는 필요한 정도 이상의 강력한 조치이므로 비례성을 상실한 것이라 하였으며, 이에 조치와 과학적 증거간의 합리적이고 객관적인 상관관계가 존재하지 않는다고 판정하였다.

(2) 국제기준과의 조화

SPS는 국제기준을 정의하지는 않으나 세 가지 국제기준 설정기구를 언급하고 있다. 첫째는 Codex 또는 Codex Alimentarius Commission(CAC)으로 불리는 국제식품규격위원회로 식품별 규격 설정, 식품첨가물의 사용대상 및 사용량에 대한 기준 설정, 오염물질에 대한 기준설정, 식품표시 및 식품의 안전성과 원활한 통상을 위한 작업을 수행한다. 둘째는 국제 수역 사무국(OIE, Office international des epizooties)으로 국제적 동물 및 축산물 교역 표준 규범인 '동물위생규약'과 '가축전염병 진단 및 백신 매뉴얼'의 제정 및 개정을 담당한다. 셋째는 세계식량농업기구 산하의 국제식물보호협약(International Plant Protection Convention, IPPC)으로 식물병해충의 확산방지를 위해 식물검역 국제기준을 제정하고 이행을 지원한다.

그 밖에 언급되지 않은 국제기구가 제정하는 기준이 SPS의 국제기준이 되기 위해서는 그 기구가 모든 WTO회원국에 가입이 개방되어 있어야 한다.

회원국은 과학적 정당성이 있거나 회원국이 제5조의 위험평가에 따라 적절하

---

8) SPS협정 제5.6조.
9) Japan — Measures Affecting Agricultural Products, WT/DS76.
10) Japan — Measures Affecting the Importation of Apples, WT/DS245.

다고 결정하는 경우, 관련 국제기준, 지침 또는 권고에 기초한 조치에 의하여 달성
되는 위생 또는 식물위생 보호 수준보다 높은 수준의 보호를 초래하는 조치를 도입
또는 유지할 수 있다. 물론 이 협정의 다른 규정과 불일치해서는 안 된다.[11]

(3) 제소국의 증명책임

제소국은 피소국의 검역 및 수입금지조치가 위험평가 및 과학적 증거에 기반
하지 않았다는 일응의 입증(a prima facie case)을 하여야 한다.[12]

패널은 전문가 의견을 들을 수 있으며 그에 법적으로 구속되지는 않으나 달리
결정하기 위해서는 이유가 합리적이어야 한다.

국제기준에서 일탈하는 자체가 협정위반은 아니기에 국제기준보다 높은 수준
의 보호조치를 취하는 경우에도 입증책임이 전환되지는 않는다는 것이 상소기구의
입장이다. 제소국측에서 국제기준으로도 조치국의 위생검역 목표가 달성될 수 있
으므로 이보다 더 높은 조치가 불필요하다는 일응의 입증을 하여야 한다.[13]

(4) 동등성

SPS협정은 제4.1조에서, "수출 회원국이 자기 나라의 조치가 수입 회원국의 위
생 및 식물위생 보호의 적정 수준을 달성한다는 것을 동 수입 회원국에게 객관적으
로 증명하는 경우, 회원국은 그 위생 또는 식물위생 조치가 자기 나라 또는 동일
품목의 무역에 종사하는 다른 회원국이 사용하는 조치와 상이하더라도 이를 동등
한 것으로 수락한다. 이 목적을 위하여 요청이 있는 경우, 검사·시험 및 관련 절차
를 위하여 수입 회원국에게 합리적인 접근이 부여된다."고 동등성을 규정한다.

즉 수입국의 위생 및 검역 보호의 적정 수준을 달성하는 수출국의 조치는, 그
구체적 방식이 다르다 하여도 동등성이 인정된다. 이는 국가 간의 환경적 차이 등
으로 인해 채택할 수 있는 조치의 종류에도 차이가 나타날 수밖에 없다는 현실을
반영하기 위한 것이다.

---

11) SPS협정 제3.3조.
12) EC — Hormones 사건(EC — Measures Concerning Meat and Meat Products(Hormones),
  WT/DS26, WT/DS48). 일응의 입증은 사실 모든 WTO 소송에서 요구되는 것이다. 일응의 입
  증을 충족시키기 위한 제소자의 주장은 일견 본안심리의 가치가 있다고 인정될 정도이면 족
  하고 그 주장이 기초하는 증거가 반박이 불가능할 정도로 결정적인 증거일 필요는 없다.
13) AB Report, EC — Hormones, paras. 102−104.

SPS 위원회는 제4조 이행에 관한 결정14)을 채택하였다. 동등성 요청을 받으면 수입국은 조치의 목적, 이유, 위험, 적정보호수준을 고지한다. 수출국은 자국의 조치가 수입국의 적정보호수준을 달성함을 보여주는 과학기반 정보를 제공하며 수입국은 이를 분석하여 동등성 인정여부를 결정한다.

(5) 위험평가 및 적정보호수준 결정
가. 위험평가

회원국은 관련 국제기구에 의해 개발된 위험평가 기술을 고려하여, 자기나라의 위생 또는 식물위생 조치가 여건에 따라 적절하게15) 인간, 동물 또는 식물의 생명 또는 건강에 대한 위험평가에 기초하도록 보장한다(제5.1조).

위험평가에 있어서 회원국은 이용가능한 과학적 증거, 관련 가공 및 생산 방법, 관련 검사, 표본추출 및 시험방법, 특정 병해충의 발생률, 병해충 안전지역의 존재, 관련 생태학적 및 환경조건, 그리고 검역 또는 다른 처리를 고려한다(제5.2조).

위험평가는 조치와 관련한 위험에 대해 충분히 구체적이어야 하며,16) 조치의 대상이 되는 일부 상품을 제외해서는 안 되며, 객관적이고 과학적 사실에 기초하여야지 과장되거나 과대평가되어서는 안 된다.

위험평가가 정치사회적 판단이 아닌 과학적 검토이지만 위험평가가 다뤄야 할 위험은 실험실에서 엄격히 통제된 조건하에 확인하는 위험에 국한되는 것이 아니고 인간사회에서 실제로 존재하는 위험, 즉 사람들이 살아가고, 일하고, 죽는 실제 세계에서 건강에 대하여 잠재적으로 발생할 가능성이 있는 악영향이다.17)

나. 적정보호수준 결정

동물 또는 식물의 생명 또는 건강에 대한 위험평가와 이러한 위험으로부터 위생 또는 식물위생 보호의 적정수준을 달성하기 위해 적용되는 조치를 결정함에 있어서 회원국은 병해충이 유입, 정착 또는 전파될 경우 생산 또는 판매에 미치는 손

---

14) Decision on the Implementation of Article 4 of the SPS.

15) 이와 관련하여 EC-호르몬 사건의 상소기구는 개도국이 위험평가를 직접 실시하지 못하는 경우 다른 회원국 또는 국제기구가 실시한 위험평가를 자국 위생검역조치의 근거로 활용할 수 있다고 설시하였다.

16) 중국 식품의 불안전성에 대한 기사 및 문서가 중국산 가금류에 대한 SPS조치를 위한 위험평가가 될 수 없다.

17) AB Report, EC-Hormones, para. 187.

실 등의 잠재적 피해, 수입국의 영토 내에서의 방제 및 박멸비용, 위험을 제한하기 위해 대안으로서 접근방법의 상대적 비용효율성을 고려한다(제5.3조).

위생 또는 식물위생 보호의 적정수준 결정시, 회원국은 무역에 미치는 부정적 영향을 최소화하는 목표를 고려하여야 한다(제5.4조). 국제무역에 대한 차별적 또는 위장된 제한을 초래하는 자의적 또는 부당한 구별을 회피한다(제5.5조). 회원국은 기술적 및 경제적인 타당성을 고려하여, 동 조치가 위생 또는 식물위생 보호의 적정수준을 달성하는 데 필요한 정도 이상의 무역제한적인 조치가 되지 않도록 보장한다(제5.6조).

다. 잠정조치

과학적 증거가 불충분한 경우 회원국은 관련 국제기구로부터의 정보 및 다른 회원국이 적용하는 위생 또는 식물위생 조치에 관한 정보를 포함, 입수가능한 적절한 정보에 근거하여 잠정적으로 위생 또는 식물위생 조치를 채택할 수 있다.[18] 이러한 상황에서 회원국은 더욱 객관적인 위험 평가를 위하여 필요한 추가 정보를 수집하기 위해 노력하고, 이에 따라 합리적인 기간 내에 위생 또는 식물 위생 조치를 재검토하여야 한다.[19]

이 잠정조치는 예방원칙을 부분적으로 반영한 것이라고 평가받고 있다. 예방원칙(precautionary principle)은 피해를 최소화하기 위해서는 관련 증거가 아직 성숙되지 않은 상황에서도 예방적으로 조치를 취할 수 있다는 원칙을 말한다. 즉 특정물품의 수입이 위험을 발생시킬 것이 예상되는 경우 SPS조치의 발동 요건은 충족되지 않으나 예방적으로 조치를 취할 수 있도록 해야 한다는 것이다. 하지만 상소기구는 예방원칙이 이 분야에서 국제관습법적 효력을 가진다고 보기 어렵지만,[20] 다음과 같은 요건을 충족시키는 경우에는 제한적으로 인정될 수 있다고 설시하였다.[21]

- 관련 과학적 증거가 불충분할 것[22]

---

18) SPS협정 제5.7조.
19) 제5.7조 제2문 "<u>Members</u> shall seek to obtain the additional information ... and review ..." 에서 의무 주체가 확대된 것으로 보아 'shall'은 의무가 아니고 입법자의 권고를 나타내는 표현으로 생각된다.
20) AB Report, EC — Hormones, paras. 123-125.
21) Japan — Measures Affecting Agricultural Products 사건.
22) 후술하듯이 EC — Hormones 사건 상소기구는 자격을 갖추고 높이 평가되는 연구가 기존의

- 입수 가능한 적절한 정보에 기초하여 채택된 조치일 것
- 예방조치를 취하는 국가는 더욱 객관적인 위험평가를 위해 필요한 추가정보를 수집하도록 노력할 것
- 합리적인 기간 내에 조치를 재검토할 것

즉, 위 조건이 모두 충족되는 경우, 회원국은 그 존재가 불확실한 국제관습법상 예방원칙에 기하여 조치를 취할 수 있는 것이 아니라, SPS협정 제5.7조상 잠정조치의 일환으로서 조치를 취할 수 있는 것이다.

(6) 지역적 조건의 반영

SPS조치는 상품의 원산지 및 도착지의 동·식물의 위생상 지역적 특성에 맞도록 취해져야 한다. 즉, 한 국가 내에서도 병충해 안전지역과 병충해발생이 적은 지역이 있을 수 있음을 인정한다. 안전지역을 주장하는 수출회원국이 객관적인 검증을 위해 필요한 증거를 수입국에 제시하여야 한다.[23]

(7) SPS조치에 대한 통보와 이의제기

WTO회원국이 SPS조치를 취하는 경우 이를 WTO SPS위원회에 통보할 의무가 있다. 이해관계국은 규제도입국의 질의처를 통하여 문의하고 답변을 받을 수 있다. 통상마찰이 생길 경우 우선 당사국간 비공식회의를 통해 논의하고 이를 통해 문제가 해결되지 않는 경우 SPS위원회 정례회의에서 특정무역현안(Specific Trade Concerns, STC)으로 상정하여 다자간 논의로 문제해결을 도모할 수 있다. 그로도 문제가 해결되지 않으면 공식적인 분쟁해결절차로 들어갈 수 있다.[24]

한국의 SPS조치가 특별무역현안으로 제기된 건은 진공포장 냉동육의 유통기한, 리스테리아균에 따른 냉동닭고기 수입금지, 광우병에 따른 쇠고기 수입금지, 소고기와 돼지고기에 대한 지역화 인정 문제, 일본 방사능 오염수 누출에 따른 수산물 수입규제 등이다.

과학적 증거로 객관적 위험평가를 실시할 수 있는지에 의문을 제기하는 경우라면 관련 과학적 증거가 불충분한 경우로 인정할 수 있다고 설시했다.

23) SPS협정 제6조.

24) 2014년에 중개인(mediator)의 중재 하에 양자협의를 시도하는 선택적 특별협의절차가 도입되었다.

3. 사례

(1) EC-호르몬 사건[25]

성장촉진 목적으로 투여된 특정호르몬에 의하여 사육된 미국 육류의 수입을 금지하는 EC의 조치에 대해 미국이 SPS협정 제2조, 제3조, 제5조. GATT 1994 제I조, 제III조 위반으로 제소하였다. 1997년 8월 WTO 패널은 EC의 조치가 위험평가에 근거하지 않음으로써, SPS협정 제5.1조, 제3.1조 등에 위반하였다고 결정하였다. 상소기구는 EC의 조치가 SPS협정 제5.1조 및 제3.1조에 위반된다는 패널의 결정에 대체적으로 동의하였다. 이는 대상조치가 위험평가에 근거하였다는 증거를 EC가 제출하지 않았기 때문이다. 그러나 패널의 결정 중 일부에 대하여 상소기구는 다음과 같이 수정하였다.

첫째, SPS협정 제3조 제1, 2항과 제3항의 관계는 원칙-예외의 관계가 아니다. 별개의 상황을 규율하는 규정으로 입증책임의 전환 없이 제소국이 일응의 입증을 해야 한다.

둘째, 따라서 상대국이 일정한 SPS조치를 취함에 있어서 SPS협정을 위반하였다고 주장하는 제소국은 대상조치가 SPS협정 제3조 제1항과 제3항에 위반하였음에 관한 일응의 추정을 발생시킬 입증책임을 부담한다.

셋째, SPS협정 제3조 제1항의 국제기준 등에 '근거한(based on)'의 의미는, 패널의 결정과 같이 국제기준 등에 '합치하는(conform to-국제기준 등이 요구하는 요건을 모두 충족한 상태)'의 의미가 아닌, 국제기준 등이 요구하는 요건 중 일부만이라도 갖추고 있는 상태를 의미하고 있는 것으로 보아야 한다.

넷째, SPS협정 제5.5조의 해석에 있어서, 대상호르몬에 대한 EC의 대상조치가 안전성에 대한 진정한 우려와 공동시장 달성의 일환으로 추구된 것이기에 '자의적이거나 부당한 차별' 또는 '국제무역에 대한 위장된 제한'이라고 보기 어렵다.[26]

본 사건은 제품관련 PPMs이 WTO 규율 대상임을 명시적으로 인정한 최초의 GATT/WTO 패널 판정이다. 그러나 EC측 이행이 불충분하다는 이유로 미국과 캐나다는 보복조치를 지속하였고 이는 일방적 위반결정 금지와 관련한 분쟁으로 이어진다.[27]

---

25) European Communities — Measures Concerning Meat and Meat Products (DS26, 48), 1998.
26) 박노형, "'미국과 EC의 호르몬紛爭' 패널報告書의 評釋", 통상법률 제20호(1998. 4).
27) United States — Continued Suspension of Obligations in the EC — Hormones Dispute;

이 후속사건에서 패널은 위험평가자의 입장에 서서 관련 전문가들의 의견을 검토한 결과 과학적 증거가 EC의 결론을 지지하지 않는다며 SPS협정 제5.1조 위반을 선언한다. 그러나 상소기구는 패널의 심사는 새롭게 재검토를 하는 것도 전적으로 당국의 판단을 존중하는 것도 아닌 사실에 대한 객관적 판단을 하는 것이라는 법리에 따를 때, 패널의 심사는 회원국의 위험평가의 옳고 그름을 결정하는 것이 아니라 일관성 있는 추론과 존중될 만한 과학적 증거에 의해 객관적으로 정당화될 수 있는지를 판단하는 것이며, 소수의견에 근거해서도 SPS조치를 취할 수 있다고 보았다.[28]

잠정조치의 요건과 관련하여 상소기구는 패널이 국제기준이 있는 경우 상당한 양(critical mass)의 새로운 증거나 정보가 기존의 과학적 증거에 대해 의문을 제기하는 경우에야 과학적 증거의 불충분성을 인정할 수 있다는 패널의 견해를 파기하고 자격을 갖추고 높이 평가되는 연구가 기존의 과학적 증거로 객관적 위험평가를 실시할 수 있는지에 의문을 제기하는 경우라면 관련 과학적 증거가 불충분한 경우로 인정할 수 있다고 보았다.[29]

(2) EC-GMO 사건[30]

가. 사실관계

1988년 10월 이래 유럽공동체는 생명공학제품(유전자변형제품)의 유통승인에 대해 사실상 모라토리엄(moratorium: 승인정지)을 적용해 왔는데, 이는 관련농작물 및 식품의 유럽공동체 내 수입을 제한하는 결과를 초래하였다. 이에 2003년 5월 미국, 캐나다, 호주는, EC의 통상제한조치가 WTO협정에 위반된다는 이유로 분쟁해결기구(DSB)에 제소하였다.

나. 패널 단계

이 사건에서, 제소국들은 EC의 조치가 과학적 위해성평가에 근거하지 않은 정당화될 수 없는 무역장벽이기 때문에 SPS협정 제2조, 제5조, 제7조(투명성)와 부속

Canada — Continued Suspension of Obligations in the EC — Hormones Dispute (DS320, 321), 2008.
28) AB Report, paras. 615-619.
29) AB Report, para. 703.
30) European Communities — Measures Affecting the Approval and Marketing of Biotech Products, WT/DS291.

서 B 및 부속서 C[31]); GATT 1994 제I조, 제III조, 제10조 및 제XI조; 농업협정 제4
조; TBT협정 제2조, 제5조 등에 위반된다고 주장하였다.

이에 대해 EC는 유전자변형제품의 안전성 또는 위해성에 대한 과학적 증거가
불확실하기 때문에 인간 건강 및 환경 보호를 위하여 필요한 잠정적 조치를 취할
권리가 있다고 주장하였다.

패널은 잠정조치 적용을 위한 요건인 '과학적 증거 불충분'의 입증이 없음을
지적하고 본안 심사로 들어갔다.

패널은 모라토리엄이 27개 생명공학제품 중에서 24개 제품에 대한 EC 승인절
차의 완료를 부당하게 지연시켰다는 이유로, EC가 SPS협정 제8조와 부속서 C(1)
(a) 제1문의 의무를 위반하였다고 평결하였다. 또한 EC 개별회원국들의 세이프가
드조치에 관하여, 패널은 동 조치가 SPS협정상의 정의를 충족하는 위해성평가에
근거하지 않아 충분한 과학적 증거 없이 적용된 것으로 추정될 수 있기 때문에 모
든 세이프가드조치에 대해 EC는 SPS협정 제5.1조와 제2.2조상의 의무를 위반한 것
이라 하였다.

그러나 패널은 유전자변형제품이 안전한지 위해한지, 유전자변형제품이 기존
의 전통 제품과 동종제품인지 아닌지 등의 핵심쟁점에 대해서는 판정하지 않았다.

다. 이행단계

EC는 위 패널판정에 상소하지 않고 이행을 약속하였으나 미국이 기대한 이행
은 GMO 제품의 수입제한 철폐였음에 비하여 EC의 이행은 GMO 제품에 대한 과
학적 위험평가의 재실시를 통한 수입제한의 유지였다. 결국 이행여부에 관한 분쟁
및 보복조치로 이어졌다.[32]

(3) 호주-사과 사건

호주가 뉴질랜드에서 식물을 말려 죽이는 화상병(fire blight)이 1919년에서
1997년 사이에 발생한 것을 이유로 뉴질랜드산 사과의 수입을 계속 거절하자 뉴질
랜드가 이의를 제기하였다. 호주는 수입위험분석을 하여 2006년 화상병, 유럽줄기
마름병, 사과 잎마름 각다귀 등 병해충이 뉴질랜드에 있으며 이들 병해충 격리를

---

31) 통제·검사 및 승인절차가 부당한 지연이나 차별 없이 합리적으로 행해질 것.
32) 2008년에 분쟁이 실질적으로 합의에 의해 해결된 것으로 보인다.

위한 17개의 조치를 취해야만 호주로 사과수입이 허가된다고 결정하였다. 뉴질랜드는 이 조치 중 상당수를 SPS협정 위반으로 WTO에 제소하였다.33)

패널은 호주 수입위험분석의 전파 매커니즘 분석이 적절한 과학적 증거에 의해 지지되지 않는 등 노출에 대한 위험분석의 결론이 일관성이 없고 객관적이지 않다고 판시했다. 호주는 패널이 심사기준을 잘못 적용하였다고 항소하였으나 상소기구는 패널의 심사가 위험분석이 과학계의 기준에 의하여 정당화되는 범위에 드는지 여부에 대한 검토에 한정되지 않으며 전문가 의견이 위험분석의 핵심적인 부분인 경우 이를 고려할 수 있다고 보았다.

패널은 600개의 과일샘플 검사가 많은 국가에서 시행되고 있는바 호주가 요구하는 3,000개 샘플검사보다 덜 무역제한 조치라는 뉴질랜드의 주장을 받아들였다. 그러나 상소기구는 600개의 샘플이면 병원체의 전파 및 정착의 위험이 무시할만한 것이 되는지에 대한 판정 없이 제5.6조(필요이상의 무역제한 금지) 위반을 판단할 수 없다고 설시하였다.

(4) 인도-농산물 사건

인도가 조류독감을 이유로 미국 등의 국가로부터 가금류, 달걀, 살아 있는 돼지 등의 수입을 제한한 것을 미국이 제소하였다.34) 패널은 인도조치를 OIE국제기준인 Terrestrial Animal Health Code의 여러 개정판 중에서 어느 것을 기준으로 검토할지를 결정해야 했으며, 패널설치시점에 발행된 최신판을 기준으로 하였다. 해당 기준의 해석에 있어서 패널은 OIE의 의견을 존중하였다.

• 인도의 조류독감관련 SPS조치는 OIE에 신고대상 조류독감을 보고한 국가 전 영토에 대해 수입을 제한하고 신고대상 조류독감 안전지역이나 안전구역으로부터의 수입을 허용하고 있지 않은 바 국제기준(위 코드 10.4)과 부합하지 않고, 그러므로 국제기준에 기초한 조치가 아니다. 국제기준이 없거나 이에 기초하지 않은 경우에는 위험평가를 해야 한다.

• 위험평가에 기초하지 않은 조치는 과학적 원리에 기초하지 않으며 충분한 과학적 증거 없이 유지된 것으로 추정된다.

• 인도가 미국전역으로부터의 수입을 막으면서 국내에서 조류독감이 발생한

33) Australia — Apples (DS367) Panel and AB Report, 각각 August and December 2010.
34) India — Agricultural Products (DS430) Panel and AB Report, 각각 2014 and 2015.

경우 10km 이내에서 생산된 상품만 유통을 금지하는 것은 인도가 신뢰할 만한 신고대상 저병원성 조류독감 감시제도를 실시하고 있지 않은 상황에서 일응 자의적이거나 정당하지 않은 차별이라고 판시했다. 즉, 신뢰할 만한 신고대상 조류독감 감시제도를 실시하고 있지 않은 상황에서 질병 발발에 대한 정보가 없다는 것이 청정지역을 주장할 수 있는 근거가 되지는 못한다.

• 인도의 적정보호수준을 국제기준인 위 코드로도 달성할 수 있는데 이보다 현저히 무역제한적인 조치를 취하는 것은 협정 제5.6조, 제2.2조 위반이다.

패널과 상소기구는 협정 제6.1조와 6.2조의 지역적 조건 반영의무는 제6.3조에 따라 수출국이 지역화인정을 주장, 입증해야 비로소 발동되는 의무가 아니라 이와 독립된 의무라고 보았다.

제 2 절 무역관련 기술장벽

1. 서론

무역에 대한 기술장벽(Technical Barriers to Trade, TBT) 협정은 비관세 장벽 가운데 하나인 기술적 장벽에 의한 무역제한적 효과를 억제하기 위하여, 회원국의 기술규정, 표준, 적합판정절차 등의 제정 및 시행을 규제한다.

기술규정(technical regulation)은 규범화되어 강제성을 가진 문서를 말하고, 표준(standard)은 비강제적인 것으로서 주로 업계에서 결정하여 따르기로 한 것을 말한다. 기술규정과 표준은 공통적으로 상품의 특성(product characteristics) 또는 그 공정 및 생산방법(processes and production methods, PPM)을 정하기 위한 것으로 이에 적용되는 용어, 기호, 포장, 표시, 라벨 요건을 포함한다.[35]

적합판정절차란 해당 상품이나 회사가 기술규정 또는 표준의 일정 품질 또는 안전성 요건을 충족하고 있다는 것을 평가받는 절차를 가리킨다. 이때 적합판정은 중앙 정부기관(제6조), 지방 정부기관(제7조) 또는 비정부기관(제8조)에 의해 수행될 수 있다.

TBT협정은 GATT 제III조 제4항 및 제XX조의 적용을 구체화한 것으로 볼 수

---

35) TBT협정 부속서 1.1. 기술규정으로서의 PPM은 상품특성과 관련된 PPM에 한정된다는 문언해석이 상소기구에 의해서 제시되었다(EC — Seal Products). 상품특성을 비물리적 특성을 포함하는 것으로 해석한다면 예기치 않은 적용범위 축소를 회피할 수 있을 것이다.

있으며, 실제로 분쟁에서도 이들 규정이 같이 원용되는 것이 일반적이다. SPS가 적용되는 경우 TBT는 적용되지 않으며, TBT와 충돌하는 한도에서 GATT는 적용되지 않는다. GATT 제XX조에 해당하는 조치의 목적을 고려하는 법익형량 조항이 별도로 없는 TBT의 적용에 있어서는 의무규정의 요건해석에 이를 반영하여야 한다.[36]

정부기관의 생산 또는 소비요건을 위하여 작성된 구매명세서는 TBT의 대상이 되지 아니하며 정부조달에 관한 협정에서 다루어진다.

2. TBT협정의 기본원칙

기술규정과 표준의 제정 및 적합판정절차의 운용에 있어서는 투명성, 객관성, 필요성이 확보되어야만 하며, 동시에 다음의 사항이 준수되어야 한다.

(i) 동종인 국내상품보다 수입상품을 불리하게 취급하지 아니한다(제2.1조).[37]
(ii) 회원국은 국제무역에 불필요한 장애를 초래할 목적 또는 그러한 효과를 갖도록 기술규정 등을 준비, 채택 또는 적용하지 아니한다(제2.2조).
(iii) 다른 회원국의 기술규정이나 적합판정절차가 자기나라의 절차와 다르다 하더라도 자신의 기술규정의 목적을 충분히 달성하거나, 자신의 절차와 동등한 적용가능한 기술규정과 표준과의 적합을 보증하는 경우, 다른 회원국의 기술규정을 동등한 것으로 수용하는 것을 적극 고려하고, 적합판정절차의 결과를 수용하는 것을 보장한다(제2.7조, 제6.1조).[38]
(iv) 비정부기관도 TBT 원칙을 준수하도록 지원한다(제3조).

국제 표준을 따른 기술규정은 국제무역에 불필요한 장애를 초래하지 않는다고 추정된다(제2.5조).

---

36) TBT 제2.1조(내국민대우) 적용의 경우 '동종성' 판단이 아닌 '불리한 대우'여부의 판단에서 이를 고려한다는 것이 상소기구의 입장이다.
37) 표준과 적합성평가와 관련한 내국민대우의무 규정은 각각 부속서 3(D), 제5.1.1조.
38) 기준규격의 상호승인은 아니라는 점에 유의하라.

3. TBT협정의 구체적 내용

(1) 기술규정

가. 비차별의무

내국민대우와 최혜국대우를 포함한다(제2.1조). 불리한 대우 여부를 판단함에 있어서는 경쟁조건에의 유해한 효과에 더하여 그러한 효과가 규제적 차이에서 기인하였는지, 그 규제조치의 목적은 정당한지, 조치의 적용방식은 공평한지를 검토하여야 한다.

순전히 정당한 규제적 구별에서 야기되는 수입품에의 경쟁상 불이익 효과는 용인되며, 그 판단을 위해서는 해당 기술규정의 디자인, 아키텍처, 현저한 구조, 운영과 적용 그리고 특히 공평성 여부를 검토하여야 한다.[39]

나. 불필요한 무역장애 금지

회원국은 그 비준수에 의해 야기될 위험을 고려하여 기술규정으로 정당한 목적[40]수행에 필요한 이상으로 무역을 규제하지 아니하여야 한다(제2.2조). 섣부른 일반화의 위험은 있으나, 종래 GATT 제XX조 면제의 인정을 받기 어려웠음에 비하여 이와 유사한 문언으로 구성된 TBT 제2.2조의 정당한 목적 수행을 위한 면제의 충족은 비교적 용이하게 인정되는 경향을 보이고 있다.

다. 필요성

기술규정은 그 채택을 야기한 상황 또는 목적이 더 이상 존재하지 아니하거나, 변화된 상황 또는 목적이 무역에 덜 제한적인 방법으로 처리될 수 있을 경우에는 유지되지 아니하여야 한다(제2.3조). 동일한 수준의 보호를 달성하는 덜 무역제한적인 대안의 존재는 제소국가가 제시하여야 한다.

라. 국제표준 존중

관련 국제표준이 존재하거나 그 완성이 임박한 경우, 회원국은 예를 들어 근본적인 기후적 또는 지리적 요소나 근본적인 기술문제 때문에 그러한 국제표준 또는

---

39) AB Report, US — Clove Cigarettes, 2012.
40) 정당한 목적은 특히 국가안보, 기만적 관행의 방지, 인간의 건강 또는 안전, 동물 또는 식물의 생명 또는 건강, 또는 환경의 보호이다.

국제표준의 관련부분이 추구되는 정당한 목적을 달성하는 데 비효과적이거나 부적절한 수단일 경우를 제외하고는 이러한 국제표준 또는 관련부분을 자기나라의 기술규정의 기초로서 사용한다(제2.4조).

마. 설명의무와 입증책임

다른 회원국의 무역에 중대한 영향을 미칠 수 있는 기술규정을 준비, 채택 또는 적용하는 회원국은 다른 회원국의 요청이 있을 경우 제2항부터 제4항까지의 규정에 따라 해당 기술규정의 정당성을 설명한다. 기술규정이 명백히 제2항에 언급된 정당한 목적 중의 하나를 위해 준비, 채택 또는 적용되고 관련 국제표준을 따른 경우에는 언제나 이러한 기술규정은 국제무역에 불필요한 장애를 초래하지 않는다고 추정되나 반박이 가능하다(제2.5조).

제2.4조, 제2.5조에 대한 일응의 입증책임은 역시 제소국에 있다. 조치국이 국제기준을 따르지 않은 경우에도 입증책임이 전환되지 않는다. 즉 국제기준이 정당한 규제목적을 달성하기에 효과적이고, 적절하다는 점을 제소국이 입증하여야 한다.[41]

(2) 표준

회원국은 자기나라의 중앙정부표준기관이 이 협정 부속서3의 표준의 준비, 채택 및 적용에 대한 모범관행규약을 수용하고 이를 준수할 것을 보장하며, 자기나라 영토내의 지방정부 또는 비정부 표준기관과, 회원국이나 자기나라 영토내의 하나 또는 둘 이상의 기관이 회원인 지역표준기관이 이 모범관행규약을 수용하고 준수하는 것을 보장하기 위하여 가능한 합리적인 조치를 취한다(협정 제4.1조).

모범관행규약은 내국민대우, 무역에 불필요한 장애 초래 금지의무, 국제표준을 기초로 한 표준개발의무, 단일 대표단 구성을 통한 표준회의 참여, 표준작업의 중복회피, 외형적 특성보다는 성능을 기준으로 한 요건에 기초하여 표준을 설정할 의무 등을 규정하고 있다.

해석상 국제표준은 국제표준기관에서 채택한 표준이며, TBT는 국제표준화기구(ISO)와 국제전기기술표준위원회(IEC)를 직접 언급하고 있으므로 이들이 채택하는 표준의 경우에는 국제표준으로 인정하는 데 이견이 없을 것이다. 그 이외의 표

---

41) AB Report, EC — Sardines, para. 282.

준기관의 경우 TBT가 정의하는 국제기관 요건인 "회원지위가 적어도 모든 WTO회원국의 관련 기관에게 개방되어 있는 기관"을 만족하여야 할 것이다.[42]

2000년 TBT위원회는 국제표준개발과정에서 준수되어야 할 6원칙으로 "투명성, 공개성, 공평무사와 총의, 관련성과 효과성, 일관성, 개도국의 이익"을 제시하는 결정을 채택하였다.[43]

(3) 적합판정절차

적합판정절차는 다른 회원국 영토를 원산지로 하는 동종상품의 공급자가 비교가능한 상황에서, 자기나라 원산의 동종상품 또는 그 밖의 국가를 원산지로 하는 동종상품의 생산자에게 부여되는 것보다 불리하지 아니한 조건으로 접근할 수 있도록 준비, 채택 및 적용된다. 이 접근에는 그 절차에 의하여 예견되는 경우 시설현장에서 적합판정행위를 하고 이 제도의 표시를 획득할 수 있는 가능성을 포함하여, 절차규칙에 따라 적합판정을 받을 수 있는 공급자의 권리가 포함된다(제5.1.1조).

적합판정절차는 국제무역에 불필요한 장애를 초래하거나 그러한 효과를 갖도록 준비, 채택 또는 적용되지 아니한다. 이는, 특히 부적합이 야기할 위험을 고려하여, 수입회원국에게 상품이 적용가능한 기술규정 또는 표준에 일치하고 있다는 적절한 확신을 주는 데 필요한 이상으로 적합판정절차가 엄격하거나 엄격하게 적용되지 아니하여야 한다는 것을 의미한다(제5.1.2조).

적합판정절차는 가능한 한 신속히, 그리고 다른 회원국의 영토를 원산지로 하는 상품에 대하여 국내산 동종상품보다 불리하지 아니한 순서로 실시되고 완료된다(제5.2.1조).

다른 회원국의 영토를 원산지로 하는 상품의 적합판정을 위하여 부과되는 모든 수수료는, 신청자와 적합판정기관의 시설의 그리고 위치상의 차이로 인한 통신, 운송 및 그 밖의 비용을 고려하여, 자기나라 원산의 동종상품 또는 다른 회원국의 영토를 원산지로 하는 동종상품의 적합판정에 부과되는 수수료와 형평을 이룬다(제5.2.5조).

회원국은 중앙정부기관뿐만 아니라 지방정부기관이나 비정부기관이 적합판정

---

42) 판례상 Codex, ITU가 직간접적으로 인정되었다.

43) Decision by the Committee on Principles for the Development of International Standards, Guides and Recommendations in Relation to Articles 2, 5 and Annex 3 of he Agreement Annex 4 of WTO Document G/TBT/9, 13 November 2000.

절차를 운영하는 경우에도 위 규정의 준수를 위한 가능한 합리적 조치를 취한다(제
7조, 제8조).

(4) 투명성과 정보 · 기술제공

투명성을 위해 기술규정의 제정 이전에 사전공지 및 사후공표가 요구된다(제
2.9조 내지 2.11조). 기술규정의 공표와 발효 사이에 합리적인 기간(통상 6개월 이상)
의 간격을 허용한다(제2.12조).[44]

회원국은 기술규정, 표준 및 적합판정절차에 관한 정보의 제공과 입수를 위한
문의처를 지정하고 절차를 마련한다(제10조). TBT위원회가 수립되어 회원국은 특
정무역현안을 이 포럼에 제기하여 논의할 수 있다(제13조).

개발도상국이 요청하는 경우 기술적 지원을 제공하며(제11조), 개발도상국에는
이 협정의 권리의무와 관련하여 보다 유리한 대우를 제공한다(제12조).

(5) 초국가 · 민간표준

회원국은 기술기준이나 표준과의 적합성이 요구되는 경우에는 가능하면 언제
나 적합판정에 대한 국제적 및 지역적 체제의 수립을 채택하고 참여한다(제9조).

민간표준의 중요성과 다양성이 증가하는 현실에서 이들을 어떻게 TBT규범에
합치하게 유도하느냐가 현안 중 하나이다. 회원국의 의무적 보장과 자발적 협력간
의 경계가 유동적이다(제3조, 제8조).

4. 관련 사례

(1) EC - 정어리 사건[45]

유럽연합은 규칙 2136/89로 "sardines"(정어리)라는 표현을 유럽연안해에서 잡
히는 정어리종인 "sardinas pichardus"를 이용한 통조림제품에만 사용할 수 있도록
하여 페루 근해에서 잡히는 정어리종인 "sardinops sagax"를 이용한 제품에는
"sardines"라는 표현을 사용할 수 없었다. 페루는 Codex 국제식품기준이 양자 모
두 "sardines"로 취급하므로 EC의 조치가 TBT 제2조, 제12조, GATT 제I조, III,
XI:1조 위반이라고 WTO에 제소하였다. 여기서는 TBT관련 패널과 상소기구 판시

---

44) 유사한 투명성 요청이 표준(부속서 3. L, M, N, O)과 적합판정절차(제5.6조 내지 5.7조)에도
   적용된다.

45) European Communities — Trade Description of Sardines (Peru, DS231), AB Report 2002.

사항만 살핀다.

첫째, 해당 유럽연합 규칙은 EC-석면 사건에서 상소기구가 기술규정의 요건으로 수립한[46] 첫째, 해당 문건이 특정 상품이나 특정 그룹의 상품에 적용되며, 둘째, 상품의 특성을 정의하며, 셋째, 그 준수가 강제적일 것이라는 요건을 충족하므로 TBT부속서 1.1의 기술규정에 해당한다.

둘째, TBT 부속서 1.2의 '표준'에 대한 정의가 총의(consensus)에 의해 채택될 것을 요구하지 않기에 총의에 의한 채택 여부가 불분명함이 이 사건 Codex 기준이 TBT 제2.4조의 국제표준으로 인정받는 데 영향을 주지 않는다.[47]

셋째, 유럽연합이 관련 국제기준이 부적절하다는 것을 보일 입증책임이 있는 것이 아니라 제소국인 페루가 유럽연합이 규칙을 통하여 추구하는 정당한 목적을 국제기준이 효과적이고 적절하게 달성할 수 있다는 것을 입증하여야 한다. 패널과 상소기구는 사실에 있어 페루가 이와 같은 입증을 하였다고 보고 국제기준에 기초하지 않은 EC의 조치를 SPS 제2.4조 위반으로 판시하였다.

(2) 미국-참치/돌고래 II 사건[48]

미국의 돌고래소비자정보법상 "돌고래 안전(dolphin-safety)"표시 요건이 멕시코 선원들이 주로 참치조업을 하는 해역(ETP해역)에서의 건착망사용에 대해 위 표시를 불허하자 멕시코가 TBT위반으로 제소하였다.

패널과 상소기구는 "돌고래 안전(dolphin-safety)" 라벨표시를 하기 위한 강제성 있는 요건을 수립한 것은 TBT상 기술규정에 해당한다고 보았다. 라벨을 붙이지 않을 자유가 형식적으로 존재하므로 라벨표시가 시장진입을 위한 법률상 선행요건은 아니더라도 사실상의 선행요건이라며 기술규정의 강제성이 인정된다고 설시했다.

또한, 수입동종제품의 경쟁조건을 불리하게 하는 기술규정은 정당한 규제적 구분에 의해 정당화되지 않는 이상에는 TBT 제2.1조 위반이 된다. 상소기구는 기술규정의 정당성을 판단하기 위해서는 그 목적뿐만 아니라 적용방식과 효과까지

---

46) EC-석면 사건 상소기구는 EC의 관련 규정이 TBT의 기술규정에 해당함을 확인하였으나 원고 측 제출근거 부족으로 더 이상 TBT에 따른 심리를 진행하지 않았다.

47) 상소기구는 주의적으로 총의가 국제기술기준으로 적합하지 않다는 얘기는 아님을 부기하고 있다.

48) United States — Measures Concerning the Importation, Marketing and Sale of Tuna and Tuna Products (Mexico, DS381), AB Report (2012).

고려하여야 하는데 ETP해역과 그 밖의 해역을 구분하는 적용방식이 공평하지 않다고 지적하였다.[49]

멕시코는 「국제 돌고래 보존 프로그램 협약」(Agreement on the International Dolphin Conservation Program, AIDCP)과 미국의 현재 기준을 결합한 대안을 제시하였다. 상소기구는 멕시코가 제안한 대안이 소비자 정보제공이나 돌고래 보호의 목적 달성에 본건 조치보다 덜 효과적이므로 본건 조치는 TBT 제2.2조 위반이 아니라고 판시하였다. 또한, 부속서 1.4의 정의에 비추어 TBT 제2.4조의 국제표준기구는 적어도 모든 WTO회원국의 관련기관이 참여할 수 있어야 하는데 AIDCP는 그렇지 못하므로[50] TBT의 국제표준기관이라 할 수 없다고 판단했다.

한편, 2000년 TBT위원회의 국제표준원칙에 대한 결정은 비엔나 조약법협약 제31조상 후속합의(subsequent agreement)에 해당한다고 보았다.[51]

(3) 미국-원산지 라벨(COOL) 사건[52]

미국 농산물유통법은 육류상품에 원산지 표시를 의무화하면서 출생, 사육, 도축의 전 과정이 미국에서 이루어진 경우에만 미국산으로 표시할 수 있고 하나의 과정이라도 외국에서 이루어지면 외국산으로 표시하게 하였다.

패널과 상소기구는 수입 쇠고기와 돼지고기에 원산지 증명을 위한 과도한 요건을 부과하고, 이 조치로 사실상 국내육류상품의 이용이 유도되는 것에도 주목하여 TBT 제2.1조 위반이라고 판시하였다.

또한, TBT 제2.2조의 불필요한 무역장애는 '최소한(minimum)의 장애'기준이 아닌 '합리적으로 가용한 덜 무역제한적인 대안의 존부'를 기준으로 유연하게 심사되어야 하며[53] 필요이상의 장애인지 판단시 고려요소는 첫째, 정당한 목적에의 기여 정도, 둘째, 무역장애 정도, 셋째, 위험의 성격과 조치의 미적용시 초래되는 결

---

49) AB Report, paras. 211-215, 297.

50) 미국, EU와 중남미 국가를 중심으로 2016년말 현재 총 15개 회원국이 있다.

51) AB Report, para. 372. 종전 EC — Sardines 사건에서의 총의가 불필요하다는 법리가 이로 인해 수정되는 효과를 갖는다. 하부위원회의 결의로 상부기구의 법률행위의 효력을 변경하는 것을 인정함이 적절한지에 이견이 존재한다. Erik Wijkström and Devin McDaniels, "International standards and the WTO TBT Agreement: Improving governance for regulatory alignment", WTO working paper, April 2013; Mavroidis (2016), p. 405.

52) United States — Certain Country of Origin Labelling (COOL) Requirements, (Canada, Mexico, DS384, 386), AB Report (2012).

53) "assessed against any reasonably available less trade-restrictive alternative measures."

과의 중요성 등이 있다고 설시하였다.

한편, 관련국제기준인 CODEX-STAN 1-1985는 소비자에게 축산물의 출생, 사육, 도축에 관한 전체 정보를 제공하려는 미국의 수요를 충족하지 못하는바 미국의 조치는 제2.4조 위반이라 할 수 없다고 판단했다.

(4) 미국-정향 담배 사건[54]

미국이 청소년의 흡연을 줄이기 위해 담배의 쓴 맛을 줄이는 정향 담배(clove cigarettes) 등 각종 수입 향 담배를 규제하면서도 자국산이 대부분인 박하향(men-thol) 담배는 성인이 즐겨 핀다는 이유로 규제대상에서 제외하였다.

상소기구는 TBT 2.1조 내국민대우의 적용을 위한 동종성 판단에서 조치의 목적을 배제하고 종래의 상품성질, 최종용도, 소비자선호, 관세분류 기준에 입각하여 판단하여 정향 담배와 박하향 담배의 동종성을 인정하였다.[55]

TBT 2.1조의 비차별의무가 정당한 규제목적상 구별에 따른 불리한 대우를 용납하지 않는 것은 아니나, 본 사건 조치의 디자인, 구조, 운용과 적용은 경쟁기회에의 악영향을 강력히 시사한다며 불리한 대우가 있었다고 판단하였다.[56]

패널이 정향 담배 수입금지가 청소년 흡연예방이란 목적을 위한 목적달성에 상당한 기여를 한다는 것을 인정하고 인도네시아의 반대입증이 있지 않은 이상에는 미국의 조치가 TBT 2.2조의 불필요한 무역장애에 해당하는 것으로 볼 수 없다고 판단한 점은 상소되지 않았다.

(5) EC-바다표범 제품 사건[57]

유럽연합은 이누이족 등 토착민이 생존을 위해 전통적인 방식으로 사냥하거나 개체 수 관리를 위해 사냥된 바다표범을 제외하고는 바다표범 상품의 수입과 판매를 제한하였다. 이로 인해 상업적 목적으로 바다표범을 사냥하는 캐나다와 노르웨이의 유럽으로의 수출이 제한되었다.

패널은 TBT 2.1조의 불리한 대우의 판단에 있어서 유해한 효과와 더불어 정당

---

54) United States—Measures Affecting the Production and Sale of Clove Cigarettes (Indonesia, DS406), AB Report (2012).

55) AB Report, paras. 112, 131.

56) AB Report, para. 224.

57) EC—Measures Prohibiting the Importation and Marketing of Seal Products, (Norway, Canada DS400, 401).

한 규제적 구별, 공평성(even-handedness)을 고려해야 하는데 규제의 혜택이 그린란드에게만 부여되도록 운영되어 해당조치가 공평하지 않은 결과 내국민대우 위반에 해당한다고 판시했다.[58]

상소기구는 문제 조치가 바다표범 상품을 구분하는 법규는 상품의 특성에 관한 것이 아니라 사냥의 목적과 사냥꾼을 식별하기 위한 것이 아니므로 애당초 TBT협정의 기술규정이 아니라고 패널판정을 파기했다.[59] 다만 문제의 조치가 공정 및 생산방법과 관련한 것인지에 대해서 당사국의 추가적인 논증이 필요하다는 이유로 판단을 유보한 것은 아쉬운 점으로 지적된다.[60]

제 3 절 SPS와 TBT의 규범적 의의

GATT의 비차별원칙(최혜국대우, 내국민대우)을 위반하지 않는 경우에도 환경, 위생, 소비자보호와 관련한 정부규제조치가 국제무역에 장벽으로 작용하며 실질적인 차별과 보호주의의 수단이 될 수 있다. SPS와 TBT는 이에 대응하여 이미 GATT 원칙으로 인정된 사실상 차별의 금지에 더하여 GATT 제XX조의 필요성 요건을 구체화하고 당해조치가 국내산업을 보호하려는 위장된 목적의 조치가 아닌가를 판단하기 위하여 조치가 과학적 증거에 입각하고, 일관성이 있고, 덜 무역제한적인 대안이 없어야 한다는 심사기준을 도입한다. 이와 같은 기준에 위반하는 경우에는 국내에 동종 내지 직접경쟁·대체가능 상품이 없는 결과 협의의 비차별원칙 위반에 해당하지 않는 경우에도 국제무역에 대한 제한을 구성하여 SPS, TBT를 위반한다는 점에서, 그리고 관련 국제기준에 따른 조치에 합법성의 추정이 주어진다는 점에서 GATT 비차별 원칙보다 다소간 심화·확장된 무역규범이라 할 수 있다. 그러나 이는 비위반제소를 포함한 광의의 GATT의 규범범위 내에 있다고 할 것이다.

---

58) Panel Report 2013, paras. 7.302-7.328.
59) AB Report, 2014, para. 5.59.
60) 오선영, "WTO 최근 판례 분석을 통해 살펴본 TBT협정의 해석 및 적용에 관한 연구", 법학논고(경북대), 제47집, 2014. 8.

제12장

농업협정

제 1 절 농업분야의 특성과 농업협정

농업은 국민과 국가의 생존과 직결되어 식량자급의 목소리가 상존하며, 가장 오래된 산업이니만큼 통상외적 이해관계가 결부되어 있는 민감한 분야이다. 따라서 농업부문에 관한 GATT의 규율은 제한적이었다. 수량제한이 GATT 제XI조 제2항에 의해 상당한 예외를 인정받을 여지가 있었으며, 관세양허를 하지 않은 회원국들도 적지 않았다. UR을 통해서 개도국은 유럽제국을 위시한 선진국의 농업시장 개방을 추구하였다. 그 결과 채택된 농업협정(Agreement on Agriculture)은 수입제한을 제거 또는 관세화하고 가격지지, 보조금 등 농업보호조치를 단계적으로 철폐하는 것을 목표로 하였다.

각국의 농업 생산은 예측하기 어려운 기후의 영향으로 풍작과 흉작을 겪고 이에 따라 수급의 불균형이라는 문제에 봉착한다. 전 세계적으로 동시에 풍작 또는 흉작을 겪는 일은 드물기 때문에 세계적인 차원에서 수급의 조정이 이루어지거나 자유무역이 가능하다면 문제의 상당부분을 해결할 수 있을 것이다. 그러나 현실에서는 각국이 세계적인 공조보다는 각자도생의 길을 택하였다. 아쉽게도 각국의 농업정책을 주도한 것은 잘 조직된 소수의 생산자집단이었으며 이들은 흩어진 다수 소비자의 희생 하에 농산물 수입제한의 장벽을 구축하였다. UR 이후 농산물 무역장벽은 수량제한에서 관세로, 관세에서 비관세장벽으로 변화하고 있다.

제 2 절   농산물관련 WTO 규범의 구조

WTO부속협정의 다른 규정과 충돌하는 경우 농업협정이 우선한다.[1]

GATT	농업협정
제XI조(수량제한의 일반적 철폐) 2. 이 조 제1항의 규정은 다음에 대하여는 적용되지 아니한다. (a) 식품 또는 수출회원에게 불가결한 그 밖의 상품의 중대한 부족을 방지 또는 완화하기 위하여 일시적으로 적용되는 수출의 금지 또는 제한	제12조 수출금지 및 제한에 관한 규율 1. 1994년도 GATT 제XI조제2항(a)에 따라 식량에 대한 새로운 수출금지 또는 제한을 실시하는 회원국은 아래 규정을 준수한다. 가. 수출금지 또는 제한을 실시하는 회원국은 동 금지 또는 제한이 수입국의 식량안보에 미치는 영향에 대하여 적절한 고려를 한다. 나. 회원국은 수출금지 또는 제한을 실시하기에 앞서 가능한 한 사전에 동 조치의 성격, 지속기간 등의 정보를 포함하는 서면통고를 농업위원회에 제출하며, 요청이 있는 경우 수입국으로서 실질적인 이해관계를 가진 회원국과 당해 조치와 관련된 어떠한 사항에 대하여도 협의한다. 이러한 수출금지 또는 제한을 실시하는 회원국은 요청이 있는 경우 이러한 회원국에게 필요한 정보를 제공한다.
(c) 다음 목적을 위하여 운영되는 정부조치의 시행에 필요한 것으로서 어떤 형태로든 수입되는 농산물 또는 수산물에 대한 수입의 제한 (i) 국내상품의 수량을 제한하기 위한 것 (ii) 국내상품의 일시적인 과잉상태를 제거하기 위한 것 (iii) 어떤 산품의 국내생산이 상대적으로 경미한 경우에 생산의 전부 또는 대부분을 그 수입산품에 직접적으로 의존하는 동물성 상품의 생산이 허용되는 물량을 제한하기 위한 것	제4조 제2항 회원국은 제5조(특별긴급수입제한규정)와 부속서 5(지정 1차 농산물)에 달리 규정된 경우를 제외하고는 <u>일반관세로 전환</u>하도록 요구된 어떠한 종류의 조치(Re.1)도 유지 또는 이용하거나 동 조치로 복귀하지 아니한다. (Re.1) 이러한 조치는 1947년도 GATT의 규정으로부터의 국별의무 일탈에 따라 유지되는지 여부에 관계없이 수입수량제한, 가변수입부과금, 최소수입가격, 임의적인 수입허가, 국영무역을 통하여 유지되는 비관세조치, 수출자율규제, 일반관세 이외의 유사한 국경조치를 포함한다. 단, 1994년도 GATT나 세계무역기구 부속서

---

1) 농업협정 제21.1조 "1994년도 GATT의 규정 및 세계무역기구협정 부속서 1가의 다른 다자간 무역협정의 규정은 이 협정의 규정을 조건으로 적용된다."

제XX조(h) 정부 간 상품협정	1가의 국제수지규정 또는 다른 일반적, 비농업특정적 규정에 따라 유지되는 조치는 포함하지 않는다.
제XVI:3조(수출보조금) 따라서 회원은 일차산품수출에 대한 보조금 사용을 피하도록 모색하여야 한다. 그러나 회원이 자신의 영토로부터의 일차산품수출을 증가시키도록 운영되는 제반 형태의 보조금을 직접적 또는 간접적으로 지급하는 경우, 이러한 보조금은 동 회원이 동 상품의 세계수출무역에 있어서 공평한 몫보다 더 많이 차지하도록 초래하는 방식으로 적용되어서는 아니 되며, 과거의 대표적인 기간 동안 동 상품의 세계수출무역에서 동 회원이 차지한 몫과 동 상품의 세계수출무역에 영향을 주었거나 주고 있을 수도 있는 특별한 요소를 고려한다.	제8조 수출경쟁 약속 각 회원국은 이 협정과 자기나라의 양허표에 명시된 약속에 합치하지 않는 방법으로 수출보조금을 제공하지 않을 것을 약속한다. 제9조 수출보조금 약속 제10조 수출보조금 약속의 우회방지

진정한 충돌이 있지 않는 한에는 관련 협정이 중복하여 적용된다. 예컨대 농업협정 제6.3조,[2] 제13조[3] 등은 GATT 제6조, 제16조, 보조금협정의 특칙에 해당하

---

[2] 회원국은 특정년도에 현행보조총액측정치 합계에 따라 표시된 농업생산자를 위한 국내 보조가 자기나라의 양허표 제4부에 명시된 당해 연간 또는 최종 양허약속수준을 초과하지 아니하는 경우 자기나라의 국내보조 감축약속을 준수하는 것으로 간주된다.

[3] 제13조 적절한 자제
1994년도 GATT와 보조금 및 상계조치에 관한 협정(이 조에서는 "보조금협정"이라 한다)의 규정에도 불구하고, 이행기간동안
가. 이 협정 부속서 2의 규정에 완전히 합치하는 국내보조조치는
(1) 상계관세(Re.4)의 목적상 허용보조금이 된다.
(2) 1994년도 GATT 제16조 및 보조금협정 제3부에 근거한 조치로부터 면제된다. 그리고
(3) 1994년도 GATT 제23조제1항(b)의 의미상, 1994년도 GATT 제2조에 따라 다른 회원국이 향유하는 관세양허의 이익의 비위반 무효화 또는 침해에 근거한 조치로부터 면제된다.
나. 이 협정 제6조제5항의 요건에 합치하는 직접지불을 포함하여 각 회원국의 양허표에 반영되어 있는 이 협정 제6조의 규정에 완전히 합치하는 국내보조조치와 최소허용 수준이내의 보조로서 제6조제2항에 합치하는 국내보조는
(1) 1994년도 GATT 제6조 및 보조금협정 제5부에 따라 피해 또는 피해의 우려 판정이 내려지지 않는 한 상계관세 부과로부터 면제되며, 상계관세조사를 개시함에 있어서 적절한 자제가 발휘되어야 한다.
(2) 동 조치로 인하여 특정품목에 대해 1992유통년도 중에 결정된 보조를 초과하는 보조가 제공되지 않는 한, 1994년도 GATT 제16조제1항 또는 보조금협정 제5조 및 제6조에 근거한 조치로부터 면제된다. 그리고

는 경우를 규정하고 있다. 상소기구는 농업협정에서 보조금협정상 의무를 명시적
으로 면제하거나, 보조금협정상 금지된 것을 명시적으로 승인하거나, 양 협정을 동
시적으로 만족하는 것이 불가능한 경우에 진정한 충돌이 있다고 설시했다.[4] 이행
기간에는 농업협정상의 의무를 충족하면 보조금협정위반에 따른 제소나 상계관세
부과로부터 면제되었으나(제13조) 이제는 이행기간이 도과하여서 안심할 수 없는
상황이다.

제3절 농업협정의 내용

1. 개관

GATT의 자유무역 이상에도 불구하고 세계대전의 경험은 전승국에게조차 식
량자급의 중요성을 각인시켰으며 그 결과 가뜩이나 취약한 농업에 대한 GATT 규
범마저 면제가 만연하였고 오랫동안 자유화협상에서 사실상 제외되었다.[5] WTO
농업협정은 자유화를 위한 중요한 일보로서 농산물에 대한 국경조치(관세)에 대한
규범, 허용되는 국내보조와 수출보조의 범위를 규정하고 있다. 적용범위에 농산물
(HS 1-24)만 포함하지 임산물과 수산물은 포함하지 않는다.

시장접근과 관련하여 일반관세의 대상물품에는 관세인하 약속을 하였으며, 기
타의 수입제한(수량제한, 가변수입부과금, 최소수입가격 등)을 유지하고 있는 경우에는
이를 모두 일반관세화하도록 하였다.[6] 선진국은 6년의 이행 기간 동안 평균 36%,

---

(3) 동 조치로 인하여 특정품목에 대해 1992유통년도 중에 결정된 보조를 초과하는 보조가
제공되지 않는 한 1994년도 GATT 제23조 제1항 (b)의 의미상, 1994년도 GATT 제2조에
따라 다른 회원국이 향유하는 관세양허의 이익의 비위반 무효화 또는 침해에 근거한 조
치로부터 면제된다.
다. 각 회원국의 양허표에 반영된 이 협정 제5부의 규정에 완전히 부합하는 수출보조금은
(1) 1994년도 GATT 제6조 및 보조금협정 제5부에 따라 물량, 가격에 미치는 효과 또는 결과
적인 영향에 근거한 피해 또는 피해의 우려 판정시에 상계관세의 대상이 되며, 상계관세
조사를 개시함에 있어서 적절한 자제가 발휘되어야 한다. 그리고
(2) 1994년도 GATT 제16조 또는 보조금협정 제3조, 제5조 및 제6조에 근거한 조치로부터 면
제된다.
4) AB Report, US-Upland Cotton, para. 532.
5) 1955년 이래 미국 및 수개 유럽 국가가 개별면제를 받았으며 유럽연합 차원에서는 공동농업
정책이라는 이름으로 보호정책을 이어나갔다.
6) 농산물협정 제4.2조.

상품별 최소 15%의 관세인하를 약속하였다.7) 개도국은 10년의 이행기간 동안 평균 24%, 상품별 최소 10%의 관세인하를 약속하였다. 할당관세를 적용하는 경우에는 국내소비의 5%에 해당하는 최소접근 물량을 보장하도록 하였다.

종전 생산보조, 교육지원, 가격유지와 같이 다양한 형태로 존재하던 국내보조(domestic support)에 대한 공통 잣대로 1986－1988년을 기준년도로 한 보조총액측정치(Aggregate Measurement of Support, AMS)를 개발하였다. 이행기간 종료까지 선진국은 AMS를 평균 20% 감축, 개도국은 13.3% 감축을 약속하였다. 회원국은 국내보조를 녹색, 청색, 황색으로 3분하여 보고하도록 하였다. 녹색상자에는 무역왜곡효과가 없는 연구개발, 훈련, 자문, 국내식량지원, 환경 보조 등이 속하며 부속서 2의 조건에 따라 농업협정의 의무로부터 면제된다. 청색상자에는 생산제한보조금이 속하며 농업협정 제6.5조의 조건하에8) 감축약속으로부터 면제된다. 생산보조는 생산한도 내에서만 허용된다. 황색상자에는 그 밖의 보조금이 속하며 20% 감축 대상이다.

수출보조(export subsidy)는 새로운 보조금 프로그램을 도입하지 않을 뿐만 아니라 선진국의 경우 기존 수혜품목의 물량기준 21%, 보조금 총액기준 36%, 개도국의 경우 각각 14%, 24%를 감축하기로 하였다. 하지만 국내 총농업생산액의 5%한도 내에서 수출보조가 허용되었다.

2. 관세화

농산물협정 제4.2조에 의해 관세화의무의 대상이 된 조치는 "1947년도 GATT의 규정으로부터의 국별의무 일탈에 따라 유지되는지 여부에 관계없이 수입수량제한, 가변수입부과금, 최소수입가격, 임의적인 수입허가, 국영무역을 통하여 유지되는 비관세조치, 수출자율규제, 일반관세 이외의 유사한 국경조치를 포함한다. 단, 1994년도 GATT나 세계무역기구 부속서 1가의 국제수지규정 또는 다른 일반적, 비농업특정적 규정에 따라 유지되는 조치는 포함하지 않는다." 실로 일반관세 이외에

7) 과거 양허관세가 있는 경우에는 이를, 없는 경우에는 실행관세를 기준관세율로 하였다.
8) 5. 가. 아래의 경우 생산제한계획에 따른 직접지불은 국내보조 감축약속 대상에서 면제된다.
　(1) 이러한 지불이 고정된 면적과 수확량을 기준으로 하는 경우, 또는
　(2) 이러한 지불이 기준 생산수준의 85% 이하에 대하여 이루어지는 경우, 또는
　(3) 축산에 대한 지불이 고정된 사육두수에 대하여 이루어지는 경우
　나. 위의 기준을 충족시키는 직접지불에 대한 감축약속의 면제는 회원국의 현행보조총액측정치합계를 계산할 때 직접지불액을 제외시킴으로써 반영된다.

수입 물량이나 가격을 왜곡시키는 모든 조치를 포함한다고 할 것이다. 뒤에 사례연구에서 보는 바와 같이 가격대역제는 가변수입부과금 또는 최소수입가격과 "유사한 국경조치"로서 관세화의 대상임이 확인되었다.

관세화의무에는 세 가지 예외가 있다. 첫째, 자기나라의 양허표에 "SSG"라는 기호로 예외를 원용할 수 있는 양허대상으로 명시한 농산물의 수입과 관련하여 농업협정 제5조의 조건을 준수하며 취해지는 특별긴급수입제한(Special Safeguard)이다. 적지 않은 회원국이 양허표에 이를 명시하였다. 둘째, 국내소비의 4% 그리고 매년 이에 0.8% 증가하는 비율에 상당하는 최소접근기회(minimum access oppor-tunities)[9]를 제공하고, 양허표에 "ST-Annex 5"를 기재하는 등 농업협정 부속서 5에 따른 조건에 따라 특별대우를 받는 것으로 지정된 상품이다. 그러나 이 특별대우는 협상으로 연장되지 않는 이상에는 이행기간 동안에만 이용될 수 있다. 셋째, 개도국이 주식(主食)에 해당하는 농산물에 적용하는 특별대우로서 보다 완화된 최소접근기회 제공의무가 적용된다. 특별대우의 연장을 위해서는 추가적인 양허를 해야 한다. 한국은 쌀에 대해 이를 원용하다가 2015년 관세화하여 종전 의무수입물량에 해당하는 40만8700톤은 5%, 그 이상의 수입에는 513% 종가세를 부과한다.[10]

3. 국내보조

각 회원국의 양허표 제4부에 포함된 국내보조 감축약속은 농업협정 제6조와 그 부속서 2에 규정된 기준에 따라 감축대상이 아닌 국내조치를 제외한 농업생산자를 위한 모든 국내보조조치에 적용된다. 약속은 보조총액측정치의 합계(Total AMS)[11]와 '연간 및 최종 양허약속수준'으로 양허표에 표시된다(제6조 제1항). 회원국은 특정년도에 현행보조총액측정치 합계(Current Total AMS)에 따라 표시된 농업생산자를 위한 국내 보조가 자기나라의 양허표 제4부에 명시된 당해 연간 또는 최종 양허약속수준을 초과하지 아니하는 경우 자기나라의 국내보조 감축약속을 준수하는 것으로 간주된다(동조 제3항). 나아가 다음과 같은 예외가 인정된다.

첫째, 농업 및 농촌개발을 장려하기 위한 정부의 직·간접 지원조치는 개발도상국의 개발계획의 불가분의 일부라는 중간평가합의에 따라, 개발도상회원국에서 농업에 대해 일반적으로 제공되는 투자보조금과 개발도상회원국의 저소득 또는 자

---

9) 최소접근기회의 구체적 개념은 협정문이 아닌 UR Modalities에 설명되어 있다.
10) 미국, 중국, 태국 등은 지나친 고관세라며 이의를 제기하였다.
11) 제1조(h)에 정의되어 있고 구체적 계산 방법은 부속서 3에 설명되어 있다.

원빈약 생산자에게 일반적으로 제공되는 농업투입재 보조금은 국내보조 감축 약속에서 면제되며, 또한 불법적인 마약작물의 재배로부터의 작목 전환 장려를 위하여 개발도상회원국의 생산자에게 지급되는 국내보조도 국내보조 감축약속에서 면제된다. 이 기준을 충족하는 국내보조는 회원국의 현행보조총액측정치 합계의 계산에 포함되지 않는다(동조 제2항).

둘째, 회원국은 기초농산물의 총생산가의 5%를 초과하지 아니하는 품목특정적 국내보조와 총농업생산가의 5%를 초과하지 아니하는 품목불특정적 국내보조를 현행보조총액측정치 합계에 산입하도록 요구되지 아니하며 이를 감축하도록 요구되지 아니한다. 개발도상회원국의 경우 각 최소허용비율은 10%로 한다(동조 제2항).

셋째, 고정된 면적과 수확량을 기준으로 하거나, 생산수준의 85% 이하에 대하여 이루어지거나, 가축사육두수에 대하여 이루어지는 생산제한계획에 따른 직접지불은 감축약속 대상에서 면제된다(동조 제5항).

넷째, 농업협정 부속서2는 무역왜곡 효과나 생산에 미치는 효과가 없거나 있더라도 미미하여 감축약속으로부터 면제받는 국내보조의 기존요건을 "i) 당해 보조가 소비자로부터의 소득이전을 수반하지 아니하면서, 공적으로 재원이 조달되는 정부의 계획(정부의 징수감면 포함)에 의하여 제공되며, ii) 당해 보조는 생산자에 대한 가격지지 효과가 없"을 것으로 부연하고 다음과 같은 면제대상 정책부문별로 추가적인 기준을 제시하고 있다. 일반서비스,[12] 식량안보 목적의 공공비축, 국내식량구호, 생산자에 대한 직접지불, 비연계소득보조, 소득보험 및 소득안전망 계획에 대한 정부의 재정적 참여, 자연재해로부터의 구호를 위한 지불, 생산자 은퇴계획을 통하여 제공되는 구조조정지원, 자원폐기계획을 통한 구조조정지원, 투자지원을 통하여 제공되는 구조조정지원, 환경계획에 따른 지불, 지역지원계획에 따른 지불. 이 목록은 한정적 열거이다.[13]

WTO농업협정은 국내보조와 수출보조를 구별하는 체계를 취하고 있지만 국내보조가 과다한 경우에는 수출보조에의 파급효과를 가질 수도 있음이 인정되고 있다.[14]

---

12) 일반 연구, 훈련, 자문, 검사, 시장조사, 하부구조서비스 등 포함.
13) 농업협정 제7.1조.
14) AB Report, Canada — Dairy (Article 21.5—New Zealand and US) (2001), paras. 89—90.

4. 수출보조

수출보조는 수출실적을 조건으로 한 보조를 말하며 다음을 포함한다.[15]

가. 수출실적을 조건으로 기업, 산업, 농업 생산자, 이러한 생산자 조합이나 다른 협회 또는 유통위원회에 대한 정부 또는 정부대행기관의 현물지급을 포함한 직접보조금의 제공

나. 국내시장의 구매자에게 동종상품에 대해 부과되는 비교 가능한 가격보다 낮은 가격으로 정부 또는 정부대행기관에 의해 농산물의 비상업적 재고의 수출목적의 판매 또는 처분

다. 관련 농산물 또는 수출품의 원료가 되는 농산물에 대한 부과금을 재원으로 한 지불을 포함하여, 공공회계의 부담여부에 관계없이 정부의 활동을 통하여 조성된 재원에 의한 농산물 수출에 대한 지불

라. 취급, 등급향상과 기타 가공비용 및 국제운송 비용을 포함하여, 농산물 수출에 대한 유통비용 절감을 목적으로 한 보조금의 제공(광범위하게 이용 가능한 수출증진 및 자문서비스는 제외)

마. 국내 수송물량에 비해서 보다 유리한 조건으로 정부가 제공하거나 의무화한 수출물량에 대한 국내 운송비

바. 수출상품에 포함되는 것을 조건으로 한 농산물보조금

회원국은 자기나라의 양허표에 명시된 농산물 관련 재정지출 및 물량에 대한 약속수준을 초과하여 수출보조금을 제공하여서는 아니되며, 자기나라 양허표에 명시되지 아니한 농산물과 관련하여 이러한 보조금을 제공해서는 아니된다.[16]

농업협정은 위에 열거되지 아니한 수출보조금이 수출보조금 약속을 우회하는 결과를 방지하기 위한 규정도 두고 있다.[17] 첫째, 수출신용, 수출신용보증 또는 보험계획의 제공을 통제하기 위한 국제규범을 발전시키기로 하였다. 그러한 국제규범에 합의하기 전에도 수출신용 등을 통해 수출보조금지를 우회할 수 없다.[18] 둘

---

15) 농업협정 제1조(e), 제9.1조.
16) 농업협정 제3.3호.
17) 농업협정 제10조.
18) US — Upland Cotton 사건 상소기구의 다수의견. 소수의견은 반대로 허용된다고 보았다.

째, 감축약속 수준을 초과한 수출물량이 보조금을 받은 것이 아니라고 주장하는 회원국은 이에 대한 입증책임을 진다. 양허농산물에 대해서는 양허한도 내에서의 보조금 지급은 합법이 되기 때문에 그 한도를 초과한 수출물량에 대해서는 보조금을 지급받은 것으로 추정하는 것이 자연스럽지만 비 양허농산물과 공산품에는 이런 추정이 적용되지 아니하고 제소국이 보조금의 존재를 입증하면 지급된 모든 보조금은 불법이 된다.[19] 셋째, 국제식량원조의 제공이 수혜국가에 대한 농산물의 상업적 수출과 직접 또는 간접적으로 연계되지 아니한다.

⟨UR 농업보조금 감축 목표치(이행기간, 기준연도)⟩

	선진국(6년)	개도국(10년)
관세		
전 농산물 평균 삭감	−36%	−24%
상품별 최소삭감	−15%	−10%
국내보조		
보조총액측정치의 합계(1986−88)	−20%	−13%
수출		
보조금액	−36%	−24%
보조물량(1986−90)	−21%	−14%

　보조금지급 이외에 기타 농산물 수출 진작조치로 회원국 간에 경쟁하는 것을 해소하기 위한 각료회의 선언이 있었으나[20] 목적을 달성하지 못하고 있다. 오히려 세계 농산물 가격의 상승이 보조금, 기타 수출 진작 조치의 필요성을 저감시키는 것이 현실이다. 그 와중에 2015년 나이로비 각료회의 결정으로[21] 소수의 예외를 제외하고는 여하한 형태의 농업수출보조를 철폐하고 농업수출금융·국영기업·식량원조의 무역왜곡 효과를 최소화하기로 한 것은 중요한 진보로 평가된다.

---

19) AB Report, US — Upland Cotton, para. 652.
20) 2005 Hong Kong and 2013 Bali Ministerial Declarations on Export Competition.
21) Ministerial Decision on Export Competition (WT/ MIN(15)/ 45), dated 21 December 2015.

5. 식량안보

인도의 주장에 의하여 2013 발리각료회의에서 식량안보에 대한 항구적 해법을 찾기까지 개도국이 전통적 주식량을 공적으로 비축하는 일환으로 보조금을 지급하는 것에 대한 분쟁해결절차의 원용을 자제하는 결정을 채택하였다. 비축 식량이 외국시장으로 풀리는 것은 허용되지 않는다.

기존 협정에서도 정부가 시장가에 의해서 식량을 구매하는 것은 녹색상자에 의하여 허용되며, 시장가보다 높은 보장가에 의하여 비축되는 것은 보조총액측정치 등 황색상자의 조건하에서 허용된다. 인도의 의도는 보조총액측정치의 제한 없이 보장가 구매를 허용할 것을 주장하는 것으로 이해된다. 2007년 세계적 식량위기 이후 곡물이 고가를 유지하자 종래 GATT XI.2(a)와 농업협정 제12조[22])보다 식량수출국의 일방적 수출제한 조치를 억제할 수 있는 효과적인 국제공조에 대한 요청이 높아지고 있는 것이다.[23])

제 4 절   사례

1. EC – 설탕 수출보조금[24])

EC는 양허표 각주에 ACP와 인도 농산물에 대한 특혜를 기재하였는데 패널과 상소기구는 양허기준을 따르지 않은 양허로 양허표상 의무를 제한하지 못한다고 판시하였다. EC는 설탕을 A, B, C 세 종류로 나눈 후에 C설탕을 수출하는 것을 암

---

22) 1. 1994년도 GATT 제XI조제2항(a)에 따라 식량에 대한 새로운 수출금지 또는 제한을 실시하는 회원국은 아래 규정을 준수한다.
   가. 수출금지 또는 제한을 실시하는 회원국은 동 금지 또는 제한이 수입국의 식량안보에 미치는 영향에 대하여 적절한 고려를 한다.
   나. 회원국은 수출금지 또는 제한을 실시하기에 앞서 가능한 한 사전에 동 조치의 성격, 지속기간 등의 정보를 포함하는 서면통고를 농업위원회에 제출하며, 요청이 있는 경우 수입국으로서 실질적인 이해관계를 가진 회원국과 당해 조치와 관련된 어떠한 사항에 대하여도 협의한다. 이러한 수출금지 또는 제한을 실시하는 회원국은 요청이 있는 경우 이러한 회원국에게 필요한 정보를 제공한다.

23) Mavroidis (2016), pp. 594–598.

24) AB Report, European Communities — Export Subsidies on Sugar (Australia, Brazil, Thailand; DS265, 266, 283), 2005.

묵적인 조건으로 하여 A, B설탕의 생산에 보조금을 지급하였다. 패널과 상소기구는 상호보조를 통하여 C설탕에 수출보조금이 지급되는 것으로 추정했다.

2. 칠레 – 가격대역 / 페루 – 농산물 사건

남미 국가들은 수입가격과 국내가격의 차이를 줄이는 방법으로 수입경쟁에서 피하기 위하여 가격대역제를 적용하였다. 수입가격에 하방기준보다 낮으면 추가관세를 부과하였고, 상방기준보다 높으면 이론적으로는 관세 할인이 이루어진다. 칠레는 밀, 설탕, 식용류 등에 이를 적용하였다. 칠레는 이들 상품에 대한 양허관세율은 31.5%였으며 가격대역제로 추가관세가 부과되는 경우에도 양허세율보다 낮게 운영되었다. 패널과 상소기구는 관세화 대상으로 예시된 수입제한 조치 이외에도 이와 유사한 조치는 모두 관세화할 의무가 있다고 판시했다. 유사한 사안인 페루 – 농산물 사건의 패널과 상소기구도 이를 재확인하였다.[25]

3. 미국 – 고지대 면화[26]

노예해방 이후 상실한 국제경쟁력 지지를 위하여 미국은 면화에 다양한 보조금을 지급하였는데 이 사건 패널과 상소기구는 미국이 고지대 주민의 면화 등 작물 재배 또는 휴경에 각종 국내보조금,[27] 수출신용보증, 작물보험 등을 제공한 것은 농업협정 및 보조금협정에 반한다고 판시하였다. 수출신용은 이에 관한 국제협정이 체결되기 전에도 수출보조금에 해당한다는 다수의견과 해당하지 않는다는 소수의견이 제시되었다.

보조금을 지급하면서 채소나 과일을 경작하지 않을 것을 조건으로 한 것이 농업협정 부속서2의 비연계소득보조로서 허용보조금의 요건을 갖추는지 여부와 관련하여, 패널과 상소기구는 미국의 조건이 일부나마 다른 농산물의 경작을 유도하는 효과가 있음을 인정하여 비연계성을 충족하지 못한다고 판시하였다.[28] 또한 농업협정이 반드시 보조금협정상 의무의 예외를 구성하지 않는다고 판시했다. 즉, 농업협정상 허용된 AMS 범위 내에서 지급되는 것이라도 수출보조금과 수입대체보조금

25) Chile — Price Band (DS207), 2002; Peru — Agricultural Products (DS457), 2015.
26) United States — Subsidies on Upland Cotton (Brazil, DS267), 2005.
27) 생산자율계약지불, 시장손실지원지불, 직접지불, 마켓팅론지불, 경기대응지불, 사용자구매지불 등.
28) AB Report, US — Upland Cotton (2005), paras. 322–342.

적 성격을 갖는 농업국내보조는 보조금협정(제3.1조)에 위반된다고 보았다.[29] 패널과 상소기구는 협상경위보다는 문언과 목적론적 해석에 무게를 둔 것으로 평가된다.[30]

　미국은 이행조치를 취하는 대신에 금전배상을 하기로 하였다. 즉, 미국의 부유한 농민에게 지급되는 보조금을 유지하기 위하여 브라질의 기업화된 농장주에 보상금을 나누어주게 되었다. 이 부조리가 과잉생산과 가격하락을 초래하고 생계를 위해 면화농사를 짓는 아프리카 소작농의 고통을 가중시키고 있다.[31]

제5절 소결

　농업협정은 농산물교역자유화를 향한 조심스럽지만 중요한 첫걸음이라고 할 것이다. 과거 농업협상의 타결이 UR협상의 타결의 열쇠였듯이, 현재 농업협상의 타결이 DDA에서도 핵심 의제이며 보조금 추가 감축, 피크(peak)관세를 비롯한 관세감축, 민감품목 축소 등이 주요 쟁점이다.

---

29) Ibid., para. 545.
30) 금태환, "미국의 면화보조금에 대한 WTO 평결", 행정법연구 제25호, 2009, pp. 411-433.
31) M. Grunwald, 'Why the US Is Also Giving Brazilians Farm Subsidies', Time, 9 April 2010.

제13장

수입허가, 관세평가, 선적전 검사, 무역원활화

수출입 허가 및 통관과 관련하여 불공정하고 비효율적인 제도가 있다면 수량 제한이나 관세에 못지않은 무역제약이 된다. 이를 제거하기 위하여 우루과이라운 드 이래 WTO회원이 경주한 노력의 산물인 수입허가절차, 관세평가, 선적전 검사, 무역원활화 협정을 살핀다.

제 1 절 수입허가절차 협정

도쿄라운드 코드로 존재하던 수입허가절차협정이 우루과이라운드를 거쳐 전 회원에 적용되는 다자간 무역협정이 되었다. GATT 제XI조는 수입허가 등을 통한 금지나 제한을 금하고 있어서 모든 수입허가가 허용되지 않는 것과 같은 인상을 주지만 EEC－최소수입가격 사건에서 GATT 패널은 수입허가가 자동적인 것이라면 그 자체가 GATT 위반은 아니라고 설시했다. GATT 제XIII조3(3)는 수입허가의 투명성을 요구하고 있다. 즉 수입허가여부가 아닌 절차의 투명성과 공정성이 주제이다. 하지만 GATT나 도쿄라운드 코드의 수입허가 규정은 규범의 구체성이 부족하여 남용의 여지가 있었으며 WTO 수입허가협정은 이를 개선한 결과이다. 동 협정은 허가를 자동허가와 비자동허가로 구분하는 한편, 공통적으로 준수해야 할 일반규정으로 다음을 제시하고 있다. 첫째, GATT를 준수하여야 한다. 둘째, 중립적이고 공정·공평하며 비차별적이어야 한다. 셋째, 수입허가 발급기관과 자격요건은 사전에 공시되어야 한다. 넷째, 절차는 투명하고 간단해야 한다. 다섯째, 사소한 오류를 이유로 신청이 거부되어서는 아니 된다. 여섯째, 비밀정보는 보호된다. 일곱째, 수입허가 받은 사업자에게 외환가용성이 보장되어야 한다. 여덟째, 허가된 수입품은 운송중, 대량 적하중 및 정상적인 상관행에 부합하는 그 밖의 이유로 허가에 명시된 금액, 물량 또는 중량과 사소한 차이가 발생할 수 있는바 이를 이유로 거부되지 아니한다.[1]

1. 자동허가

자동으로 발급되는 수입허가가 통계정보 수집 등의 목적을 달성하기 위한 다른 더 적절한 수단이 없는 경우에 사용될 수 있다. 자동허가란 모든 신청이 승인되어야 한다는 것이지만 조건을 전혀 부과하지 못하는 것은 아니다. 수입보증금과 같은 조건은 액수가 과하지 않고 추후 반환된다면 허용되는 조건이다.[2] 도쿄라운드 협상문서는 자동허가조건의 예시로 기술적 비자, 검사, 외환서식, 기타 유사한 행정검토를 들었다.[3] 하지만 세관이 자의적으로 부과하는 조건은 자동허가의 조건으로 허용되지 않는다.

자동허가의 경우에도 무역제한 효과가 추정된다. 이 추정을 복멸하기 위해서는 다음 세 가지를 입증해야 한다. 첫째, 수입허가가 자격을 갖춘 모든 자에게 열려있을 것. 둘째, 수입통관 전 근무일에 언제라도 허가를 신청할 수 있을 것. 셋째, 요건을 갖추어 제출된 허가 신청은 가능하면 즉시, 늦어도 10근무일 이전에 승인될 것.[4]

2. 비자동허가

개념적으로 자동허가가 아닌 것은 모두 비자동허가에 속하며, 협정상 명백하지는 않으나 국가안보, 환경, 공중건강, 공서양속 등의 목적으로 비자동허가를 사용할 수 있을 것이다.[5] 비자동허가절차는 이러한 절차의 이용을 통해 이행하는 조

---

1) 이상 수입허가협정 제1조.
2) EEC — Minimum Import Prices.
3) GATT Document MTN/NTM/W/73, 17 November 1986.
4) 수입허가협정 제2조 각항.
5) 음주를 금하는 아랍권 국가가 증류기의 수입을 규제하는 것이 그 예이다. Working Party Report on the Accession of the Kingdom of Saudi Arabia to the WTO, WT/ ACC/ SAU/ 61, dated 1 November 2005, para. 149.

치와 범위 및 존속 기간에 있어 상응하며, 그러한 조치를 시행하는 데 절대적으로 (absolutely) 필요한 이상으로 행정적 부담이 되지 아니해야 한다. 또한 신청의 처리 기간이 지나치게 길거나 허가의 유효기간이 지나치게 짧아서는 아니 된다. 경제적 물량으로 수입허가를 발급하여야 하며, 허가를 배분함에 있어서 신청자의 수입실 적을 고려하여야 한다.[6] 2013년 발리각료회의에서는 농산물할당관세운용양해[7]를 통해 3년 연속 TRQ 소진율이 65% 미만일 때는 TRQ 적용방식을 선착순방식으로 바꾸도록 했으나 한국을 포함한 개도국은 이 의무를 면제 받게 된다.

3. 수출허가

수출허가에 대해서도 무역협정을 체결하려는 노력이 없었던 것은 아니나 번번 이 실패로 돌아갔다. 현재까지 GATT 제I조, 제XI조에 의해서 외국간 차별하거나 수출허가에 과중한 서류를 요구하여 실질적으로 수출수량을 조절하는 경우 이들 의무의 위반이 되는 것을 제외하고는 특별한 적용규범이 없다.[8]

제 2 절   관세평가협정

관세부과를 목적으로 수입품의 가격을 정하는 절차가 관세평가이다. 일반적으로 수출입업자는 가격을 낮게 신고하는 것이 관세부과액도 낮추고 시장 확보에서도 유리하다. 관세당국은 반대로 가격을 높게 결정하는 것이 관세징수액도 높이고 국내시장도 보호할 수 있다.[9] 이와 같은 이해관계의 차이에 따른 상품 가격의 조작 위험을 방지할 필요성이 이미 인식되어 GATT 제VII조가 기본원칙을 정하였다.

2(a) 수입된 상품의 관세목적의 가격은 관세가 사정되는 당해 수입된 상품 또는 동종상품의 실제가격에 기초하여야 하며, 국내원산인 상품의 가격이나 자의 적 또는 가공의 가격에 기초하여서는 아니 된다.

3. 수입된 상품의 관세목적의 가격은 원산국 또는 수출국 내에서 적용되나 당해

수입된 상품에 대하여서는 면제되어 왔거나 또는 환불에 의하여 감면되어 왔
거나 감면될 예정인 동 내국세 금액을 포함하여서는 아니 된다.
5. … 상품의 가격을 결정하는 기초와 방법은 무역업자가 상당한 정도의 확실성
을 가지고 관세목적의 가격을 추산할 수 있도록 안정적이어야 하고 충분히
공개되어야 한다.

WTO관세평가협정은 위 내용을 구체화하여 잔존하는 탈법가능성을 축소하였
다. 그래서 이 협정의 공식명칭도 "1994년도 관세 및 무역에 관한 일반협정 제7조
의 이행에 관한 협정"이다.

1. 거래가격

관세가격의 1차적인 기초는 거래가격(transaction value)으로 이는 실제로 지불
했거나 지불할 가격을 제8조에 따라 조정한 가격이다.[10] 단, 구매자와 판매자간에

---

10) 제8조
  1. 제1조의 규정에 따라 관세가격을 결정함에 있어서 수입상품에 대하여 실제 지불했거나 지
     불할 가격에 아래의 금액이 부가된다.
    가. 구매자에 의하여 부담되나 상품에 대하여 실제 지불했거나 지불할 가격에 포함되어 있
       지 아니한 아래 금액,
       (1) 구매수수료를 제외한 수수료 및 중개료
       (2) 관세목적상 당해 상품과 일체로 취급되는 컨테이너비용
       (3) 인건비 또는 자재비 여부에 관계없이 포장에 소요되는 비용
    나. 수입품의 생산 및 수출판매와 관련한 사용을 위하여 구매자에 의하여 무료 또는 인하
       된 가격으로 직접 또는 간접적으로 공급되는 아래의 상품 및 서비스의 가격중 실제 지
       불했거나 지불할 가격에 포함되지 아니한 부분으로서 적절히 배분하여 산출한 가격
       (1) 수입품에 포함되는 재료, 구성요소, 부품 및 이와 유사한 상품,
       (2) 수입품의 생산에 사용되는 공구, 형판, 주형 및 이와 유사한 상품,
       (3) 수입품의 생산에 소요되는 재료,
       (4) 수입국 이외의 장소에서 행해지며 수입품의 생산에 필요한 공학, 개발, 공예, 도안,
          도면 및 소묘
    다. 구매자가 평가대상 상품의 판매조건의 하나로 직접 또는 간접적으로 지불하여야 하나
       실제 지불했거나 지불할 가격에는 포함되어 있지 아니한 경우 평가대상 상품에 관련된
       사용료 및 인가비용
    라. 수입품의 추후 재판매, 처분 또는 사용에 따르는 수익금액중 판매자에게 직접 또는 간
       접적으로 귀속되는 부분의 가치
  2. 생략(아래 본문 참조)
  3. 실제 지불했거나 지불할 가격에 부가금은 객관적이고 계량화할 수 있는 자료만을 기초로
     하여 이 조에 따라 설정된다.
  4. 관세가격을 결정함에 있어서 이 조에 규정된 경우를 제외하고는 실제 지불했거나 지불할

관련이 있을 경우 거래가격이 관세의 목적상 수락할 수 있는 것이어야 한다(제1조 제1항). 즉, 경쟁상황에서 통상적인 거래에서 실행된 가격을 말한다. 세관당국이 특수 관계가 가격에 영향을 미쳤다고 판단할 수 있는 근거를 가지고 있는 경우 세관당국은 그 근거를 수입자에게 통보하며 수입자는 답변할 수 있는 합리적인 기회가 제공된다(제1조 제2항).

수입항 또는 수입지점까지의 운송비용 및 관련된 적하비, 양하비, 하역비, 보험료를 포함할지 여부는 회원국이 재량으로 정할 수 있다(제8조 제2항). 대부분의 나라는 이를 포함한 CIF(cost, insurance and freight)가격을 관세평가의 기준으로 하는 반면 미국, 일본, 캐나다는 이를 제외한 FOB(free on board)가격을 기준으로 한다.

세관당국은 제출된 진술, 문서 또는 신고의 진실성이나 정확성에 관하여 확인할 수 있다(제17조). 세관당국은 제출된 정보의 진실성이나 정확성에 합리적인 의심이 있는 경우 이를 받아들이지 않을 수 있어서 실질적으로 입증책임을 수입업자에게 지우고 있다.[11] 이 경우에 수입국 세관당국은 수출국을 포함한 다른 국가의 세관당국에게 정보협조를 요청할 수 있다.

2. 후순위 관세평가기준

동일(동종동질)물품 거래가격, 유사물품 거래가격, 공제(deductive)방법, 산정(computed)가격, 기타 합리적인 방법(fallback method)의 순으로 평가방법을 동원하여 결정한다.[12] 공제방법이란 수입업자가 최대의 총량으로 제3자에게 판매한 가격에서 판매비용과 수익을 공제하는 것을 말한다(제5조). 산정가격이란 생산가격에 일반비용, 이익, 운송비를 가산한 금액이다(제6조). 마지막으로 기타 합리적인방법은 GATT 제VII조와 이 협정의 원칙과 일반규정에 부합되는 합리적인 기준에 따라 수입국 내에서 입수가능한 자료를 기초로 결정하는 것이다. 관세평가시 가능하면 과거에 결정된 관세가격을 최대한 기초로 하여야 한다. 어느 정도 세관당국의 재량을 인정하는 것이 불가피하지만 아래를 기초로 할 수는 없다.[13]

가. 수입국에서 생산된 상품이 수입국 내에서 판매되는 가격,

가격에 부가금이 설정되지 아니한다.
11) Decision Regarding Cases where Customs Administrations have Reason to Doubt the Truth or Accuracy of the Declared Value. UR Decision.
12) 관세평가협정 제2조 내지 제7조.
13) 관세평가협정 제7조.

나. 두 개의 선택 가능한 가격 중 높은 가격을 관세목적상 채택하도록 규정하는 제도,

다. 수출국 국내시장에서의 상품가격,

라. 동종동질 또는 유사상품에 대해 협정에 따라 결정된 산정가격이 아닌 생산비용,

마. 수입국 이외의 국가에 대한 상품의 수출가격,

바. 최저관세가격,[14) 또는

사. 자의적 또는 가공적 가격

3. 사례

태국-담배(필리핀) 사건에서 패널은 관세평가협정 제1조2(a)에 의거 수출자와 수입자의 관련성이 가격에 영향을 미쳤는지와 관련하여 수입자에게 입증책임이 있지만 세관 또한 합리적 설명기회를 제공하여야 한다고 설시하였다.[15) 또한 태국세관당국이 수입업자에게 적절한 문의를 해태한 결과 공제방식을 적용함에 있어서 판매수당, 지방세, 내국교통비를 공제하지 않았다고 관세평가협정 제7조 위반으로 판시했다. 나아가 해당 관세당국이 비밀로 지정하여 제공된 가격과 물량 정보를 공개한 것은 제10조 위반으로 판시되었다.[16)

콜롬비아-수입항 사건(2009)에서 콜롬비아는 거래가격이 기준가격을 하회하는 경우 관세당국이 적용하는 기준가격을 운용하였다. 패널은 콜롬비아가 사용한 기준가격이 시장 현실과 유리되어 관세평가협정 제1조 내지 제7조를 위반하였다고 판시하였다.[17)

---

14) 개발도상국의 경우 유보가 가능하다. Decision on Texts Relating to Minimum Values and Imports by Sole Agents, Sole Distributors and Sole Concessionaires.

15) Thailand — Customs and Fiscal Measures on Cigarettes from the Philippines (DS371), paras. 7.169 − 171.

16) paras. 7.332 − 7.405.

17) Colombia — Indicative Prices and Restrictions on Ports of Entry (DS 366), paras. 7.147 − 7.152.

제 3 절 선적전 검사 협정

선적전 검사(pre−shipment inspection, PSI)는 수입품의 품질, 수량, 가격, 환율, 금융조건, 관세분류 등이 계약서상의 내용과 일치하는지 검증하는 제반 활동을 의미한다. 선적전 검사협정이 모든 선적전 검사를 규율의 대상으로 하지는 않는다. 관세업무에 숙련된 인적자원이 부족한 개도국 세관이 선적전 검사업체에게[18] 임무를 위임해서 수행토록 하는 선적전 검사를 대상으로 하며 민간 수출입업자의 편의에 의한 사전 검사를 대상으로 하지 않는다. 선적전 검사업체에게 임무를 위탁하는 것으로 사용회원국(user Members)의 WTO협정(특히, 관세평가협정)상 의무가 면제되지는 않는다.

선적전 검사활동은 하지만 적지 않은 갈등과 불만을 야기하였다. 미국수출업자들은 개도국을 대리하는 검사업체들이 지나치게 많은 문건을 요구하며, 검사시간이 너무 오래 걸리며, 비용이 많이 들며, 영업비밀 누설이 우려되며, 시장조건의 변화에도 불구하고 단일가격을 유지할 것을 요구한다고 미행정부의 301조 발동을 요청하였다. 이에 미국은 선적전 검사업체들의 활동을 통제하는 GATT 규범을 추진하게 되었다.[19] 그러나 WTO체제는 사인에게 의무를 부과하는 것이 아니라 국가에 의무를 부과하는 구조이기 때문에 검사업체의 행위가 귀속하는 사용회원국에게 검사업체를 규율할 의무를 부과하게 되었다.

1. 사용회원국의 의무

- 무차별: 최혜국대우와 내국민대우원칙이 준수되도록 한다.
- 검사장소: 수출국에서 행해지기 때문에 수출국의 협조가 필요하다.
- 표준: 수량 및 품질검사가 구매합의에 규정된 표준에 따라 수행되며 합의된 표준이 없는 경우에는 관련 국제표준이 적용되는 것을 보장한다.
- 투명성: 선적전 검사기관이 수출자와 최초접촉시 검사요건을 준수하는 데 필요한 모든 정보의 목록을 수출자에게 제공하도록 해야 한다.

---

18) Société Générale de Surveillance (SGS), inspectorate, Socotel, Veritas, Inchcape 등이 대표업체이며 40여개 업체가 국제검사기관연합(International Federation of Inspection Agencies, IFIA)을 결성하였다.

19) Mavroidis (2016), pp. 37−38.

- 영업비밀의 보호: 선적전 검사기관이 자신과 계약을 체결하거나 자신에게 동 활동을 위임한 정부기관과 정보를 공유하는 경우를 제외하고는 선적전 검사기관이 제3자에 비밀 영업정보를 누설하지 아니하도록 보장한다. 또한 선적전 검사기관이 수출자에게 아래와 관련된 정보제공을 요청하지 아니하도록 보장한다.

  가. 특허되거나 허가되거나, 또는 공개되지 아니한 제법, 또는 특허가 계류 중인 제법과 관련된 생산 자료
  나. 기술규정 또는 표준과의 합치여부를 입증하는 데 필요한 자료 이외의 공개되지 아니한 기술적 자료
  다. 제조비용을 포함한 내부가격 책정
  라. 이윤 수준
  마. 수출자와 공급자간의 계약조건.[20]

- 이해의 상충: 이해상충을 회피하기 위한 절차를 마련한다.
- 신속한 검사: 지연을 방지하며 검사일자에 합의한 경우 이를 준수한다.
- 가격검증: 가격평가협정에 의거한 검증에 따라 부적합판정을 받은 것임을 입증할 수 있는 경우에만 거래당사자간 합의된 계약가격을 거부할 수 있다.
- 이의제기: 수출자의 이의제기를 접수, 검토하고 결정을 내릴 수 있도록 담당자를 지정한다.
- 검사면제: 분할선적을 제외하고는 최소가치 이하의 선적은 검사를 면제한다.[21]

2. 수출회원국의 의무

선적전 검사가 이루어지는 수출국은 선적전 검사와 관련된 법과 규정이 투명하게 공표되고 무차별적으로 적용되도록 보장한다. 사용회원국이 요청하는 경우 상호 합의된 조건에 따라 기술지원을 제공한다.[22]

---

20) 단, 동 정보가 제공되지 아니하면 당해 검사가 수행될 수 없는 경우는 제외된다. 이러한 경우 검사기관은 이러한 목적을 위하여 필요한 정보만을 요청한다.
21) 선적전 검사협정 제2조.
22) 선적전 검사협정 제3조.

3. 독립적 검토절차

선적전 검사기관, 수출자, 독립무역전문가를 대표하여 국제검사기관연합(IFIA), 국제상공회의소(ICC), WTO사무국이 작성한 명부에서 각 1인씩 선정하여 3인으로 구성되는 패널에 분쟁의 검토를 부탁하는 경우 패널은 검토의 요청이 있은 후 8근무일내로 구속력 있는 결정을 내린다.[23] 수출자의 눈치 보기, 관세행정의 수준 향상 등으로 실제 사건은 많지 않다.

4. 선적전 검사와 관련협정

선적전 검사협정은 사실 관세평가협정과 궁극적인 대상과 목적이 동일하다. 다만 관세행정 능력이 충분치 않아서 선적전 검사기관을 사용해야 하는 개발도상국가의 현실을 고려해서 이들의 관세행정수준이 향상될 때까지 잠정적 적용을 상정하고 채택된 협정이다. 후술하는 무역원활화협정 또한 통관절차의 향상을 위한 기술적 지원을 다루면서 관세분류와 관세평가와 관련해서 선적전 검사의 사용을 요구하지 말 것을 규정하고 그 밖의 업무와 관련해서 선적전 검사를 사용하는 경우에도 새로운 의무를 도입하지 말 것을 권고하였다.[24]

제 4 절   무역원활화협정

수출입 물품의 유통을 신속하게 하기 위하여 GATT 제V조(통과의 자유), 제VIII조(수출입에 관련된 수수료 및 형식), 제X조(무역규정의 공표 및 시행)의 규정을 명확하게 개선한 무역원활화협정(Agreement on Trade Facilitation)은 투명성 제고, 관세행정의 실체적 및 절차적 개선, 개도국특별대우, WTO 및 국별 무역원활화위원회의 설립에 대한 규정 등으로 구성되어 있다.

1. 투명성 제고

GATT 제X:1조의 투명성원칙을 구체화하고 있다. 수출입·통과절차 및 제한,

---

23) 선적전 검사협정 제4조.
24) 무역원활화협정 제10.5조.

수수료, 실행관세율, 분류, 평가규칙, 원산지규정, 형식요건 및 위반에 대한 벌칙, 관련 국제협정, 할당관세절차, 이의제기절차 등을 공표하여야 한다. 또한 인터넷을 통하여 위의 정보와 문의처 등을 제공해야 한다.[25] 나아가 제도 변경 시 그리고 주기적으로 무역인 등 이해관계인에게 청문의 기회를 제공하여야 한다.[26] 종전에 비하여 정보공개의 범위와 수단이 확대되고 실질적 소통이 제고되었다.

2. 관세행정의 실체적 개선

불필요하게 많은 서류요청은 삼가고 꼭 필요한도로 제한하여야 하며, 가능하면 원본이 아닌 전자사본 제출을 허용해야 하고, 문서제출을 위한 단일창구(single window)의 수립이 권장된다.[27] 사람과 동물의 음식물, 사료 등의 수입과 관련해서는 수입항에서 위험에 기반한 검사를 하고 수입에 부적합한 경우 통관을 보류할 수 있다.[28] 통관수수료 부과의 근거는 공표되어야 하며 벌칙은 위반의 경중과 정도에 비례하여야 한다.[29] 상품의 일시반입, 역내가공(inward processing)이나 역외가공(outward processing)을 위한 통관수수료는 감면될 수 있다.[30] 다른 덜 무역제한적인 수단이 있을 경우 통과물품에 불필요한 규제를 피하며, 통과물품에 기술규정과 적합성 평가를 적용하지 않는다.[31]

3. 관세행정의 절차적 개선

관세분류와 원산지 등에 대한 사전심사를 요청할 수 있어야 한다. 사전결정은 신청인과의 관계에 있어 결정한 회원국을 잠정적으로 구속한다.[32] 그 밖에 신속한 통관을 위하여 입항전 수입신고접수 및 처리, 관세 등 납부 전 반출,[33] 전자적 지급, 고위험 화물에 위험평가를 집중하는 위험관리, 통관 후 검사, 공인사업자[34] 제

---

25) 무역원활화협정 제1조.
26) 무역원활화협정 제2조.
27) 무역원활화협정 제10조.
28) 무역원활화협정 제5조.
29) 무역원활화협정 제6조.
30) 무역원활화협정 제10.9조.
31) 무역원활화협정 제11조.
32) 무역원활화협정 제3조.
33) 납세총액보다 크지 않은 한도에서 보증금 납부를 요구할 수 있다.
34) 한국 관세법상의 수출입안전관리우수공인업체(AEO) 제도와 같이 성실한 무역관련 사업자에 대한 우대를 명시하였다.

도 등을 도입하였다.35) 관세사 이용이 허용되지만 강제되지는 않아야 한다.36) 신속한 통관을 위해서는 무엇보다 관세당국을 포함한 국경기관간의 협력이 중요하므로 이를 위해 업무시간 연동·형식통일·시설공유·공동통제·단일(one−stop)국경검문소 설치 등이 권고되며,37) 보세운송이 보장된다.38) 관세기관의 결정에는 이의신청이 가능하여야 한다.39)

4. 개도국특별대우 등

개도국들은 협정상 의무를 A, B, C유형으로 분류하여 A는 협정발효와 동시(최빈국은 1년 이내)에, B는 스스로 정하는 유예기간 이후에, C는 유예기간 이후 능력향상 프로그램에 의하여 이행능력이 갖추어진 때에 발생하도록 선택할 수 있다. C는 지원공여국과 수혜국간의 협상에 의하여 구체적 지원 내용과 의무발생 시점이 정해진다. 분쟁해결절차 또한 발효 후 최단 2년에서 최장 8년의 유예기간을 거쳐서 적용하도록 하였다. 이 협정에 따라 국내통관절차를 개선할 의무를 지는 개도국의 협력을 끌어내기 위해 최대한의 신축성과 지원제공을 약속한 것으로 평가된다.

---

35) 무역원활화협정 제7조.
36) 무역원활화협정 제10.7조.
37) 무역원활화협정 제12조.
38) 무역원활화협정 제9조.
39) 무역원활화협정 제4조.

제14장

정부조달협정

제 1 절   서론

대다수의 국가에서 가장 큰 물품 구매자는 정부와 정부관련 기관으로서(통상 GDP의 15% 내외) 이들은 기본적인 생필품에서부터 첨단기술장비에 이르기까지 여러 종류의 물품을 구매한다. 동시에 외국 공급자보다 국내 공급자를 더 우대하라는 정치적 압력을 강하게 받을 수도 있다.

GATT와 GATS에서 예외로 취급되는 정부조달부문에 정부조달협정(Govern-ment Procurement Agreement, GPA)을 적용하는 것은 이들 협정간의 상호 보충으로 자유무역원칙의 보편적 적용에 접근하는 의의를 갖는다.

GPA는 도쿄라운드에서 협상이 시작되어 1981년 1월 발효되었다. 그 후 우루과이라운드 협상을 통한 WTO 정부조달협정이 1996년 1월 발효되었으며, 다시 2014년 4월 개정 WTO 정부조달협정이 발효하였고 한국에 대해서는 2016년 1월 발효하였다.

WTO GPA는 1996년 21개 회원으로 발효하였으나 2014년 발효한 개정 GPA는 2016년 12월 현재 우리나라를 포함한 47개 회원으로[1] 꾸준한 회원 수 증가를 보이고 있다. 중국, 호주, 러시아 등이 가입협상 중이다.

---

[1] 공식적으로는 EU와 그 28개 회원을 1개 당사자(Party)로 치기 때문에 19개 당사자이다. 나머지 당사자는 아르메니아, 캐나다, 홍콩, 아이슬랜드, 이스라엘, 일본, 한국, 리히텐스타인, 몰도바, 몬테네그로, 아루바, 뉴질랜드, 노르웨이, 싱가포르, 스위스, 대만, 우크라이나, 미국.

제 2 절   개정 WTO 정부조달협정의 주요규정

[개정 GPA 조문체계]

1조	정의	13조	제한입찰
2조	적용범위	14조	전자경매
3조	안보 및 일반적 예외	15조	입찰서의 취급 및 계약의 낙찰
4조	일반원칙	16조	조달정보의 투명성
5조	개발도상국	17조	정보의 공개
6조	조달제도에 관한 정보	18조	국내적 심사절차
7조	공고	19조	협정 적용범위에 대한 수정 및 정정
8조	참가조건	20조	협의 및 분쟁해결
9조	공급자 자격심사	21조	기구
10조	기술규격 및 입찰서류	22조	최종규정
11조	기간	부록 I 당사국 최종양허	
12조	협상	부록 II ~ IV. 공고 매체, 웹사이트 등	

1. 일반원칙

– 비차별(내국민대우/최혜국대우)[2]: 1994년 GPA와 마찬가지로 FTA에 대한 예외규정이 없음에도 불구하고 일반적으로 FTA에 의하여 GPA의 양허범위가 영향을 받지 않으며 단지 협정본문상의 절차상 최혜국대우를 받는 것으로 이해되고 있는 것 같다.[3] 비엔나조약법협약 제31조상 GPA 적용에 관한 추후의 관행이 될 수 있을지 주목된다.

– 전자조달 시 일반적인 IT시스템과의 호환성을 보장하고 참가 신청 및 입찰의 무결성을 유지한다.

– 전문에서 언급하듯이 이 협정에 따른 절차적 약속이 각 당사자의 특별한 상

---

2) 이하 제4조.
3) 공수진, "GPA 개정에 따른 FTA 정부조달규정의 개정 문제", 국제경제법연구 12(1), 2014. 3, p. 20; Robert D. Anderson and Anna Caroline Müller, "The Revised WTO Agreement on Government Procurement (GPA): Key Design Features and Significance for Global Trade and Development", WTO Working Paper ESRD-2017-04, January 2017, p. 20.

황을 받아들일 수 있도록 충분히 유연하여야 한다는 것을 인정하면서도 이해상충 회피, 부패관행 방지, 투명하고 공평한 방식으로 조달이 수행될 것을 요구하고 있다.

– 통상적인 무역과정에 적용하는 원산지원칙을 달리 적용하지 아니한다.
– 대응구매⁴⁾ 금지

2. 개도국 특혜

개도국에 대한 가격특혜, 대응구매, 양허기관 및 분야 등의 단계적 추가, 자국의 항구적 양허기준액보다 높은 양허기준금액 등의 과도조치와 신축적 이행기간 등을 허용한다. 다만, 이 협정에 따른 기회의 적절한 균형을 유지하기 위하여 해당 당사자와 해당 개발도상국 사이에서 협상된 조건을 따라야 한다(제5조).

3. 참가조건

조달기관은 조달 참가조건을 공급자가 관련 조달을 맡기 위한 법적·재정적 역량과 상업적·기술적 능력을 갖는 것을 보장하는 데 필수적인 것으로 한정하며, 공급자가 이전에 그 조달기관으로부터 한 건 이상의 낙찰을 받았을 것을 조달에 참가하기 위한 조건으로 부과하지 아니한다. 참가조건에 대한 평가는 사전에 공고 또는 입찰 서류에 명시된 조건에 근거한다(제8조).

4. 조달공고

조달예정 공고, 요약공고, 조달계획 공고를 공중이 쉽게 접근할 수 있게 하여야 한다(제7조).

선택입찰⁵⁾의 경우 일관성 있으며 불필요한 장애를 초래하지 않는 공급자 등록 제도 및 자격심사 절차를 채택한다. 조달예정 공고에서 입찰 참가가 허용될 공급자 수에 대한 제한과 그 기준을 밝히지 아니하는 한, 모든 유자격 공급자가 입찰에 참가하는 것을 허용한다. 조달기관이 유자격자 명부를 유지하는 경우 명부포함 신청

---

4) 대응구매란 현지 개발을 장려하거나 당사자의 국제수지 계정을 개선하는 조건 또는 약속으로서, 국산 내용물의 사용, 기술 사용허가, 투자, 대응무역 및 유사한 행위 또는 요건과 같은 것을 말한다.
5) 선택입찰이란 유자격 공급자만이 입찰서를 제출하도록 조달기관으로부터 권유를 받는 조달방법을 말한다.

을 상시 허용하고 합리적으로 짧은 시간 내에 모든 유자격자를 명부에 포함시킨다
(제9조).

5. 기술규격

조달기관은 국제무역에 대한 불필요한 장애를 만드는 것을 목적으로 또는 그
러한 효과를 갖도록 기술규격을 준비, 채택, 적용하거나 적합심사절차를 규정하지
아니한다(제10조 제1항). 조달기관은 조달될 물품 또는 서비스에 대한 기술규격을
규정함에 있어, 디자인 또는 묘사적 특징보다는 성능 및 기능 요건으로 기술규격을
제시하고, 국제표준이 존재하는 경우 이를 기술규격의 기초로 삼고, 그러하지 아니
한 경우 국가의 기술규정, 인정된 국가표준 또는 건축법규를 기초로 삼는다(제2항).
또한, 천연자원의 보존이나 환경을 보호하기 위하여 이 조에 따라 기술규격을 준
비, 채택 또는 적용할 수 있다(제6항).

조달기관은 특정 조달을 위한 기술규격의 준비 또는 채택에 사용될 수 있는
조언을 해당 조달에 상업적 이익을 가질 수 있는 인으로부터 경쟁을 미리 배제하는
효과를 갖게 될 방식으로 추구하거나 받지 아니한다(제5항).

6. 제한입찰[6]

협정 제13조 제1항에서 정하는 합리적 상황에는[7] 조달기관이 공급자 사이에

---

6) 제한입찰이란 조달기관이, 자신이 선택한 공급자 또는 공급자들과 접촉하는 조달방법을 말
한다.
7) 가. (1) 입찰서가 전혀 제출되지 아니하거나 참가를 신청한 공급자가 전혀 없는 경우
　　　(2) 입찰서류의 필수적인 요건에 부합하는 입찰서가 전혀 제출되지 아니한 경우
　　　(3) 참가조건을 만족시키는 공급자가 전혀 없는 경우, 또는
　　　(4) 제출된 입찰서가 담합에 의한 것인 경우
　　　다만, 입찰서류의 요건이 실질적으로 수정되지 아니하는 경우로 한정한다.
　　나. 특정 공급자만이 물품 또는 서비스를 공급할 수 있으며, 다음 이유 중 하나 때문에 합리적
인 대안이나 대체 물품 또는 서비스가 존재하지 아니하는 경우
　　　(1) 요건이 예술 작품에 대한 것인 경우
　　　(2) 특허, 저작권 또는 다른 배타적 권리의 보호, 또는
　　　(3) 기술적인 이유로 경쟁이 없는 경우
　　다. 원 공급자에 의한 물품 또는 서비스의 추가적인 인도로서, 최초 조달에 포함되지 아니하
고, 그러한 추가적인 물품 또는 서비스의 공급자의 변경이
　　　(1) 최초 조달에 따라 조달된 기존 장비, 소프트웨어, 서비스 또는 설비와의 호환성 또는
상호 운용성 요건과 같은 경제적 또는 기술적 이유로 이루어질 수 없는 경우, 그리고
　　　(2) 조달기관에게 중대한 불편 또는 상당한 비용의 중복을 야기하는 경우

서의 경쟁을 회피하는 목적으로 또는 다른 당사자의 공급자를 차별하거나 국내 공급자를 보호하는 방식으로 사용하지 아니하며 경우에 한하여 제한입찰을 사용할 수 있다.

7. 입찰서의 취급 및 계약의 낙찰

조달기관은 모든 입찰서를 조달 과정의 공정·공평성과 입찰서의 기밀성을 보장하는 절차에 따라 접수·개봉·취급한다(제15조 제1항). 낙찰이 공익에 부합하지 아니하다고 조달기관이 결정하지 아니하는 한, 해당 기관은 공급자 중 계약조건을 충족시킬 수 있을 것이라고 해당 기관이 결정한 공급자로서, 오로지 공고 및 입찰서류에 명시된 평가기준에만 근거하여 다음을 제출한 자에게 낙찰한다(제5항).

가. 가장 유리한 입찰서, 또는

나. 가격이 유일한 기준인 경우, 가장 낮은 가격

조달기관은 제출된 다른 입찰서의 가격보다 비정상적으로 낮은 가격의 입찰서를 접수한 경우, 공급자가 참가조건을 만족시키고 계약조건을 충족시킬 수 있는지 해당 공급자에게 확인할 수 있다(제6항).

8. 국내적 심사절차

각 당사자는 공급자가 관심을 가지고 있거나 가졌던 협정 적용대상 조달과 관련하여 발생하는 다음에 대하여 해당 공급자가 이의를 제기할 수 있는 적시의 효과

라. 엄격하게 필요한 한에 있어서, 조달기관이 예견할 수 없는 사건으로 야기된 극도의 긴박한 이유로 공개입찰 또는 선택입찰을 사용해서는 물품 또는 서비스를 때에 맞춰 취득할 수 없는 경우

마. 원자재시장에서 구매되는 물품인 경우

바. 연구, 실험, 조사 또는 주문자 개발을 위한 특정한 계약의 진행 과정에서 조달기관이 요청함에 따라, 또는 조달기관이 그러한 계약을 요청함에 따라 개발된 원형이나 첫 물품 또는 서비스를 해당 조달기관이 조달하는 경우. (이하 생략)

사. 청산, 법정관리 또는 파산으로 발생하는 것과 같은 통상적이지 아니한 처분과 관련해서는, 매우 짧은 기간 동안만 발생하는 이례적으로 유리한 조건에 따른 구매의 경우. 그러나 일반적인 공급자로부터의 일상적인 구매는 해당하지 아니한다. 또는

아. 디자인 경연의 우승자에게 낙찰되는 경우. 다만,

　(1) 해당 경연이 이 협정의 원칙, 특히 조달예정 공고의 공표와 관련되는 원칙과 합치하는 방식으로 준비되고,

　(2) 우승자에게 설계 계약을 낙찰시키는 것을 목적으로, 독립적인 심사원이 경연 참가자를 평가하는 경우로 한정한다.

적이며 투명하고 비차별적인 행정적 또는 사법적 심사절차를 제공한다(제18조 제1항).

    가. 협정의 위반, 또는

    나. 공급자가 당사자의 국내법에 따라 협정의 위반에 대하여 직접적으로 이의를 제기할 권리를 갖지 아니하는 경우, 이 협정을 이행하는 당사자 조치의 준수 실패

    각 당사자는 다음을 규정하는 절차를 채택하거나 유지한다(제7항). 첫째, 공급자가 조달에 참가할 기회를 보존하기 위한 신속한 잠정조치. 그러한 잠정조치는 조달과정의 정지로 귀결될 수 있다. 그러한 조치가 적용되어야 하는지를 결정함에 있어서 해당 절차는 관련 이익(공공의 이익을 포함한다)에 대한 중대한 부정적 결과를 고려할 수 있다고 규정할 수 있다. 행위를 취하지 아니하는 정당한 근거는 서면으로 제공된다. 둘째, 심사기구가 제1항에서 언급된 위반 또는 실패가 있다고 결정한 경우, 입은 손실 또는 손해에 대한 시정행위 또는 보상(입찰 참가 준비를 위한 비용 또는 이의 제기와 관련된 비용, 또는 양자 모두로 제한될 수 있다).

9. 협정 적용범위에 대한 수정 및 정정

    당사자는 정정, 한 부속서로부터 다른 부속서로의 기관의 이전, 기관의 철회 또는 부록 I의 자신의 부속서에 대한 다른 수정에 관한 안(이하 "수정"으로 통칭한다)을 위원회에 통보한다. 수정을 제안하는 당사자는 통보에 다음을 포함시킨다(제19조 제1항). 첫째, 기관의 협정 적용대상 조달에 대한 정부의 통제 또는 영향이 효과적으로 제거되었다는 사유로 권리를 행사하면서 부록 I의 자신의 부속서로부터 해당 기관을 철회하겠다는 제안인 경우, 그러한 제거에 관한 증거, 둘째, 그 밖의 모든 수정안의 경우, 이 협정에 규정된, 상호 합의한 협정 적용범위의 변화가 야기할 만한 결과에 관한 정보.

    그 밖에 보상에 대한 협의, 협의에 실패할 경우 실질적으로 동등한 협정적용범위의 철회, 반대의 해결을 위한 중재절차[8] 등을 규정한다(동조 제2항 내지 제7항).

---

8) 2016. 6. GPA 위원회는 양허수정관련 이견해소를 위한 중재절차를 채택했다(GPA/139).

10. 기타

(1) 분쟁해결(제20조)

이 협정에 따른 협의 및 분쟁의 해결에 분쟁해결양해를 적용한다. 종래 존재하던 조달분야 유자격자의 패널 포함 의무를 삭제하였다.

(2) 최종조항(제22조)

각 당사자는 공개 조달을 왜곡하는 차별적 조치를 도입하거나 지속하는 것을 회피하도록 노력한다(제6항). 개정GPA발효 후 3년 이내에 협정의 추가적 개선을 위한 협상에 참여하기로 약속했다(제7항).

(3) 회원국별 양허의 구성(부록 I)

부속서 1 중앙정부기관, 부속서 2 지방정부기관, 부속서 3 기타 기관, 부속서 4 상품, 부속서 5 건설서비스, 부속서 7 일반주석

제 3 절 주요국의 양허분석

개정 GPA 양허하한선 국가별/주체별 비교[9](단위: 만 SDR*)

국가별	중앙정부		지방정부		기타 기관(공기업)	
	상품 및 서비스	건설 서비스	상품 및 서비스	건설 서비스	상품 및 서비스	건설 서비스
GPA 양허 하한선	13	500	20	500	40	500
아르메니아	13	500	20	500	40	500
캐나다	13	500	35.5	500	35.5	500
유럽연합	13	500[1)2)]	20[3)]	500[1)2)]	40	500
홍콩	13	500	지방정부 없음		40	500

---

9) 박혜리, "개정 정부조달협정(GPA)의 주요 내용과 정책 시사점", KIEP 오늘의 세계경제, 2016. 1. 22.

아이슬란드	13	500	20	500	40	500
이스라엘	13	850[4]	25	850	35.5	500
일본	10	450[5]	20	1500[6]	13	450 or 1500[5]
한국	13	500[1]	20 or 40	1500[4]	40	1500
리히텐슈타인	13	500	20	500	40	500
아루바	10	400	지방정부 없음		40	500
뉴질랜드	13	500	20	500	40	500
노르웨이	13	500	20	500	40	500
싱가포르	13	500	지방정부 없음		40	500
스위스	13	500	20	500	40	500
대만	13	500	20	500	40	500
미국	13	500	35.5	500[7]	US $25/40	500[7]

주: * SDR(Special Drawing Rights, 특별인출권)은 IMF의 가상통화로 1SDR은 약 1.4미달러.
1) BOT, 공공 공사, GPA양허대상 PPPs를 포함.
2) 공공공사(public works concessions)조달의 경우 한국에 대해 1500만SDR 적용.
3) 캐나다 상품 및 서비스에 대해서는 35.5만 SDR 적용.
4) 이스라엘은 개정 GPA 발효 6년차부터는 500만 SDR 적용.
5) 건축 서비스, 엔지니어링 서비스, 기술서비스는 45만 SDR 적용.
6) 건축 서비스, 엔지니어링 서비스, 기술서비스는 1500만 SDR 적용.
7) 한국은 1500만 SDR 적용.

양허범위 확대

WTO-GPA 양허확대 협상에서의 주요 양허개선은 양허하한선 인하보다는 양허대상기관 추가, 서비스 및 건설서비스 부문에서의 양허범위 확대를 통해 이루어졌다.

(1) 외국

미국은 12개 중앙정부기관을 신규 양허하고 공기업의 양허하한선을 인하하였으며, 건설서비스 부문의 양허범위도 확대하였다. 특이사항은 지방 유틸리티 서비스(Rural Utility Service)의 경우 국산품 사용 요건을 면제하기로 합의한 점이다.

EU는 Catch—all 방식[10]으로 중앙정부기관을 폭넓게 양허[11]하고 철도조달도 신규 양허[12]하였으며 서비스[13] 및 건설서비스[14] 양허범위도 확대하였다.

일본은 중앙기관의 상품 및 서비스 양허하한선을 13만SDR에서 10만SDR로 하향조정하고 7개 지방정부를 신규 양허하였으며, 서비스 양허대상 품목이 대폭 확대되고 건설서비스에 BOT을 포함하였다.

스위스, 노르웨이, 아이슬란드도 EU와 마찬가지로 Catch—all 방식으로 중앙정부 및 지방정부를 폭넓게 양허하였으며 서비스 양허범위를 확대하였다.

이스라엘은 중앙기관(5개 추가 양허), 공기업(9개 추가 양허)의 양허 범위를 확대하고 서비스 양허범위를 확대하였다. 특이사항은 1981년부터 지속적으로 유지해온 대응구매(Offset)[15]를 개정 GPA 발효 6년 이후부터 단계적 축소·철폐하기로 하였다.[16]

(2) 한국

우리나라는 개정 WTO—GPA를 통해 중앙정부와 지방정부 기관, 공기업을 추가 개방하고 서비스 및 건설서비스의 양허범위를 확대하였다.[17]

첫째, 중앙정부 7개 기관, 지방정부 52개 기관, 공기업 7개 기관을 신규 양허하였다.[18]

둘째, 지방정부(기초자치단체) 상품 및 서비스 양허하한선은 40만 SDR로 광역시 양허하한선(20만 SDR)보다 높게 설정하였다(건설서비스 양허하한선은 광역시와 지

---

10) 현재 양허 리스트에 있는 기관뿐 아니라 향후 만들어지는 기관에 대해서도 폭넓게 양허하는 방식임.
11) 단, 우리나라에 대해서는 기존 포지티브 리스트 방식으로 양허함.
12) 우리나라와는 고속철도를 제외한 일반철도 조달만 상호 개방함.
13) 통신서비스 등 신규 포함.
14) 건설—운영—이전(Build—Operate—Transfer, BOT) 신규 양허.
15) 국산부품사용의무나 기술이전을 조건으로 하거나, 투자의무 및 역수출을 조건으로 정부조달계약을 행하는 것을 말함.
16) 개정 WTO—GPA 발효 6년 이후부터 대응구매 '국산품 비율 20% 이상'을 축소하여 발효 이후 최종 15년까지 완전 철폐하기로 합의함.
17) 개정전 WTO—GPA와 비교하여 양허 개선된 부분을 중심으로 기술함.
18) ㅇ중앙정부기관: 소방방재청, 방위사업청, 행정중심복합도시건설청, 국가인권위원회, 방송통신위원회, 국민권익위원회, 공정거래위원회. ㅇ지방정부기관: 울산광역시, 51개 기초자치단체. ㅇ공기업: 서울 메트로, 서울 도시철도공사, 인천 메트로, 부산교통공사, 대구 도시철도공사, 대전광역시 도시철도공사, 광주 도시철도공사.

역자치단체 동일).

셋째, 공기업의 상품 양허하한선을 인하하였고, 미양허하였던 서비스를 신규 양허하고 양허하한선은 40만 SDR로 설정하였다.

한편, 학교 급식 프로그램에 예외 주석을 신설하여 국내 농산물을 학교 급식조달에 사용할 수 있도록 하였고, 중소기업 우대조치 예외 주석을 통해 중소기업 보호를 위한 장치도 마련하였다.[19]

제 4 절   개정 WTO 정부조달협정의 특징

첫째, 양적 질적 개선이다. 양적으로, 양허대상의 추가로 연간 약 1조7천억 달러의 조달시장으로 성장하였다. 질적으로, 시장개방과 비차별원칙을 넘어서 굿 거버넌스(good governance)의 진흥과 부패척결이 협정의 목적으로 명시된 것은 조달규범의 국제적 조화(harmonization)를 추구하는 것으로 이해된다.[20] 개도국은 이러한 개정GPA의 특색이 자국의 조달시장을 선진화하는 버팀목이 될 것에 대한 기대를 표명하고 있다.

둘째, 일반적으로 각국의 국내법에 의해 규율되던 민간투자(BOT)에 대해서 EU, 일본, 한국이 WTO-GPA 양허대상에 포함하면서 민간투자 부분의 투명성 및 효율성 강화에 첫 걸음을 내딛게 되었다.

셋째, 복수국간협정으로서의 GPA 협상과정과 협상결과를 지배한 원칙은 상호주의이다. 상대방 양허수준에 맞추어 아국의 양허수준을 조정할 수 있는 신축성이 허용되었다.[21]

넷째, 정부조달위원회는 다음과 같은 주제의 작업프로그램을 가지고 정부조달제도의 향후 발전방향을 모색하고 있다: 중소기업의 정부조달 참여 지원, 지속가능(sustainable) 조달관행의 진흥, 조달안전기준, 양허제한 및 면제에 대한 검토.

---

19) 대한민국 양허 부속서 및 주석.
20) 이런 차원에서 다음 국제규범과의 시너지가 기대된다. United Nations Convention Against Corruption, UNCITRAL Model Law on Public Procurement, World Bank Procurement Framework.
21) 협정 전문, 제XXII:7조.

제 5 절 관련 사례

한국-정부조달 사건[22]

미국은 인천국제공항 건설사업을 주관한 신공항건설공단 및 그 승계기관인 인천국제공항공사가 WTO 정부조달협정의 적용대상임에도 불구하고 동 협정에 따른 조달절차를 실시하지 않는다는 이유로 제소하였다. 한국은 동 조달기관은 WTO 정부조달협정 부록1에 양허된 한국의 정부조달 양허기관이 아니며 따라서 동 협정에 따른 조달절차를 실시할 의무가 없다고 반박하였다.

한국은 부속서1의 각주로 '중앙행정기관이라 함은 정부조직법상의 보조기관, 특별지방행정기관, 부속기관을 포함한다'는 주석을 첨부하였는데 미국은 이에 따라 중앙행정기관(건교부)에 그 종속기관인 인천국제공항공사도 포함된다고 주장하였으나 패널은 당 공사가 정부조직법상 정의된 기관[23]이 아니라는 한국의 주장을 수용하였다.

미국은 건교부가 당 공사를 통제하므로 건교부의 일부로 보아야 한다고 주장하였으나 패널은 그렇게 생각한다면 부속서 3의 기관이 부속서 1의 기관으로 대우받는 모순이 생긴다고 반박하였다. 또한 패널은 당 공사가 법, 조직, 경영상으로 독립기관이라고 판단하였다.

또 한편, 미국은 1991년 정부조달협상 당시 한국이 공항건설의 조달기관은 아마도 조달청이 될 것이라고 미국의 질문지에 회답하였는데 이와 같이 협상의 결과 발생한 기대이익을 근거로 협정 제22.2조의 비위반조치에 따른 이익의 무효화 또는 침해도 주장하였다. 패널은 통상의 비위반제소에서의 이익은 양허의 결과 발생하는 것을 의미하는데 한국은 당 공사를 양허하지 않았다는 점과 한국의 협상태도가 불성실하였다고[24] 하더라도 신공항건설관리공단을 사업의 주체로 하는 신공항건설촉진법이 정부조달협정 체결 2년 전에 시행되었으므로 충분히 알 수 있는 데도 이를 알지 못한 것은 미국의 책임이라는 점을 들어 전통적 의미의 합리적 기대

22) Panel Report, Korea — Measures Affecting Government Procurement (US, DS163), 2000.
23) 우리 정부조직법상 차관이하 보직을 의미하는 '보조기관'이 독립적인 종속기관을 뜻하는 보조기관의 일반적 의미와 다른 점에 대한 해명에 심리의 상당 부분이 할애되었다.
24) 열흘 후에 신공항건설공단을 주관기관으로 하는 법률에 대한 입법예고를 하면서 질의서 회답시에 이에 대해서 아무런 언급도 없었다.

이익뿐만 아니라 확대된 기대이익의 전제하에 상응하는 의무로부터 벗어날 권한에 관한 청구도 배척하였다.[25]

---

25) 패널은 조약법에 관한 비엔나 협약 제48조상 조약체결과정에 착오가 있는 경우에도 그 국가가 착오를 감지할 수 있는 사정 하에 있는 경우에는 조약에 대한 동의를 철회할 수 없다고 확인하였다.

부록: 관세와 무역에 관한 일반협정(GATT) 제I, II, III, XI, XX조

제I조 일반적 최혜국 대우

1. 수입 또는 수출에 대하여 그리고 수입 또는 수출과 관련하여 부과되거나 또는 수입 또는 수출에 대한 지불의 국제적 이전에 대하여 부과되는 관세 및 모든 종류의 과징금에 관하여, 그리고 이러한 관세 및 과징금의 부과방법에 관하여, 그리고 수입과 수출에 관련한 모든 규칙 및 절차에 관하여, 그리고 제III조 제2항과 제4항에 기재된 모든 사항에 관하여, 회원이 타국의 원산품 또는 타국에 적송되는 산품에 대하여 허여하는 이익, 특전, 특권 또는 면제는 모든 다른 회원 영역의 동종 원산품 또는 이러한 영역에 적송되는 동종 산품에 대하여 즉시 그리고 무조건 부여되어야 한다.

2. 본 조 제1항의 규정은 수입세 또는 수입과징금에 관한 특혜로서 본 조 제4항에서 규정한 한도를 초과하지 아니하고 또한 다음 각호에 해당하는 것의 폐지를 요구하는 것은 아니다.
(a) 부속서 A에 기재된 2개 또는 그 이상의 지역간에만 유효한 특혜, 다만, 동 부속서에 규정된 조건에 따를 것을 조건으로 한다.
(b) 1939년 7월 1일 현재 공동의 주권 또는 보호관계, 또는 종주권 관계에 의하여 결합되었으며 부속서 B, C 및 D에 기재된 2 또는 그 이상의 영역간에만 유효한 특혜, 다만, 전기 부속서에 규정된 조건에 따를 것을 조건으로 한다.

Article I   General Most-Favoured-Nation Treatment

1. With respect to customs duties and charges of any kind imposed on or in connection with importation or exportation or imposed on the international transfer of payments for imports or exports, and with respect to the method of levying such duties and charges, and with respect to all rules and formalities in connection with importation and exportation, and with respect to all matters referred to in paragraphs 2 and 4 of Article III, any advantage, favour, privilege or immunity granted by any contracting party to any product originating in or destined for any other country shall be accorded immediately and unconditionally to the like product originating in or destined for the territories of all other Members.

2. The provisions of paragraph 1 of this Article shall not require the elimination of any preferences in respect of import duties or charges which do not exceed the levels provided for in paragraph 4 of this Article and which fall within the following descriptions:
(a) Preferences in force exclusively between two or more of the territories listed in Annex A, subject to the conditions set forth therein;
(b) Preferences in force exclusively between two or more territories which on July 1, 1939, were connected by common sovereignty or relations of protection or suzerainty and which are listed in Annexes B, C and D, subject to the conditions set forth therein;
(c) Preferences in force exclusively between the United States of America and the Republic

(c) 미 합중국과 쿠바공화국 간에만 유효한 특혜,

(d) 부속서 E 및 F에 기재된 인접국가에만 유효한 특혜.

3. 4. (생략)

제II조 양허표

1. (a) 각 회원은 다른 회원의 통상에 대하여 본 협정에 부속된 해당 양허표의 해당부에 규정된 것보다 불리하지 아니한 대우를 부여하여야 한다.

(b) 어느 회원에 관한 양허표 제1부에 기재된 산품으로서 다른 회원 영역의 산품은 동 양허표에 관련된 영역에 수입될 때에는 동 양허표에 규정된 조건 또는 제한에 따라 동 양허표에 규정된 관세를 초과하는 통상의 관세로부터 면제된다. 이러한 산품은 또한 수입에 대하여 또는 수입에 관련하여 부과되는 기타 모든 관세 또는 과징금이 본 협정일자에 부과되는 것 또는 동 일자 현재에 수입 영역에서의 유효한 법률에 의하여 그후 직접적이며, 의무적으로 부과가 요구되는 것을 초과하는 것으로부터 면제된다.

(c) 회원에 관한 양허표 제2부에 기재된 산품으로서 제I조에 의하여 동 양허표에 관련된 영역에 수입될 경우에는 특혜 대우를 받을 권리가 부여된 영역의 산품은 동 영역에의 수입에 있어서 동 양허표에 규정된 조건 또는 제한에 따라 동 양허표 제2부에 규정된 관세를 초과하는 통상의 관세로부터 면제된다. 본 조의 어떠한 규정도 특혜세율에 의한 물품의 수입적격성에 관하여 회원이 본

---

of Cuba;

(d) Preferences in force exclusively between neighbouring countries listed in Annexes E and F.

3. 4. (omitted)

Article II Schedules of Concessions

1.(a) Each Member shall accord to the commerce of the other Members treatment no less favourable than that provided for in the appropriate part of the appropriate Schedule annexed to this Agreement.

(b) The products described in Part I of the Schedule relating to any Member, which are the products of territories of other Members, shall, on their importation into the territory to which the Schedule relates, and subject to the terms, conditions or qualifications set forth in that Schedule, be exempt from ordinary customs duties in excess of those set forth and provided for therein. Such products shall also be exempt from all other duties or charges of any kind imposed on or in connection with importation in excess of those imposed on the date of this Agreement or those directly and mandatorily required to be imposed thereafter by legislation in force in the importing territory on that date.

(c) The products described in Part II of the Schedule relating to any Member which are the products of territories entitled under Article I to receive preferential treatment upon importation into the territory to which the Schedule relates shall, on their importation into such territory, and subject to the terms, conditions or qualifications set forth in that Schedule, be exempt from ordinary customs duties in excess of those set forth and

협정일자에 존재하는 요건을 유지하는 것을 방해하지 아니한다.

2. 본 조의 어떠한 규정도 회원이 상품의 수입에 있어서 다음의 것을 수시로 부과하는 것을 방해하지 아니한다.
(a) 동종의 국내산품에 관하여 또는 당해수입산품의 전부 또는 일부가 그것으로부터 제조 또는 생산된 물품에 관하여 제III조 제2항의 규정에 합치하여 부과하는 내국세에 상당하는 과징금,
(b) 제6조의 규정에 합치하여 부과되는 "덤핑"방지세 또는 상쇄관세,
(c) 제공된 용역의 비용에 상당하는 수수료 및 기타 과징금.

3. 회원은 관세가격의 결정방법 또는 통화환산방법을 본 협정에 부속된 해당 양허표에 규정된 양허의 가치를 감하도록 변경하여서는 아니된다.

4. 회원이, 정식으로 또는 사실상으로, 본 협정에 부속된 당해 양허표에 기재된 산품수입의 독점을 설정, 유지 또는 인가할 때에는, 이러한 독점은 동 양허표에 규정한 경우 또는 해당

provided for in Part II of that Schedule. Such products shall also be exempt from all other duties or charges of any kind imposed on or in connection with importation in excess of those imposed on the date of this Agreement or those directly and mandatorily required to be imposed thereafter by legislation in force in the importing territory on that date. Nothing in this Article shall prevent any Member from maintaining its requirements existing on the date of this Agreement as to the eligibility of goods for entry at preferential rates of duty.

2. Nothing in this Article shall prevent any Member from imposing at any time on the importation of any product:
(a) a charge equivalent to an internal tax imposed consistently with the provisions of paragraph 2 of Article III in respect of the like domestic product or in respect of an article from which the imported product has been manufactured or produced in whole or in part;
(b) any anti－dumping or countervailing duty applied consistently with the provisions of Article VI;
(c) fees or other charges commensurate with the cost of services rendered.

3. No Member shall alter its method of determining dutiable value or of converting currencies so as to impair the value of any of the concessions provided for in the appropriate Schedule annexed to this Agreement.

4. If any Member establishes, maintains or authorizes, formally or in effect, a monopoly of the importation of any product described in the appropriate Schedule annexed to this Agreement, such monopoly shall not, except as

양허를 최초로 교섭한 당사국간에 별도의 합의가 있는 경우를 제외하고는 평균하여 동 양허표에 규정된 보호량을 초과한 보호를 부여하도록 운영하여서는 아니된다. 본 항의 규정은 회원이 본 협정의 다른 규정에 의하여 허용된 모든 형태의 원조를 국내 생산자에게 부여하는 것을 제한하지 아니한다.

5. 회원은 어떠한 산품이 본 협정에 부속된 해당 양허표에 규정된 양허에 의하여 의도되었다고 믿는 대우를 다른 회원으로부터 받지 아니하고 있다고 생각할 때에는 동 문제에 관하여 직접 다른 회원의 주의를 환기하여야 한다. 주의를 환기받은 회원이 의도된 대우가 주의를 환기한 회원이 요구한 대우라는 점에는 동의하나 동 회원의 관세법상 본 협정에 의도된 대우를 허용하도록 해당 산품을 분류할 수 없다고 법원 또는 기타 해당기관이 재정하였기 때문에 그 대우를 부여할 수 없다고 선언하는 경우에는 이들 두 회원은 실질적인 이해관계가 있는 다른 회원과 함께 동 문제의 보상 조정을 목적으로 하는 교섭을 즉시 개시하여야 한다.

6. (생략)

7. 본 협정에 부속된 양허표는 이로써 본 협정 제1부의 불가분의 일부가 된다.

제III조　내국과세 및 규칙에 관한 내국민대우

1. 회원은 내국세, 기타 내국과징금과

provided for in that Schedule or as otherwise agreed between the parties which initially negotiated the concession, operate so as to afford protection on the average in excess of the amount of protection provided for in that Schedule. The provisions of this paragraph shall not limit the use by Members of any form of assistance to domestic producers permitted by other provisions of this Agreement.

5. If any Member considers that a product is not receiving from another Member the treatment which the first Member believes to have been contemplated by a concession provided for in the appropriate Schedule annexed to this Agreement, it shall bring the matter directly to the attention of the other Member. If the latter agrees that the treatment contemplated was that claimed by the first Member, but declares that such treatment cannot be accorded because a court or other proper authority has ruled to the effect that the product involved cannot be classified under the tariff laws of such Member so as to permit the treatment contemplated in this Agreement, the two Members, together with any other Members substantially interested, shall enter promptly into further negotiations with a view to a compensatory adjustment of the matter.

6. (omitted)

7. The Schedules annexed to this Agreement are hereby made an integral part of Part I of this Agreement.

Article III　National Treatment on Internal Taxation and Regulation

1. The Members recognize that internal taxes and

산품의 국내판매, 판매를 위한 제공, 구매, 수송, 분배 또는 사용에 영향을 주는 법률, 규칙 및 요건, 그리고 특정한 수량 또는 비율의 산품의 혼합, 가공 또는 사용을 요구하는 내국의 수량적 규칙은 국내생산을 보호하기 위하여 수입산품 또는 국내산품에 대하여 적용하여서는 아니된다는 것을 인정한다.

2. 다른 회원의 영역내에 수입된 회원영역의 산품에 대하여는 동종의 내국산품에 직접 또는 간접으로 부과되는 내국세 또는 기타 모든 종류의 내국과징금을 초과하는 내국세 또는 기타 모든 종류의 내국과징금을 직접 또는 간접으로 부과하여서는 아니된다. 또한, 회원은 본 조 제1항에 규정된 원칙에 위배되는 방법으로 내국세 또는 기타 내국과징금을 수입산품 또는 국내산품에 부과하여서는 아니된다.

3. (생략)

4. 회원 영역의 산품으로서 다른 회원의 영역에 수입된 산품은 동 국내에서의 판매, 판매를 위한 제공, 구입, 수송, 분배 또는 사용에 관한 모든 법률, 규칙 및 요건에 관하여 국내원산의 동종 산품에 부여하고 있는 대우보다 불리하지 아니한 대우를 부여하여야 한다. 본 항의 규정은 교통수단의 경제적 운영에 전적으로 입각하였으며 산품의 원산국을 기초로 하지 아니한 차별적 국내 운송요금의 적용을 방해하지 아니한다.

other internal charges, and laws, regulations and requirements affecting the internal sale, offering for sale, purchase, transportation, distribution or use of products, and internal quantitative regulations requiring the mixture, processing or use of products in specified amounts or proportions, should not be applied to imported or domestic products so as to afford protection to domestic production.

2. The products of the territory of any Member imported into the territory of any other Member shall not be subject, directly or indirectly, to internal taxes or other internal charges of any kind in excess of those applied, directly or indirectly, to like domestic products. Moreover, no Member shall otherwise apply internal taxes or other internal charges to imported or domestic products in a manner contrary to the principles set forth in paragraph 1.

3. (omitted)

4. The products of the territory of any Member imported into the territory of any other Member shall be accorded treatment no less favourable than that accorded to like products of national origin in respect of all laws, regulations and requirements affecting their internal sale, offering for sale, purchase, transportation, distribution or use. The provisions of this paragraph shall not prevent the application of differential internal transportation charges which are based exclusively on the economic operation of the means of transport and not on the nationality of the product.

5. 회원은 특정한 수량 또는 비율에 의한 산품의 혼합, 가공 또는 사용에 관한 내국의 수량적 규칙으로서 그 적용을 받는 산품의 특정한 수량 또는 비율을 국내의 공급원으로부터 공급하여야 함을 직접 또는 간접으로 요구하는 규칙을 설정 또는 유지하여서는 아니된다. 그 외에도, 회원은 제1항에 규정된 규칙에 위배되는 방법으로 내국의 수량적 규칙을 적용하여서는 아니된다.

6. 제5항의 규정은, 회원의 선택에 따라 1939년 7월 1일, 1947년 4월 10일 또는 1948년 3월 24일에 회원영역에서 유효하였던 내국의 수량적 규칙에는 적용되지 아니한다. 다만, 이러한 규칙으로서 제5항의 규정에 위배되는 것은, 수입의 장애가 되도록 수정되어서는 아니되며 또한 교섭의 목적을 위하여서는 관세로서 취급된다.

7. 특정한 수량 또는 비율에 의한 산품의 혼합, 가공 또는 사용에 관한 내국의 수량적 규칙은 동 수량 또는 비율을 국외의 공급원간에 할당하는 방법으로서 적용하여서는 아니된다.

8. (a) 본 조의 규정은 상업적 재판매를 위하여서나 상업적 판매를 위한 재화의 생산에 사용하지 아니하고 정부기관이 정부용으로 구매하는 산품의 조달을 규제하는 법률, 규칙, 또는 요건에는 적용되지 아니한다.
(b) 본 조의 규정은 본 조의 규정에 합치하여 부과하는 내국세 또는 내국과징금에 의한 수입과 국내상품의 정부구매에 의하여 생기는 보조를

5. No Member shall establish or maintain any internal quantitative regulation relating to the mixture, processing or use of products in specified amounts or proportions which requires, directly or indirectly, that any specified amount or proportion of any product which is the subject of the regulation must be supplied from domestic sources. Moreover, no Member shall otherwise apply internal quantitative regulations in a manner contrary to the principles set forth in paragraph 1.

6. The provisions of paragraph 5 shall not apply to any internal quantitative regulation in force in the territory of any Member on July 1, 1939, April 10, 1947, or March 24, 1948, at the option of that Member; Provided that any such regulation which is contrary to the provisions of paragraph 5 shall not be modified to the detriment of imports and shall be treated as a customs duty for the purpose of negotiation.

7. No internal quantitative regulation relating to the mixture, processing or use of products in specified amounts or proportions shall be applied in such a manner as to allocate any such amount or proportion among external sources of supply.

8. (a) The provisions of this Article shall not apply to laws, regulations or requirements governing the procurement by governmental agencies of products purchased for governmental purposes and not with a view to commercial resale or with a view to use in the production of goods for commercial.
(b) The provisions of this Article shall not prevent the payment of subsidies exclusively to domestic producers, including payments to

포함하여 국내 생산업자에 한하여 보조금을 지불함을 방해하지 아니한다.

domestic producers derived from the proceeds of internal taxes or charges applied consistently with the provisions of this Article and subsidies effected through governmental purchases of domestic products.

9. 회원은 내국의 최고가격 통제조치가 본 조의 다른 규정에 합치하드라도 수입산품을 공급하는 회원의 이익에 불리한 영향을 미칠 수 있다는 사실을 인정한다. 따라서 이러한 조치를 취하는 회원은 이러한 불리한 영향을 최대한도로 회피하기 위하여 수출회원의 이익을 고려하여야 한다.

9. The Members recognize that internal maximum price control measures, even though conforming to the other provisions of this Article, can have effects prejudicial to the interests of Members supplying imported products. Accordingly, Members applying such measures shall take account of the interests of exporting Members with a view to avoiding to the fullest practicable extent such prejudicial effects.

10. 본 조의 규정은 회원이 노출영화필림에 관한 내국의 수량적 규칙으로서 제4조의 요건을 충족하는 규칙을 설정 또는 유지하는 것을 방해하지 아니한다.

10. The provisions of this Article shall not prevent any Member from establishing or maintaining internal quantitative regulations relating to exposed cinematograph films and meeting the requirements of Article IV.

부속서1
제III조에 관하여

내국세, 내국과징금 또는 제1항에 열거한 종류의 법률, 규정 또는 요건으로서 수입산품 및 동종의 국내산품에 적용되고 또한 수입산품인 경우에는 수입시 또는 수입지점에서 징수 또는 실시되는 것은 내국세 및 내국과징금 또는 제1항에 열거한 종류의 법률, 규칙 또는 요건으로 간주하며 따라서 제III조의 규정을 적용한다.

Annex 1
Ad Article III

Any internal tax or other internal charge, or any law, regulation or requirement of the kind referred to in paragraph 1 which applies to an imported product and to the like domestic product and is collected or enforced in the case of the imported product at the time or point of importation, is nevertheless to be regarded as an internal tax or other internal charge, or a law, regulation or requirement of the kind referred to in paragraph 1, and is accordingly subject to the provisions of Article III.

제1항

회원 영역내의 지방정부와 지방기관에 의하여 부과되는 내국세에 대한 제1항

Paragraph 1

The application of paragraph 1 to internal taxes imposed by local governments and authorities

의 적용은 제XXIV조 최종항의 규정의
적용을 받는다. 동 최종항에서 "합리적
인 조치"라 함은 예를 들면, 비록 형식
적으로는 제III조의 자구에 합치되지는
않지만 실제에 있어서는 그 정신에 합
치하는 내국세를 과하는 권한을 지방
정부에게 부여한 현행의 국내 법률의
폐지가 관계 지방정부 또는 지방기관
에 대하여 중대한 재정적 난점을 초래
할 경우에는, 그 폐지를 요구하지 아
니한다. 지방정부 또는 지방기관이 과
하는 내국세로서 제III조의 자구뿐만
아니라 정신에도 합치하지 아니하는
내국세에 관하여 "합리적 조치"라 함
은 급격한 조치가 행정상 및 재정상에
중대한 난점을 야기시킬 경우에 회원
이 과도기중에 그러한 모순되는 세금
의 부과를 점차 폐지하는 것을 허용한
다.

제2항
제2항의 최초의 문장의 요건에 합치하
는 조세는 과세된 산품을 일방으로, 유
사한 방법으로 과세되지 아니한 직접
적 경쟁산품 또는 대체산품을 타방으
로 하여 양자간에 경쟁이 있는 경우에
한하여 제2의 문장의 규정에 모순되는
것으로 간주한다.

제XI조 수량제한의 일반적 폐지

1. 회원은 다른 회원 영역의 산품의 수
   입에 대하여 또는 다른 회원 영역으
   로 향하는 산품의 수출 또는 수출을
   위한 판매에 대하여, 할당제나 수입
   허가 또는 수출허가 또는 기타 조치
   에 의거하거나를 불문하고 관세, 조
   세 또는 기타 과징금을 제외한 금지

within the territory of a Member is subject to the provisions of the final paragraph of Article XXIV. The term "reasonable measures" in the last-mentioned paragraph would not require, for example, the repeal of existing national legislation authorizing local governments to impose internal taxes which, although technically inconsistent with the letter of Article III, are not in fact inconsistent with its spirit, if such repeal would result in a serious financial hardship for the local governments or authorities concerned. With regard to taxation by local governments or authorities which is inconsistent with both the letter and spirit of Article III, the term "reasonable measures" would permit a Member to eliminate the inconsistent taxation gradually over a transition period, if abrupt action would create serious administrative and financial difficulties.

Paragraph 2
A tax conforming to the requirements of the first sentence of paragraph 2 would be considered to be inconsistent with the provisions of the second sentence only in cases where competition was involved between, on the one hand, the taxed product and, on the other hand, a directly competitive or substitutable product which was not similarly taxed.

Article XI General Elimination of Quantitative Restrictions

1. No prohibitions or restrictions other than duties, taxes or other charges, whether made effective through quotas, import or export licenses or other measures, shall be instituted or maintained by any Member on the importation of any product of the territory of any other Member or on the exportation or

또는 제한을 설정하거나 유지하여서는 아니된다.

2. 본 조 제1항의 규정은 다음의 경우에는 적용되지 아니한다.

(a) 식료품 또는 수출 회원에 필수적인 산품의 위급한 부족을 방지하거나 완화하기 위하여 일시적으로 적용한 수출금지 또는 제한,

(b) 국제무역에 있어서 상품의 분류, 등급 또는 판매에 관한 기준 또는 규칙의 적용을 위하여 필요한 수입 및 수출의 금지 또는 제한,

(c) 농업 또는 어업 산품에 대하여 수입형식의 여하를 불문한 수입제한으로서 다음 목적을 위한 정부조치의 실시에 필요한 경우,

(ⅰ) 시장판매 또는 생산이 허가된 동종 국내산품의 수량 또는 동종 산품의 실질적인 국내생산이 없는 경우에, 동 수입산품으로 직접적으로 대체할 수 있는 국내산품의 수량을 제한하는 것, 또는

(ⅱ) 동종 국내산품의 일시적인 과잉상태 또는 동종 산품의 실질적인 국내생산이 없는 경우에 수입산품으로 직접 대체할 수 있는 국내산품의 일시적인 과잉상태를 무상 또는 당시의 시장가격보다 낮은 가격으로 일정한 국내소비자의 집단에 제공함으로써 제거하는 것, 또는

(ⅲ) 산품의 국내생산이 비교적 근소할 경우에, 생산의 전부 또는 대부분을 수입산품에 직접적으로 의존하는 동물성 산품에 있어서 동생산허용량을 제한하는 것.

sale for export of any product destined for the territory of any other Member.

2. The provisions of paragraph 1 of this Article shall not extend to the following:

(a) Export prohibitions or restrictions temporarily applied to prevent or relieve critical shortages of foodstuffs or other products essential to the exporting Member:

(b) Import and export prohibitions or restrictions necessary to the application of standards or regulations for the classification, grading or marking of commodities in international trade;

(c) Import restrictions on any agricultural or fisheries product, imported in any form, necessary to the enforcement of governmental measures which operate:

(ⅰ) to restrict the quantities of the like domestic product permitted to be marketed or produced, or, if there is no substantial domestic production of the like product, of a domestic product for which the imported product can be directly substituted; or

(ⅱ) to remove a temporary surplus of the like domestic product, or if there is no substantial domestic production of the like product, of a domestic product for which the imported product can be directly substituted, by making the surplus available to certain groups of domestic consumers free of charge or at prices below the current market level ; or

(ⅲ) to restrict the quantities permitted to be produced of any animal product the production of which is directly dependent, wholly or mainly, on the imported commodity, if the domestic production of that commodity is relatively negligible.

본 항(c)에 따라 산품의 수입을 제한하고 있는 회원은 장차 특정한 기간중에 수입을 허용할 산품의 총수량 또는 총가액과 이러한 수량 또는 가액의 변경을 공고하여야 한다. 또한 전기(1)에 의하여 과한 제한은, 제한이 없는 경우 양자간에 성립될 것으로 합리적으로 기대되는 비율보다 수입총계와 국내생산총계간의 비율을 감소하는 것이어서는 아니된다. 회원은, 동 비율을 결정함에 있어서 과거의 대표적인 기간에 존재하였던 비율과 해당 산품의 거래에 영향을 주었거나 또는 영향을 줄지도 모를 특수요인에 대하여 타당한 고려를 하여야 한다.

Any Member applying restrictions on the importation of any product pursuant to sub—paragraph (c) of this paragraph shall give public notice of the total quantity or value of the product permitted to be imported during a specified future period and of any change in such quantity or value. Moreover, any restrictions applied under (i) above shall not be such as will reduce the total of imports relative to the total of domestic production, as compared with the proportion which might reasonably be expected to rule between the two in the absence of restrictions. In determining this proportion, the Member shall pay due regard to the proportion prevailing during a previous representative period and to any special factors which may have affected or may be affecting the trade in the product concerned.

제XX조 일반적 예외

본 협정의 어떠한 규정도 회원이 다음의 조치를 채택하거나 실시하는 것을 방해하는 것으로 해석되어서는 아니된다. 다만, 그러한 조치를 동일한 조건 하에 있는 국가간에 자의적이며 불공평한 차별의 수단 또는 국제무역에 위장된 제한을 과하는 방법으로 적용하지 아니할 것을 조건으로 한다.

(a) 공중도덕을 보호하기 위하여 필요한 조치,

(b) 인간, 동물 또는 식물의 생명 또는 건강을 보호하기 위하여 필요한 조치,

(c) 금 또는 은의 수입 또는 수출에 관한 조치,

(d) 관세의 실시, 제II조 제4항 및 제17조에 따라 운영되는 독점의 실시, 특허권, 상표권 및 저작권의 호 그리고 사기적인 관습의 방지에 관한 법률과 규칙을 포함하여 본 협정의 규정에 반하지 아니하는 법률 또는 규

Article XX   General Exceptions

Subject to the requirement that such measures are not applied in a manner which would constitute a means of arbitrary or unjustifiable discrimination between countries where the same conditions prevail, or a disguised restriction on international trade, nothing in this Agreement shall be construed to prevent the adoption or enforcement by any Member of measures:

(a) necessary to protect public morals;

(b) necessary to protect human, animal or plant life or health;

(c) relating to the importation or exportation of gold or silver;

(d) necessary to secure compliance with laws or regulations which are not inconsistent with the provisions of this Agreement, including those relating to customs enforcement, the enforcement of monopolies operated under paragraph 4 of Article II and Article XVII, the protection of patents, trade marks and copyrights, and the prevention of deceptive

칙의 준수를 확보하기 위하여 필요한 조치,

(e) 교도소 노동산품에 관한 조치,

(f) 미술적 가치, 역사적 가치 또는 고고학적 가치가 있는 국보의 보호를 위하여 적용되는 조치,

(g) 유한 천연자원의 보존에 관한 조치, 다만 동 조치가 국내의 생산 또는 소비에 대한 제한과 관련하여 유효한 경우에 한한다.

(h) 체약국단에 제출되어 부인되지 아니한 기준에 합치하는 정부간 상품협정 또는 체약국단에 제출되어 부인되지 아니한 정부간 상품협정에 의한 의무에 따라 취하는 조치,

(i) 국내원료의 국내가격이 정부의 안정계획의 일부로서 국제가격보다 저가격으로 유지되고 있는 기간중, 국내 가공산업에 필수적인 수량의 원료를 확보하는데 필요한 국내원료의 수출에 제한을 과하는 조치. 다만, 동 제한은 이러한 국내산업의 산품의 수출을 증가시키거나 또는 이러한 국내산업에 주어진 부호를 증대하도록 운영되어서는 아니되며, 또한 무차별대우에 관한 본 협정의 규정으로부터 이탈하여서는 아니된다.

(j) 일반적으로 또는 지역적으로 공급이 부족한 산품의 획득 또는 분배를 위하여 필수적인 조치, 다만 이러한 조치는, 전 회원이 해당산품의 국제적 공급에 있어서 정당한 몫을 공급받을 권리를 가진다는 원칙에 합치하여야 하며, 또한 본 협정의 다른 규정에 반하는 이러한 조치는 이를 야기한 조건이 존재하지 아니하는 때에는, 즉시 정지하여야 한다.

(이하 생략)

practices;

(e) relating to the products of prison labour;

(f) imposed for the protection of national treasures of artistic, historic or archaeological value;

(g) relating to the conservation of exhaustible natural resources if such measures are made effective in conjunction with restrictions on domestic production or consumption;

(h) undertaken in pursuance of obligations under an intergovernmental commodity agreement which conforms to criteria submitted to the Ministerial Conference and not disapproved by them or which is itself so submitted and not so disapproved;

(i) involving restrictions on exports of domestic materials necessary to ensure essential quantities of such materials to a domestic processing industry during periods when the domestic price of such materials is held below the world price as part of a governmental stabilization plan; Provided that such restrictions shall not operate to increase the exports of or the protection afforded to such domestic industry, and shall not depart from the provisions of this Agreement relating to nondiscrimination;

(j) essential to the acquisition or distribution of products in general or local short supply ; Provided that any such measures shall be consistent with the principle that all Members are entitled to an equitable share of the international supply of such products, and that any such measures, which are inconsistent with the other provisions of this Agreement shall be discontinued as soon as the coditions giving rise to them have ceased to exist.

(omitted)

색 인

[ㄱ]

GATT 제XXIV조　　19
각료회의　　9
객관적 심사　　37
경감성　　212
경제적 혜택　　200
공정무역　　163
공정한 비교　　172
공중도덕　　143
과학적 근거　　220
관세 및 무역에 관한 일반협정　　5
관세분류　　70
관세양허　　72
관세평가협정　　255
관세협상　　74
관세화　　245
관세환급　　188
구성가격　　171
국내보조금　　113
국산원자재 사용의무　　123
국제공법상 해석에 관한 관습규칙　　38
국제기준과의 조화　　221
Green Room 미팅　　2
그 밖의 관세 및 과징금(ODC)　　76
금지보조금　　200
기술규정　　230, 232

기업에 불리한 가용 정보　　195
긴급수입제한조치(Safeguards)　　209

[ㄴ]

낙찰　　269
내국민대우　　91
녹색상자　　245
농업협정　　241
누적　　179

[ㄷ]

WTO법의 법원　　28
WTO 탈퇴　　12
WTO협상　　2
덤핑　　167
덤핑조사　　180
도미니카공화국−긴급수입제한조치
　　사건　　83
도미니카공화국−담배 사건　　78, 108
도피조항(escape clause)　　209
도하개발아젠다　　7
동등성　　222
동종상품　　50, 99, 168
동종성　　97

[ㄹ]

라운드　5

[ㅁ]

목적효과설　95

무역관련 투자조치협정(TRIMs)　114

무역구제　163

무역권　123

무역에 대한 기술장벽(TBT) 협정　230

무역원활화협정　15, 261

미국 – 가금류 사건　47

미국 – 가솔린 사건　151, 153, 155

미국 – 고지대 면화　251

미국 – DRAM 반덤핑 분쟁　187

미국 – DRAM 상계관세 분쟁　206

미국 – 반덤핑관세　195

미국 – 반덤핑관세와 상계관세
　사건　204

미국 – Byrd 수정법 분쟁　166

미국 – 새우 사건　153, 156

미국 – 새우(21.5조 이행분쟁)
　사건　151, 157

미국 – 섬유원산지 사건　88

미국 – 원산지 라벨(COOL) 사건　237

미국 – 원형파이프 세이프가드
　사건　214

미국 – 정향 담배 사건　238

미국 – 참치/돌고래 사건　155

미국 – 참치/돌고래 II(21.5조 이행분쟁)
　사건　55, 236

미국 – 철강 세이프가드 사건　215

미국 – Carbon Steel　180

미국 – 탄소강관 세이프가드 분쟁　215

미국 – 한국산 세탁기 반덤핑관세　194

미국 – 한국산 스테인레스 강철에 대한
　반덤핑 사건　174

미국 – 한국산 철강 제품에 대한 반덤핑
　사건　175

[ㅂ]

반덤핑　163

배타적 관할　27

보복　40

보복절차　41

보상　40

보조금　197

보조총액측정치(AMS)　245

복수국간 협정　7

분쟁해결규칙 및 절차에 관한
　양해(DSU)　26

불공정무역　163

브라질 – 재생타이어 사건　152

브레튼우즈(Bretton Woods) 체제　4

비시장경제　169

비엔나조약법협약　38, 71

[ㅅ]

산업 확립의 실질적 지연　178

상계관세　203, 204

상소절차　39

상품성질설(BTA approach)　51

상황제소　28

생명 또는 건강 보호　144

생산 또는 공정방식(PPMs)　161

선적전 검사(PSI)　259

섬유의류협정　131

수입허가절차　253

수입허가절차협정　121

수출가격   172
수출보조   248
수출입균형의무   123
스크린쿼터   114
스페인 커피 사건   60
식량안보   250
실질적 변형   86
실질적 피해   177
실질적 피해의 우려   177
실행관세율   68
심각한 피해   210

[ㅇ]
아르헨티나-쇠가죽 사건   125, 151
아르헨티나-수입조치 사건   134
amicus curiae brief   38
안보상의 예외   158
RTA   16
양허관세율   68
양허표   68
FTA   16
역총의(reversed consensus)   26
예비판정   184
우루과이라운드   6
우회덤핑   190
원산지   86
위반제소   28
위생 및 식물위생조치(검역)협정
  (SPS)   217
위험평가   223
EC-개도국 관세특혜 사건   59
EC-관세특혜 사건   63
EC-Banana III   62, 94, 132

EC-바다표범 제품 사건   54, 107,
  152, 153, 238
EC-Biotech 사건   108
EC-석면 사건   34, 106, 111
EC-설탕 수출보조금   250
EC-정어리 사건   235
EC-GMO 사건   227
EC 컴퓨터부품 사건   70
EC-Fastener 사건   170
EC-호르몬 사건   226
이행절차   40
인과관계   178
인도-수량제한 사건   134
인도-자동차 사건   134
인도-추가 수입세 사건   80
인도네시아 국민차 사건   63, 112
일반이사회   9
일반적 예외   137
일반특혜관세(GSP)   58
일본-반도체 사건   122, 125
일본-소주II 사건   103
일본-표준각재 사건   62
일본-필름 사건   34
일본-하이닉스 DRAM 상계관세
  분쟁   207

[ㅈ]
잠정조치   184, 224
재심   186
적정보호수준   223
적합판정절차   230, 234
정부의 재정적 기여   198
정부조달   113
정부조달협정(GPA)   265

정상가격   167
제로잉   173, 194
조달공고   267
조치(measure)   29
조치 가능 보조금   201
중국-시청각물 사건   143
중국-HP-SSST   179
중국-원광석 사건   89
중국-원금속 사건   134
중국-자동차 부품 사건   83, 113
중국-희토류 사건   89, 135
직접적인 경쟁 또는 대체관계
   (DCS)   93

[ㅊ]
청색상자   245
최선의 가용정보   182
최소부과원칙   185
최소접근기회   246
최저수출입가격   123
최혜국(MFN)대우   45
칠레-가격대역   251

[ㅋ]
캐나다-유제품 사건   82
캐나다-자동차   63
캐나다-재생에너지 사건   113
콜롬비아-섬유 사건   84, 143, 146
콜롬비아-수입항 사건   122, 258

[ㅌ]
태국-담배 사건   101, 258

태국-담배수입제한 사건   154
터키-섬유 사건   21
통상조약법   3
특별한 시장상황(PMS)   170

[ㅍ]
패널 절차   35
페루-농산물 사건   83, 251
평행주의   212
표적거래   174
표적덤핑   194
표준   230, 233
피해   176
필리핀-증류주 사건   99
필요성   220, 232

[ㅎ]
한국-쇠고기 사건   108, 112
한국-유제품 세이프가드 사건   214
한국-인도네시아산 백상지(白上紙)
   반덤핑관세   193
한국-정부조달 사건   275
한국-주세 사건   109
할당관세   74
허용 보조금   202
허용조항(Enabling Clause)   23, 58
협의   35
혜택   50
호주-사과 사건   228
황색상자   245
회원   11
회원국 중심주의   11

[저자약력]

서울대학교 문학사
고려대학교 법학석사
옥스퍼드대학교 법학박사(국비유학)
정보통신정책연구원 연구위원
NYU, Yale, 國立淸華大 방문교수
WTO 패널후보위원
현, 인하대학교 법학전문대학원 교수

WTO 상품무역법

초판발행   2018년 8월 30일

지은이   정찬모
펴낸이   안종만

편 집   마찬옥
기획/마케팅   손준호
표지디자인   김연서
제 작   우인도·고철민

펴낸곳   (주) 박영사
               서울특별시 종로구 새문안로3길 36, 1601
               등록 1959. 3. 11. 제300-1959-1호(倫)
전 화   02)733-6771
f a x   02)736-4818
e-mail   pys@pybook.co.kr
homepage   www.pybook.co.kr
ISBN   979-11-303-3255-0 93360

정 가   22,000원